融资租赁税务与会计实务及案例

版

杨津琪 廉欢 童志胜 著

中国市场出版社
China Market Press
·北京·

图书在版编目（CIP）数据

融资租赁税务与会计实务及案例 / 杨津琪，廉欢，童志胜著. — 3版. — 北京：中国市场出版社有限公司，2020.11

ISBN 978-7-5092-2009-2

Ⅰ. ①融… Ⅱ. ①杨… ②廉… ③童… Ⅲ. ①融资租赁－税务会计 Ⅳ. ①F830.8 ②F810.62

中国版本图书馆CIP数据核字（2020）第200541号

融资租赁税务与会计实务及案例（第三版）

RONGZIZULIN SHUIWU YU KUAIJI SHIWU JI ANLI

作　　者　杨津琪　廉　欢　童志胜

责任编辑　白　琼　张　瑶（zhangyao9903@126.com）

出版发行　中国市场出版社 China Market Press

社　　址　北京西城区月坛北小街2号院3号楼　**邮政编码**　100837

电　　话　编 辑 部（010）68032104　读者服务部（010）68022950

发 行 部（010）68021338　68020340　68053489

68024335　68033577　68033539

总 编 室（010）68020336

盗版举报（010）68020336

印　　刷　河北鑫兆源印刷有限公司

规　　格　185mm×260mm　16开本

印　　张　30.25　**字　　数**　525千字

版　　次　2020年11月第3版　**印　　次**　2020年11月第1次印刷

书　　号　ISBN 978-7-5092-2009-2　**定　　价**　128.00元

杨老师邀请我为这本书作序，我深感荣幸。通览本书之后，我总结出本书的三个突出特点：

第一，系统性。本书不似一般的专业性书籍，直接从会计处理和税务处理入手进行编写，让很多刚入行的读者难以理解；而是从业务处理的流程过渡到会计核算的流程，再过渡到税务处理的流程，这样三位一体进行解读分析，系统性非常强，阅读时不至于晦涩难懂。能从这几个角度将整本书的系统构架起来，可见作者的用心良苦。

第二，专业性。在我国，融资租赁业务是金融领域里比较复杂的内容，长期以来没有人去系统地研究它，在会计、税务处理上很难找到相关资料。它属于一个窄口领域，理论上说，不太可能作为专题形成一本书。而作者能够在这个专业领域里进行深入的研究探索，将窄的东西写宽了，专业性不言而喻。

第三，实战性。这本书里没有长篇累牍的空泛理论，而是结合许多案例解析与数据分析，对业务处理、会计核算和税务处理进行了详尽的说明，理论与实践相结合，实战性相当强。

精读此书，会对融资租赁这一窄口领域拥有更加深刻的理解与认识，因此，不论是参加工作的人士还是即将步入职场的学生都不妨一读。

李记有

北京解税宝科技有限公司董事长

北京致通振业税务师事务所有限公司董事长

当我看到这本《融资租赁税务与会计实务及案例》时，首先想起了它的作者之一——致通振业（天津）税务师事务所所长杨津琪。三年前在天津市一次税务师事务所座谈会上第一次与她相见，她的精彩发言引起了我的关注。随后我专程到他们所拜访，她向我介绍了他们所发展的经历和管理经验。给我留下最深刻印象的是，她用女性特有的善良温柔进行人性化的管理，用感情留住员工，同时特别重视对员工，尤其是青年人的业务培训，通过各种途径努力提高全体员工的涉税专业技能。由此，该所在竞争激烈的涉税专业服务领域不断发展壮大。截至 2015 年底，全国共有税务师事务所 5 511 家，其中 5 A 税务师事务所仅有 14 家，致通振业（天津）税务师事务所就是其中之一。另外，2016 年 9 月杨津琪获得了“解税宝杯”全国最具影响力税务老师提名，并作为全国最具影响力税务老师提名代表在新闻发布会上发言，成为税务师行业十万大军中的一名杰出代表。

我国税务师事务所行业已经走过了 30 多年的历程，经历过各种困难和挑战。正是因为有无数像本书作者那样的人不忘初心，奋力拼搏，开拓创新，脚踏实地地为税务师行业的发展奉献自己的力量，才使得税务师行业不断发展，成为仅次于律师行业、注册会计师行业的第三大社会中介服务行业。

融资租赁是一个比较新兴和特殊的行业，它的发展受税收政策影响十分巨大，属于比较高端的专业。融资租赁在我国更是一个新生的行业，相关的财务和税收政策在理论和实践上还有很多空白，亟需专业人才进行研究探索。致通振业（天津）税务师事务所迎难而上，投入很大的人力和物力进行专题研究。经过数年不懈的努力，他们在实践中不断攻克融资租赁业务涉及的税收专业难题，得到了客户的好评和认可。真可谓硕果累累，成绩斐然。

2016 年 5 月 1 日营改增在我国全面推行，给融资租赁行业带来了新的挑战和发展契机，也给融资租赁行业的财务人员带来了新的考验。同时，目前税务师行业面临前所未有的巨大挑战，税务师事务所正处在转型升级的关键时刻。致通振业（天津）税务师事务所及时将他们多年来自实践工作的宝贵经验进行了系统的总结，并编辑成书，以让更多的同行和读者分享他们的成果，共同促进我国税务师行业的发展，为我国的经济建设和税收征管工作添砖加瓦。

宝剑锋从磨砺出，梅花香自苦寒来。《融资租赁税务与会计实务及案例》凝结了致通振业（天津）税务师事务所多年研究的心血，对融资租赁业务运营、相关财税政策和操作实务进行了全面梳理和深入探究。此书既有理论，又有案例；既有总体介绍，又有具体操作；既有会计业务，又有税务实操，使读者在知其然的同时，更知其所以然，对于企业日常工作、风险防范和经营决策均具有较高的实用价值和指导作用。无论是初出茅庐的新手，还是身经百战的骨干，阅读此书都会开卷有益，从中收获多多。

我相信他们不会停下探索的脚步，将会在融资租赁税务与会计操作实务领域总结更多的真知灼见，为大家奉献上更加丰盛的美食佳肴。

我们期待着！

佘家金

中国注册税务师协会《注册税务师》杂志社总编辑

国家税务总局扬州税务党校兼职教授

中央国家机关公务员面试考官

序

FINANCE LEASE TAX AND ACCOUNTING PRACTICE & CASES

近年来，融资租赁作为一个新鲜而又热门的词汇频频见诸报端。无论是高大上的领导人出访，还是如火如荼的营改增试点，抑或是形形色色的论坛报告，处处都能看见融资租赁忙碌的身影。毋庸讳言，经过短短几年的高速发展，融资租赁已经成为我国经济发展中一支不可忽视的生力军，焕发着勃勃生机。随着法律法规政策监管的日渐完善和政策导向对行业发展的日益重视，未来融资租赁业将会面临前所未有的发展机遇。

现代融资租赁产生于第二次世界大战之后的美国，从传统金融业务发展而来，是集融资与融物于一体的金融业务。目前发达国家融资租赁的市场渗透率达到30%，成为仅次于银行信贷的第二大融资方式，体现了融资租赁在国民经济中的重要地位，在西方国家被誉为“朝阳产业”。起步于20世纪80年代初的中国融资租赁业，从无到有，从小到大，从繁荣到没落，又从没落走向繁荣，在复杂多变的环境中不断发展壮大，开花结果。市场规模从2007年的700亿元左右发展到今天的近3万亿元。7年间实现了40余倍的增长，可以说，这张成绩单是十分亮眼的。

随着中国经济的发展，融资租赁也出现了许多新形式、新问题。为促进融资租赁业的进一步发展壮大，一方面，我们需要通过呼吁立法明确其定位；另一方面，在法律明确其定位之后，还需要税收政策与融资租赁法规相配套，与新会计制度相协调。

税收作为与法律、会计和监管并列的影响融资租赁业发展的四大因素之一，始终受到行业从业人员的广泛关注。全面梳理普及行业相关税务政策，及时跟进各项政策的解读与执行，充分有效利用各项税收优惠政策，为企业谋取福利，对于行业发展有着极为重要的意义。自 2012 年开始推行的营改增试点，对于融资租赁行业而言可谓一波三折，却又势在必行。多年来的试点表明，融资租赁行业的发展受税收政策影响十分巨大。从税负的加重到政策的调整，也反映出政府维护行业健康发展的信心和决心。

作为本土化最具影响力的专业税务服务提供商之一，致通振业（天津）税务师事务所多年来一直致力于融资租赁税务研究，具有丰富的从业经验和研究成果。近年来一直与各类融资租赁公司保持着良好的合作，在设计最优纳税方案，布控纳税风险防线，解决各类涉税难题方面，为融资租赁公司提供了优质的税务咨询服务。本书融合了致通振业专家团队多年的研究心血，对融资租赁业务运营、相关财税政策和操作实务进行了全面梳理和深入探究，对于企业日常工作、风险防范和经营决策均具有较高的实用价值，值得业内同仁参考。

童志胜

海航资本集团有限公司财务总监

渤海金控投资股份有限公司副总裁兼财务总监

浦航租赁有限公司董事长

横琴国际融资租赁有限公司董事长

第二版前言

FINANCE LEASE TAX AND ACCOUNTING PRACTICE & CASES

本书的创作构想发端于2014年事务所内部一次季度考核的专题。随着研究的深入，我们渐渐萌生了以此为主题写一本书的想法，于是第一时间带着电子稿找到了我们多年的客户和朋友——当时在渤海租赁任职的童总，跟他交流了我们的想法并邀请他与我们一同创作这本书。童总非常爽快地接受了我们的邀请，并在成书过程中给这本书注入了很多前沿的内容。

当时正值营改增前期，国家税务总局多次公开表示2015年将全面推开营改增，考虑到相关税收政策面临更新，我们决定待全面营改增后根据最新政策进行修订和完善后再推出这本书。经过漫长的等待，全面营改增终于在2016年姗姗而来。历时两年，我们的书也终于要和大家见面了。

融资租赁是一个新兴的特殊行业，对于中国来说，它是一种舶来品，至今仅有36年的历史。在这36年间，整个行业的发展一波三折，除了受到体制转变及市场经济的影响外，税收政策的变化调整也是影响其行业发展的重要因素。从最初的差额缴纳营业税到2013年部分行业营改增，再到2016年5月1日的全面营改增，每一次税收政策的变化都给融资租赁行业带来了新的挑战和发展契机，同时也给该行业的财务人员带来了新的考验。

在会计处理上，营改增完全颠覆了融资租赁公司原有的会计处理方式，收取的每笔租金都需做价税分离，会计准则中规定的各科目金额是含税还是不含税都需要重新做细致的考量，每一个细微的差错都会影响最终的会计利润。除此之外，如何使会计处理与税务处理很好地衔接在一起，更是一大难点。

正是基于这样的背景，我们选择融资租赁行业进行研究，并以此为主题撰写了这本《融资租赁税务与会计实务及案例》。

本书由以下三部分构成：

- ◆ 融资租赁理论基础，主要包括融资租赁的历史发展、设立与审批、经营方式、定价原则、融资渠道、合同签订等融资租赁基础知识，其中，对合同签订这一问题，我们融入了税务的视角，在一些条款上针对营改增做了一些特殊的设计。
- ◆ 融资租赁税务与会计实务及案例，结合实务案例，分析了融资租赁行业的税收政策变化以及会计核算的要点。
- ◆ 融资租赁相关政策法规，主要为行业相关的税收政策文件，方便读者查阅。

与其他财税书籍相比，本书的优势突出表现在以下三个方面：

5A 级税务师事务所与融资租赁公司强强联手，打造最实用融资租赁财税处理范本

目前市场上不乏融资租赁法律、行业发展等方面的书籍，但关于融资租赁财税实操方面的书籍几乎是空白。特别是营改增以后，各融资租赁公司在会计处理上都没有一个非常明确的范本可依。本书作者是具有 14 年融资租赁实践管理经验的从业者以及具有丰富财税咨询经验的 5A 级税务师事务所专家，大家根据营改增后财税政策的调整，将多年的经验及领悟倾注到书中，填补了专业领域空白，并给融资租赁公司的财务人员提供了一个很好的参考工具。

全面解析融资租赁业务实例，扫清政策应用盲点，解决财税操作难点

近几年虽然关于融资租赁的财税政策在逐步完善，但随着营改增的全面推开，实务中仍存在很多政策盲点、难点和争议，如投融资顾问费、咨询费如何界定，差额征税开具发票在什么情况下需通过差额征税模块，注册资本金未达 1.7 亿元对融资租赁公司的影响，即征即退政策如何享受，融资租赁业务印花税如何界定，不动产融资租赁如何缴纳土地增值税，企业所得税涉及哪些融资租赁行业专有的调整项目，同一政策对不同类型融资租赁公司的区别对待，等等。

书中列举了很多实务案例，并从税收政策的应用、账务的处理以及纳税申报表的填报等方面加以详细分析。真正为读者扫清财税政策应用盲点，解决财税操作难点。

有效衔接融资租赁业务各个环节的税务与会计处理，剖析实务操作要点

在内容设置上，关注融资租赁公司开展融资租赁业务每个环节的财税处理细节：在税务实操方面，从开票方式谈到争议事项界定，从税额计算谈到纳税申报表的填列；在会计实操方面，从融资租赁公司建账时会计科目的设置谈到租赁双方的会计核算，对摘要的编写、凭证中所需的附件、每一环节核算的要点都有非常清晰的说明。将融资租赁业务各个环节的税务与会计处理有效衔接，为读者逐一剖析实务操作要点。特别要指出的是，这本书对于与融资租赁公司有业务往来的承租方企业也有一定的使用价值，特别是在会计处理、纳税申报及企业所得税的纳税调整方面，书中详细阐述了承租方的操作方式。

可以说，作为融资租赁财税专业书籍，它特别贴近实际，故无论是对初入职场的财务新手，还是对长期从事融资租赁行业的财务人员来说，都有学习和参考价值。

最后需要说明的是，本书相关税收政策更新至 2018 年 3 月，我们定稿前虽做过认真严谨的检查及修改，但书中仍难免会有一些错漏和理解上的偏差，我们愿意虚心接受读者的批评与建议，这将是我们的荣幸。

廉　欢

致通振业（天津）税务师事务所

修订说明 FINANCE LEASE TAX AND ACCOUNTING PRACTICE & CASES

《融资租赁税务与会计实务及案例》于 2016 年 11 月问世，2018 年 7 月推出第二版，几年时间里收到了许多读者的热心反馈，这本书能给融资租赁行业的财税从业者带来帮助，我们深感欣慰。目前，距离第二版出版已有两年多，期间相关法律、行业监管、会计准则及税务政策都发生了巨大的变化，第三版根据这些最新变化做了大幅修订，涉及约 30 万字，具体包括以下几个方面：

1. 对融资租赁公司的设立、经营规则与监管进行重新编写

2019 年 4 月，融资租赁行业的业务经营与监管职责被划给银保监会，随后相继出台了《融资租赁公司监督管理暂行办法》及《中国银保监会非银行金融机构行政许可事项实施办法》，各类融资租赁公司的设立、经营规则及监管都发生了变化，第三版在此基础上对这部分内容进行了重新编写，并增加了金融租赁专业子公司的设立规则。

2. 增加了 LPR 浮动利率机制定价内容

基于目前已有金融租赁公司在新增合同中按照 LPR 浮动利率机制定价，第三版增加了 LPR 浮动利率机制定价原理的说明，并增加了相关案例。

3. 增加了《民法典》对融资租赁合同内容及形式合法性的规定

2021 年将要施行的《中华人民共和国民法典》在融资租赁合同内容及形式的合法性等方面与之前相比有了新的变化，第三版增加了新法律背景下合同签订时应注意的事项，并在此基础上对所供参考合同模板的相关条款进行了修改。

4. 增加了各税种新发布的税收政策

2018 年至今出台了大量新的税收政策，例如，增值税税率的变化，纳税人取得不动产由分期抵扣改为一次性抵扣，旅客运输服务的进项税抵扣，加计抵减政策，留抵退税政策，城市维护建设税、教育费附加及地方教育附加的优惠政策，固定资产加速折旧政策的范围扩大，疫情期间的优惠政策等，第三版删除了到期失效及被废止的政策，增加了对新政策的介绍，并对原有政策进行了必要的细化，根据新税收政策提出了新的筹划建议，依据最新《企业会计准则第 21 号——租赁》的内容对企业所得税纳税调整进行了修改，更新了各地方税收优惠政策。本次修订涉及政策截止时间为 2020 年 7 月。

5. 对融资租赁会计处理进行重新编写

2018 年 12 月，最新《企业会计准则第 21 号——租赁》发布，融资租赁业务的科目设置、会计处理都发生了变化，第三版根据该新准则对融资租赁企业会计科目的设置、融资租赁双方当事人的会计核算流程、不同情形下具体的会计处理都进行了重新编写，并结合最新的税收政策增加了加计抵减、留抵退税等情况的会计处理，会计处理中所采用的税率均为最新的适用税率。

6. 增加了各类定性问题的深度分析

在税务和会计处理上，融资租赁业务有很多实务中难以定性的问题，如融资租赁出租方取得的收入按何种收入缴纳企业所得税的界定（其直接影响了税会差异的计算），售后租回交易中资产转让是否属于销售的判断标准等，第三版比对各方观点对这类定性问题进行了深入的分析。

7. 增加了大量案例说明

第三版在对税收政策、会计处理进行介绍分析的同时，也加入了大量的案例以便读者更好地理解，这些案例有些来自公开报道的案例，有些来自作者日常工作中的积累，有些由作者亲自编写。

8. 删除了本书涉及的政策原文

第三版正文增加了大量内容，考虑到附上政策原文后篇幅过大，故删除了相关政策原文，仅保留了文件名称的清单。

9. 修订和完善了部分文字表述

第三版根据读者的反馈及作者的反复核查，修订了可能影响读者正确理解内容的措辞和表达，诚意满满、干货多多。若仍有不足之处，望读者及时反馈予以指正。

目 录

FINANCE LEASE TAX AND ACCOUNTING PRACTICE & CASES

01 融资租赁概述

02 融资租赁公司的设立、经营规则与监管

03 融资租赁的经营方式

04 融资租赁的定价原理

05 融资租赁公司的融资渠道

06 融资租赁公司的派系与盈利模式

07 融资租赁的尽职调查与合同签订

10 融资租赁的会计要素

11 融资租赁直租业务税会处理实务

13 融资租赁的涉税经营风险及筹划建议

附录

案例目录

Finance Lease

Tax and Accounting Practice & Cases

01

融资租赁概述

融资租赁的概念

我国不同部门对融资租赁都有各自的定义。《中华人民共和国合同法》（以下简称《合同法》）中对融资租赁合同的定义是："融资租赁合同是出租人根据承租人对出卖人、租赁物的选择，向出卖人购买租赁物，提供给承租人使用，承租人支付租金的合同。"会计准则中对融资租赁的定义是："融资租赁是指实质上转移了与租赁资产所有权有关的全部风险和报酬的租赁。其所有权最终可能转移，也可能不转移。"监管部门对融资租赁的定义是："融资租赁性业务，是指出租人根据承租人对出卖人、租赁物的选择，向出卖人购买租赁物件，提供给承租人使用，向承租人收取租金的交易，它以出租人保留租赁物的所有权和收取租金为条件，使承租人在租赁合同期内对租赁物取得占有、使用和受益的权利。"这些定义所指的既有狭义的直租业务，也有广义的融资租赁业务。

本书采用的是融资租赁在广义上的定义：融资租赁是指租赁公司以融资为目的对承租人自主选定或自有的租赁物件进行购买，然后将该租赁物件中长期地出租给承租人使用，承租人按期支付租金。租赁到期时承租人可续租、退回或留购租赁物件。融资租赁实质上是以"融物"的方式满足承租人"融资"的需求，相当于出租人提供融资便利，承租人分期付款购买租赁物。

从会计角度来说，一项租赁是否为融资租赁取决于交易的实质，而不是合同的形式。满足下列一项或数项条件的租赁，通常分类为融资租赁：

◆ 在租赁期届满时，租赁资产的所有权转移给承租人。

- 承租人有购买租赁资产的选择权，所订立的购买价款与预计行使选择权时租赁资产的公允价值相比足够低，因而在租赁开始日就可以合理确定承租人将行使这种选择权。
- 资产的所有权虽然不转移，但租赁期占租赁资产使用寿命的大部分。
- 在租赁开始日，租赁收款额的现值几乎相当于租赁资产的公允价值。
- 租赁资产性质特殊，如果不作较大改造，只有承租人才能使用。

存在下列一项或多项迹象的，也可能分类为融资租赁：

- 若承租人撤销租赁，撤销租赁对出租人造成的损失由承租人承担。
- 资产余值的公允价值波动所产生的利得或损失归属于承租人。
- 承租人有能力以远低于市场水平的租金继续租赁至下一期间。

融资租赁的起源与发展

融资租赁的发展历程

现代融资租赁业起源于美国。第二次世界大战后，世界科技发展突飞猛进，传统工业部门的大批设备逐渐落后，高新技术产业技术不断革新并迅速在市场上占领了主导地位，企业迫于市场竞争的压力，不得不扩大投资以加快设备的升级，研制出更优性能的产品。此时，银行贷款已无法满足其大量的资金需求，企业必须开拓其他的融资渠道。与此同时，美国的工业化生产出现过剩，产品的市场拓展成为设备厂商最迫切的需求，于是他们开始以分期付款、寄售、赊销等方式来销售自己的设备，其实质是为客户提供金融服务。在传统销售模式下，所有权和使用权同时发生转移，资金回收存在较大的风险，于是有人开始借用传统租赁的做法，将所售物件的所有权保留在销售方，买方只享有使用权，直到出租人融通的资金全部以租金的方式收回后，才将所有权以象征性的价格转移给购买人，这种模式就被称为“融资租赁”，它在满足设备厂商促销的同时也为高新技术企业提供了新的融资渠道，将双方的需求很好地契合起来。1952 年，全球第一家融资租赁公司——美国租赁公司（后更名为美国国际租赁公司）在美国成立，揭开了现代融资租赁发展的序幕。

20 世纪 60 年代，融资租赁由美国发展到欧洲和日本，70 年代出现在东南亚地区，80 年代初被引进中国。作为与银行、证券、保险、基金、信托并驾齐驱的六大金融业务之一，融资租赁已成为全球债权融资资本市场上仅次于银行信贷的第二大融资方式。目前，以美国为首的发达国家引领着世界融资租赁业的潮流，在发达国家，融资租赁的市场渗透率在 20% ～ 30%。

进入 21 世纪以来，融资租赁在全球基本保持了快速增长的态势。2007 年以前，世界融资租赁的交易总量逐年大幅上升，2007 年 9 月以后，全球金融危机蔓延至实体经济领域，对融资租赁业务产生了一定的影响，许多地区的业务规模都有不同程度的缩小，直到 2010 年，各地融资租赁业才开始逐步恢复，并持续稳步增长。

融资租赁发展的六个阶段

著名租赁专家阿曼波总结了租赁业的发展规律，将租赁的发展划分为六个不同的阶段，其中后五个阶段属于融资租赁，而中国目前是前五个阶段并存的状态。

第一阶段：传统租赁阶段

传统租赁（rental）是指出租人将租赁物交付给承租人使用，承租人支付租金的交易活动。这一阶段的特征是，租赁物由出租人根据对市场需求的判断自行选购，承租人支付租金作为使用租赁物的对价，租赁期限的设定有长有短，租赁物可用来进行多次出租，在实务中通常表现为出租、租用及租借等形式。

第二阶段：简单的融资租赁阶段

在这一阶段，融资租赁（financial lease）第一次以区别于传统租赁的方式出现，承租人借助租赁的形式实施购买行为，租赁期满时，租赁物所有权自动转移或赋予承租人对租赁物的名义购买选择权，是一种全部清偿型的交易，承租人的目的不只是获得设备的使用价值，还要拥有该设备的所有权；出租人的主要目的是促销，他们并不希望在租赁期满时再收回设备。这一阶段的融资租赁类似于银行信贷融资，其特征表现在以下几个方面：

第一，签订的相关融资租赁合同具有不可解约性。即承租人不能在租赁期内提前终止合同，其原因在于，租赁物对于出租人来说并无使用价值，只是赚取租金的一种手段，如果承租人中途解约，出租人将蒙受巨大的损失。

第二，租赁物所有权发生转移。出租人承担全额付款购买租赁物件的责任，租赁期满，他将收回全部购买本金并将获得相应的收益；承租人承担全额支付租金的责任，租赁期满，他将以象征性的价格或根据协议约定无偿地从出租人取得租赁物的所有权，租赁物的所有权由出租人转移至承租人。

第三，每期租金等额支付。一般情况下，融资租赁合同约定的租金支付方式是将租赁期等额划分，并在每期等额支付租金。

第四，不含任何服务地提供租赁物件。即出租人仅提供租赁物件，并不提供其他附加服务。

阿曼波认为，这一阶段要经历 5 ～ 7 年的时间，从世界范围看，非洲国家目前正处于这一阶段。

第三阶段：创新的融资租赁阶段

随着融资租赁市场的不断扩张，融资租赁行业竞争日益激烈，这促使融资租赁进入第三个发展阶段，即创新的融资租赁（creative finance lease）阶段。在这一阶段，融资租赁方式呈现多样性，除直租外还有转租、回租、联合租赁、杠杆租赁等方式。除此之外，承租人在租赁期满后有更多的选择，如续租选择权、按固定价格和按公平市场价格的购买选择权等，处于此发展阶段的国家的租赁产业将获得巨大的发展，市场占有率和渗透率都有很大的提升，同时国家也开始对融资租赁加以规范，颁布有关会计和税收方面的规定。目前，印度和南美等处于该发展阶段。

这一阶段最主要的特征是创新，实务操作更具灵活性，在租金的支付上，承租人可以根据自身现金流状况选择均等付租或各种不均等付租方式；创新的融资租赁形式开始出现；大型的专业设备制造商在这一阶段开始创立自己的租赁公司，作为促销其产品的重要手段。世界上著名的 IBM 全球金融、卡特比勒租赁都是大型的厂商系租赁公司。

第四阶段：经营性租赁阶段

这里所说的经营性租赁（operating lease）并不等同于会计定义上的经营租赁。经营租赁是将自有物件出租给他人，是区别于以融资为目的的融资租赁的一种经营活动；经营性租赁则是带有融资特性的，它是伴随着租赁市场竞争加剧而出现的。

这一阶段的特征是租赁期满后，承租人可以返还租赁设备，出租人开始承担余值（其现值超过公允价值的10%）风险。得益于其独有的特性，经营性租赁可以给承租人带来一些特殊的经济功能，如表外融资（在我国，新租赁准则实施后，该功能丧失），降低租期内的租金，免去报废资产的处理，避免技术过时风险和获得出租人的全方位服务等。

第五阶段：各种新产品阶段

在各种新产品（new products）阶段，市场竞争进一步加剧，出租人为保证其竞争力，开始寻求更低成本的资金来源，提高资产的流动性，各种融资租赁形式与金融创新有机结合，融资租赁的诸多新产品就此出现，如：租赁投资基金、租赁资产证券化、风险租赁、项目租赁、租赁保理等。经营性租赁交易也在这一阶段变得非常复杂，涉及复杂的提前终止选择权、租赁物最终选择条款、设备升级及技术更新等内容。澳大利亚和西欧各国目前处于这一发展阶段。

第六阶段：成熟期

融资租赁进入成熟期（maturity）后，已经产生鲜明的业态独立性，市场渗透率也趋于平稳，激烈的市场竞争使行业利润水平降低，兼并、收购、合并与联合经常发生。此时的行业进入门槛较高，业内通过兼并等形式形成大的租赁联合体，它们重新寻求市场定位，整体实力薄弱的企业则会被市场淘汰，行业垄断逐渐产生。融资租赁发展到这一阶段时，产品差异很小，融资租赁企业主要通过提高服务质量、加强内部管理和降低成本来保持盈利。目前，美国、德国、日本等发达国家正处于成熟阶段，它们已经开始开拓国际市场，国际融资租赁市场也在蓬勃发展。

我国融资租赁行业的发展历程

起　步

融资租赁行业对于中国来说是一种舶来品。1981年4月，借鉴国外经验，中国国际信托投资公司作为发起人，与北京机电设备公司、日本东方租赁公司、日本奥力可思公司等合资创建了我国第一家专业的中外合资租赁公司——中国东方租赁有限公司，开创了我国现代融资租赁业发展的先河。随后的几年里，境外投资人蜂拥而至，至 1987 年底，我国融资租赁行业累计引进外资 17.9 亿美元，其中不乏世界级的银行和商社。

问题暴露

由于体制的转换，在经历了诞生初期的快速发展后，融资租赁出现了全行业性的租金拖欠问题，当时的 24 家外商投资租赁公司的被拖欠租金总额达 3 亿美元，在世界范围都造成了十分恶劣的影响，期间出租人起诉承租人欠租违约时还因法律上融资租赁的性质不确定而败诉，导致许多租赁公司的业务几乎陷入停滞状态，甚至破产清算。直至 1998 年，租金拖欠这一问题才基本得到解决。

恢复活力

2000 年，经国务院批准，租赁业被列入“国家重点鼓励发展的产业”，“入世”谈判时美欧对我国开放融资租赁市场的要价，更是让我国融资租赁业起死回生。特别是 2003 年“非典”时期，大部分航空公司因停运或客流量大幅减少发生了巨额亏损，要自己做飞机融资租赁、降低风险的呼声得到回应，经营飞机的大型融资租赁公司应运而生。2004 年，内资融资租赁公司开始试点，外商独资融资租赁公司全面对外开放；到 2007 年，我国“入世”5 年保护期结束，面对保护期结束后需对外资银行开放融资租赁市场的压力，中国银行业监督管理委员会（以下简称银监会）颁布了新的《金融租赁公司管理办法》，我国租赁业重获新生。[1]

法制建设

1999 年 6 月，为了解决租赁行业的发展问题，中国人民银行召集国内外租赁行业的专家、学者在河北承德研讨融资租赁的困境及发展出路。在接下来不到两年

---

[1] 参见 http://www.tianinfo.com/news/news4923.html.

的时间里，融资租赁业的四大支柱——法律、行业监管、会计准则及税法框架逐步建立起来，随后逐步得到健全。

目前与融资租赁相关的法律有 1999 年 9 月 1 日施行的《合同法》[1]，其中第十三章为“租赁合同”，第十四章为“融资租赁合同”，2007 年 10 月 1 日施行的《中华人民共和国物权法》（以下简称《物权法》）及 2014 年 3 月 1 日实施的《最高人民法院关于审理融资租赁合同纠纷案件适用法律问题的解释》（以下简称《融资租赁司法解释》）。2004 年 3 月 24 日启动了融资租赁法的立法程序，2006 年 11 月出台了融资租赁法草案第三次征求意见稿，截至目前，尚未正式颁布融资租赁法。

行业监管方面，2000 年 6 月 30 日中国人民银行发布了《金融租赁公司管理办法》；2007 年 3 月 1 日起施行银监会发布的《金融租赁公司管理办法》；2014 年 3 月 13 日通过了新的《金融租赁公司管理办法》并同时废止了之前发布的文件；2005 年 3 月 5 日起施行《外商投资租赁业管理办法》，2015 年 10 月 28 日对其进行了修改，2018 年 2 月 22 日该办法废止；2013 年 9 月 18 日，商务部流通发展司发布《融资租赁企业监督管理办法》，2018 年 5 月 14 日，商务部发布《商务部办公厅关于融资租赁公司、商业保理公司和典当行管理职责调整有关事宜的通知》，将融资租赁行业的业务经营与监管职责划给银保监会；2020 年 1 月 8 日，银保监会发布《融资租赁公司监督管理暂行办法（征求意见稿）》，向社会公开征求意见，2020 年 5 月 26 日发布《融资租赁公司监督管理暂行办法》。

会计准则方面，《企业会计准则第 21 号——租赁》（以下简称旧租赁准则）于 2001 年 1 月 1 日开始施行，并分别于 2006 年 2 月 15 日及 2018 年 12 月 7 日进行了修改，在境内外同时上市的企业以及在境外上市并采用国际财务报告准则或企业会计准则编制财务报表的企业，自 2019 年 1 月 1 日起施行最新的《企业会计准则第 21 号——租赁》（以下简称新租赁准则）；其他境内上市企业，自 2020 年 1 月 1 日起施行。

目前与融资租赁相关的税收政策分散在各个相关税种的政策之中。

发展壮大

2008 年后，国内融资租赁业进入了以几何级数增长的时期。世界租赁年报称中

---

[1] 自 2021 年 1 月 1 日起，《中华人民共和国民法典》正式施行，原《合同法》《物权法》全部内容及《融资租赁司法解释》部分内容被涵盖其中。请读者密切关注相关规定。

国是“世界上潜在的最大租赁市场”。报告显示，截至 2018 年 12 月底，全国融资租赁企业（不含单一项目公司、分公司、子公司和收购海外的公司）总数约为 11 777 家，比上年底的 9 676 家增加 2 101 家；整个行业注册资金达 32 763 亿元人民币，全国融资租赁合同余额约 66 500 亿元人民币，整体规模与上年底相比增长了 9.38%。[1]

近几年财政扶持政策力度越来越大，尤其以上海自贸区以及天津东疆港等诸多财政税务优惠为代表，推动了融资租赁业的跨越式发展，其中东部地区融资租赁企业的发展尤其迅猛。2016 年，在全国经济增长下行的压力下，整个金融业几乎只有融资租赁业逆势上扬，继续呈快速发展态势；2017—2018 年，受宏观经济增速放缓、行业监管趋严等因素影响，我国融资租赁行业增长放缓，但仍保持较好发展态势。

行业调整

进入 2019 年后，由于行业监管体制的调整和移交，相关政策的调整方向不明朗，融资租赁行业增长大幅放缓，整个行业发展进入调整状态。报告显示，截至 2019 年 12 月底，全国融资租赁企业（不含单一项目公司、分公司、子公司和收购海外的公司）总数约为 12 130 家，比上年底的 11 777 家增加 353 家；全国融资租赁合同余额约 66 540 亿元人民币，较 2018 年增长 0.06%。[2]

目前，我国正处于经济转型时期，在大力推进供给侧结构性改革、“一带一路”建设、“中国制造 2025”等政策，而融资租赁行业的发展正是经济转型升级中的重要布局，因为融资租赁与其他资产类公司的一个本质区别就是，它与实体经济紧密结合，在推动产业创新升级、拓宽中小微企业融资渠道、带动新兴产业发展和促进经济结构调整等方面都发挥着重要作用。2015 年 8 月，国务院办公厅发布《关于加快融资租赁业发展的指导意见》，更是在理顺行业管理体制、完善税收政策、建设法治化发展环境等方面给出了发展融资租赁行业的指导意见。

总体来看，我国融资租赁业近些年虽发展迅速，但其市场渗透率与发达国家相比仍很低，远未形成品牌效应和核心竞争力。随着行业运营环境的持续优化，未来市场发展仍充满了机遇和挑战。

---

[1] 资料来源：《2018 年中国融资租赁业发展报告》。

[2] 资料来源：《2019 年中国融资租赁业发展报告》。

融资租赁与其他融资、融物方式的对比

融资租赁与银行贷款的对比分析

融资租赁与银行贷款的对比分析见表 1-1。

表 1-1 融资租赁与银行贷款对比分析

项 目	融资租赁	银行贷款
租赁物入账	进入承租人资产负债表	进入借款人资产负债表
融资比例	设备价值全额	设备价值的一定比例
折旧或摊销期	以租赁期或设备剩余使用寿命为折旧期	根据会计准则的相关规定确定折旧期间
折旧或摊销方法	同自有应折旧资产相一致的折旧方法	根据会计准则的规定选用相应的折旧方法
资产负债率	会提高资产负债率	会提高资产负债率
利润和税收	以财务费用和折旧费用进入利润表	以财务费用和折旧费用进入利润表
现金流	灵活安排租金支付	等额本息或等额本金
审核	以自身资质及设备价值决定放贷	受国家宏观调控及央行信贷政策影响
期限	一般不得超过 20 年	1 年期为主
付款方式	灵活分期付款	定期付款，期末还款
担保	以生产设备为标的物	不动产抵押或第三方担保
利息开票	直租可开具 13% 增值税专用发票	利息部分无法开具增值税专用发票

融资租赁与传统租赁的对比分析

融资租赁与传统租赁的对比分析见表 1-2。

表 1-2 融资租赁与传统租赁对比分析

项 目	融资租赁	经营租赁
涉及当事人	出租人、承租人、供应商	出租人、承租人
租金计算方法	占用融资成本的时间	租赁物使用时间
风险和责任	所有权和使用权分离	所有权和使用权分离
租赁的目的	承租人获得租赁物	承租人短期使用租赁物
物件的选择	承租人（客户）自由选择	出租人购买，承租人选择使用

续表

项　目	融资租赁	经营租赁
库存	无	有
租赁合同期限	中长期（1年以上）	一般多是短期使用
标的物管理责任	承租人（客户）	出租人
保险	承租人按约定购买	出租人购买
保险受益人	出租人	出租人
中途解约	不可以	可以
合同期满的处理	承租人（客户）留购	归还出租人
留购价格	一般是象征意义的价格	市场公允价格
签订的合同	融资租赁合同、买卖合同等	租赁合同
租赁物	融资租赁的标的物是特定设备	租赁物件一般是通用设备
租赁期满处理	承租人对设备一般有留购、续租、和退租三种选择	租赁物件的使用有一定的限制条件
投资收回	出租人可在一次租期内完全收回投资并盈利	出租人无法只通过一个承租人租用设备，并在一个租赁合同期内就收回全部或部分投资

融资租赁公司的经营范围

为对融资租赁公司进行监管，我国发布了各类型融资租赁公司的管理办法，这些管理办法均对各类融资租赁企业的经营范围给出了明确的规定。其中，由于除金融租赁公司外其他融资租赁公司的业务经营与监管职责已划归银保监会，从目前的《融资租赁公司监督管理暂行办法》来看，其经营范围也将发生变化（见表 1-3）。

表 1-3　融资租赁公司经营范围

企业类型	原经营范围	新经营范围
金融租赁公司	● 融资租赁业务； ● 转让和受让融资租赁资产； ● 固定收益类证券投资业务； ● 接受承租人的租赁保证金； ● 吸收非银行股东 3 个月（含）以上定期存款； ● 同业拆借； ● 向金融机构借款； ● 境外借款；	

续表

<table>
<tr><th>企业类型</th><th>原经营范围</th><th>新经营范围</th></tr>
<tr><td></td><td>● 租赁物变卖及处理业务；
● 经济咨询；
● 发行债券；
● 在境内保税地区设立项目公司开展融资租赁业务；
● 资产证券化；
● 为控股子公司、项目公司对外融资提供担保；
● 银监会批准的其他业务。</td><td></td></tr>
<tr><td>内资融资租赁公司</td><td>● 融资租赁等租赁业务；
● 与融资租赁和租赁业务相关的租赁财产购买、租赁财产残值处理与维修；
● 租赁交易咨询和担保；
● 向第三方机构转让应收账款；
● 接受租赁保证金；
● 审批部门批准的其他业务。</td><td rowspan="2">● 融资租赁业务；
● 租赁业务；
● 与融资租赁和租赁业务相关的租赁物购买、残值处理与维修、租赁交易咨询、接受租赁保证金；
● 转让与受让融资租赁资产或租赁资产；
● 固定收益类证券投资业务。</td></tr>
<tr><td>外资融资租赁公司（旧办法已废止）</td><td>● 融资租赁业务；
● 租赁业务；
● 向国内外购买租赁财产；
● 租赁财产的残值处理及维修；
● 租赁交易咨询和担保；
● 经审批部门批准的其他业务。</td></tr>
</table>

从《融资租赁公司监督管理暂行办法》中内外资融资租赁公司的经营范围来看，保留了大部分过去商务部监管时期的经营业务，并加入了少量金融租赁公司的经营业务，但对于向金融机构借款、发行债券、资产证券化等融资活动并未提及。以往商务部未像银保监会一样将该类活动作为一种业务加以监管，参考银保监会对金融租赁公司业务范围描述的思路，未来是否允许内外资融资租赁公司通过向金融机构借款等方式进行融资尚不明确，而与其他融资租赁公司拆借或变相拆借资金已明确禁止，若未来不允许内外资融资租赁公司向金融机构等进行融资将对内外资融资租赁公司的经营产生很大影响，这与 2015 年 9 月 7 日国务院发布的《关于加快融资租赁业发展的指导意见》（以下简称《意见》）中鼓励银行等加大对融资租赁公司的支持力度的思想相悖，因此笔者倾向于该类业务仍可开展。

此外，以往天津、浙江、北京等地区根据《意见》的精神允许内外资融资租赁公司兼营保理业务，而本次正式文件中业务范围不再包含保理业务。

新文件还列出了融资租赁公司不得从事的业务或活动，包括：非法集资、吸收或变相吸收存款；发放或受托发放贷款；与其他融资租赁公司拆借或变相拆借资金；通过网络借贷信息中介机构、私募投资基金融资或转让资产，以及法律法规、银保监会和省、自治区、直辖市（以下简称省级）地方金融监管部门禁止开展的其他业务或活动。以往许多从事汽车回租业务的融资租赁公司，并不实际进行汽车的登记过户，而是以汽车作为抵押物向客户发放款项，这种名为“租赁”实为“贷款”的抵押“回租”将被认为是开展发放贷款业务，违反对内外资融资租赁公司监督管理的规定。

融资租赁公司的组织构架

各融资租赁公司由于公司规模、业务范围不同，其组织构架也有所不同，但总体来说，融资租赁公司一般由如图 1-1 所示的部门组成。

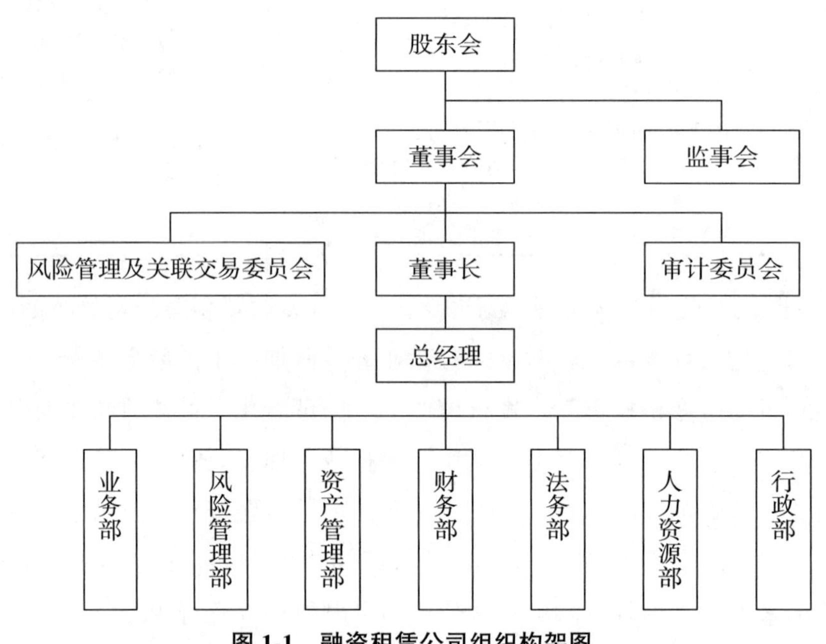

图 1-1 融资租赁公司组织构架图

融资租赁从业人员学习重点归纳

2013 年 9 月 18 日，商务部印发了《融资租赁企业监督管理办法》（商流通发〔2013〕337 号，以下简称《办法》）。《办法》分总则、经营规则、监督管理、附则，共4章36条，自2013年10月1日起施行。其中明确规定，融资租赁企业应配备具有金融、贸易、法律、会计等方面专业知识、技能和从业经验并具有良好从业记录的人员，拥有不少于三年融资租赁、租赁业务或金融机构运营管理经验的总经理、副总经理、风险控制主管等高管人员。

此外，融资租赁由“融资”“融物”合成一体，在发展过程中遇到了一系列新的税收、法律问题，如重复征税问题等，任何一个国家都应给予这一行业特殊的税收政策支持，否则融资租赁企业的生存空间将很小。几轮营改增后，由于融资租赁企业的上游行业金融业税改不彻底，融资租赁业务的税收政策也几经修改，十分复杂。

由此可见，融资租赁行业的从业者需要具备相关的专业素质，学习与其相关的金融知识，掌握各项收益的计算；学习相关法律知识，熟悉政府各项监管制度；了解盈利模式、业务流程、风险管控及各种经营方式的会计核算；尤其应学习的是如何将各项税务政策、税收优惠贯穿于业务的谈判及会计核算中。

Finance Lease

Tax and Accounting Practice & Cases

02

融资租赁公司的设立、经营规则与监管

金融租赁公司的设立

银监会2013年颁布了《金融租赁公司管理办法》，这一管理办法已经于2014年3月13日开始施行，其中对金融租赁公司进行了明确的界定，即经银监会批准，以经营融资租赁业务为主的非银行金融机构。金融租赁公司名称中应当标明“金融租赁”字样，未经银监会批准，任何单位不得在其名称中使用“金融租赁”字样。2020年3月27日发布的《中国银保监会非银行金融机构行政许可事项实施办法》对金融租赁公司的行政许可事项做出了部分修改。

金融租赁公司的设立须经筹建和开业两个阶段。应由出资比例最大的发起人作为申请人向拟设地省级派出机构提交申请，由省级派出机构受理并初步审查、银保监会审查并决定，做出批准或不批准的书面决定，申请人应于批准决定之日起6个月内筹建并向拟设地省级派出机构提交开业申请，由省级派出机构受理、审查、做出核准或不予核准的书面决定，并抄报银保监会。最后，申请人应在收到开业核准文件并领取金融许可证后，办理工商登记，领取营业执照。

申报条件

- 有符合《中华人民共和国公司法》（以下简称《公司法》）和银保监会规定的公司章程；
- 有符合规定条件的发起人；

◆ 注册资本为一次性实缴货币资本，最低限额为1亿元人民币或等值的可自由兑换货币；

◆ 有符合任职资格条件的董事、高级管理人员，并且从业人员中具有金融或融资租赁工作经历3年以上的人员应当不低于总人数的50%；

◆ 建立了有效的公司治理、内部控制和风险管理体系；

◆ 建立了与业务经营和监管要求相适应的信息科技架构，具有支撑业务经营的必要、安全且合规的信息系统，具备保障业务持续运营的技术与措施；

◆ 有与业务经营相适应的营业场所、安全防范措施和其他设施；

◆ 银保监会规章规定的其他审慎性条件。

发起人条件

（1）金融租赁公司的发起人包括在中国境内外注册的具有独立法人资格的商业银行，在中国境内注册的、主营业务为制造适合融资租赁交易产品的大型企业，在中国境外注册的具有独立法人资格的融资租赁公司以及银保监会认可的其他发起人。金融租赁公司发起人条件如表2-1所示。

表2-1 金融租赁公司发起人条件

条件	商业银行	境外融资租赁公司	大型制造企业
资产状况	最近1个会计年度末总资产不低于800亿元人民币或等值的可自由兑换货币	最近1个会计年度末总资产不低于100亿元人民币或等值的可自由兑换货币	最近1个会计年度末净资产不低于总资产的30%
财务状况	最近2个会计年度连续盈利	最近2个会计年度连续盈利；作为金融租赁公司控股股东的，最近3个会计年度连续盈利	
营业收入	无要求	无要求	最近1个会计年度主营业务销售收入占全部营业收入的80%以上。最近1个会计年度的营业收入不低于50亿元人民币或等值的可自由兑换货币
入股资金	入股资金为自有资金，不得以委托资金、债务资金等非自有资金入股		

续表

条件	商业银行	境外融资租赁公司	大型制造企业
权益性投资	权益性投资余额原则上不得超过本企业净资产的50%（含本次投资金额），国务院规定的投资公司和控股公司除外	权益性投资余额原则上不得超过本企业净资产的50%（含本次投资金额）；作为金融租赁公司控股股东的，权益性投资余额原则上不得超过本企业净资产的40%（含本次投资金额）	
违法情况	最近2年内未发生重大案件或重大违法违规行为；或者已整改到位并经银保监会或其派出机构认可		
承诺	主要股东自取得股权之日起5年内不得转让所持有的股权（特殊情形除外），承诺不将所持有的金融租赁公司股权质押或设立信托并在公司章程中载明		
其他	满足所在国家或地区监管当局的审慎监管要求；具有良好的公司治理结构、内部控制机制和健全的风险管理制度；发展战略明确、盈利模式清晰	具有良好的公司治理结构、内部控制机制和健全的风险管理体系；所在国家或地区经济状况良好	具有良好的公司治理结构、内部控制机制和健全的风险管理制度；发展战略明确、盈利模式清晰；信用记录良好

值得注意的是，金融租赁公司至少应当有1名符合规定的发起人，且其出资比例不低于拟设金融租赁公司全部股本的30%，境外商业银行作为发起人的，要保证其所在国家或地区金融监管当局已经与中国银保监会建立良好的监督管理合作机制。

（2）银保监会认可的其他发起人是指除上述发起人以外的其他境内法人机构和境外金融机构。银保监会认可的其他发起人需满足的条件如表2-2所示。

表2-2 银保监会认可的其他发起人需满足的条件

条件	其他境内法人机构		其他境外金融机构
	非金融机构	金融机构	
资产状况	最近1个会计年度末净资产不低于总资产的30%	无要求	最近1个会计年度末总资产原则上不低于10亿美元或等值的可自由兑换货币
财务状况	最近2个会计年度连续盈利；作为金融租赁公司控股股东的，最近3个会计年度连续盈利	最近2个会计年度连续盈利	
入股资金	入股资金为自有资金，不得以委托资金、债务资金等非自有资金入股		

续表

条件	其他境内法人机构		其他境外金融机构
	非金融机构	金融机构	
权益性投资	权益性投资余额原则上不得超过本企业净资产的 50%（含本次投资金额）；作为金融租赁公司控股股东的，权益性投资余额原则上不得超过本企业净资产的 40%（含本次投资金额）	权益性投资余额原则上不得超过本企业净资产的 50%（含本次投资金额），国务院规定的投资公司和控股公司除外	
违法情况	最近 2 年内无重大违法违规行为，或者已整改到位并经银保监会或其派出机构认可	遵守注册地法律法规，最近 2 年内未发生重大案件或重大违法违规行为，或者已整改到位并经银保监会或其派出机构认可	无要求
承诺	主要股东自取得股权之日起 5 年内不得转让所持有的股权（特殊情形除外），承诺不将所持有的金融租赁公司股权质押或设立信托并在公司章程载明		
其他	满足所在国家或地区监管当局的审慎监管要求；有良好的公司治理结构或有效的组织管理方式；信用记录良好	满足所在国家或地区监管当局的审慎监管要求；有良好的公司治理结构或有效的组织管理方式	满足所在国家或地区监管当局的审慎监管要求；具有良好的公司治理结构、内部控制机制和健全的风险管理体系；所在国家或地区金融监管当局已经与中国银保监会建立良好的监督管理合作机制；具有有效的反洗钱措施；所在国家或地区经济状况良好

（3）有以下情形之一的企业不得作为金融租赁公司的发起人：

- ◆ 公司治理结构与机制存在明显缺陷；
- ◆ 关联企业众多、股权关系复杂且不透明，关联交易频繁且异常；
- ◆ 核心主业不突出且其经营范围涉及行业过多；
- ◆ 现金流量波动受经济景气影响较大；
- ◆ 资产负债率、财务杠杆率高于行业平均水平；
- ◆ 代他人持有金融租赁公司股权；
- ◆ 被列为相关部门失信联合惩戒对象；
- ◆ 存在严重逃废银行债务行为；
- ◆ 提供虚假材料或者作不实声明；
- ◆ 因违法违规行为被金融监管部门或政府有关部门查处，造成恶劣影响；

◆ 其他对金融租赁公司产生重大不利影响的情况。

其他注意要点

申请设立金融租赁公司，应当遵守并在拟设公司章程中载明下列内容：

◆ 股东应当遵守法律法规和监管规定；

◆ 应经但未经监管部门批准或未向监管部门报告的股东，不得行使股东大会召开请求权、表决权、提名权、提案权、处分权等权利；

◆ 对于存在虚假陈述、滥用股东权利或其他损害金融租赁公司利益行为的股东，银保监会或其派出机构可以限制或禁止金融租赁公司与其开展关联交易，限制其持有金融租赁公司股权的限额等，并可限制其股东大会召开请求权、表决权、提名权、提案权、处分权等权利；

◆ 主要股东应当在必要时向金融租赁公司补充资本，在金融租赁公司出现支付困难时给予流动性支持。

金融租赁公司董事和高级管理人员实行任职资格核准制度。

金融租赁项目公司的设立

根据《中国银监会关于金融租赁公司在境内保税地区设立项目公司开展融资租赁业务有关问题的通知》（银监发〔2010〕2 号），项目公司是指金融租赁公司依照相关法律法规在境内保税地区为从事融资租赁业务而专门设立的租赁项目子公司。金融租赁公司在境内保税地区设立项目公司开展融资租赁业务首先应经银监会[1]批准取得业务资格。其可开展的业务范围包括融资租赁以及与融资租赁相关的进出口业务、接受承租人的租赁保证金、受让和转发应收租赁款、向金融机构借款、境外外汇借款、租赁物品残值变卖及处理、经济租赁等业务，以及经银监会[1]批准的其他业务；其可以购买的设备类型包括飞机（含备用发动机）、船舶、海洋工程结构物以及经银监会[1]认可的其他设备资产。

金融租赁公司设立项目公司的核心功能是为租赁双方隔离风险。从出租方角度来

[1] 现为银保监会。

看，大宗资产融资租赁可能会面临各种项目风险，如违约风险、法律纠纷等，而项目公司作为有限责任公司具有避免单个项目的风险波及金融租赁公司全部资产的作用；从承租方来看，某些情况下，在租赁过程中，若出租方发生破产清算等特殊事项，租赁的资产也将受到影响，为隔离该种风险，承租方会要求以项目公司的方式开展融资租赁业务。

此外，境内保税地区一般都有相应的税收优惠政策，通过设立项目公司可以充分利用不同地区的税收优惠政策来谋求利益的最大化，给融资租赁公司带来节税效果。

申报条件

金融租赁公司在境内保税地区设立的项目公司开展融资租赁业务资格，应具备以下条件：

- ◆ 符合审慎监管指标要求；
- ◆ 资本充足率不低于8%；
- ◆ 提足各项损失准备金后最近1个会计年度期末净资产不低于10亿元人民币或等值的可自由兑换货币；
- ◆ 具备良好的公司治理和内部控制体系；
- ◆ 具有与业务经营相适应的安全且合规的信息系统，具备保障业务持续运营的技术与措施；
- ◆ 具备开办业务所需要的有相关经验的专业人员；
- ◆ 制定了开办业务所需的业务操作流程、风险管理、内控制度和会计核算制度，并经董事会批准；
- ◆ 最近三年内无重大违法违规经营记录，或者已整改到位并经银保监会或其派出机构认可；
- ◆ 监管评级良好；
- ◆ 银保监会规定的其他审慎性条件。

申报材料

金融租赁公司申请在境内保税地区设立项目公司开展融资租赁业务资格，应向银保监会报送以下材料（一式三份）：

- ◆ 申请书；

- ◆ 可行性分析报告；
- ◆ 设立项目公司开展融资租赁的业务管理制度，必须包括对业务操作流程、风险管理、内部控制、会计核算、信息披露等内容的相关规定；
- ◆ 经办业务的有关人员名单、拟承担工作职责及简历；
- ◆ 金融租赁公司最近两年的年度审计报告；
- ◆ 董事会同意在境内保税地区设立项目公司开展融资租赁业务的决议；
- ◆ 公司对提交材料真实性及依法合规开展业务的承诺书；
- ◆ 银保监会要求提交的其他文件和资料。

其他注意要点

- ◆ 金融租赁公司申请在境内保税地区设立项目公司开展融资租赁业务资格向地市级派出机构或所在地省级派出机构提交申请，由地市级派出机构或省级派出机构受理并初步审查、省级派出机构审查并决定。决定机关自受理之日起3个月内作出批准或不批准的书面决定，并抄报银保监会。
- ◆ 取得业务资格的金融租赁公司在境内保税地区设立项目公司时，应在项目公司签订租赁合同后15个工作日内向银保监会或其派出机构报告，包括项目可行性分析报告、项目公司章程、负责该项目的人员情况、律师事务所对项目公司项下融资租赁项目或相关合同文本出具的法律意见书以及银保监会或其派出机构要求提交的其他文件和材料。
- ◆ 每个项目公司对应一份租赁合同；每个项目公司实行单独管理，单独核算。项目公司存续期间的各项收入和成本、开支应遵循租赁项目相关的合同约定。
- ◆ 金融租赁公司设立的所有项目公司的资本金之和不能超过其公司净资产（合并报表口径）的50%。

金融租赁专业子公司的设立

根据《中国银监会办公厅关于印发金融租赁公司专业子公司管理暂行规定的通知》（银监办发〔2014〕198号），金融租赁专业子公司是指金融租赁公司依照相关法律法规在中国境内自由贸易区、保税地区及境外，为从事特定领域融资租赁业务而设立的专业化租赁子公司。其中，特定领域是指金融租赁公司已开展、且运营相对成熟的融资租赁业务领域，包括飞机、船舶以及经银保监会认可的其他租赁业务领域。专业子公司的名称，应当体现所属金融租赁公司以及所从事的特定融资租赁业务领域，如国内首家专业子公司——交银航空航运金融租赁有限责任公司。

金融租赁专业子公司与项目公司相似，都具有隔离风险的作用和节税优势，但项目公司的风险隔离能力更强；项目公司以单个项目为划分，而专业子公司是以母公司经营范围内（除同业拆借和固定收益类证券投资业务）授权的某类特殊专业领域为划分，是一个真正的实体公司；金融租赁公司不能在境外设立项目公司，但专业子公司可在境外设立项目公司，为国际业务开展提供了便利；此外，专业子公司可在境外发行债券，拓宽了筹资渠道，降低了资金成本。

申报条件

金融租赁公司设立的境内专业子公司应当具备以下条件：

◆ 有符合《公司法》和银保监会规定的公司章程；

◆ 有符合规定条件的发起人；

◆ 注册资本最低限额为5 000万元人民币或等值的可自由兑换货币（该条件取消）；

◆ 有符合任职资格条件的董事、高级管理人员和熟悉融资租赁业务的从业人员；

◆ 有健全的公司治理、内部控制和风险管理体系，以及与业务经营相适应的管理信息系统；

◆ 有与业务经营相适应的营业场所、安全防范措施和其他设施；

◆ 银保监会规定的其他审慎性条件。

发起人条件

金融租赁公司申请设立境内专业子公司，应当具备以下条件：

◆ 具有良好的公司治理结构，风险管理和内部控制健全有效；

◆ 具有良好的并表管理能力；

◆ 各项监管指标符合《金融租赁公司管理办法》的规定；

◆ 权益性投资余额原则上不超过净资产的50%（含本次投资金额）；

◆ 在业务存量、人才储备等方面具备一定优势，在专业化管理、项目公司业务开展等方面具有成熟的经验，能够有效支持专业子公司开展特定领域的融资租赁业务；

- ◆ 入股资金为自有资金，不得以委托资金、债务资金等非自有资金入股；
- ◆ 遵守国家法律法规，最近2年内未发生重大案件或重大违法违规行为，或者已整改到位并经银保监会或其派出机构认可；
- ◆ 监管评级良好；
- ◆ 银保监会规章规定的其他审慎性条件。

金融租赁公司申请设立境外专业子公司，除应具备上述条件外，还应当具备以下条件：

- ◆ 确有业务发展需要，具备清晰的海外发展战略；
- ◆ 内部管理水平和风险管控能力与境外业务发展相适应；
- ◆ 具备与境外经营环境相适应的专业人才队伍；
- ◆ 经营状况良好，最近2个会计年度连续盈利；
- ◆ 所提申请符合有关国家或地区的法律法规。

其他注意要点

境内外专业子公司其他设立要求见表2-3。

表2-3 境内外专业子公司其他设立要求

条件	境内专业子公司	境外专业子公司
申请设立程序	分筹建和开业两个阶段，在收到开业核准文件并领取金融许可证后，办理工商登记，领取营业执照	由省级银行业监督管理机构批准后，再按照拟注册地国家或地区的法律法规提出申请
金融租赁公司持股比例	原则上应100%控股，有特殊情况需引进其他投资者的，金融租赁公司的持股比例不得低于51%。引进的其他投资者应符合《金融租赁公司管理办法》规定的金融租赁公司的发起人条件，且在专业子公司经营的特定领域有所专长，在业务开拓、租赁物管理等方面具有比较优势，有助于提升专业子公司的业务拓展能力和风险管理水平	无要求
董事、高级管理人员任命	在职资格核准制度	
主要负责人	原则上应由金融租赁公司的高级管理人员兼任	

内外资融资租赁公司的设立

内资融资租赁企业是指由中国境内企业或自然人依法设立的以经营融资租赁业务为主的工商企业。从审批权限来看，内资融资租赁公司由商务部和国家税务总局联合审批，具体是由各省级商务委受理后转报商务部和国家税务总局审批。自2016年4月1日起，商务部、国家税务总局将注册在自贸试验区内的内资租赁企业融资租赁业务试点确认工作委托给了各自贸试验区所在的省、直辖市、计划单列市级商务主管部门和税务局。

外资融资租赁企业是指外国公司、企业和其他经济组织（简称外国投资者）在中华人民共和国境内以中外合资、中外合作以及外商独资的形式设立从事租赁业务、融资租赁业务的外商投资企业。从审批权限来看，外资融资租赁公司由商务部授权各省、直辖市的商务委审批。

目前，内外资融资租赁公司的业务经营与监管职责已经划归银保监会。2019年4月1日，国家统计局印发的《生产性服务业统计分类（2019）》中将“融资租赁服务”界定为经中国银保监会批准的金融租赁公司及经地方金融监管部门批准的融资租赁公司的活动，这增加了未来内外资融资租赁公司将由地方金融监管部门审批的猜想，但从2020年5月26日银保监会发布的《融资租赁公司监督管理暂行办法》来看，该文件对审批和退出环节均未提及，从银保监会的答记者问可知，因目前对“是否设定、如何设定行政许可”的问题存在分歧，故本次发布的管理办法不涉及该方面内容，未来关于审批的问题将得到积极的研究，而在此期间安排了三年的过渡期，过渡期内原则上暂停融资租赁公司的登记注册。

而早在2019年就有部分地区暂停了内外资融资租赁公司的设立审批，如2019年4月17日厦门市地方金融监督管理局发函暂停受理了内外资融资租赁企业的注册。天津、深圳、厦门等地更是开展了一系列的排查整顿，对空壳公司进行了清理。正式的管理办法中也明确了地方金融监管部门要督促非正常经营类企业整改。整改验收合格的，可纳入监管名单；拒绝整改或整改验收不合格的，纳入非正常经营名录，劝导其申请变更企业名称和业务范围、自愿注销。其中，非正常经营类主要是指“失联”和“空壳”等经营异常的融资租赁公司。

“失联”是指满足以下条件之一的融资租赁公司：无法取得联系；在企业登记住所实地排查无法找到；虽然可以联系到企业工作人员，但其并不知情也不能联系到企业实际控制人；连续3个月未按监管要求报送监管信息。

“空壳”是指满足以下条件之一的融资租赁公司：未依法通过国家企业信用信息公示系统报送并公示上一年度年度报告；近6个月监管信息显示无经营；近6个月无纳税记录或“零申报”；近6个月无社保缴纳记录。

以此分析，未来内外资融资租赁公司的准入门槛将提高，审批将更为严格，这也将更好地促进融资租赁行业的健康发展。

内外资融资租赁公司审批机构见表2-4。

表2-4 内外资融资租赁公司审批机构

企业类型	原审批机构	新审批机构
内资融资租赁公司	自贸区外：商务部和国家税务总局 自贸区内：省级商务主管部门和税务局	地方金融监管部门 （目前暂停审批）
外资融资租赁公司	商务部授权的各省、直辖市商务委	

融资租赁公司的经营规则与监管

过去，我国各类融资租赁公司都由各自专门的监管部门负责监管，其中金融租赁公司由银监会监管，内资试点融资租赁公司由商务部及国家税务总局监管，外商投资融资租赁公司由商务部监管。银监会比照金融机构对金融租赁公司采取了较为严格的金融监管模式，商务部则对其监管下的内外资融资租赁公司采取了较为宽松的监管模式。这样的多头监管模式导致同属于融资租赁行业的三类公司在准入、经营规则与监管上都存在差异，相对于银监会而言，商务部对内外资融资租赁公司的管理强度较弱。

2018年5月14日，商务部将融资租赁行业的业务经营与监管职责划给了银保监会，这意味着从此三类融资租赁公司的监管部门得到了统一，融资租赁行业多头监管的时代已经过去。

从银保监会2020年5月26日发布的《融资租赁公司监督管理暂行办法》来看，银保监会对内外资融资租赁公司也比照金融租赁公司采取了较为严格的经营要求和监管方式，其中值得注意的是，租赁物的范围产生了较大的变化，原内资融资租赁公司的租赁物需为权属清晰、真实存在且能够产生收益的租赁物；原外资融资租赁公司的租赁物包括：（1）生产设备、通信设备、医疗设备、科研设备、检验检测设备、工程机械设备、办公设备等各类动产；（2）飞机、汽车、船舶等各类交通工具；（3）以上两项所述动产和交通工具附带的软件、技术等无形资产，但附带的无形资产价值不得超过租赁财产价值的二分之一。内外资融资租赁公司都未禁止以无形资产作为租赁物，并且近些年也有不少企业开展了无形资产的融资租赁业务，但新文件中采用了与金融租赁公司一样的说法，要求租赁物为固定资产，但另有规定除外。由此可见，未来融资租赁的租赁物将以固定资产为主，而“另有规定除外”则为其他租赁物留出了一定的余地，未来无形资产融资租赁业务是否能继续开展值得进一步关注。

除国家监管外，我国的金融租赁公司、外商投资融资租赁公司和内资试点融资租赁公司都分别成立了具备行业自律职能的行业协会，但这些行业自律组织各自为政，缺少行业内部交流，未能建立起统一的行业自律规范体系。

金融租赁公司的经营规则与监管

金融租赁公司的经营规则与监管规定见表 2-5。

表 2-5 金融租赁公司的经营规则与监管

项目		《金融租赁公司管理办法》规定
管理制度	会计制度	执行国家统一的会计准则和制度，真实记录并全面反映财务状况和经营成果等信息。
	内部审计	①建立健全内部审计制度，审查评价并改善经营活动、风险状况、内部控制和公司治理效果，促进合法经营和稳健发展。 ②按规定报送会计报表及银保监会及其派出机构要求的其他报表，并对所报报表、资料的真实性、准确性和完整性负责。
	外部审计	建立定期外部审计制度，并在每个会计年度结束后的 4 个月内，将经法定代表人签名确认的年度审计报告报送银保监会或其派出机构。
	资产资金管理	①按照监管规定建立资产质量分类制度。 ②按照相关规定构建资本管理体系，合理评估资本充足状况，建立审慎、规范的资本补充、约束机制。 ③建立准备金制度，在准确分类的基础上及时足额计提资产减值损失准备，增强风险抵御能力。未提足准备的，不得进行利润分配。

续表

项目		《金融租赁公司管理办法》规定	
监管指标	单一客户融资集中度	对单一承租人的全部融资租赁业务余额不得超过资本净额的30%。	特定行业可以适当调整。
	单一集团客户融资集中度	对单一集团的全部融资租赁业务余额不得超过资本净额的50%。	
	单一客户关联度	对一个关联方的全部融资租赁业务余额不得超过资本净额的30%。	银保监会可根据监管需要调整。
	全部关联度	对全部关联方的全部融资租赁业务余额不得超过资本净额的50%。	
	单一股东关联度	对单一股东及其全部关联方的融资余额不得超过该股东在金融租赁公司的出资额，且应同时满足本办法对单一客户关联度的规定。	
	同业拆借比例	同业拆入资金余额不得超过资本净额的100%。	
	资本充足率	资本净额与风险加权资产的比例不得低于银保监会的最低监管要求。	

内外资融资租赁公司的经营规则与监管

内外资融资租赁公司的经营规则与监管见表2-6。

表2-6　内外资融资租赁公司的经营规则与监管

项目		《融资租赁企业监督管理办法》规定	《融资租赁公司监督管理暂行办法》规定
管理制度	会计制度	建立健全财务会计制度，真实记录和反映企业的财务状况、经营成果和现金流量。 （注：融资租赁企业对委托租赁、转租赁的资产应当分别管理，单独建账。）	融资租赁公司对转租赁等形式的融资租赁资产应当分别管理，单独建账。 （注：转租赁应当经出租人同意。）
	风险控制体系	①建立完善的内部风险控制体系，形成良好的风险资产分类管理制度、承租人信用评估制度、事后追偿和处置制度以及风险预警机制等。 ②对融资租赁项目进行认真调查，充分考虑和评估承租人持续支付租金的能力，采取多种方式降低违约风险，并加强对融资租赁项目的检查及后期管理。	①按照全面、审慎、有效、独立原则，建立健全内部控制制度，防范、控制和化解风险，保障公司安全稳健运行。 ②根据其组织架构、业务规模和复杂程度，建立全面风险管理体系，识别、控制和化解风险。 ③融资租赁公司应当建立资产质量分类制度和准备金制度。在准确分类的基础上及时足额计提资产减值损失准备，增强风险抵御能力。

续表

项目		《融资租赁企业监督管理办法》规定	《融资租赁公司监督管理暂行办法》规定
管理制度	关联交易管理制度	①融资租赁企业在对承租人为关联企业的交易进行表决或决策时，与该关联交易有关联关系的人员应当回避。 ②融资租赁企业在向关联生产企业采购设备时，有关设备的结算价格不得明显低于该生产企业向任何第三方销售的价格或同等批量设备的价格。	①融资租赁公司应当建立关联交易管理制度，其关联交易应当按照商业原则，以不优于非关联方同类交易的条件进行。 ②融资租赁公司在对承租人为关联企业的交易进行表决或决策时，与该关联交易有关联关系的人员应当回避。融资租赁公司的重大关联交易应当经股东（大）会或董事会批准。融资租赁公司与其设立的控股子公司、项目公司之间的交易除外。
标的物管理		①按照国家法律规定租赁物的权属应当登记的，融资租赁企业须依法办理相关登记手续。若租赁物不属于需要登记的财产类别，鼓励融资租赁企业在商务主管部门指定的系统进行登记，明示租赁物所有权。 ②售后回租的标的物应为能发挥经济功能，并能产生持续经济效益的财产。 ③融资租赁企业不应接受承租人无处分权的、已经设立抵押的、已经被司法机关查封扣押的或所有权存在其他瑕疵的财产作为售后回租业务的标的物。 ④融资租赁企业在签订售后回租协议前，应当审查租赁物发票、采购合同、登记权证、付款凭证、产权转移凭证等证明材料，以确认标的物权属关系。 ⑤融资租赁企业应充分考虑并客观评估售后回租资产的价值，对标的物的买入价格应有合理的、不违反会计准则的定价依据作为参考，不得低值高买。	①按照国家法律规定租赁物的权属应当登记的，融资租赁公司须依法办理相关登记手续。若租赁物不属于需要登记的财产类别，融资租赁公司应当采取有效措施保障对租赁物的合法权益。 ②融资租赁公司应当在签订融资租赁合同或明确融资租赁业务意向的前提下，按照承租人要求购置租赁物。特殊情况下需要提前购置租赁物的，应当与自身现有业务领域或业务规划保持一致，且与自身风险管理能力和专业化经营水平相符。 ③融资租赁公司应当建立健全租赁物价值评估和定价体系，根据租赁物的价值、其他成本和合理利润等确定租金水平。 售后回租业务中，融资租赁公司对租赁物的买入价格应当有合理的、不违反会计准则的定价依据作为参考，不得低值高买。 ④融资租赁公司应当重视租赁物的风险缓释作用，密切监测租赁物价值对融资租赁债权的风险覆盖水平，制定有效的风险应对措施。 ⑤融资租赁公司应当加强租赁物未担保余值管理，定期评估未担保余值，并开展减值测试。当租赁物未担保余值出现减值迹象时，应当按照会计准则要求计提减值准备。 ⑥融资租赁公司应当加强对租赁期限届满返还或因承租人违约而取回的租赁物的风险管理，建立完善的租赁物处置制度和程序，降低租赁物持有期风险。 ⑦融资租赁公司应当严格按照会计准则等相关规定，真实反映融资租赁资产转让和受让业务的实质和风险状况。

续表

项目		《融资租赁企业监督管理办法》规定	《融资租赁公司监督管理暂行办法》规定	
监管指标	杠杆倍数	风险资产不得超过净资产总额的10倍。	风险资产总额不得超过净资产的8倍。	
	租赁资产比重	无要求	融资租赁和其他租赁资产比重不得低于总资产的60%。	
	固定收益类证券投资	无要求	开展的固定收益类证券投资业务，不得超过净资产的20%。	
监管指标	单一客户融资集中度	无要求	融资租赁公司对单一承租人的全部融资租赁业务余额不得超过净资产的30%。	银监会可根据监管需要调整。
	单一集团客户融资集中度	无要求	对单一集团的全部融资租赁业务余额不得超过净资产的50%。	
	单一客户关联度	无要求	对一个关联方的全部融资租赁业务余额不得超过净资产的30%。	
	全部关联度	无要求	对全部关联方的全部融资租赁业务余额不得超过净资产的50%。	
	单一股东关联度	无要求	对单一股东及其全部关联方的融资余额不得超过该股东在融资租赁公司的出资额，且应同时满足本办法对单一客户关联度的规定。	

新文件施行前已经设立的内外资融资租赁公司，应当在省级地方金融监管部门规定的过渡期内达到新文件规定的各项要求。原则上过渡期不超过三年，但省级地方金融监管部门可以根据特定行业的实际情况，适当延长过渡期安排。

Finance Lease

Tax and Accounting Practice & Cases

03

融资租赁的经营方式

目前，融资租赁行业已发展出多种多样的经营模式，主要包括直接融资租赁、售后回租、杠杆租赁、转租赁、联合租赁、委托租赁等。

直接融资租赁

直接融资租赁是最早出现的融资租赁模式，也是目前实务中运用最为广泛、最简单的模式，出租人利用自有资金或通过银行贷款、招股等方式在金融市场上筹措资金，根据承租企业的选择向设备制造商购买设备，然后将其出租给承租企业使用，租赁期满，设备归承租企业所有。这种方式下有出租人、承租人和供货人三方参与，至少涉及融资租赁合同和购买合同两个合同，并且不可中途解约，这是因为设备是根据承租人的需求特殊订购的，如果中途解约，出租人很难将此设备转租给其他人，将承担很大的风险。

如图 3-1 所示，直接融资租赁的流程是融资租赁公司购买由承租人指定的生产厂家的设备，在一定租赁期限内向承租人收取租金并将设备提供给承租人使用，租赁期满以后，出租人象征性地支付少量购买价款取得租赁物的所有权。对于出租人来说，这种方式下无设备库存，资金流动较快，投资效益较高；对于承租人来说，这种方式可满足其固定资产、大型设备购置，企业技术改造和设备升级的需求。

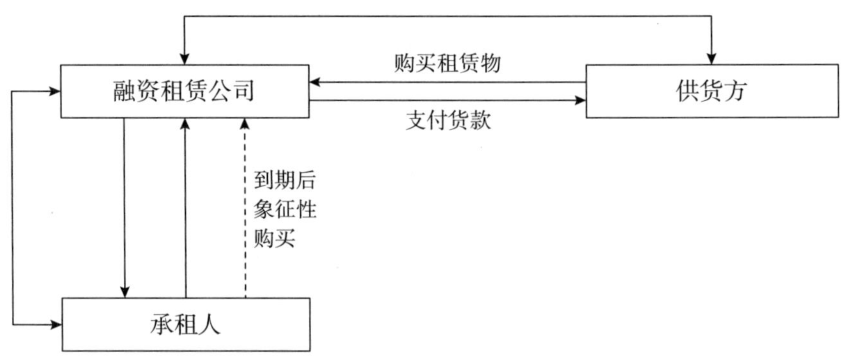

图 3-1 直接融资租赁流程

售后回租

售后回租模式始于买卖合同，设备所有人将其设备以公允价值出售给出租人，取得销售价款。然后以承租人的身份从出租人那里租回该设备，在约定的租赁期限内分期向出租人支付租金，租赁期满后付清设备残值，重新获取设备的所有权。这种方式可以帮助企业解决流动资金不足的问题，适用于具有新投资项目但自有资金不足的企业及持有快速升值资产的企业。

售后回租业务主要有以下几个特点：第一，业务具有双重性。售后回租业务集销售和融资于一体，交易双方在业务上具有双重身份。在资产的买卖合同中，资产的出售方同时也是融资租赁合同的承租人，其一方面通过销售向租赁公司转移资产所有权，获取出售该资产所应得的价款，另一方面租入资产用于生产经营，从而实现资产价值和交换价值；资产的购买方同时也是融资租赁合同的出租人，其一方面付出相应价款以获取资产的所有权，另一方面在约定的租赁期内，通过出租资产转让资产的使用权并取得租金收入，从而实现资产使用价值的再循环。第二，实物转移与价值转移相分离。在售后回租交易过程中，租赁物并不发生实物转移，只是在不同环节发生使用权和所有权的转换，因此资产始终在出售方（即承租人），出售方（即承租人）可以持续不间断地使用该项资产，而购买方（即出租人）在整个过程中只是获得了资产的所有权，取得了与资产所有权有关的风险和报酬，并未实际获得实物，因此形成了资产所有权和使用权的分离。第三，资产形态灵活转换。在售后回租模式下，出售方（即承租人）在出售资产的同时将资产回租，并不发生实际的实物交付环节，也没有改变出售方（即承租人）对资产的使用和占有，其实质是在不影响出售方正常生产经营的情况下，将流动性较差的固定资产等转换成流动资金，以提高资产的流动性和使用效率，这样不仅可以解决企业缺乏流动资金的问题，还更加有效地利用了现有资产，从而加速资金再循环，产生资本扩张效应。售后回租业务流程如图 3-2 所示。

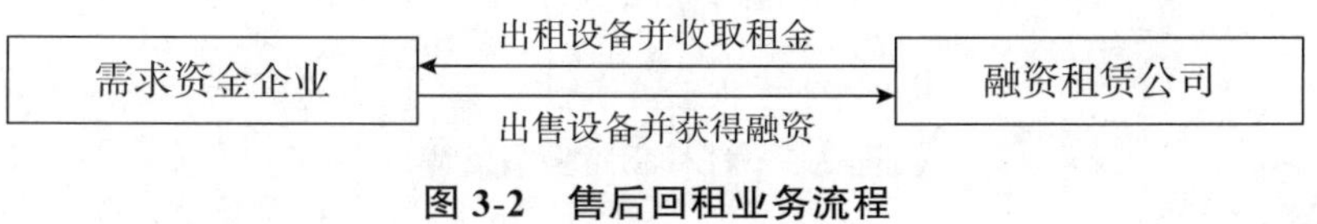

图 3-2　售后回租业务流程

杠杆租赁

杠杆租赁是一种高级形式的融资租赁，它适用于金额较大、使用寿命较长的资本密集型设备的长期租赁，如飞机、轮船、通信设备和大型成套设备等。由于设备金额较大，出租人没有能力全额支付购买价款，于是出租人（租赁公司）拿出部分资金，剩余部分通过取得银行贷款或吸收社会闲散资金来筹集，两部分资金加在一起用来购买承租人所需的资产，并交由承租人使用，承租人取得租赁资产的使用权，并定期支付租金，通过这种方式的杠杆作用，融资租赁公司实现了以少量资金撬动巨额收益。通常出租人自己拿出 20% ～ 40% 的资金，这部分资金一般由融资租赁公司专门为该项目成立的资金管理公司提供，出租人享有物件的所有权，剩余的 60% ～ 80% 的资金通过银行等金融机构提供无追索权的贷款，但同时也需要出租人以租赁设备作为抵押、以转让租赁合同和收取租金的权利作为担保。

通常，杠杆租赁至少涉及设备供应方、出租方、承租方和贷款方四方当事人，涉及买卖合同、租赁合同、借款合同和担保合同四个合同，一般都会获得减税及信贷优惠。该租赁模式的流程如图 3-3 所示。

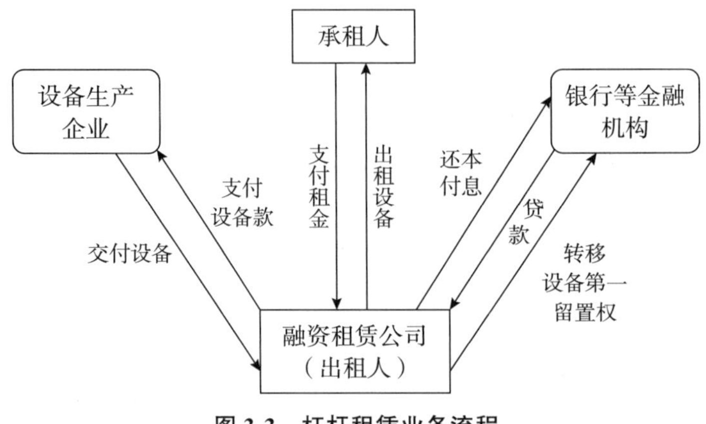

图 3-3　杠杆租赁业务流程

转租赁

中国人民银行 2000 年发布的《金融租赁公司管理办法》将转租赁定义为“以同一物件为标的物的多次融资租赁业务。在转租赁业务中，上一租赁合同的承租人同时又是下一合同中的出租人，称为转租人。”转租人从其他出租人处租入租赁物件再转租给第三人，转租人以收取租金差为目的，租赁物品的所有权归第一出租人。

在转租式融资租赁中，转租人需签订两个合同：一个是作为承租人与租赁公司签订的租赁合同，另一个是作为出租人与第二承租人签订的租赁合同。一般情况下，这两个合同的租赁物和租赁期限是相同的，租赁期满后租赁物的归属约定也是一致的，如遇特殊情况，要求第二个合同的租赁结束时间不得晚于第一个合同。第一出租人可以是境内租赁公司也可以是境外租赁公司，第二出租人为境内的租赁公司，对于第二承租人来说，租赁物要经历两次租赁过程才会到其手中，所以其所承受的租金往往会比较高，所以，转租赁这种方式一般适用于企业迫切需要国外先进的设备和技术，而境外出租人只有通过境内出租人才能使租赁物进入国内租赁市场的情况。转租赁业务流程如图 3-4 所示。

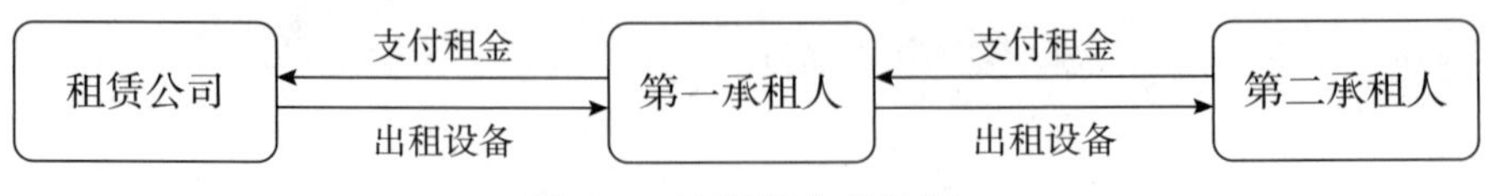

图 3-4　转租赁业务流程

联合租赁

联合租赁是从直租中衍生出来的一种特殊融资租赁形式。对于巨额融资租赁项目，出租人 A 出于对自身的融资能力、资本结构及租赁风险等方面的考虑，与其他具有租赁资格的机构共同作为联合出租人，以融资租赁的形式将设备租赁给承租企业。在该过程中，出租人 A 负责审查租赁项目，但对于通过的项目只做部分融资，其余部分则由与其建立合作关系的出租人 B 承担，双方达成合作意愿后签订《联合租赁协议书》共同作为出租人，这样就构成了联合租赁。出租人 A 的合作伙伴一般为租赁公司、财务公司或其他具有租赁资格的机构。

联合租赁中，承租人只跟出租人 A 打交道。出租人 A 负责审查项目、准备合同、联系其他出租人等事务；其他出租人按《联合租赁协议书》的约定付给出租人 A 一定的费用。各出租人按各自出资比例分配租金收入，如果出现风险，同样也按出资比例共同承担，通过联合租赁，出租人 A 和出租人 B 共担风险、共享利益。2014 年 11 月农银金融租赁有限公司与汇众（天津）融资租赁有限公司在天津签署了《战略合作协议》，双方将在海洋工程装备领域建立长期战略合作关系，这就是典型的联合租赁模式。联合租赁业务流程如图 3-5 所示。

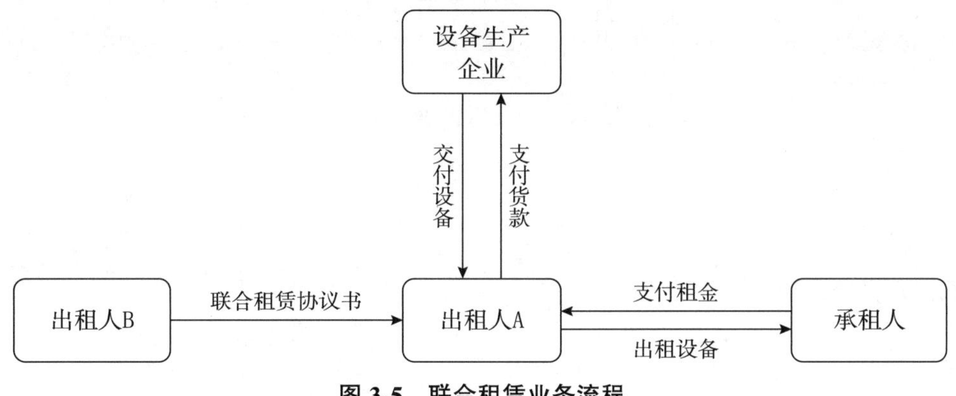

图 3-5 联合租赁业务流程

委托租赁

委托租赁是指具有融资租赁业务资格的租赁公司作为出租人，接受委托人的资金或租赁标的物，根据委托人的书面委托，向委托人指定的承租人办理的融资租赁业务。这一经济活动的实现是建立在委托人对受托人的信任基础上的，它可分为资金委托租赁和设备委托租赁两种方式。其业务流程如图 3-6 所示，具体是资金或租赁标的物拥有者与租赁公司签订《委托租赁资金协议》，委托租赁公司与指定的承租人签订《融资租赁合同》，承租人按合同约定支付租金，租赁公司只从中收取手续费，剩余部分交给委托人，租赁期内租赁物所有权归委托人所有，租赁公司不承担项目风险，租赁期结束后，租赁物所有权可以转移给承租人，也可以不转移给承租人。因为租赁公司不承担风险，所以租赁项目如果没有建立良好的风险防范处理体系，将无法得到委托人的信任。目前委托租赁多应用于风险较低的大型租赁项目，这种模式不仅可以使无融资租赁经营权限的企业实现融资租赁，也可以使融资租赁公司实现与投资机构、优势企业合作进行租赁投资。

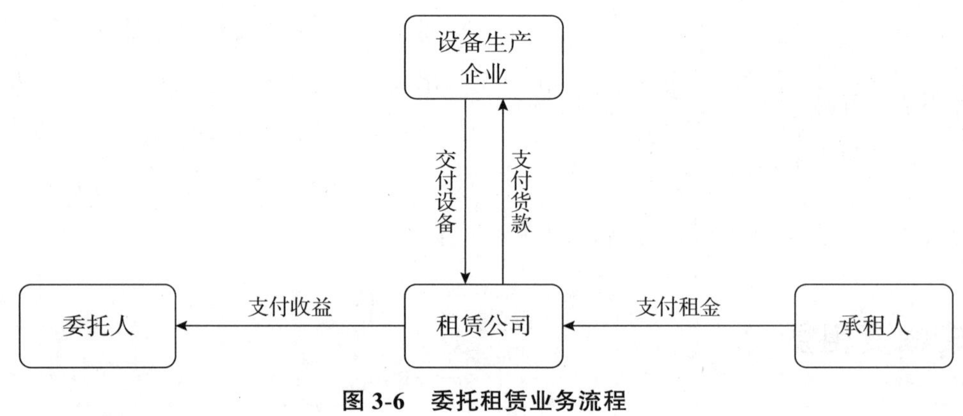

图 3-6　委托租赁业务流程

项目融资租赁

项目融资租赁是一种在直租基础上发展出来的创新、灵活的融资租赁业务，租赁标的物从设备等固定资产延伸到整个工程项目，承租人以项目未来的收益和项目自身的资产价值为保证，与出租人签订《项目融资租赁合同》。出租人对承租人项目以外的财产和收益无追索权，租金的收取视项目的现金流量和收益而定，因此，相较于直租业务，项目融资租赁的出租人要承担更大的风险。

供应商利用自己控股的租赁公司采取这种方式来推销产品，扩大市场份额。项目融资租赁可以按项目收益的百分比收取租金，并非固定租金，而是或有租金。在租赁期内，双方共同承担风险、共同分享收益，租赁期满，项目所有权转移给承租人。

销售式租赁

销售式租赁方式的出现主要是为了满足生产商或流通部门的促销需求，在这种融资租赁模式下，租赁公司归属于设备供应商或被设备供应商控股，二者实际上是一家，但属于两个独立的法人。依托于供应商，租赁公司可以为客户提供设备的维修及保养等多方面服务，作为一个融资、贸易和信用的中介机构，租赁公司自主承担租金回收的风险，承租人最终拥有租赁设备所有权，形式上与分期付款类似。在这种销售式租赁中，通过综合的或专门的租赁公司采取融资租赁方式，配合制造商促销产品，可减少制造商应收账款和三角债的发生，有利于分散银行风险，促进商品流通。目前工业发达国家很多大型厂商、跨国公司都有附属的租赁公司，而在中国这一模式才刚刚起步，相信未来发展潜力巨大。

抽成融资租赁

抽成融资租赁又称收益百分比融资租赁。这种模式的特点是：承租人的租金并不固定，而是通过评估承租人的盈利能力，由承租人先支付一部分租金，剩余的租金按照承租人营业收入的一定比例抽成。具体的抽成比例比较灵活，由承租人和出租人根据实际生产状况协商确定。这种租赁方式适用于对回笼期较长但现金流稳定且具有一定垄断性的项目。

风险融资租赁

风险融资租赁是融资租赁与风险投资相结合的产物，它给风险投资套上传统融资租赁的外壳，将融资租赁的优势与风险投资的风险收益性有机地结合起来。与传统融资租赁相比，这种模式可将租赁债权转换成股权，对承租人的生产经营决策产生影响，并获得股东权益收益。出租人以租赁债权和投资方式将设备出租给承租人，以获得租金和股东权益收益作为投资回报，在这种交易中，出租人的主要回报仍是租金，一般为全部投资的 50%，其次是设备的残值回报，一般不会超过 25%，这两项收益相对比较安全可靠。其余部分按双方约定，在一定时间内以设定的价格兑现承租人的认股权证来获得普通股权。实际上是以承租人的部分股东权益作为出租人的租金的新型融资租赁形式。这种租赁方式为高科技、高风险产业开辟了一种吸引投资的新渠道，促进了这类产业的发展。

结构式参与融资租赁

结构式参与融资租赁融合了上述新型融资租赁方法的创新点，由注资、还租和回报三个阶段构成。注资阶段的资金注入方法与传统融资租赁并无差异；还租阶段将项目现金流量按一定比例在出租人和承租人之间分配，例如 70% 分配给出租人，用于还租，30% 由承租人留用；回报阶段是指在租赁成本全部冲减完以后，出租人在一定年限内享有资金回报，回报额按现金流量的比例提取。回报阶段结束，租赁物件的所有权归承租人，整个融资租赁过程结束。

这种租赁方式适用于初期信用等级不够，不足以采用其他途径（包括简单融资租赁）融入资金的企业及其项目，但项目的中远期效益肯定看好，足以偿还所融入资金的本金和利息，例如效益较好的基础设施项目。这样的项目要取得成功，就需要出租人做大量的前期工作，并在项目的执行过程中提供全面的服务。

捆绑式融资租赁

捆绑式融资租赁又称三三融资租赁。是指承租人的首付金不低于租赁标的价款的 30%，厂商在交付设备时并不收取全部价款，而是只收取 30% 左右的货款，余款在不低于租赁期限一半的时间内分批支付，而租赁公司的融资额度有差不多 30% 即可。这样，厂商、出租人、承租人各承担一部分风险，利益“捆绑”在一起，以改变以往那种所有风险由出租人一力承担的局面。

综合性租赁

综合性租赁是租赁与其他贸易方式相结合的租赁方式，按照结合方式的不同，大体可分为以下几种：第一种是租赁与补偿贸易相结合，这种方式是指出租人把设备租赁给承租人，承租人用租赁设备所生产的产品来偿付租金；第二种是租赁与加工装配贸易相结合，这种方式是指出租人将设备租赁给承租人并提供原材料和零部件，由承租人进行加工装配，将成品交付租赁公司或指定第三人，以加工装配产品的工本费作为租金；第三种是租赁与包销相结合，这种方式是出租人提供设备和原材料，承租人将生产的产品交给出租人包销，将包销所得的一部分用于支付租金。这种模式的优点是可以减少承租人的支出，扩大租赁双方的贸易往来，促进贸易与融资租赁的共同发展。

主租赁

主租赁又称活期租赁，是一种活期的（open-ended）租赁方式，承租人在整个租赁期内不仅可以租用目前所需设备，还可根据今后需要，以同样的租赁条件和规定（租金除外）租用新的设备，而无须签订新的租赁合同，在整个租期内，出租人有责任向承租人提供先进的设备，其数量可根据实际需求有所不同，租赁期限基本与设备使用年限差不多。这种形式类似于银行放贷的授信额度，可以避免重复性地办理手续，提高业务效率，方便租赁双方，适用于使用数量较多的机器设备，如卡车、计算机及其配件等。

通过对比上述传统融资租赁模式和新型融资租赁模式，我们可以发现，创新的融资租赁模式无一例外都是在做传统融资租赁出于各种原因不愿意做的事，承担着传统租赁不肯承担的责任和风险，对出租人而言，他们正由原来的债权式租赁向债权与投资相结合的操作模式转变；对承租人而言，融资租赁则正从“保持距离型融资”方式向“控制导向型融资”方式转变。这些新的方式更加有服务意识，积极为承租人做好租后服务，力求实现双赢。它们的出现得益于法律和信用环境的完善、税收政策的调整和整个行业的蓬勃发展。除上述列举的模式外还有其他的方式在不断涌现，未来将会有更多创新的融资租赁模式出现在人们的视野中。

04
融资租赁的定价原理

融资租赁定价的基本原则

任何产品的价格都要在考虑自身主要目标的基础上，遵循一定的原则确定。融资租赁定价的基本原则可以总结为以下几点。

成本是价格下限原则

成本是任何产品定价都应考虑的基础因素，是企业核算经济利益的盈亏临界点。任何产品定价都应至少能补偿产品成本，对于融资租赁来说，租金收入是其实现利润的主要手段，合理的租金定价必须保证租金收入大于等于设备的购置成本（包括设备购置成本、融资成本及费用）与融资租赁公司目标利润之和。因此，融资租赁公司在确定租金价格时，须保证以相关成本为下限，并在补偿成本的基础上有一定的利润空间，这是维持融资租赁公司正常经营的基本前提。在融资租赁的定价实践中，成本往往是各组成部分中最不可缺少的一部分，成本是价格下限原则也是定价的最基本原则。

利润最大化原则

对于融资租赁公司来说，租金定价补偿相关成本、费用仅能保证公司不发生亏损，而实现利润最大化才是融资租赁公司经营所追求的首要目标。因此，融资租赁公司在定价时，应在遵守成本是价格下限的原则基础上，尽可能实现利润最大化。这里所说的利润最大化仅是个原则，在实际操作中可根据企业自身规模、市场定位等实际情况灵活运用，比如有些企业追求最大化的利润额，而有些企业追求最大化的利润率；有的企业注重短期利润最大化，而有的企业注重长期利润最大化。这些都取决于自己的目的，尤其是企业决策者的喜好及企业所处的市场环境。

提高市场占有率原则

近几年，中国融资租赁行业规模的极速扩张带来了日益激烈的市场竞争，融资租赁公司的生存和发展壮大都需要一定的市场份额作为支撑，任何行业的市场领导者都拥有很高的市场占有率，对于融资租赁公司而言，这是衡量其综合实力的重要指标。而租金恰恰会对企业的市场占有率产生影响，在其他各方面条件无明显差别的情况下，客户必然会选择价格较低的公司，除非价格较高的公司所提供的产品或服务无法被竞争对手复制，客户承认其价值并愿意为之埋单。所以，融资租赁公司在定价时，不仅要纵向考虑价格的各组成部分，还要横向考虑市场竞争者的定价，衡量自身在众多竞争者中所处的位置，不能为实现利润最大化而盲目定高价。

控制租金回收风险原则

融资租赁作为一种带有金融性质的业务，类似于银行贷款，融资租赁公司要承担客户的信用风险以及市场利率的风险，租赁的利率很大一部分被认为是投资风险的回报。如果租金的回收出现了问题，融资租赁公司将付出巨大的追讨成本和操作成本，即便如此，也未必得到满意的追讨结果，这往往会使融资租赁公司遭受重大的损失。所以，融资租赁公司在经营管理过程中应将风险控制在最小限度内。在实际操作中，要严格做好对各环节的审批，运用合理的定价方法以确保租金的回收。一般来说，风险越大，越需要有较高的回报作为补偿，但过高的租赁利率又会增加客户的负担，有时反而会加大客户违约的可能性，使之无法按约定归还租金。

这一原则较前三个原则而言，考虑的因素要复杂得多，理论上说，融资租赁公司应首先对承租人进行全面的尽职调查，在把握客户信用、还租能力及市场动态的基础上运用科学的定价模型制定出与某笔交易的风险相匹配的租金价格。

租金价格的构成要素

要掌握并运用好租金定价原理，首先要了解各计算公式中各构成要素的含义、它们之间的关系及其对租金计算结果的整体影响，然后将这些构成要素有机结合起来。租金价格的构成要素主要有以下几项。

本 金

本金（principal value）是指承租人需要占用出租人以租赁物件为标的的资金，是计算租金的基数，包括租赁物购置离厂（岸）价、运输费、进口关税、各种保险费用、银行费用和担保费等，有时还包括对融资租赁设备的安装调试费。在租赁合同签约前，如果除设备购置价款以外的费用由出租人承担，则可将其中不确定的费用估算出来计入本金，待承租人验收确认租赁物后，根据实际签订的合同，将估算本金调整为实际本金并据此计算实际租金，而租赁物的价格一般根据当时的市场价格确定。本金的增加会导致每期租金和租金总收入的增加。

利 率

利率（interest rate）是指承租人占用出租人资金的使用费率，是测算或商定的利率。在资本市场上，利率的种类有很多，在同一时期，因条件和来源不同有很大差别。

按时间长短可分为短期利率和长期利率。以一年为分界线，期限在一年以内的利率为短期利率，国内融资使用的短期利率是中国人民银行公布的贷款基准利率（SHBOR）加上一个利差，国际融资使用的短期利率一般为伦敦银行同业拆借利率（LIBOR）加上一个利差。伦敦同业拆借利率（LIBOR）是规模较大的国际银行愿意向同类银行借贷时的利率，它是在伦敦银行内部交易市场上的商业银行对存于非美国银行的美元进行交易时所涉及的利率。短期利率一般用于融资租赁宽限期内的利息计算。与此相反，期限在一年以上的利率为长期利率。

按利率是否可以变动可分为固定利率和浮动利率。固定利率是指租赁双方在签订融资租赁合同时就定好固定的利率值，执行合同时，每期租金计算都以这一固定利率为基础而不发生变动；浮动利率是指利率在整个租赁期内随期数变动，每期只能确定当期的合同执行利率，下一期的利率需要在本期结束后重新确认，计算时无法像固定利率那样实现一次性完成，但租赁双方会在签订租赁合同时约定浮动利率的计算方法，因为这关系到双方的利益。浮动利率将利率风险转嫁到了承租人身上，并可根据承租人还租能力灵活确定本金的偿还和还租期数，但会增加后续管理的难度。目前，已有金融租赁公司在新增合同中按照 LPR 浮动利率机制定价，但由于 LPR 定价模式有别于长久以来的操作习惯，承租方对其认知需要过程，且在财务管理方面承租方也要面对更大的难度，故客户接受度和配合度普遍较低。利率的高低与每期租金成正比，是承租人在业务谈判中最关心的内容，也是其做最终决策要考虑的重要因素，他们希望通过争取较低的利率来降低其融资成本。

融资租赁企业的利率政策通常由信用管理部门负责制定，该部门还要根据银行信息、市场变动情况、宏观经济形势、公司经营情况等因素适时地调整利率。对于出租人来说，利率种类的选择，出于不同考虑会有不同做法，如出于风险考虑，一般选用与融资利率相同的利率种类。对于承租人来说，通常在利率水平较高且预计未来利率呈下降趋势时更愿意选择浮动利率，而在利率水平较低且预计未来利率呈上升趋势时更愿意选择固定利率。出租人在制定利率政策时，除考虑融资成本外，还会考虑承租人的还租信用，最终的利率报价一般高于市场利率。

还租期数

还租期数（number of terms）是指租赁期间租金结算或还款的次数。一般有每月支付一次、每季度支付一次、每半年支付一次及每年支付一次等几种情况，每期的租赁利率为按年支付的年利率除以还租期数，这一利率为名义利率，并非承租人实际负担的利率，实际利率要高于名义利率。有些国家会对还租期数有相关的规定，如规定政府参与的租赁项目每个季度偿还一次租金。承租人在资金压力较大时通常希望通过延长租期，增加还租期数来降低每期租金，但这样会导致实际利率大幅上升，租金总额也会随之增加。在租赁期一定的情况下，还租期数越多，每期租金就越少，但租金总额会越多。出租人通常希望缩短还租期以降低资金回收的风险，但这样会增加承租人的还租负担，反而会使资金回收变得困难。因此，最终还租期数的设定要综合考虑租赁双方的情况，由双方协商确定，同时，它也受租赁物使用寿命、法定折旧年限以及项目可行性报告财务分析中的投资回收期等因素的限制。

资产余值

资产余值（future value）是指融资租赁合同中预计租赁期结束时，预留的剩余融资成本的未来价值。经营性融资租赁在租赁期结束时会对租赁物以留购、退租或续租等方式进行处理，此时租赁余值为其提供了价值依据。计算租金时需要将这部分余值按租赁的利率和最后一期期数折算成现值从本金中扣除。

资产余值是租赁双方事先按照法律依据，在租赁开始日预先约定的一种融资余值，它与会计核算中的残值的定义有本质上的区别。它是根据物件折旧年限与租期的差额占折旧年限的比例乘以本金计算出来的，而不是租赁物本身的公允价值或财务上折旧后的残值，租赁期结束时，如果资产余值低于租赁物的公允价值，承租人可以优先按资产余值购买，否则承租人可以放弃这个权利。在简单融资租赁中，租赁期大于等于法定折旧年限，租赁期结束时没有资产余值，不存在留购、退租或续租的问题；而在经营性融资租赁（见第一章融资租赁发展的六个阶段）中，资产余值是承租人留购的作价依据，续租的本金。资产余值越大，每期租金就越少，但在资产余值不变情况下，租金总额会因租赁余值的折现率、期数的增加而增加。

当租赁结束时，承租人对余值的处理有选择权，有时为了保护出租人的利益，防止租赁物在租赁期内被过度耗用或发生损坏，会对这部分余值提供担保，这就是担保余值。担保方可能是承租人、与承租人有关的第三方以及与出租人和承租人均无关系、但在财务上有能力提供担保的第三方；有时，担保人对资产余值并不提供全额担保，没被担保的部分就是未担保余值。这也就是新租赁准则中所说的担保余值和未担保余值。

先付与后付

除了以上各租金构成要素对租金会产生影响外，租金的支付方式也会对租金产生影响。支付方式有起租即付（先付）和到期付款（后付）之分。先付是指在每期期初付款，即起租时首次支付租金，以后各期期初按期还租。后付是指每期期末付款，即起租后第一期期末开始还租，以后各期期末按期还租。由于先付方式占用本金的时间较后付方式短一期，因此在其他租赁条件不变的情况下，其每期租金和租金总额比后付方式要少。

融资租赁的基本定价方法

基于融资租赁定价的四个基本原则，我国融资租赁公司现行的定价方法主要有成本导向法和市场导向法两种。

成本导向法

融资租赁成本导向定价法的主要原理就是使租金价格能够弥补融资租赁公司提供租赁服务的成本，并获得一定的利润，从出租人的角度来说，每期从承租人处收取的租金由以下几个部分构成：（1）租赁物的成本；（2）融资产生的利息费用；（3）融资租赁的服务手续费；（4）出租人收取的必要利润。租金的计算和支付方式是由出租人和承租人双方协议商定的，其成立的条件是得到双方的满意和认可。即：

融资租赁租金定价 = 租赁物成本 + 利息费用 + 租赁服务手续费 + 预期利润

租赁利率 = 融资利率 + 利差

其中，租赁物成本包括设备的购置成本、运输费、进口关税、各种保险费用、担保费用及调试安装费等；利息费用是指出租人为购买租赁标的物向银行贷款而支付的利息，该利息按基准利率上浮一定比例的复利计算；租赁服务手续费是指出租人在融资租赁过程中所产生的营业费用，包括业务人员工资、办公费、差旅费等，它通常金额较小并在租赁期初一次性支付，不计算利息；预期利润是指出租人将租赁物租赁给承租人使用预期可获得的利润。租赁利率为融资利率与利差的合计数，融资利率为出租人从银行取得资金所支付利息的利率，利差为出租人向承租人收取租金的利率与向银行支付利息的利率的差额。

如果是委托租赁业务，或是无追索的融资租赁债权直接保理融资，由于融资租赁公司不承担风险，融资租赁公司除了按委托方或与资金提供方商定的融资利率收取融资租赁本息外，不会增加利差，一般只按购置成本或租赁总额的大小收取一定比率的租赁服务手续费，通常为 0.5% ～ 3%。

在融资租赁交易中，具体的租金偿付方式灵活多样，租金的计算需要综合考虑出租人和承租人的具体情况，确保出租人收取租金大于等于出租人项目初始成本、贷款利息费用、服务费、风险控制成本与期望收益之和，小于承租人项目运营期间营业净现金流量总额。最常见的租金偿还模式有等额年金法和等额本金法两种。

（1）等额年金法是指每期租金额相同的租金偿还模式。通常前期租金中租赁利息的比例较大，本金比例较小，还款期限过半后逐渐转为本金比例大、利息比例小，这种租金支付方法所支付的利息要高于等额本金法。计算公式为：

$$R=\frac{P(i+r)}{1+(i+r)k-\dfrac{1}{(1+i+r)^{n-k}}}$$

式中，R——每期支付租金；

P——标的物总金额（本金）；

r——贷款利率；

i——租赁利差；

n——租赁期。

其中，k=1 时，是先付租金方式；k=0 时，是后付租金方式。如果是先付租金，第一期支付租金时的现金流出为每期支付的租金 + 租赁手续费；若为后付租金，则在租赁期初支付租赁手续费。租金 R 中，每期利息为剩余本金 ×（$r+i$），每期本金为 R- 每期利息。

（2）等额本金法是指每期租金额不同的租金偿还模式。每期应归还本金为标的物的总金额除以总的租赁期数（即等额本金），每期的利息费用和所获利润则按照前一期的剩余本金作为基数乘以租赁利率计算。每期支付的租金是这两部分相加的结果。这种支付方法第一期租金最高，之后逐月减少，所支付的总利息要比等额年金方式少，但前期的还租压力较大，适合当前有足够能力支付租金的承租人。其计算公式如下：

先付租金：$R=\frac{P}{n}+\frac{P(r+i)(n-k)}{n}$

后付租金：$R=\frac{P}{n}+\frac{P(r+i)(n-k+1)}{n}$

式中，k——当前期数。其他符号含义同前。

如果是先付租金，第一期支付租金时的现金流出为每期支付的租金 + 租赁手续费；若为后付租金，则在租赁期初支付租赁手续费。租金 R 中，每期利息为 $\frac{P(r+i)(n-k)}{n}$，每期本金为 $\frac{P}{n}$。

下面举例说明这两种付款方法的计算。

案例 4-1

等额年金及等额本金两种定价模式下每期租金的确定

某融资租赁公司 2014 年 1 月以直租方式出租 100 套生产设备，设备总价款共计 5 000 万元，租赁期限为 3 年，每季度最后一天支付一次租金，共 12 期。手续费为融资金额的 2.5%，放款前一次性支付租赁手续费人民币 1 250 000 元。放款前一次性支付租赁保证金人民币 2 500 000 元，保证金不计利息。公证费按每套 0.15 万元收取，贷款利率为 6%，租赁利率为 2.5%，在承租公司付清租金等款项后，上述 100 套设备由公司按名义价格 10 000 元人民币购回所有权。（假设每季度天数相等。）

（1）在后付等额年金的方式下，每期租金 R 为：

$$R=\frac{500\ 000\ 00\times(6\%+2.5\%)/4}{1-\frac{1}{(1+\frac{6\%+2.5\%}{4})^{12}}}=4\ 764\ 350.26（元）$$

第一期：R=4 764 350.26 元

其中：利息 =50 000 000×（6%+2.5%）/4=1 062 500（元）

本金 =4 764 350.26−1 062 500=3 701 850.26（元）

第二期：R=4 764 350.26 元

其中：利息 =（50 000 000−3 701 850.26）×（6%+2.5%）/4=983 835.68（元）

本金 =4 764 350.26−983 835.68=3 780 514.58（元）

……

依此类推。

首次付款总额的计算过程如下：

租赁保证金 + 服务手续费 + 公证费 =2 500 000+1 250 000+150 000=3 900 000（元）

租赁期结束后承租人以 10 000 元留购设备。

假设从第 1 期开始偿还本金，该融资租赁公司的收入测算表见表 4-1。

表 4-1 收入测算表（1） 单位：元

期数	支付时间	剩余租赁本金	租金收入	本期收回本金	本期收回利息
0	2014/1/1	50 000 000.00			
1	2014/3/31	46 298 149.74	4 764 350.26	3 701 850.26	1 062 500.00
2	2014/6/30	42 517 635.16	4 764 350.26	3 780 514.58	983 835.68
3	2014/9/30	38 656 784.65	4 764 350.26	3 860 850.51	903 499.75
4	2014/12/31	34 713 891.06	4 764 350.26	3 942 893.59	821 456.67
5	2015/3/31	30 687 210.99	4 764 350.26	4 026 680.07	737 670.19
6	2015/6/30	26 574 963.96	4 764 350.26	4 112 247.03	652 103.23
7	2015/9/30	22 375 331.69	4 764 350.26	4 199 632.28	564 717.98
8	2015/12/31	18 086 457.22	4 764 350.26	4 288 874.46	475 475.80
9	2016/3/31	13 706 444.18	4 764 350.26	4 380 013.04	384 337.22
10	2016/6/30	9 233 355.86	4 764 350.26	4 473 088.32	291 261.94
11	2016/9/30	4 665 214.41	4 764 350.26	4 568 141.45	196 208.81
12	2016/12/31	—	4 764 350.26	4 665 214.41*	99 135.85*
	租赁物选择权		10 000.00		
合计			57 182 203.12	50 000 000.00	7 172 203.12

* 做尾数调整：4 665 214.41=4 665 214.41−0，99 135.85=4 764 350.26−4 665 214.41。

根据已有数据填列下面的融资租赁方案确认表（见表 4-2）。

表 4-2 融资租赁方案确认表（1） 金额单位：万元

承租人名称	×× 有限公司				
租赁物清单	设备名称		型号	数量（套）	单价
	×× 设备			100	50
设备总价款	5 000			租赁期限（年）	3
设备留购价	1			租金支付方式	☑ 期末等额年金
					□期末等额本金
租赁利差	2.5%	贷款利率	6%	每期应付租金	4 764 350.26 元
1. 租赁保证金	设备总价款 ×5%			250	
2. 融资金额	设备总价款			5 000	

<table>
<tr><td>3. 手续费</td><td colspan="2">融资金额 ×2.5%</td><td>125</td></tr>
<tr><td rowspan="5">4. 保险费</td><td rowspan="5">保险名称</td><td>A.</td><td>无</td></tr>
<tr><td>B.</td><td>无</td></tr>
<tr><td>C.</td><td>无</td></tr>
<tr><td>D.</td><td>无</td></tr>
<tr><td>第一年保险合计</td><td>无</td></tr>
<tr><td>5. 保险总计</td><td colspan="2">第一年保险合计 × 租赁期限</td><td>无</td></tr>
<tr><td>6. 公证费</td><td colspan="2">按 0.15 万元 / 套收取</td><td>15</td></tr>
<tr><td colspan="3">首次付款总额小计 =1+3+5+6</td><td>390</td></tr>
<tr><td colspan="4">本表所列首次付款金额为预算数据，实际应以《融资租赁合同》为准，若贵公司已按此表所列向我公司支付款项，我公司将按《融资租赁合同》的数据多退少补。</td></tr>
</table>

业务代表（签章）		融资代表（签章）		承租人（签章）	

（2）在后付等额本金的方式下，每期租金 *R* 为：

第一期：$R=\frac{50\ 000\ 000}{12}+\frac{50\ 000\ 000\times(\frac{6\%+2.5\%}{4})\times(12-1+1)}{12}=5\ 229\ 166.67$（元）

其中：本金 $=\frac{50\ 000\ 000}{12}=4\ 166\ 666.67$（元）

利息 =5 229 166.67−4 166 666.67=1 062 500（元）

第二期：$R=\frac{50\ 000\ 000}{12}+\frac{50\ 000\ 000\times(\frac{6\%+2.5\%}{4})\times(12-2+1)}{12}=5\ 140\ 625.00$（元）

其中：本金 $=\frac{50\ 000\ 000}{12}=4\ 166\ 666.67$（元）

利息 =5 140 625.00−4 166 666.67=973 958.33（元）

……

依此类推。

首次付款总额的计算过程如下：

租赁保证金 + 服务手续费 + 公证费 =2 500 000+1 250 000+150 000=3 900 000(元）

租赁期结束后承租人以 10 000 元留购设备。该融资租赁公司的收入测算表见表 4-3。

表 4-3　收入测算表（2）　　单位：元

期数	支付时间	剩余租赁本金	租金收入	本期收回本金	本期收回利息
0	2014/1/1	50 000 000.00			
1	2014/3/31	45 833 333.33	5 229 166.67	4 166 666.67	1 062 500.00
2	2014/6/30	41 666 666.67	5 140 625.00	4 166 666.67	973 958.33
3	2014/9/30	37 500 000.00	5 052 083.33	4 166 666.67	885 416.67
4	2014/12/31	33 333 333.33	4 963 541.67	4 166 666.67	796 875.00
5	2015/3/31	29 166 666.67	4 875 000.00	4 166 666.67	708 333.33
6	2015/6/30	25 000 000.00	4 786 458.33	4 166 666.67	619 791.67
7	2015/9/30	20 833 333.33	4 697 916.67	4 166 666.67	531 250.00
8	2015/12/31	16 666 666.67	4 609 375.00	4 166 666.67	442 708.33
9	2016/3/31	12 500 000.00	4 520 833.33	4 166 666.67	354 166.67
10	2016/6/30	8 333 333.33	4 432 291.67	4 166 666.67	265 625.00
11	2016/9/30	4 166 666.67	4 343 750.00	4 166 666.67	177 083.33
12	2016/12/31	—	4 255 208.33	4 166 666.67	88 541.67
	租赁物选择权		10 000.00		
合计			56 916 250.00	50 000 000.00	6 906 250.00

根据已有数据填列下面的融资租赁方案确认表（见表 4-4）。

表 4-4　融资租赁方案确认表（2）　　金额单位：万元

承租人名称	×× 有限公司					
租赁物清单	设备名称		型号		数量（套）	单价
	×× 设备				100	50
设备总价款	5 000			租赁期限（年）		3
设备留购价	1			租金支付方式		□期末等额年金
						☑ 期末等额本金
租赁利差	2.5%	贷款利率	6%	每期应付租金		不等额
1. 租赁保证金	设备总价款 ×5%			250		
2. 融资金额	设备总价款			5 000		
3. 手续费	融资金额 ×2.5%			125		

<table>
<tr><td rowspan="5">4. 保险费</td><td rowspan="5">保险名称</td><td>A.</td><td>无</td></tr>
<tr><td>B.</td><td>无</td></tr>
<tr><td>C.</td><td>无</td></tr>
<tr><td>D.</td><td>无</td></tr>
<tr><td>第一年保险合计</td><td>无</td></tr>
<tr><td>5. 保险总计</td><td colspan="2">第一年保险合计 × 租赁期限</td><td>无</td></tr>
<tr><td>6. 公证费</td><td colspan="2">按 0.15 万元 / 套收取</td><td>15</td></tr>
<tr><td colspan="3">首次付款总额小计 =1+3+5+6</td><td>390</td></tr>
<tr><td colspan="4">本表所列首次付款金额为预算数据，实际应以《融资租赁合同》为准，若贵公司已按此表所列向我公司支付款项，我公司将按《融资租赁合同》的数据多退少补。</td></tr>
</table>

业务代表（签章）		融资代表（签章）		承租人（签章）	

案例 4-2

LPR 浮动利率下等额年金及等额本金定价模式每期租金的确定

某融资租赁公司 2020 年 1 月以直租方式出租 100 套生产设备，设备总价款共计 5 000 万元，租赁期限为 3 年，每半年支付一次租金，共 6 期。手续费为融资金额的 2.5%，放款前一次性支付租赁手续费人民币 1 250 000 元。放款前一次性支付租赁保证金人民币 2 500 000 元，保证金不计利息。公证费按每套 0.15 万元收取，2019 年 12 月 LPR 基础利率为 4.8%，2020 年 12 月 LPR 基础利率为 4.75%，2021 年 12 月 LPR 基础利率为 4.7%，加点数为 3.7%，在承租公司付清租金等款项后，上述 100 套设备由公司按名义价格 10 000 元人民币购回所有权。（假设每季度天数相等。）

（1）在后付等额年金的方式下，每期租金 R 为：

此时 $i+r$=LPR 基础利率 + 加点数

第一期：$R=\dfrac{50\ 000\ 000\times(4.8\%+3.7\%)/2}{1-\dfrac{1}{(1+\frac{4.8\%+3.7\%}{2})^{6}}}=9\ 615\ 865.42$（元）

其中：利息 =50 000 000×（4.8%+3.7%）/2=2 125 000（元）

本金 =9 615 865.42−2 125 000=7 490 865.42（元）

第二期：R=9 615 865.42 元

其中：利息 =（50 000 000−7 490 865.42）×（4.8%+3.7%）/2=1 806 638.22（元）

本金 =9 615 865.42−1 806 638.22=7 809 227.20（元）

第三期开始剩余 2 年；

第三期：$R=\frac{34\ 699\ 907.38\times(4.75\%+3.7\%)/2}{1-\frac{1}{(1+\frac{4.75\%+3.7\%}{2})^{4}}}$=9 610 221.06（元）

其中：利息 =（50 000 000−7 490 865.42−7 809 227.2）×（4.75%+3.7%）/2=1 466 071.09（元）

本金 =9 610 221.06−1 466 071.09=8 144 149.97（元）

……

依此类推。

首次付款总额计算过程如下：

租赁保证金 + 服务手续费 + 公证费 =2 500 000+1 250 000+150 000=3 900 000（元）

租赁期结束后承租人以 10 000 元留购设备。

假设从第 1 期开始偿还本金，该融资租赁公司收入测算表见表 4-5。

表 4-5 收入测算表（3） 单位：元

期数	支付时间	剩余租赁本金	租金收入	本期收回本金	本期收回利息
0	2020/1/1	50 000 000.00			
1	2020/6/30	42 509 134.58	9 615 865.42	7 490 865.42	2 125 000.00
2	2020/12/31	34 699 907.38	9 615 865.42	7 809 227.20	1 806 638.22
3	2020/6/30	26 555 757.41	9 610 221.06	8 144 149.97	1 466 071.09
4	2020/12/31	18 067 517.10	9 610 221.06	8 488 240.31	1 121 980.75
5	2020/6/30	9 219 565.53	9 606 787.29	8 847 951.57	758 835.72
6	2020/12/31	—	9 606 787.29	9 219 565.53*	387 221.76*
	租赁物选择权		10 000.00		
合计			57 675 747.54	50 000 000.00	7 665 747.54

* 做尾数调整：9 219 565.53=9 219 565.53−0，387 221.76=9 606 787.29−9 219 565.53。

根据各方面数据，填列下面的融资租赁方案确认表（见表 4-6）。

表 4-6　融资租赁方案确认表（3）　　　　金额单位：万元

<table>
<tr><td>承租人名称</td><td colspan="5">×× 有限公司</td></tr>
<tr><td rowspan="2">租赁物清单</td><td colspan="2">设备名称</td><td>型号</td><td>数量（套）</td><td>单价</td></tr>
<tr><td colspan="2">×× 设备</td><td></td><td>100</td><td>50</td></tr>
<tr><td>设备总价款</td><td colspan="3">5 000</td><td>租赁期限（年）</td><td>3</td></tr>
<tr><td rowspan="2">设备留购价</td><td colspan="3" rowspan="2">1</td><td rowspan="2">租金支付方式</td><td>☑ 期末等额年金</td></tr>
<tr><td>☐期末等额本金</td></tr>
<tr><td>LPR 基准利率</td><td>4.8%</td><td>加点数</td><td>3.7%</td><td>每期应付租金</td><td>9 615 865.42 元</td></tr>
<tr><td>1. 租赁保证金</td><td colspan="3">设备总价款 ×5%</td><td colspan="2">250</td></tr>
<tr><td>2. 融资金额</td><td colspan="3">设备总价款</td><td colspan="2">5 000</td></tr>
<tr><td>3. 手续费</td><td colspan="3">融资金额 ×2.5%</td><td colspan="2">125</td></tr>
<tr><td rowspan="5">4. 保险费</td><td rowspan="5">保险名称</td><td colspan="2">A.</td><td colspan="2">无</td></tr>
<tr><td colspan="2">B.</td><td colspan="2">无</td></tr>
<tr><td colspan="2">C.</td><td colspan="2">无</td></tr>
<tr><td colspan="2">D.</td><td colspan="2">无</td></tr>
<tr><td colspan="2">第一年保险合计</td><td colspan="2">无</td></tr>
<tr><td>5. 保险总计</td><td colspan="3">第一年保险合计 × 租赁期限</td><td colspan="2">无</td></tr>
<tr><td>6. 公证费</td><td colspan="3">按 0.15 万元 / 套收取</td><td colspan="2">15</td></tr>
<tr><td colspan="4">首次付款总额小计 =1+3+5+6</td><td colspan="2">390</td></tr>
<tr><td colspan="6">本表所列首次付款金额为预算数据，实际应以《融资租赁合同》为准，若贵公司已按此表所列向我公司支付款项，我公司将按《融资租赁合同》的数据多退少补；所列每期应付租金基于当前 LPR 计算，未来根据实际 LPR 调整确定。</td></tr>
</table>

业务代表（签章）		融资代表（签章）		承租人（签章）	

（2）在后付等额本金的方式下，每期租金 R 为：

第一期：$R=\dfrac{50\ 000\ 000}{6}+\dfrac{50\ 000\ 000\times\left(\dfrac{4.8\%+3.7\%}{2}\right)\times(6-1+1)}{6}=10\ 458\ 333.33$（元）

其中：本金 $=\dfrac{50\ 000\ 000}{6}=8\ 333\ 333.33$（元）

利息 =10 458 333.33−8 333 333.33=2 125 000（元）

第二期：$R=\dfrac{50\ 000\ 000}{6}+\dfrac{50\ 000\ 000\times\left(\dfrac{4.8\%+3.7\%}{2}\right)\times(6-2+1)}{6}=10\ 104\ 166.67$（元）

其中：本金 $=\frac{50\ 000\ 000}{6}$=8 333 333.33（元）

利息 =10 104 166.67−8 333 333.33=1 770 833.34（元）

第三期开始剩余 2 年；

$$第三期：R=\frac{33\ 333\ 333.34}{4}+\frac{33\ 333\ 333.34\times(\frac{4.75\%+3.7\%}{2})\times(4-1+1)}{4}$$

=9 741 666.67（元）

其中：本金 $=\frac{33\ 333\ 333.34}{4}$=8 333 333.33（元）

利息 =9 741 666.67−8 333 333.33=1 408 333.34（元）

……

依此类推。

首次付款总额计算过程如下：

租赁保证金 + 服务手续费 + 公证费 =2 500 000+1 250 000+150 000=3 900 000（元）

租赁期结束后承租人以 10 000 元留购设备。该融资租赁公司收入测算表见表 4-7。

表 4-7 收入测算表（4） 单位：元

期数	支付时间	剩余租赁本金	租金收入	本期收回本金	本期收回利息
0	2020/1/1	50 000 000.00			
1	2020/6/30	41 666 666.67	10 458 333.33	8 333 333.33	2 125 000.00
2	2020/12/31	33 333 333.34	10 104 166.67	8 333 333.33	1 770 833.34
3	2020/6/30	25 000 000.01	9 741 666.67	8 333 333.33	1 408 333.34
4	2020/12/31	16 666 666.68	9 389 583.34	8 333 333.33	1056250.01
5	2020/6/30	8 333 333.34	9 033 333.34	8 333 333.34	700 000.00
6	2020/12/31	—	8 683 333.34	8 333 333.34	350 000.00
	租赁物选择权		10 000.00		
合计			57 420 416.69	50 000 000.00	7 410 416.69

根据以上条件填列下面的融资租赁方案确认表（见表 4-8）：

表 4-8 融资租赁方案确认表（4） 金额单位：万元

<table>
<tr><td>承租人名称</td><td colspan="4">××有限公司</td></tr>
<tr><td rowspan="2">租赁物清单</td><td>设备名称</td><td>型号</td><td>数量（套）</td><td>单价</td></tr>
<tr><td>××设备</td><td></td><td>100</td><td>50</td></tr>
</table>

<table>
<tr><td>设备总价款</td><td colspan="3">5 000</td><td>租赁期限（年）</td><td>3</td></tr>
<tr><td rowspan="2">设备留购价</td><td colspan="3" rowspan="2">1</td><td rowspan="2">租金支付方式</td><td>□期末等额年金</td></tr>
<tr><td>☑期末等额本金</td></tr>
<tr><td>LPR 基准利率</td><td>4.8%</td><td>加点数</td><td>3.7%</td><td>每期应付租金</td><td>不等额</td></tr>
<tr><td>1. 租赁保证金</td><td colspan="3">设备总价款 ×5%</td><td colspan="2">250</td></tr>
<tr><td>2. 融资金额</td><td colspan="3">设备总价款</td><td colspan="2">5 000</td></tr>
<tr><td>3. 手续费</td><td colspan="3">融资金额 ×2.5%</td><td colspan="2">125</td></tr>
<tr><td rowspan="5">4. 保险费</td><td rowspan="5">保险名称</td><td colspan="2">A.</td><td colspan="2">无</td></tr>
<tr><td colspan="2">B.</td><td colspan="2">无</td></tr>
<tr><td colspan="2">C.</td><td colspan="2">无</td></tr>
<tr><td colspan="2">D.</td><td colspan="2">无</td></tr>
<tr><td colspan="2">第一年保险合计</td><td colspan="2">无</td></tr>
<tr><td>5. 保险总计</td><td colspan="3">第一年保险合计 × 租赁期限</td><td colspan="2">无</td></tr>
<tr><td>6. 公证费</td><td colspan="3">按 0.15 万元 / 套收取</td><td colspan="2">15</td></tr>
<tr><td colspan="4">首次付款总额小计 =1+3+5+6</td><td colspan="2">390</td></tr>
<tr><td colspan="6">本表所列首次付款金额为预算数据，实际应以《融资租赁合同》为准，若贵公司已按此表所列向我公司支付款项，我公司将按《融资租赁合同》的数据多退少补；所列 LPR 基准利率为当前基准利率，未来每年调整。</td></tr>
</table>

<table>
<tr><td>业务代表（签章）</td><td></td><td>融资代表（签章）</td><td></td><td>承租人（签章）</td><td></td></tr>
</table>

需要说明的是，对于非全额偿付的融资租赁业务，租赁期满后租赁物会有余值，并且租赁期满按合同规定以该余值支付价款，方可取得租赁物的所有权。因此，进行租金定价时应先对这一余值进行风险定价，然后以扣除这部分余值的购置成本为基础计算本金，再以本金为基数，在融资利率上附加一定比率的风险费率，根据合同规定的租金偿还及支付方式计算出每期租金。此时，融资租赁收入 = 租金收入 + 余值处置收入 + 租赁服务手续费。

成本法体现了融资租赁企业追求盈利的经营目标，主要考虑融资租赁公司自身的成本和费用，融资租赁公司所承担的资金成本、费用越高，租赁利率就越高。采用这种定价方法有利于融资租赁公司补偿成本。

市场导向法

市场导向法是指融资租赁公司在提供租赁服务时，主要参照竞争者对同类产品或服务提供的价格、产品特性、服务水平等因素来确定租金价格，因为租赁服务的定价是一种市场化的行为，除受出租人成本费用、服务质量的影响外，还会受同质商品、市场供求关系及出租率的影响，这种定价方法不仅可以保证弥补全部或绝大部分总成本支出，还可使融资租赁公司的产品定价具有一定的市场竞争力。

在测算成本有困难或竞争者不确定时，市场导向法是一种较为有效的定价方法。其公式为：租金收入 = 市场租金 / 出租率。这种方法的缺点是方法较为粗糙，相关数据不够完善，存在各种偏差并且数据来源途径比较窄，得到同类租赁产品的租金数据很困难。

租金计算方法多种多样，专业的融资租赁公司会根据租赁物的使用特点采取不同的租金定价方法，但在实践中，等额年金法是应用最广泛的方法，因为这种方法计算起来相对容易、便于管理。但当每期租金与项目评估中的期望值有较大差距，可能增加租金回收风险时，则应采用其他与项目还款能力和应收租金相适应的租金计算方法，使租金回收更安全可靠。总之，不论使用哪种方法计算租金，都应列出收入测算表，将每期租金的本息结构和未收回本金测算出来，使租赁双方清楚租金金额及结构，各自进行规范的财务处理。

Finance Lease

Tax and Accounting Practice & Cases

05

融资租赁公司的融资渠道

融资租赁是一个需要大量流动资金的行业，单纯依靠自有资金很难保证业务的发展壮大，因此需要从外部融入资金。目前通过银行贷款仍是融资租赁公司最主要的融资渠道，但在收紧的货币政策下，这一融资渠道受到了限制，并且成本也在走高，因此融资租赁公司需要探索各种融资渠道，综合利用各种渠道为其经营提供支撑。

国务院办公厅 2015 年发布的《关于加快融资租赁业发展的指导意见》指出，要大力支持融资租赁创新发展，积极推动创新融资租赁经营模式，拓宽融资租赁企业的融资渠道，优化融资租赁业发展布局。鼓励银行、保险、信托、基金等各类金融机构在风险可控前提下加大对融资租赁公司的支持力度；积极鼓励融资租赁公司通过债券市场募集资金，支持符合条件的融资租赁公司通过发行股票和资产证券化等方式筹措资金；支持内资融资租赁公司利用外债，调整内资融资租赁公司外债管理政策；支持融资租赁公司开展人民币跨境融资业务；支持融资租赁公司利用外汇进口先进技术设备，鼓励商业银行利用外汇储备委托贷款支持跨境融资租赁项目；研究保险资金投资融资租赁资产；支持设立融资租赁产业基金，引导民间资本加大投入。

权益融资

追加资本金

追加资本金是企业拓展资金来源最为直接的一种方式，也是目前除银行贷款外融资租赁企业选择最多的融资方式。近几年，很多业务发展较快、规模较大、资产质量较好的融资租赁企业选择采用这一方式融资。例如，渤海租赁将资本金从 13 亿元增至 62 亿元，民生租赁从 34 亿元增至 51 亿元，兴银租赁从 20 亿元增至 35 亿元，中联重科国际租赁公司从 8 000 万美元增至 28 000 万美元。这些企业在机遇与挑战并存的情况下，通过及时追加资本金的方式，保持了继续快速发展的良好势头。

发行股票

发行股票是指符合条件的发行人以筹资或实施股利分配为目的，按照法定的程序，向投资者或原股东发行股份或无偿提供股份的行为。融资租赁公司以股份有限公司的身份在国内外上市发行股票，从证券市场筹集资金，这已逐渐成为其增强实力、提高直接融资能力的战略举措。2011 年 5 月，天津渤海租赁提出的 A 股上市申请获得批准，10 月正式以“渤海租赁”的名称上市，成为业内第一家 A 股上市公司。随后的几年里，陆续有 20 多家融资租赁公司成功上市。

1. 发行条件

上市发行股票需要满足很多硬性的要求。首先，从发行主体来看，只有股份有限公司才具备上市发行股票的基本条件，有限责任公司需经过股份制改造才有资格申请上市发行股票。其次，需满足以下准入条件：具备健全且运行良好的组织机构；具有持续经营能力；最近三年财务会计报告被出具无保留意见审计报告；发行人及其控股股东、实际控制人最近三年不存在贪污、贿赂、侵占财产、挪用财产或者破坏社会主义市场经济秩序的刑事犯罪；符合各证券交易所的上市规则，如：上海证券交易所规定公司股本总额不少于人民币 5 000 万元，公开发行的股份占公司股份总数的 25% 以上，股本总额超过 4 亿元的，公开发行的比例在 10% 以上等。除此之外，在公司经营管理制度、财务指标、会计处理以及募集资金的用途等方面都有严格的相关规定。由此可见，实现股权融资的门槛很高，需要做大量的前期准备工作，制定相关计划，整个过程会经历很长的时间。

2. 发行方式

公司公开发行股票时，可以采用自销和承销两种销售方式。自销是指公司自己直接将股票销售给投资者。这种方式的优点是可由发行公司直接控制发行过程，实现发行意图，并可以节省发行费用。缺点是筹资时间往往过长，要由公司自己承担全部责任和发行风险，一般需要具备较高的知名度、较好的信誉和较强的实力，否则难以发行成功。承销是指发行股票的公司与依法设立的证券经营机构签订承销协议，将股票销售业务委托给证券经营机构代理承销。根据《公司法》的规定，我国的股票都需要以这种方式发行，承销又包括包销和代销两种模式。

包销是指根据承销协议商定的价格，证券商一次性购进上市公司新发行的全部或部分股票，并以高于购价的价格出售给社会上的认购者赚取差价。参与包销的可能是一家证券公司，也可能是几家证券公司。由于作为承销商的金融机构一般资金实力较为雄厚，可预先支付股票购进价款，因此以包销方式发行股票的公司可以及时筹足资本，并且无须承担发行风险。但是股票以较低的价格售给承销商会损失发行公司的部分溢价收入，不能最大限度地募集资本金。

代销是指发行公司付给证券经营机构一定的佣金，由其代替发行公司销售股票。在这种方式下，承销商只扮演帮助发行公司推销股票的角色，实质上相关风险还是由发行者承担，证券经营机构仅收取一定的代理费用，与包销相比，代销方式能够获得更多的资金，但是往往需要很长的筹资时间，导致上市公司不能及时得到所需资金。

3. 对发行股票融资的评价

融资租赁公司通过发行股票融资可以募集到大量的资金，并且资金可用于公司发展运营的方方面面，股票融资没有期限限制，所筹资金具有永久性，无须承担到期偿还的责任，只需在盈利情况下向投资人支付股利，减轻了融资租赁公司的资金压力。但也正因为如此，投资人要承担比购买债券更大的风险，他们所要求的风险溢价也更高，因此，发行股票融资的成本要高于银行贷款、发行债券这样的负债融资。此外，通过上市发行股票可以提高公司声望和国际信誉，增强顾客和供货商与公司长期合作的信心，但同时新股东的引入也会分散公司的控制权。

负债融资

同业拆借

进入银行间同业拆借市场，是金融租赁公司解决资金紧缺问题的一个重要途径。在国银租赁经中国人民银行上海总部批准获得国内银行间同业拆借市场准入资格后，民生租赁、招银租赁和江苏租赁等金融租赁公司相继获得进入全国同业拆借系统的批复，截至 2019 年 6 月，已有 63 家金融租赁公司获得了同业拆借资格。与非金融租赁公司相比，同业拆借的融资成本更低。

银行贷款

目前，除金融租赁公司可通过同业拆借来融资外，普通的内外资融资租赁公司仍然主要依赖银行贷款为其提供资金支持，这一融资渠道的融资比例高达 80%。其优点是方便灵活，虽然融资成本要高于金融租赁公司的同业拆借，但与其他融资工具相比，其融资成本比较低，依托于银行的雄厚实力，其资金来源比较稳定。但是银行贷款也存在一定的局限性。首先，银行贷款的条件较为苛刻。银行为了降低放贷风险，往往会对企业的资质、信用等级、负债率等各方面指标提出很高的要求，有时还会要求企业提供担保或抵押，这样其实际的资金成本会提高。其次，贷款额度有一定限制。银行会根据企业的实际情况决定放款的限额，往往无法完全满足企业的资金需求。再次，银行贷款手续较为复杂，要经历向银行提出贷款申请、银行受理审查、签订借款合同、发放贷款、贷后检查及贷款归还等几个环节，有时会因时效问题导致企业错过好的投资项目。对于融资租赁企业来说，贷款融资最大的缺点就是贷款期限有限制，往往无法与租赁期限相匹配，会给融资租赁公司的资金周转带来一定的压力。

银行贷款有长期贷款和短期贷款两种。长期贷款主要用于企业长期的投资计划，短期贷款则主要用来满足企业日常经营的资金需要。贷款的偿还方式有定期支付利息、到期一次偿还本金、分期还本付息等。任何企业在选择贷款对象时都应考虑适合自己的借款种类、借款成本、借款条件，同时还要平衡长短期贷款，选择最适宜的组合比例。

目前，内资融资租赁公司的资金大部分来源于国内的商业银行贷款，很容易受国内货币政策的影响。部分融资租赁公司也会从国际银行机构融资，这样做的优势在于境外资金的融资成本要明显低于境内资金的融资成本。我国融资租赁公司在境外融资，境外债权人适用的是境外的法律法规，可以帮助我国融资租赁公司有效地绕开境内紧缩的信贷调控政策。另外，我国融资租赁公司可能从人民币升值中获得收益。当人民币升值时，我国融资租赁公司仅需用更少的人民币即可偿还完贷款本息，这又间接地降低了我国融资租赁公司的融资成本。由此可见，我国融资租赁公司如果能够打通境外融资的通道，不仅可以改善融资结构，还可有效降低资金的使用成本，提高盈利水平，但境外融资需要承担较大的汇率风险。

发行债券

企业还可以通过发行公司债券实现负债融资。债券（bond）是一种金融契约，是政府、金融机构、工商企业等直接向社会借债筹措资金时，向投资者发行，同时承诺按一定利率支付利息并按约定条件偿还本金的债权债务凭证。债券的本质是债的证明书，具有法律效力。债券购买者或投资者与发行者之间是一种债权债务关系，债券发行人即债务人，投资者（债券购买者）即债权人。发行债券的具体操作过程是：有融资需求的企业根据融资需求量确定债券的数量和面值，委托券商为其在二级市场代理发行，并向券商支付手续费，从投资者处获得出售债券的债务现金流，用于企业经营发展需要，并根据债务契约按时支付利息，偿还本金。

1. 发行条件

企业公开发行债券有一定的条件限制。第一，从发行主体上看，《公司债券发行与交易管理办法》规定，除地方政府融资平台公司以外的所有公司制法人可以公开发行公司债券；第二，从发行的门槛来说，2020 年 3 月 1 日起施行的《证券法》规定，公开发行公司债券的公司需要满足具备健全且运行良好的组织机构，最近三年平均可分配利润足以支付公司债券一年利息的条件，并将公开发行公司债券筹集的资金用于规定用途，改变资金用途，必须经债券持有人会议做出决议。公开发行公司债券筹集的资金，不得用于弥补亏损和非生产性支出。除此之外，并没有对其他财务指标的要求，也没有发行频率的限制。另外，发行债券还需要由债券评估机构评定等级，目前国际上通用的债券评级标准是 3 等 9 级：AAA 级为最高级，AA 级为高级，A 级为上中级，BBB 级为中级，BB 级为中下级，B 级为投机级，CCC 级为完全投机级，CC 级为最大投机级，C 级为最低级。债券评级是对债务人违约风险的度量，一般评级越高的债券，其利率越低，而评级较低的债券，由于其风险较大，因此需要提高利率来弥补其风险。从整体来看，发行公司债券的条件较为宽松，还是比较容易满足的。

2. 企业债券的分类

根据不同的划分标准，企业债券可以分为不同的种类。

按偿还期限，可分为短期债券、中期债券和长期债券。短期债券是指偿还期在 1 年以内的债券，通常有 3 个月、6 个月、9 个月以及 12 个月几种期限；中期债券的偿还期一般在 1 ～ 5 年；偿还期在 5 年以上的为长期债券。

按是否记名，可分为记名债券和无记名债券。记名债券是指在公司债券上记载持券人的姓名，持券人需凭印章或其他有效身份证明领取利息，转让时需在上面签字并去发行企业登记的债券，反之就是不记名债券。

按担保性质，可分为担保债券和信用债券。担保债券是指以抵押、质押和保证的方式发行的债券，其中，抵押债券是指以不动产作为担保发行的债券；质押债券又称抵押信托债券，是指以公司其他有价证券作为担保发行的债券；保证债券是指由第三者担保偿还本息的债券。

按能否提前赎回，可分为可提前赎回债券和不可提前赎回债券。如果债券发行企业可按事先约定的赎回价格在债券到期前收回债券，就是可赎回债券，反之就是不可赎回债券。

按计息方式，可分为固定利率债券、浮动利率债券和累进利率债券。固定利率债券的利率不随市场利率的变化而变化，在整个偿还期内保持固定；浮动利率与实时的市场利率挂钩，通常是根据市场基准利率加上一个利差确定；累进利率债券的利率是逐年累进的。

按是否可以转换为公司股票，可分为可转换债券和不可转换债券。可转换债券是指在特定时间内可以按特定的条件转换成普通股的债券，它具有债务与权益双重属性，属于一种混合性筹资方式。由于可转换债券赋予债券持有人将来成为公司股东的权利，因此其利率通常低于不可转换债券。不可转换债券是指不能转换为普通股的债券，又称普通债券。由于它没有赋予债券持有人将来成为公司股东的权利，所以其利率一般高于可转换债券。

按募集方式，可分为公募债券和私募债券。公募债券是指向社会公开发行，任何投资者均可购买的债券，它可以在证券市场上转让；私募债券是指向少数特定的投资者募集的债券。2014 年 6 月，宜信惠琮国际融资租赁有限公司发行了总额为 3 000 万元的私募债，这是国内融资租赁公司发行的首支私募债。私募债券的发行审批手续便捷，但其发行和转让均有一定的局限性，一般不能在证券市场上交易。

3. 对发行企业债券的评价

发行债券具有筹资范围广、金额大的优点，它可以筹集到期限较长的资金，为企业项目开展提供更有力的资金支持，但发行债券也存在一定的风险，如果发生购买不足的情况，会造成公司融资失败，还要白白支付券商手续费、服务费。另外，债券有固定的到期日和固定的利息支出，如果收益不足或企业资金周转出现困难，很容易陷入财务困境。对于融资租赁公司而言，发行债券的优势在于可以自主地确定其年限，使债务年限与未来的资金需求年限相匹配，从而减少偿还债务的压力。另外，与银行贷款不同，债券融资属于直接融资，资金直接来源于投资者，而不需要二次经手，并且券商所收的承销费用也较低，所以债券融资的成本比较低。

由此可见，发行公司债券是融资租赁公司获得低成本资金的好方法。从 2010 年开始，工银金融租赁有限公司（以下简称工银租赁）、交银金融租赁有限责任公司（以下简称交银租赁）等融资租赁公司相继开始通过企业债券进行融资。2011 年，卡特彼勒融资服务公司宣布在香港首次发行 10 亿元人民币中期票据，更是开创了外资融资租赁公司利用香港人民币市场进行融资的先河。债券融资方式正渐渐被融资租赁企业所接受。

租赁资产证券化

租赁资产证券化属于资产证券化的一种，是指融资租赁公司将其一系列性质类似、租期相近并可产生大规模稳定现金流的租赁债权资产（即应收融资租赁款），经资质评级、信用评级和信用升级等一系列的结构性重组后出售（或信托）给特殊目的载体（SPV），将其转化成能够在金融市场上自由流通和出售的，以租金收益权利为支撑发行的证券，并以此来实现融资的过程。它是融资租赁公司特有的一种融资方式，是盘活租赁资产的有效工具。租赁资产证券化的具体实施过程如下：

（1）融资租赁公司作为发起人，在对自身融资需求有充分了解情况下，对所持有的各类租赁资产进行清理、估算，并将其重新整合成更具吸引力的资产池或资产组合。在这一资产重组的过程中，资产的风险和收益要素随之进行了分离和重组。

（2）在完成上一环节之后，发起人再通过各种方式将基础资产转移给特殊目的载体（SPV），SPV 根据该基础资产在未来所产生的现金流（即租金），将其设计成可在市场上销售的不同类型的租赁资产支持证券。SPV 是为资产证券化而专门设立的一个特殊机构，它是证券化运作的关键。其设立的原因在于：一是，为了保证发起人任何财务、法律或税务上的问题都不会影响基础资产，以基础资产未来现金流为支撑的证券本息偿付不受其他资产影响，实现发起人与被证券化资产间的风险隔离；二是，SPV 作为基础资产的受让方几乎不会发生破产，从而实现了融资租赁公司与证券化资产之间的“破产隔离”，保障了证券持有人的利益。

（3）随后，专业的信用评级机构会对租赁资产支持证券进行初步的评估，初评结果往往达不到证券投资者的预期要求，为吸引投资者，还需通过信用增级手段来重新分配现金流和重新配置风险，以进一步提高证券的信用等级、降低证券化结构风险、保护投资者收益。信用增级可分为外部信用增级和内部信用增级两种。外部信用增级是指由外部第三方（如政府机构、金融机构、保险公司等）提供的信用增级工具，包括专业保险公司提供的保险、企业担保、信用证和现金抵押账户；内部信用增级是指融资租赁公司依靠基础资产自身为防范信用损失提供保证，包括优先 / 次级结构、超额抵押、储备金、直接追索权等。

（4）信用评级一般要经历初评和发行评级两个阶段。在信用增级完成后，信用评级机构会对信用增级后的租赁资产支持证券进行再次评级，根据增信后的基础资产质量、交易结构等分析确定其信用等级，一般信用评级越高的证券，投资面临的风险越小，融资的成本也就越低。通常，此时的评级会在 AA 级以上，这样就能以较好的信用条件进行发售了。

（5）信用评级结束后，SPV 选定证券承销商通过公募或私募的方式发行证券，承销商将证券发行收入交付 SPV，SPV 按照约定价格向发起人融资租赁公司支付基础资产的转让价款，从而使融资租赁公司实现融资目的。

（6）SPV 聘请专业的服务商对基础资产所产生的现金流进行收取和记录，并将其存入收款专用账户。除此之外，服务商还需按约定积累基金，在还本付息之前，对收取的资金进行管理以确保到期向投资者支付证券本息，服务商可以是发起人，也可以由独立于发起人的第三方担当，发起人作为服务商的优势在于其对基础资产的质量等情况最为了解，并且与债务人保有一定的联系，而第三方承担这项工作也必须建立在充分了解资产池的基础之上。在每个本息偿付日，服务商会委托受托管理人按时、足额地向投资者偿还本息并向各类中介机构支付服务费，在本息与费用全部偿付完毕以后，如果资产池仍有剩余现金流，则按照协议返还发起人或在发起人与 SPV 之间进行分配。至此，租赁资产证券化的整个交易流程结束。其流程如图 5-1 所示。

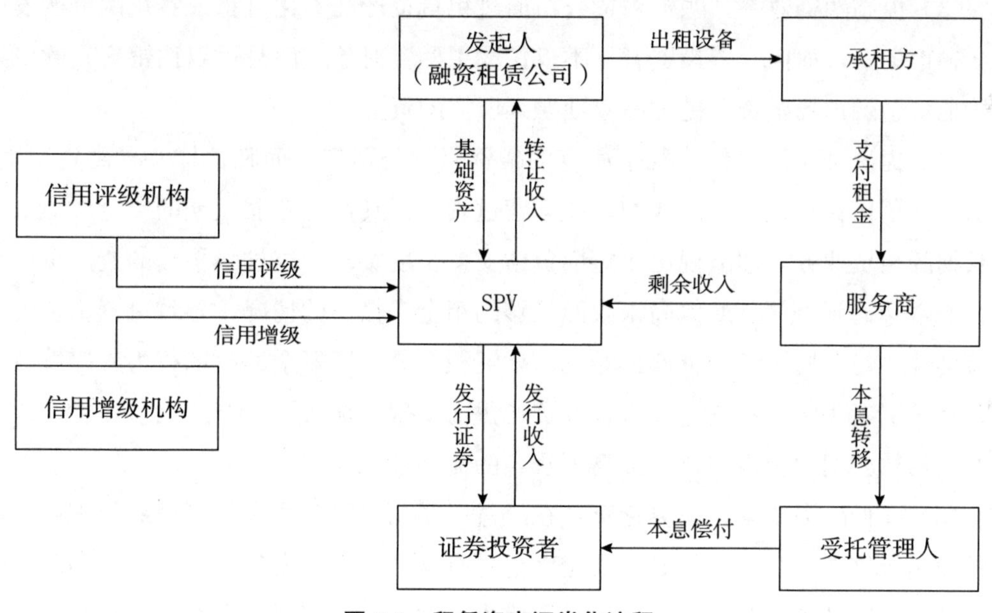

图 5-1 租赁资产证券化流程

租赁资产证券化的优势

租赁资产证券化是在融资租赁业发展过程中衍生出来的新型融资方式，它改变了传统融资租赁交易的资金流转方式，不必等租金收回即可使租赁资产转化为流动资金。对于流动资金不足的融资租赁公司来说，租赁资产证券化是一种很好的选择，因为与其他传统融资方式相比，它有以下几个方面的优势：

（1）拓宽融资租赁公司的融资渠道。传统的股权融资及债权融资都需要以融资租赁公司的整体信用为支持，对于有部分优质资产但整体信用不足的企业来说，融资难免受到限制，没有足够的资金支持其发展也必将受到影响，而资产证券化给这些企业提供了一种新的融资渠道，帮助其融入所需资金。

（2）降低筹资风险。与发行公司债券相比，资产证券化的特点在于其将部分资产组合而非整个公司作为债券本息的偿付基础，对于融资租赁公司来说，这种融资方式比发行债券所承担的本息偿付风险要低，且成功融资的概率更大，而对于证券投资人来说，由于该资产组合会以未来所产生的稳定现金流作为偿还本息的保障，因此这种证券更容易被接受。

（3）提高融资效率。融资租赁公司通过租赁资产证券化可将证券化的资产投放到金融市场上，面向众多投资者，不仅扩大了融资对象，而且可以比银行贷款更为直接地从金融市场融资，更加高效地融入所需的资金。

（4）提高资金流动性。几乎所有的融资租赁公司都会面临这样一种融资困境，即资产与负债在期限上无法匹配。在运营过程中，其往往依靠短期的资金融通来支撑长期的租赁业务，即呈现出“短期负债支持长期资产”这种不平衡的资产负债结构，经常会遇到负债到期但尚未收回足够的租金来偿还的情况，导致融资租赁公司的流动性不足。通过租赁资产证券化，融资租赁公司以资金的收取权为支撑发行证券，从投资者手中获得资金，将长期资产提前变现，加快了资产的周转速度，改善了融资租赁公司的资本结构，提高了资金的流动性。

（5）降低融资成本。证券化资产在经过一系列风险隔离和信用增级处理后，证券的信用级别有了很大的提升，安全性也更有保证，无须向投资者支付较高的风险补偿，从而降低了融资租赁公司的融资成本。此外，尽管采用资产证券化方式融资时会涉及多项费用，如承销费用、托管费用、服务费用等各种中介费，但各项费用之和相对于融资总额来说仅是很小一部分。有数据表明，资产证券化的中介机构收取的总费用率要比其他融资方式至少低 50 个基点。由此可见，租赁资产证券化的总体融资成本比其他传统融资方式要低。

目前，由于受到我国相关法律不够完善等因素的影响，我国的租赁资产证券化发展仍很落后。2006 年 4 月末，远东国际租赁有限公司（以下简称远东租赁）发行了总规模为 4.86 亿元的租赁资产证券化产品，这是国内首家采取这一融资方式的融资租赁公司。在之后的 9 年时间里，采用这一融资方式的融资租赁企业寥寥无几，金融租赁业实现租赁资产证券化更是一波三折。直到 2015 年 1 月，工银租赁才实现了金融租赁业的首例租赁资产证券化融资。可见，这一融资渠道尚未被广泛采用，我国融资租赁业还有很长的路要走。

其他新型融资渠道

保理融资

保理融资（factoring）也称应收账款融资，简单来说就是融资租赁公司将应收账款索取权转让给银行以提前获得应收账款资金，由银行负责应收账款账户管理、应收账款催收、承担应收账款坏账风险。其操作流程见图 5-2。

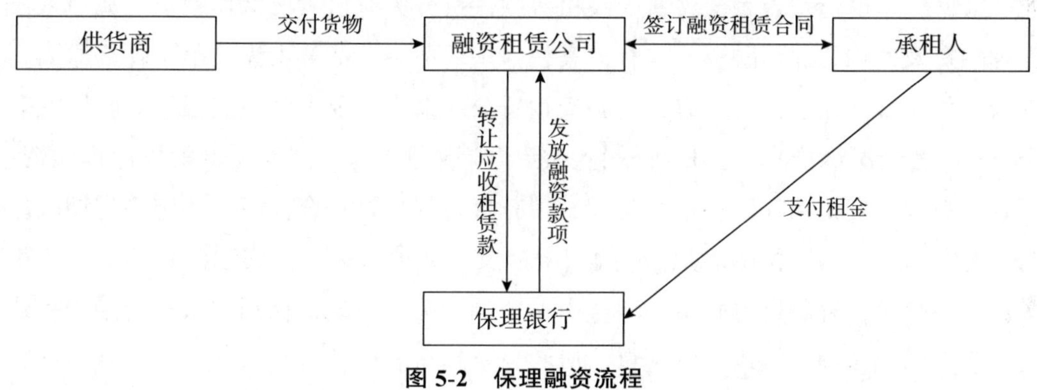

图 5-2 保理融资流程

保理融资的具体操作流程如下：

（1）融资租赁公司分别与承租人和供货商签订融资租赁合同及购货合同，将所购货物出租给承租人；

（2）融资租赁公司向银行申请转让应收融资租赁款，银行授信审批部门对融资租赁公司及承租人进行尽职调查，并为融资租赁公司核定授信额度；

（3）若为公开型保理融资，银行和融资租赁公司需通知承租人对应收租赁款转让事宜进行确认；

（4）银行根据合同约定的金额、比例（最高可达 80%）向融资租赁公司发放保理融资款；

（5）承租人按期支付租金至银行指定账户。银行负责账款催收、应收租赁款账户管理等后续服务；

（6）如果是附追索权的保理融资，若承租人到期未还租金，融资租赁公司还须根据约定回购银行未收回的融资款。

1. 保理融资的分类

根据是否通知承租人应收融资租赁款的转让，可分为公开型保理融资和隐蔽型保理融资。如果融资租赁公司在转让应收租赁款时书面通知承租人就是公开型保理融资，反之就是隐蔽型保理融资。《合同法》规定债权转让需通知债务人才能生效，《民法典》规定除此之外还要通知保证人，并留存相应证据，所以国内保理均为公开型保理。

根据保理银行是否完全买断应收租赁款，可分为有追索权保理融资、无追索权保理融资及回购式保理融资。在有追索权保理业务中，债务人无论出于什么原因到期未支付租金，保理银行都有权向融资租赁公司追索，要求其回购银行未收回的融资款项；若情况恰恰相反，保理银行买断了应收租赁款，则为无追索权保理融资；回购式保理融资是指在融资租赁公司与银行签订保理融资合同时，约定一定期限后（该期限一般短于应收租赁款债权的剩余期限）从银行无条件回购已转让的应收租赁款，在这种保理融资方式下，租金由融资租赁公司收取，保理银行仅向融资租赁公司收取回购款项，赚取回购利息。应收融资租赁款的质押贷款在本质上就是回购式保理融资的一种形式。

根据融资租赁公司融资租赁的操作方式，可分为普通保理融资、结构性保理融资和售后回租性保理融资。普通保理融资即融资租赁公司分别签订了购销合同和融资租赁合同并履行了合同义务后，将应收租赁款转让给保理银行，获得保理融资及相关服务；结构性保理融资是指融资租赁公司分别签订购销合同和融资租赁合同，随即与银行签订保理融资合同，获得融资款后再履行向供应商付款的义务，其后以收到的租金偿还保理银行融资本息；售后回租性保理融资是指融资租赁公司形成售后回租租赁关系后将应收租赁款转让给保理银行，融入资金。

2. 保理融资的优势

保理融资这种模式是由国外引入中国的，在中国仅有二十多年的发展时间，但发展速度很快，其主要原因是保理融资存在以下几个方面的优势。

（1）解决急需资金问题。首先，通过保理提前一次性获取应收租金，使融资租赁公司的资金状况不受承租人还租金额的限制，并且在保理融资方式下，银行更关注承租人的资信状况和还租能力，对融资租赁公司的财务状况要求并不严格，只要应收租赁款有稳定的现金流作为保障，银行都会愿意向融资租赁公司提供融资。在这一点上，保理融资与租赁资产证券化一样，克服了整体不良信用状况的局限性，使融资变得更容易，解决了融资租赁公司的资金难题。

（2）实现表外融资。对无追索权的保理融资，融资并不记入财务报表，属于表外融资，与银行贷款相比，它可以优化融资租赁公司的资本结构，降低风险资产总额，提高资本充足率。此外，在无追索条件下，融资租赁公司可全身而退，无须承担承租人无法按时足额还租的风险。

（3）扩大业务规模。借助提前变现的应收租赁款，融资租赁公司可以购入更多的租赁物，开展更多的融资租赁业务，也可将自有资金投入到企业运营发展的其他方面，实现业务规模的扩大。

（4）协助对应收租赁款进行管理。通过保理融资，商业银行为融资租赁公司提供的应收账款账户管理、应收账款催收等附加金融服务，可协助融资租赁公司加强对应收租赁款的管理，降低承租人违约的可能性。同时，也可以减少融资租赁公司对应收租赁款的后续管理工作量，使其集中人力、物力开展更多的融资租赁业务。

目前，最新的《融资租赁公司监督管理暂行办法》中所列的经营范围不包括保理业务。

信托融资

信托，是指委托人基于对受托人的信赖，将其财产处置权委托给受托人，由受托人按照委托人的意愿以自己的名义，为受托人的利益或其他特定目的对财产进行管理或处置。融资租赁公司信托融资是指融资租赁公司利用信托公司募集资金的功能优势获得业务资金的融资方式。

信托公司是连接融资租赁公司和投资者的中介。由于融资租赁公司并非专门从事投资行业的公司，并且资本市场上的直接投资者对融资租赁公司的信用情况不了解，因此他们一般不会直接将资金投给融资租赁公司，而是投给所信赖的专业信托公司，这样信托公司就很容易融得大量的资金，可以再将所融资金融给有资金需求的融资租赁公司。通常，融资租赁信托融资有两种操作方式。一种是信托公司将所筹的资金以信托贷款的方式转让给融资租赁公司，另一种是用信托所筹资金购入融资租赁公司的应收租赁款，是信托与保理的一种有机结合。在此期间，信托公司会对融资租赁公司的资质进行评估，选择资质较好、能够提供稳定现金流的融资租赁公司项目进行投资。其具体操作流程是：首先，投资者购买信托公司发行的信托产品，将资金交由信托公司保管；其次，信托公司以募集到的资金向融资租赁公司发放信托贷款，或受让融资租赁公司的应收租赁款，融资租赁公司获得所需资金。详见图 5-3。

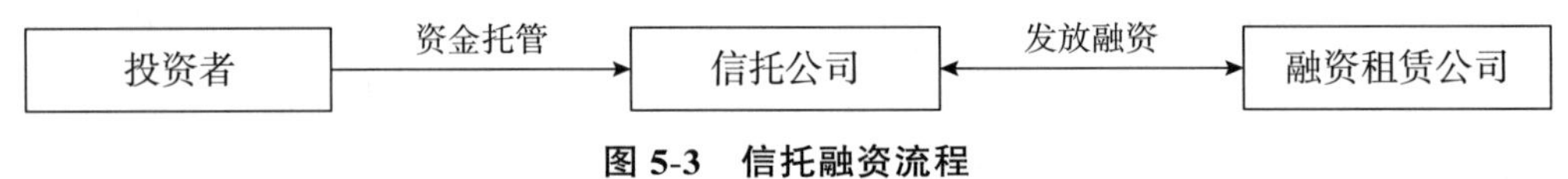

图 5-3　信托融资流程

对于融资租赁公司和信托公司来说，信托融资是一种互惠共赢的商业合作方式。一方面，这种方式拓宽了我国融资租赁公司的融资渠道，降低了其对银行的依赖程度，借助信托公司自有的优势向社会公众及机构投资者募集资金，满足了融资租赁公司的资金需求，使其获得长期稳定的资金；另一方面，融资租赁公司对融资租赁业务有自己的专业判断，一般会选择有稳定现金流作为保障的承租人，信托公司与融资租赁企业长期合作，可以省去寻找投资机会的精力和财力，节省其经营成本。除此之外，在向信托计划卖断应收租赁款的方式下，信托融资方式具备与保理融资相同的优势，融资租赁公司可以提前收回租赁本息用于扩大企业业务规模，并可实现表外融资，优化资本结构。

目前，已经有很多融资租赁公司与信托公司合作成功的案例，如宝信融资租赁投资集合资金信托计划、中联新航工程机械融资租赁集合资金信托计划、青岛海鲨游艇信托租赁集合资金信托计划等。除此之外，还有保险资金通过信托计划进入融资租赁公司的案例。2013 年 5 月，平安国际融资租赁有限公司（以下简称平安租赁）通过投资信托计划引入平安资产管理有限责任公司的保险资金，首期融资规模 5 亿元，这是中国融资租赁行业首次引入保险资金，标志着险资入租的通道正式打开。

租赁基金

基金是指将投资者的资金集中起来，由基金托管人委托职业经理人管理，专门从事投资活动，是一种共享利益、共担风险的集合投资方式。租赁基金就是一种将基金投资人的投资专门投向融资租赁交易的投资基金，这种基金形式的出现是融资租赁市场竞争加剧的结果。一方面，竞争迫使融资租赁公司寻求更多可靠的融资方式；另一方面，租赁行业利息回报率较资金借贷市场高，在内外因共同作用下，租赁基金应运而生。使用租赁基金融资时，因为资金来源一般是大众投资者，所以资金来源较为广泛和稳定。

天津燕山航空租赁产业基金是国内首家航空租赁产业基金，其在 2011 年 10 月获得了国家发展改革委股权投资基金备案。

Finance Lease

Tax and Accounting Practice & Cases

06

融资租赁公司的派系与盈利模式

融资租赁公司的派系

在介绍融资租赁公司的盈利模式前，我们有必要先来了解一下目前融资租赁公司的三个派系。目前，在世界范围内，融资租赁公司根据各自的特点基本可分为三个派系，即银行系融资租赁公司、厂商（制造商）系融资租赁公司和独立第三方融资租赁公司。

（1）银行系融资租赁公司的主要股东为银行，依托于股东银行的资金支持，其在资金上有得天独厚的优势，相较于其他派系的融资租赁公司而言，其自身资金较为充足，资金成本也很低。此外，控股银行拥有强大的客户资源，融资租赁公司省去了很多招揽业务和控制风险的工作，降低了营销成本。

通常，银行系融资租赁公司会将客户定位于银行内部高端客户，业务专注于对资本金要求较高的大型设备租赁，如飞机、船舶等，若没有银行作为依托，其对资金的要求将无法得到满足。我国银行系融资租赁公司以国银金融租赁股份有限公司（以下简称国银租赁）、工银租赁等为代表，相较于其他两个派系的融资租赁公司而言，目前银行系融资租赁公司的数量最少，但业务规模最大。

（2）厂商（制造商）系融资租赁公司的主要股东为设备制造厂商，以直租交易为主，这类融资租赁公司最大的优势在于它们拥有对租赁物进行维护、增值和处置的专业能力，并且拥有较为发达的市场营销网络和广泛的客户群体。

通常，厂商系融资租赁公司的客户绝大部分为设备制造商的自有客户，租赁物也同样来自设备制造商。目前厂商系融资租赁公司的运作模式在发达国家已经相当成熟，并在全行业占据着重要的地位。例如，著名的卡特彼勒金融服务公司的交货额达到了卡特彼勒集团销售收入的 80%。国内的这类融资租赁公司则大多通过融资租赁的方式达到促销设备的目的，这样做只是换一种方式销售货物，并没有充分发挥厂商系融资租赁公司的后期资产管理优势，也没有体现其延伸产业链条的真正价值。目前，厂商系融资租赁公司的数量正在日益增多。

（3）独立第三方融资租赁公司的股东既非银行也非厂商，是目前国内最为常见的一类融资租赁公司，这类融资租赁公司的股东多种多样，有大型外贸、物流、综合型企业集团，也有专业的投资机构。它们最大的优势在于具有很好的独立性，既不依赖银行也不依赖厂商，能够为客户提供包括直租、回租等在内的，量身定制的金融及财务解决方案，满足客户多元化、差异化的服务需求。这类融资租赁公司的业务实质是为企业提供定制式、高契合度的融资服务，设备只是达到这一目标的载体，它们的资金主要来源于股东和银行，融资渠道较窄，融资成本较高。根据股东的特点，这类融资租赁公司或有长期的资金来源，或有广泛的客户群体，它们通常定位于中小企业，租赁物覆盖范围广泛（厂房、高速公路、地铁、船舶），是金融资本和产业资本在市场上相互渗透与结合的产物。目前我国的独立第三方融资租赁公司主要以渤海租赁股份有限公司（以下简称渤海租赁）以及远东租赁为代表。

对比国内这三类融资租赁公司，银行系融资租赁公司虽然数量较少，资金实力却十分雄厚，此外，因我国部分税收政策仅适用于银行系融资租赁公司，故在税收方面其相较于其他派系的融资租赁公司也更有优势。近两年，独立第三方融资租赁公司的发展势头迅猛，截至 2019 年 6 月底，注册资金排在前十位的融资租赁公司中独立第三方融资租赁公司占到了 80%。

融资租赁公司的盈利模式

我国融资租赁业的收益率基本可划分为三个档次：较低的一般在 8% ～ 9%，主要为自有资金较多的银行系金融租赁公司，它们主要做诸如飞机、船舶等大型设备的融资租赁，往往是单笔规模在亿元以上的优质大单，得益于与生俱来的成本优势及合作的优质客户，其风险相对较低，自然租金利息也相对低一些，但利息低并不代表盈利能力差，由于其体量规模一般较大，所以也可取得客观的收益；中档的为 10% ～ 13%，一般为厂商（制造商）系融资租赁公司，其设立的主要目的是促进自身产品销售，因此一般要求的利率也不会太高，但要高于银行利率；较高的为15% ～ 17%（一般是小企业、小设备）。独立第三方融资租赁公司的项目利率主要根据承租人的资质而定，对于一些资质较差的小客户，收益率甚至可以达到20%左右。

以中档收益水平10% ～ 13%来看，融资租赁公司在银行的融资成本一般为6% ～ 7%，租赁公司的毛收益率在4% ～ 6%之间，担保费率一般为2.5% ～ 3%，仅为租赁收益的一半。[1]

租金收益

对于融资租赁公司来说，传统的融资租赁业务主要通过收取租金盈利，即以利差收入和租息收入为其主要的收益来源，这也是融资租赁最传统、最原始的盈利模式。租息收入是指租金中租赁利息的金额，利差收入是指融资租赁公司对承租人提供融资的租息收入与自身融资利息支出的差额，视融资成本及项目风险的高低，利差收益一般在1% ～ 5%之间。目前，由于负债成本的逐渐走高，融资租赁公司利差收入的边际效益正在递减，主要依靠利差收入盈利的融资租赁行业也必将受到一定的冲击和影响，融资租赁企业必须不断革新，开发出更多的盈利模式来保持自己的竞争力。

余值收益

余值收益是指融资租赁公司对回收的租赁物进行处置所获得的收益。提高租赁物的余值处置收益，不仅是融资租赁风险控制的重要措施，更是融资租赁公司（特别是厂商系的专业融资租赁公司）重要的盈利手段。

由于厂商系融资租赁公司所特有的优势，租赁物的余值处置成了其新的利润来源点。首先，厂商所属的专业融资租赁公司对设备具有维修、再制造的专业能力。其次，它们有稳定广泛的客户群及发达的营销网络，一方面可以对租赁物进行维修等处理，使设备处于良好的使用状态以备再销售和再租赁；另一方面可以很快地将租赁物定位到有需求的客户，并且租赁物在经过维修、再制造后再进行销售、租赁，

[1] 前瞻产业研究院.2014—2018年中国融资租赁行业市场前瞻与投资战略规划分析报告.

与直接处置相比，可以给融资租赁公司带来更好的收益。这也正是我们前面介绍的厂商系融资租赁公司的核心竞争力所在。

余值收益具体金额为设备回收后进行再租赁、再销售的实际收益扣除按融资租赁合同约定应收但未收到的租金、维修等相关费用之后的金额，余值收益一般为5% ～ 25%，一些大型的通用设备（如飞机、轮船等）的收益会更高一些。

服务收益

融资租赁公司在收取租金的同时，还会收取各种名目的附加费用，这些费用通常也是融资租赁公司重要的收益来源。

1. 租赁手续费

租赁服务手续费是所有融资租赁公司都有的一项合同管理服务收费。从融资租赁的原理出发，承租人由于自身信用不足或其他原因无法从银行等金融机构获得资金，退而选择以融物的方式实现融资，相当于委托融资租赁公司为其融资购买设备等租赁物，而对于需要从国外进口的租赁物，融资租赁公司还需要提供外汇、进出口、报关等贸易方面的服务，因此需要向承租人收取“租赁服务手续费（即租赁服务费)”，其实质是一种定价方式。根据合同金额的大小、项目初期投入的多少、项目难易程度、风险的高低，以及不同公司管理运作模式的差异，手续费收取的标准也不相同，一般在 0.5% ～ 3% 之间。

2. 财务咨询、顾问费

融资租赁公司在为客户提供融资租赁服务前，会对客户的还租能力和信用等方面进行审核。对于涉及大型项目或设备的融资租赁交易，融资租赁公司还会为客户提供全面的融资解决方案。为此，融资租赁公司通常会按融资金额的一定比例收取财务咨询、顾问费。视项目金额大小，收取比例及收取方法会有不同，一般在0.25% ～ 5% 之间。

也有一些融资租赁公司以财务咨询、顾问费为名收取一些费用，实为变相的利息收入。收取财务咨询、顾问费可以成为专业投资机构设立的独立第三方融资租赁公司在开展租赁资产证券化等服务中重要的盈利手段之一，也可以成为银行系融资租赁公司的重要中间业务。

3. 贸易佣金

贸易佣金是指贸易中卖方或买方支付给中间商代理买卖或介绍交易的服务酬金。在融资租赁业务中，融资租赁公司作为中间商，在购买和投资设备的同时，也在很大程度上促进了供应商设备的流通，增加了生产厂家和供应商的市场份额，使其可以快速、直接地收回销售资金。基于这些因素，融资租赁公司通常会向供应商收取贸易佣金或取得规模采购的折扣，这也是被供应商所认可和接受的。收取贸易佣金，使融资租赁公司又多了一项收入来源。

收取贸易环节的各种类型的佣金往往是厂商系融资租赁公司，或者与厂商签订融资租赁外包服务的大型机构等财务投资人设立的独立第三方融资租赁公司在进行直租业务时的主要盈利模式。

4. 服务组合收费

前面我们已经说过，厂商系融资租赁公司有其独有的优势，在签订融资租赁合同时，这类融资租赁公司会在合同中体现一些附加服务的条款，如为承租人提供配件及一定的耗材、提供考察、专业培训等打包服务。对于这些附加服务，有的融资租赁公司会约定单独收费，有的则会约定免费提供，这种免费提供的实质是以免费的名义，把该部分服务包含在了设备价格之内。这些附加的服务就是通常所说的组合服务，对此进行收费也是厂商系融资租赁公司的重要盈利模式之一。

运营收益

1. 资金筹措和运作

（1）利用财务杠杆。前面我们介绍了融资租赁公司的融资渠道，知道融资租赁公司的营运资金可以来源于多种渠道，当使用自有资金运作时，一般可以获取一个高于同期贷款利率的收益；当某一项目自有资金不足时，融资租赁公司需要部分向银行借款，此时就会产生一个财务杠杆的效应，自有资金部分同样可以获取略高于同期贷款的租息收益，借款部分则可以获取一个息差收益。也就是说，在资金不足的情况下，融资租赁公司可以用少量自有资金撬动更多的收益。

（2）资金统筹运用。融资租赁的租金费率一般都相当于或高于同期贷款利率，但融资租赁公司作为一个资金运作的平台，在资金筹措的实际操作中，完全可以根据公司在不同时段购买合同的对外支付情况，以及融资租赁合同执行过程中的租金回流与对外偿还到期借款现金流的匹配状况来决定新的融资数额和期限，安全合理地获取资金运用和资金筹措之间的差额收益。

2. 规模效应

规模经营是融资租赁公司提高股东投资回报的重要举措。例如，一个有 1 000 万美元注册资金的融资租赁公司，经过三年的运作，获得银行 9 000 万美元的贷款额度，形成了稳定的 1 亿美元的租赁资产规模。平均融资成本为 6%，平均租赁费率为 8%，净收益为 2%。则每年自有资金可以获取 8% 的收益 80 万美元，借款 9 000 万美元每年可以获取 2% 的利差收益 180 万美元，合计为 260 万美元。股东回报率为每年 26%。

节税收益

在成熟的市场经济国家，非全额偿付的融资租赁业务（会计上的经营租赁业务）往往占到全部融资租赁的很大比例，特别是有厂商背景的专业融资租赁公司可以达到 60% ～ 80%。在旧租赁准则下，这种租赁形式由出租人提取折旧，承租人所支付的租金以费用形式在税前列支；在新租赁准则下，出租人同样提取折旧，承租人就租金支出分别确定折旧费用及利息费用，租赁双方都受益，而加速折旧政策更是能带来延迟纳税的效果，这也正是经营租赁业务拥有巨大活力的原因所在。

除此之外，我国不同地区注册的融资租赁公司有不同的地方性税收优惠、政府补贴，还有全国范围内的增值税即征即退政策。以上的节税或延迟纳税也是融资租赁公司的收益来源之一。

风险收益

1. 或有租金

或有租金是指金额不固定、以时间长短以外的其他因素（如销售百分比、使用量、物价指数等）为依据计算的租金。或有租金除按指数或比率计算外，在实际发生时直接计入当期损益，并可以直接在税前列支。对出租人来说，或有租金是金额不确定的风险收益，融资租赁公司更多地承担了承租人的租赁物使用效果的风险，参与使用效果的收益分配。融资租赁公司风险加大，可能获取的收益也会更多。

2. 可转换租赁债

开展可转换租赁债业务是专业投资机构采取的一种控制投资风险获取投资收益的新的投资方式。

融资租赁公司对一些高风险的投资项目，可在签订合同时约定：在某种条件下，出租人可以将未实现的融资租赁债权按约定的价格实现债转股。在这种情况下，对所需设备先采用融资租赁方式，后在特定情况下将租赁债权转为股权，获取项目成功后股权分红或股权转让的增值收益。

我国与发达国家目前的差距分析

中外相关政策比较

1. 税收政策

为避免以避税为目的的租赁，美国在税法上将租赁区分为“有条件销售”（分期付款购买，主要为融资租赁）和“真实租赁”（主要为经营租赁）两种。税务部门对不同的租赁交易做出是销售还是租赁的判断，进而明确不同租赁业务的税收适用主体和适用税种。租赁业务如果被界定为销售，将对出租人的销售收入征收普通所得税；如果被界定为真实租赁，则适用资本利得税，资本利得税比普通所得税率要低。此外，美国对于“真实租赁”的出租人还有加速折旧及投资税收抵免等税收优惠政策，出租人在获得了税收优惠后，也获得了降低租金的空间，将优惠分享给承租人，承租人支付的租金可作为费用直接在税前扣除，这样，承租人的租赁成本比贷款购买的成本要低，很好地促进了租赁业的发展。

美国1954年的《税法》、1962年的《固定资产管理法》、1971—1981年实施的《加速折旧法案》以及1981年美国政府为应对全球性的经济危机颁布的《经济复兴税法》对租赁均实行加速折旧政策，其中1981年的新税法对租赁业产生了很大的影响，使得折旧年限大大缩短。该税法对租赁设备适用的年限做出了如下规定：

◆ 3年折旧资产：汽车、轻便卡车、科研设备；

◆ 5年折旧资产：大部分资产属于此范围；

◆ 10年折旧资产：铁路车辆、厂房等；

◆ 15年折旧资产：使用年限长的公共设施及不动产等。

租赁公司计提折旧可以在直线法、双倍余额法以及150%折旧法中自主选择，呆坏账准备金的比例自定，允许承租人将租金计入成本，从而减少了应纳税款。

1962年，肯尼迪政府为刺激美国经济复苏、鼓励投资，首次提出了投资税收抵免制度，规定在设备投资的当年，投资者可按设备投资额的7%直接抵免企业应纳税额，随后几年，政策几经波折后，抵免比例又提高至10%。该政策虽非为租赁而专设，但对于“真实租赁”的出租方及“有条件销售”的承租方均适用，极大地刺激了租赁业的发展。

除美国外，日本对特定设备（卫星通信、冷冻、冷藏）的承租人发给补助金，并对金融租赁公司实施财政补贴。韩国对租赁设备亦采取加速折旧政策。上述政策直接或间接地减少了承租人尤其是中小企业承租人的租赁成本。

我国目前并没有针对租赁业的专门、独立的税收法规，也没有实行过大规模的投资税收减免优惠政策，对租赁业的征税规定分散在现行的各相关税法文件中。在投资促进政策上，虽然出了一些鼓励企业对设备投资的通知，但没有明确指出是否适用于融资租赁业，更没有明确规定在融资租赁业务中如何实施。

2. 保险政策

保险政策主要是对融资租赁公司开展业务过程中可能遭遇的某些特定风险（如政治风险、违约风险等）实行政策性的保险，以保障融资租赁公司的安全经营。如美国的“进出口银行”（官方机构）为租赁公司提供出口担保和政治风险、商业风险保险；美国的官方信贷机构“海外私人投资公司”为跨国租赁公司提供全方位的政治风险保险。日本有“租赁信用保险方案”，规定“小商业信用保险公司”（政府的一个专门机构）和“租赁公司”签订合约，合约承诺在承租人违约时，支付未付租金的 50% 给租赁公司；规定中小企业租赁不需找担保人，目前有 39 种机械设备运用该方案，规定租赁公司租给风险投资公司的设备，保险赔付率可达到 70%。韩国则由商业银行和短期融资公司按照资产的一定比例无偿交纳一定的资金，建立忠信基金。该基金的职能类似国家办的特别保险公司，租赁公司在开展租赁业务时可以要求承租人取得忠信基金的担保，万一承租人无力还租时由忠信基金负责。上述保险政策都在一定程度上为融资租赁公司降低了经营风险。

目前我国尚缺乏相关的保险政策扶持，没有专门的政策对融资租赁公司的安全经营予以保障。

3. 金融扶持政策

美国允许金融租赁公司利用商业银行、保险公司、团体投资以及发行股票、发行公司债券、签发短期商业票据、发行特种基金等多种渠道筹资，其融资租赁公司发行的短期资产担保型证券的发行量占全美国同类证券总发行量的 1%。日本允许银行向融资租赁公司提供优惠贷款，金融租赁公司一般可通过国家开发银行的政策性优惠贷款取得 40% 的营运资金。韩国有《融资租赁促进法》，允许租赁公司直接发行租赁债券来获取融资，并简化手续，放宽条件，租赁公司所需资金的 70% 来源于债券发行收入，银行贷款也是租赁公司重要的资金来源。此外，韩国在发债比例上也给予融资租赁公司特别的倾斜：韩国租赁公司发债的上限达净资产的 10 倍，而一般企业的发债上限仅为 2 倍。上述优惠政策，都为融资租赁业拓宽了资金来源渠道。

经过近几年的发展，我国融资租赁公司的筹资渠道也在朝着多元化的方向发展，但与发达国家相比，发展较为滞后，并且新型的筹资渠道，如租赁资产证券化、租赁基金等成功的案例极少。我国的债券筹资方式从 2010 年开始才起步，除此之外，我国并无其他针对融资租赁行业的特殊政策性优惠贷款政策，相关政策的不完善阻碍了我国融资渠道多元化发展的进程。

美国融资租赁公司的盈利模式

下面我们通过几个对美国融资租赁公司的盈利模式的分析案例来介绍本部分内容。

案例 6-1

美国各派系融资租赁公司的盈利模式

银行系租赁公司——ABC 租赁公司

ABC 租赁公司是美国最大的银行系租赁公司，为全球超过 7 万客户提供设备融资服务，2007 年资产达到 347 亿美元，收入达到 14 亿美元。ABC 租赁公司的收入主要来源于三个方面：利息收入、交易收入和余值收入。

1. 利息收入

利息收入仍然是 ABC 租赁公司最大的收入来源。虽然美国的银行业不存在利率管制，竞争比较充分，但作为美国的一家大银行，ABC 租赁公司的母银行仍然可以通过结算业务和存款业务获得大量低成本的稳定资金来源。根据该行 2010 年年报，无息存款约为 2 913 亿美元，占全部负债总额的 14% 还多，在有息负债中，普通存款账户、Now 账户和货币市场存款账户合计规模约为 5 017 亿美元，付息率仅为 0.29%。与其他独立的租赁公司不同，ABC 租赁公司完全依赖母银行提供资金，即使在次贷危机导致金融市场紧缩、流动性匮乏的时期，该银行也保持着规模庞大的资产负债表，获得了大量的净利息收入。从实质上说，ABC 租赁公司是其母银行一个重要的资金运用平台，为母银行大量的低成本资金寻找相对安全的高收益出口。

ABC 租赁公司的生息资产主要来自三个方面：直接营销、间接营销（主要与厂商合作）以及购买其他机构的资产。在直接营销方面，ABC 租赁公司采取的是双条线并行的模式，即：一方面，与母银行全面整合，借助母银行的营销网络，开展营销和项目引荐工作；另一方面，建立自己的客户渠道部门（如商业租赁部门）和产品渠道部门（如公务机融资、商用航空集团、能源业务部门等）。在间接营销方面，ABC 租赁公司主要通过其全球厂商金融服务部门（GVF）完成。GVF 通过与大型设备制造商建立长期的合作，由制造商及其分销网络开展租赁营销，而由 ABC 租赁公司直接放款或者打包购买来获得相应的租赁资产。此外，ABC 租赁公司还有一个活跃的资产交易和收购团队，负责在租赁的二级市场筛选、分析和收购其他租赁公司需要出售的租赁资产。

2. 交易收入

交易收入是指租赁公司通过组织银团、出售及重组现有资产获得的手续费和价差收入。虽然持有租赁资产可以获得长期稳定的净利息收入，但持有租赁资产会面临较大的信用风险，需要消耗相应的风险资本，而且无法在当期形成较大金额的收入。因此，ABC 租赁公司采取的是“Origination and Distribution”的策略，即在业务营销开始阶段就通过银团或者出售的方式处置形成的租赁资产，获得手续费或者价差收入。在持有资产的过程中，ABC 租赁公司的资产管理团队会监控资产组合的质量和市场情况，如果出现信用状况恶化、集中度过高等情况，或者财务预算部门需要额外的交易性收入，资产交易部门将会在租赁二级市场卖出相关资产。

随着资产证券化的普及，租赁资产的重组和证券化也是获得交易性收入的一个重要组成部分。ABC 租赁公司根据市场偏好，按信用风险高低、期限长短等不同的标准将一个或一组租赁资产切分成不同属性的资产支持证券，并分别卖出或者部分持有。由于证券化创造了更高的流动性，因此资产的重组和证券化普遍可以降低租赁公司要求收益率（流动性与收益率成反比），进而降低其融资成本，使得 ABC 租赁公司可以在短期内获得可观的价差收入。

由于 ABC 租赁公司背靠具有稳定低成本融资渠道的商业银行，因此，在市场流动性收紧的环境中，ABC 租赁公司反而能获得更多的业务机会。从 2008—2011 年的净利差来看，银行系租赁公司的净利差普遍达到历史最好水平，这也使得银行系租赁公司在未来市场流动性问题得到缓和之后能够获得更多的交易收入。

3. 余值收入

余值收入是指租赁公司在租赁业务中因为设备回收再出售或者再次租赁获得的价差收入。对于经营租赁，ABC 租赁公司往往使用较高的折旧率，在账面保持较低的设备净值。客户提前终止合同，选择购买设备时，或者 ABC 租赁公司按照市场价格转卖或再次租赁设备时，往往能够获得高于账面价值的价格，从而产生余值收入。与厂商系租赁公司相比，银行系租赁公司在设备估值、设备管理能力和影响力方面仍然存在一定差距，因此，ABC 租赁公司将承担余值风险的设备限定于少数市场透明度较高的大型通用设备，如飞机、铁路设备等。

厂商（制造商）系租赁公司的盈利模式——卡特彼勒金融等

随着设备融资理念认可度的提高，租赁公司融资解决方案的价值日益显现。一些大的制造商建立了自己的附属融资机构，提供贷款或租赁服务。美国发达的直接融资市场降低了优秀厂商系租赁公司的融资成本，也间接地增强了厂商系租赁公司相对于银行系租赁公司的竞争力。时至今日，虽然融资租赁的金融属性越来越强，银行系租赁公司的市场份额越来越大，但厂商租赁公司仍然可以凭借其独特的设备管理、客户把握以及风险承受能力，占据近30%的市场份额。

与银行不同，制造商开展租赁交易，其动机更侧重于促进自身产品的销售，只有部分财务状况良好的厂商才可以利用其高于一般下游客户的信用资质获得额外的利差收入。此外，借助制造商本身对设备的天然熟悉，以及其营销和售后网络与客户的紧密联系，租赁物的回收和再销售不仅仅是厂商租赁公司控制信贷损失的手段，更是重要的收入和利润来源。

1. 卡特彼勒金融的盈利模式

卡特彼勒是世界最大的工程机械制造企业。卡特彼勒金融的主要业务是为卡特彼勒的客户和经销商提供零售和批发金融包括租赁支持，其2011年末资产规模达到301亿美元，利润达到3.9亿美元，是全美最大的厂商系租赁公司。

（1）促进设备销售。促进设备销售是卡特彼勒金融租赁业务的最大贡献，但也是隐形贡献，并不体现在其盈利之中。卡特彼勒金融的经营目标首先是促进本企业设备的销售，它的租赁门店具备提供短期工程解决方案、培训潜在客户和培育长期客户的多重功能。虽然卡特彼勒金融的租赁业务无法从扩大销售中获得更多的账面收益，但其对企业整体销售和业绩的提升和贡献，要远远超过账面反映的利润数字。这一能力是厂商系租赁公司所特有的，也有很高的进入门槛，银行系租赁公司难以望其项背。

（2）取得利差收入。利差收入仍然是卡特彼勒金融最大的收入来源。这种盈利模式依赖于两个关键性因素：一是制造商和下游客户之间存在较大的融资资质差异；二是存在运行良好的、具有一定深度的直接融资市场。卡特彼勒金融的穆迪长期信用评级为A2，良好的信用状况以及稳定的资产组合使其能够不依赖于银行信贷，直接通过发行商业票据和中期票据获得所需的大量低成本资金。2011年的年报显示，卡特彼勒金融的短期债务约39亿美元，其中商业票据28亿美元，资金成本为1.0%；即期票据5.5亿美元，资金成本为0.9%；长期债务216亿美元，其中中期票据200.6亿美元，资金成本为3.9%。这些融资的成本均属于市场最低的范畴。与此同时，在工程机械的用户中，存在大量中小企业、个人经营者，以及资信状况低于卡特彼勒的承包商，他们因为规模小或者盈利不足等原因，不仅难以从资本市场或者货币市场直接融资，也难以获得银行的贷款。这类客户能够接受远高于卡特彼勒金融融资成本的利率，为其获得稳定的利差水平奠定了客户基础。

（3）取得余值收入。厂商系租赁公司的另一项主要收入来自设备的余值。作为设备的制造者，厂商对所回收二手设备的价值有更准确的了解，也有现成的生产能力、技术手段和零配件用于翻新设备。此外，厂商为销售及售后维护建立的网络同样可以用来进行二手设备的销售或者再次租赁。总之，厂商系租赁公司在设备回收和处置方面具有其他租赁公司所无法比拟的优势。厂商系租赁公司在处理余值方面的优势，同样体现在其信用风险损失控制方面。卡特彼勒金融 2011 年的数据显示，其租赁的逾期率为 3.54%，而实际损失率仅为 0.7%，违约债项的回收率高达 80% 左右，远高于一般银行从同类抵押品中获得的坏账回收率（约为 50% ～ 60%）。

2. IBM 全球金融（IBM Global Finance，IBMGF）的盈利模式

与卡特彼勒金融相同的是，IBM 全球金融（以下简称 IBMGF）也存在三种收益模式：促销、利差和余值。但与卡特彼勒金融有所不同的是，IBMGF 更注重余值管理和余值收入。资料显示，IBMGF 2010 年和 2011 年收入的 47.4% 和 48.1% 来自设备的销售，而这些设备绝大多数为租赁期末返还的旧设备。

IBMGF 的业务模式源于如下业务逻辑：（1）IBMGF 经营的租赁物主要是 IT 设备，其贬值主要不是物理损耗，而是来自技术性贬值以及当前用户性能升级的需求。（2）IT 设备及其系统的使用具有一定的阶梯性。一流公司和业务量大的公司使用最新的设备和系统；次一等的公司对 IT 系统性能的要求往往较低。这为 IBMGF 高价营销二手设备提供了更大的市场。（3）IT 系统的升级换代具有复杂性和延续性，IT 设备的余值评价更专业而且更不透明。

IBM 作为专业的 IT 设备制造和相关软件系统开发以及整体系统方案提供商，具备的专业优势更加明显，他们通常将新设备的营销和旧设备的回收有机地结合在同一个解决方案中。

独立第三方租赁公司的盈利模式

根据美国租赁协会研究人员的观点，独立第三方的设备租赁及融资公司一般具有以下特点：独立融资；超过 50% 的业务保持在财务报表上；不被一家银行或设备制造商或产业公司所控制；通常难以得到母公司或政府的担保；不受银行监管当局监管。

在成熟的市场经济环境中，独立第三方租赁公司具有天生的不足：融资成本高。银行具有天然的低成本资金，实力强的制造商也可以为其租赁子公司提供较低成本的资金。随着市场的竞争越来越趋于价格竞争，独立第三方租赁公司的生存空间也越来越小。在20世纪90年代，从年度新增业务规模及融资余额（指投资者每日融资买进与归还借款间的差额的累积）两项指标来看，独立类租赁公司都占行业整体的25%左右，但1999—2009年间，美国银行及制造商所属租赁公司的新增业务规模占行业的百分比从46%增加到81%的同时，独立第三方租赁公司占行业的百分比则从24%下降到4%。Alta咨询公司做过一项调查，它与25位独立第三方租赁公司的高管做过交流，向他们提供了9项收入来源，要求他们根据自己的经验和观察就其重要性进行排序。调查结果显示：余值收入和利差收入是独立第三方租赁公司收入的主要来源。

资料来源：孔永新，孙路，密书广.美国融资租赁公司盈利模式分析及对中国的启示[J].投资研究，2012（12）.

我国融资租赁存在的不足

从融资渠道来看，目前通过银行融资仍是融资租赁企业最主要的融资渠道，其次是股东增加注册资本金，除银行贷款和股东增资外，信托、基金、资产证券化、发行股票和发债也逐步为企业采用，但仍是个例而不具普遍性，新型融资渠道仍未得到充分利用。总体来看，融资租赁企业融资渠道仍较为单一，融资渠道的多样化刚刚起步，另外，金融、税收、保险等相关扶持政策与发达国家相比明显不足。

同时，目前我国融资租赁的业务模式非常单一，除了直租、回租业务外，转租赁、联合租赁、委托租赁、项目融资租赁、销售式租赁、结构式参与融资租赁等新型业务模式仍需进一步探讨及完善，与其配套的税收政策也不明朗。与发达国家相比，我国无论是在理论研究上还是在实践探索上均显不足，使得融资租赁的金融服务功能未能充分展现。而在盈利模式方面，我国各类融资租赁公司的盈利模式相较发达国家在灵活性上还有一定的差距，另外，配套政策的缺失使得一些盈利模式难以充分实施。

总体来看，我国融资租赁行业正处在一个高速发展的时期，在这一过程中各方面略有不足无法避免，可以说，未来我国融资租赁行业要想在各方面达到发达国家的水平，还有很长的路要走。但就目前来看，国家正在逐步完善行业监管、落实相关税收政策并鼓励保险机构开发融资租赁保险品种、鼓励融资租赁公司拓宽融资渠道，未来整个行业将朝着更加健康有序的方向发展。

Finance Lease

Tax and Accounting Practice & Cases

07

融资租赁的尽职调查与合同签订

融资租赁的尽职调查

尽职调查是指在租赁项目立项前，融资租赁公司对承租人企业的历史数据和文档、管理人员的背景、市场风险、管理风险、技术风险和资金风险等做全面深入的审核和分析，识别租赁业务的潜在风险，对风险的程度做出评判，对难以化解的风险做出提示并提出防范风险的建议，以便将风险控制在企业可承受范围内，它是评估企业还租能力必不可少的重要环节。

尽职调查的内容

完整的尽职调查应该包括法律、财务以及企业的经营状况等内容，但考虑到融资租赁的交易成本，对承租人的尽职调查内容的繁简应根据融资租赁交易的具体情况而定。如果交易额相对较小、租期相对较短，可以参照商业银行的贷前调查内容展开调查；对于交易数额大、租赁期限较长的项目，对承租人进行全面、审慎、独立和有针对性的尽职调查很有必要。

此外，尽职调查还应考虑承租人的具体情况及租赁物的特点，如上市公司的相关信息一般比较透明、公开，需要调查的内容比较简单；电信设备运营商因其行业垄断特点，通常不需要做仔细的尽职调查；对于飞机租赁，由于其本身的特点也不需要做太烦琐的调查。因为尽职调查涉及承租人的商业秘密，所以应考虑承租人的接受程度及出租人的实际需要和可行性，确定其内容。

融资租赁尽职调查清单参见表 7-1，供出租人根据项目的具体情况选择适用。如果交易的项目对出租人来说达到重要、复杂的程度，则出租人应该委托专业的社会中介机构、阅历资深的从业人员进行调查，并出具调查报告。

表 7-1 融资租赁尽职调查清单

序号	资料类别与名称	备注
一	承租企业资料	
（一）	基本情况	
1	企业情况简介	包括历史沿革、隶属情况、机构设置、人员情况、经营情况、企业规模等
2	经年报的“五证合一”营业执照（复印件）	未“五证合一”企业分别提供复印件
3	公司章程、出资协议、验资报告	
4	企业法定代表人、主要经营管理人员简历、信誉状况及身份证复印件	包括法人代表证明书及授权书、法人代表签字样本
5	股东持股情况，关联企业控股、参股关系图	
6	公司组织机构结构图	
7	公司人员结构情况（员工总数及结构）	职称结构（高级、中级、初级），学历结构（研究生、本科、大专）及年龄结构
（二）	信用情况	
8	主要信贷关系	包括开户情况（开户日期、开户银行、账户类别）、信用等级、综合授信、信用记录等
9	贷款卡（复印件）及最新查询记录	
10	主要资产抵押 / 质押情况	说明抵押 / 质押资产名称、评估价值、抵押 / 质押权利人、抵押 / 质押原因
（三）	经营情况	
11	公司经营及销售情况	主营业务变迁，主营产品结构、技术水平、市场竞争力等经营情况及近年销售情况介绍
12	本年工作总结和下一年工作计划	包括企业发展经营计划及重大投资计划
（四）	财务状况	
13	近三年度审计报告、最近一期财务报表及会计报表附注	

续表

序号	资料类别与名称	备注
14	长期投资明细表	包括被投资企业名称、注册资本、股权占比；主要子公司经营情况
15	银行借款明细表	包括贷款银行、金额、用途、期限、利率、担保方式、还款计划、贷款形态（指是否被列为不良贷款）等
二	项目及租赁资产资料	
（一）	项目情况	
1	项目基本情况介绍	
2	项目可行性报告及国家相关部门的批准文件（复印件）	
3	环评报告批复（复印件）	
4	用地报告批复（复印件）	
5	项目竣工验收报告	
6	项目所在区域市场分析	
7	项目中长期盈利预测	
8	项目其他相关批复	
（二）	租赁资产情况	
9	本项目拟租赁标的资产详细清单	
10	本项目拟租赁标的资产的意向用户购货协议（厂商租赁销售）	
11	拟租赁标的资产的权属证明（售后回租）	证明拟租赁资产所有权归属承租企业、无担保抵质押情况及其他所有权受限情况
12	拟租赁资产初始购买合同及原始发票（售后回租）	
13	承租人售后风险监控操作规范（厂商租赁销售）	承租人将拟租赁资产售出后对终端用户进行管理和监控
14	租赁资产财产保险单正本（售后回租、厂商租赁销售）	签订租赁合同后承租企业需将租赁资产保险受益人变更为租赁公司
（三）	授权情况	
15	承租企业董事会决议及授权	批准采用租赁方式融资并授权管理层
16	担保企业对本项目租赁标的资产提供担保责任的意向函	
17	国资局或上级主管部门批复承租人有权开展售后回租业务（售后回租）	

续表

序号	资料类别与名称	备注
三	担保企业资料	
（一）	基本情况	
1	企业情况简介	包括历史沿革、隶属情况、机构设置、人员情况、经营情况、企业规模等
2	经年报的“五证合一”营业执照（复印件）	未“五证合一”企业分别提供复印件
3	公司章程、出资协议、验资报告	
4	企业法定代表人、主要经营管理人员简历、信誉状况及身份证复印件	包括法人代表证明书及授权书、法人代表签字样本
5	股东持股情况，关联企业控股、参股关系图	
（二）	信用情况	
6	主要信贷关系	包括开户情况（开户日期、开户银行、账户类别）、信用等级、综合授信、信用记录等
7	贷款卡（复印件）及最新查询记录	
8	主要资产抵押 / 质押情况	说明抵押 / 质押资产名称、评估价值、抵押 / 质押权利人、抵押 / 质押原因
（三）	经营情况	
9	公司经营及销售情况	主营业务变迁，主营产品结构、技术水平、市场竞争力等经营情况及近年销售情况介绍
10	本年工作总结和下一年工作计划	包括企业发展经营计划及重大投资计划
（四）	财务状况	
11	近三年度审计报告、最近一期财务报表及会计报表附注	
12	银行借款明细表	包括贷款银行、金额、用途、期限、利率、担保方式、还款计划、贷款形态（指是否被列为不良贷款）等
（五）	授权情况	
13	担保企业董事会决议及授权	同意对本项目租赁标的资产提供担保责任并授权管理层
四	租赁资产出售方相关资料（如有）	新设备直接租赁、厂商租赁销售

尽职调查的方法

1. 现场调查

现场调查可以对调查对象有比较直观的了解，并可以得到据以调查的相关线索。因此，现场调查是尽职调查最常用的方法，它包括现场会谈和实地考察。

现场会谈时，应当约见尽可能多的、不同层次的成员，包括市场销售部门、行政部门、财务部门、生产部门的主管。会谈主要了解企业经营战略和发展思路、企业文化、团队精神、企业的内部管理及控制等情况，通过会谈获取对企业高管的感性认识。

实地考察应侧重调查企业的生产设备运转情况，生产组织情况，实际生产能力，产品结构情况，订单、应收账款和存货周转情况，固定资产维护情况，周围环境状况，用水、用电、排污情况，员工的工作态度及纪律等。

2. 搜寻调查

主要通过各种媒介物搜寻有价值的资料，这些媒介物包括报纸杂志等新闻媒体、论坛、峰会、书籍、行业研究报告、互联网资料、官方记录等。搜寻调查应注意信息渠道的权威性、可靠性和全面性。

3. 官方调取

通过行业协会、政府职能部门获取或调取企业的相关资料。如工商管理部门、税务部门、环保部门、金融管理部门、外汇管理部门、卫生管理部门、质量监督管理部门、供电部门、供水部门、土地及城建管理部门、行业主管部门等。

4. 通知调查

通知被调查人，要求其提供相关资料和申报信用记录，然后对该资料和记录进行抽样验证、分析。

5. 秘密调查

是指在被调查人不知道的情况下进行的调查方式。主要通过接触客户的关联企业、竞争对手、商业伙伴或个人获取有价值的信息。

6. 委托调查

可以委托社会中介机构进行部分或全部信息的调查。对于比较重要或法律关系复杂的融资租赁交易，可以利用律师执业技能、专业知识以及法律赋予的调查取证的特权，进行律师尽职调查，形成全面、专业、规范的律师尽职调查报告，供信用评估时参考。对于客户的财务调查可以委托注册会计师进行，对于租赁物也可以委托资产评估师进行资产评估，形成专业的评估报告。

融资租赁合同要素

融资租赁合同是出租人根据承租人对出卖人、租赁物的选择，向出卖人购买租赁物，提供给承租人使用，承租人支付租金的合同。融资租赁合同的内容包括租赁物名称、数量、规格、技术性能、检验方法、租赁期限、租金构成及其支付期限和方式、币种、租赁期间届满租赁物的归属等条款。融资租赁合同的签订是融资租赁业务开展的法律保障，在全面营改增的背景下，融资租赁合同的签订会对融资租赁双方的税负产生不同的影响，所以，在签订融资租赁合同时，需在以下主要条款中做好事先约定。

1. 租赁物的名称、品质、规格、数量和金额

租赁物是融资租赁合同的最基本要素，在签订融资租赁合同时，应在合同中明确规定租赁财产的名称。对于直租合同，还要明确该租赁资产的生产国别、指定供应商、规格型号、质量标准和数量；对于售后回租合同，则还要约定从承租人购买该租赁财产的总金额（2016 年 4 月 30 日前签订的合同需约定承租人向出租人开具的合法有效差额扣除凭证）。租赁资产的名称要写得具体、清楚、详细，精确到品

牌商标、规格、型号、批次，避免简写租赁物名称，以确保当租赁物不符、遗失等情况出现时，有解决纠纷的依据。此外，还要约定好租赁资产的数量和质量，数量要精确，对于购入的租赁资产和租赁期满返还或留购的租赁资产应达到的质量要有具体的标准。如果标的物质量不合格而在合同中无相关约定，易出现纠纷。另外，对于某些具有特殊性的租赁物，要根据其特征做特殊的约定，如对于易变旧或者易磨损的设备，要在合同中约定其磨损的标准。

2. 租赁财产的交货、验收、交货地点及时间

融资租赁合同要做好交货及验收的事先约定，应在合同中写清交货地点、时间，对于分期交货的，应写清每期交货的具体日期及交货数量，涉及两种以上租赁物的，还要约定好每期交货的具体租赁物名称。除此之外，应约定好在租赁开始前需对租赁物验收合格，并写清验收的时间、方法、标准以及验收不合格的处理方法。

3. 租金的币种、金额、利率、支付日期和方式

租金的支付方式、日期及金额、利率是融资租赁合同最核心的条款，其具体规定决定了租赁双方的收入和成本以及税负的高低。出租人所收取的租金一般由购买租赁物的成本、租赁利息构成，有手续费、保险费、运费等费用的，要明确这些费用是否包括在租金中，所约定的租金需明确其是否包含增值税以及开具增值税发票的时间及发票类型，以免双方理解不一致产生纠纷，建议将不含税的合同金额和增值税分开注明，因为这样可按不含增值税的合同金额确定计税依据计算缴纳印花税。此外，租金一般应以人民币计算和支付，如果购买租赁物使用的是外币，可按双方当事人约定的币种支付，租金币种的选择可以与购买合同中的币种相同也可以不同，但要注意汇率风险的防范。

利率也是影响租金总额的重要因素之一。融资租赁合同中租金的利率可以分为固定利率和浮动利率两种。固定利率是在全部租赁期间租赁费率固定不变。浮动利率就是每隔一定时期租赁费率根据市场利率或贷款利率的变化做相应的调整。租金的支付方式包括每年支付租金的次数，每次支付的金额及时间（期初或期末）等。租金的支付方式会直接影响增值税的税负，合同约定的支付时间会直接影响企业所得税及增值税的纳税义务发生时间及税额的计算，在做约定以前需做好相关税负的

测算，选择最优的租金支付方式。

4. 租赁的起止日期

租赁的起止日期决定了租赁双方权利义务关系的起始和终止时间。起租日是租赁开始日期，在实践中，出租人和承租人一般可根据下列日期约定起租日：第一，出租人支付购买租赁物价款之日；第二，租赁物运抵货港之日；第三，承租人交付验收证或接收证之日；第四，双方当事人约定的其他日期。当出租人与承租人各自行使了自己的全部权利、履行了自己的全部义务之时，租赁关系即告终止。

5. 融资租赁合同的担保事项

为保证承租人依合同约定支付租金，履行合同，出租人一般应要求承租人提供相应的担保，包括第三人保证、自有资产的抵押或质押等。对于担保条款，一定要写清保证种类和方式，是一般担保还是连带责任担保，是以现金作为担保还是以资产作为担保，是以承租人作为担保人还是以第三人作为担保人，等等。

承租人支付的保证金的数额一般不能超过购买租赁物成本的 20%，当以第三人作为担保人时，若承租人不能履行向出租人交纳租金的义务，则由担保人代为履行。出租人应针对担保合同审查担保人主体资格、担保合同的内容及效力，并依照有关规定办理各项登记，以使对合同的担保确实有效。最后，还需约定，若未出现违约情形，租赁期满担保现金或资产将返还给承租人。

6. 税收的承担问题

融资租赁合同会涉及各税种税金的缴纳，需对税金的承担事先做好约定，若出租人想由对方承担税金，通常会采取两种做法：一是提高租金或手续费以涵盖税金；二是在合同中明确约定税金由对方承担。

7. 租赁物的保险问题

为防止租赁物在运输、使用等过程中出现各种问题而使租赁双方遭受损失，租赁期间，可能会为租赁物提供保险，保险费用需由承租人承担。租赁双方应在合同中对有关保险事宜的具体办理进行约定，保险赔偿金应由承租人享有。

8. 租赁物的维修、保养

租赁资产在使用过程中会遇到各种故障和损耗，所以需要在融资租赁合同中约定好租赁物的维修及保养由哪一方负责。一般情况下，融资租赁合同约定由承租人负责维修和保养，而经营租赁合同约定由出租人负责维修和保养。

9. 融资租赁合同期满时租赁财产的处理

租赁期满，承租人对租赁资产的处理方式有三种：返还租赁物、续租和留购。合同中应事先约定好租赁期满租赁财产的处理方式，若约定返还租赁物，应写明返还的具体日期和返还时的验收标准及相关手续。若约定续租，要确定续租确定日及续租手续、程序。若留购，要确定留购价格（注明是否含税）、支付币种、方式、时间、交接手续。也可在合同中约定承租人可选择三种处理方法中的任意一种。

10. 双方的责任及义务

租赁合同中，出租人的义务主要表现在：按合同规定的租赁物的数量、质量、时间、地点提供给承租人使用。

承租人的义务主要是：按合同约定按时交纳租金；保管、保养、维修租赁物，不得随意转租、拆租等。

双方的责任和义务要建立在双方谈判达成一致的基础上，在合同中要明确双方当事人未履行应尽义务时所应承担的法律责任及所应支付的赔偿金额。

11. 租赁合同的变更、解除和转让

在租赁合同中规定出租人变更出租物所有权时，必须事先征得承租人同意提前终止合同，如果承租人不同意或者不征求承租人意见，则原承租合同继续对新的所有权者有效，直至合同期满为止。

对于租赁合同的解除，必须约定其解除的条件。合同中应约定，若承租人未经出租人同意擅自将租赁物转租，利用租赁物参与或进行非法活动，逾期不交纳租金的，出租人有权根据需要解除合同。

对承租人将合同转让的情况，要明确规定其征求出租人意见的义务，并且对转租后第二承租人的行为负责。

12. 争议的解决方式

解决争议的方式有协商、诉讼和仲裁。建议拟定合同时，按可能发生的各种情况的严重程度约定争议的解决方式及相应的地域管辖机构。

13. 注意融资租赁合同内容及形式的合法性

只有租赁双方当事人就合同条款达成一致并签字、盖章后，融资租赁合同才具有法律效力。依照法律、行政法规的规定，对于租赁物的经营使用应当取得行政许可的，出租人未取得行政许可不影响融资租赁合同的效力。

《最高人民法院关于审理融资租赁合同纠纷案件适用法律问题的解释》（法释〔2014〕3号）规定：对名为融资租赁合同，但实际不构成融资租赁法律关系的，人民法院应按照其实际构成的法律关系处理。2021年1月1日开始施行的《中华人民共和国民法典》（以下简称《民法典》）第七百三十七条规定：当事人以虚构租赁物方式订立的融资租赁合同无效。由此可见，出租人应对租赁物的真实性进行核查，否则在出现虚构租赁物情形时，若出租方无法证明其不具有串通承租人虚构租赁物的主观恶意，则将承担合同无效的风险。建议合同约定承租方将租赁物的产权转移交付相关书面文件及证据备份提供给出租方留存。

此外，过去的《外商投资租赁业管理办法》列举的租赁资产范围，均为动产（含该动产所附带的无形资产），没有涉及不动产，因此国内对于外商投资融资租赁能否开展不动产融资租赁业务存在争议。有观点认为，该管理办法并不是法律，不应作为决定合同是否具有法律效力的依据；也有观点认为，外商投资企业成立应遵循该办法规定的经营范围，不动产租赁超出了规定经营范围，不符合要求。2013年，在浙江百盛融资租赁有限公司与华门房地产集团有限公司、华门控股有限公司等保证合同纠纷案中，争议的焦点在于外商投资融资租赁公司能否以不动产作为租赁物开展融资租赁交易，最终法院判决结果对此予以支持。

在判定合同的效力时，应当以全国人大及其常委会制定的法律和国务院制定的行政法规为依据，而不是以地方性法规、部委行政规章为依据。过去的《外商投资租赁业管理办法》在效力级别上属于部门规章，而目前我国现行有效的法律、行政法规并无禁止以不动产作为租赁物的规定。因此，在目前的法律框架下，以不动产作为租赁物开展融资租赁交易，并不必然导致融资租赁合同无效。[1] 中国银保监会 2020 年 5 月 26 日发布的《关于印发融资租赁公司监督管理暂行办法的通知》中也明确了内外资融资租赁公司开展融资租赁业务的租赁资产包括不动产。

此外，融资租赁公司应当建立健全的租赁物价值评估和定价体系，根据租赁物的价值、其他成本和合理利润等确定租金水平。售后回租业务中，融资租赁公司对租赁物的买入价格应当有合理的、不违反会计准则的定价依据作为参考，不得低值高买，此时租赁物价值与租金的匹配也影响租赁法律关系的判断。

下面我们分别提供营改增后直租与回租业务的融资租赁合同模板，供读者参考。

融资租赁合同模板

直租与回租业务融资租赁合同模板如下。

[1] 《中国融资租赁行业2015年度报告》。

融资租赁合同

（直租）

合同编号：　　字　　年　　号

出 租 人：

承 租 人：

签约地点：

签约日期：　　年　月　日

融资租赁（直租）合同

出租方（以下简称“甲方”）：____________________

注册地址：

电　话：　　　　　　　　　　　　　　传　真：

公司负责人：

承租方（以下简称“乙方”）：____________________

注册地址：

电　话：　　　　　　　　　　　　　　传　真：

法定代表人：

填写说明

1. 本合同适用于我司开展的直接租赁业务。

2. 合同中所有带有［］的条款，均须根据其下面列明的内容填写相应的选项编号。

3. 合同中所有带有［］的空白项，需根据项目的实际情况进行填写，填写完毕后将［］删除。文字使用必须规范，不得任意简写、缩写。不需填写处，应以斜杠线填充。不得自行涂改、删减、注释合同内容。

4. 合同有关当事人的名称须与当事人营业执照上的企业法人名称及法人公章相符；个人姓名须与其本人身份证相符；代理人签字时要注明“（代理）”。

5. 合同中第五条、第六条、第十五条等条款需要根据交易的具体情形选择适用，如交易中不采用担保形式，则第十五条就不适用，如交易中不需承租人缴纳租赁保证金和租赁手续费，则第五条和第六条就不适用。

根据《中华人民共和国合同法》及其他有关法律、法规的规定，双方经过协商，一致同意按以下条款订立融资租赁合同（以下简称“本合同”或“租赁合同”)。

第一条　交易的性质目的及租赁物

1.1　甲乙双方依本合同进行融资租赁交易，即：出租人根据承租人的要求及承租人对出卖人和租赁物的完全自主选定，向出卖人购买租赁物，出租给承租人使用；承租人以获得租赁物的所有权为目的，按本合同条款向出租人租用租赁物并向出租人支付租金。

1.2　本合同项下租赁物具体是指本合同附件一《租赁物清单》中所列的设备 / 不动产（以下简称“租赁物件”)。该租赁物件由甲方出资根据乙方的指定意愿从乙方指定的出卖人处购买，并专用于出租给乙方使用，租赁物件的名称、型号规格、技术性能、质量、数量等条件应与附件一的要求一致。

第二条　起租日和租赁期限

2.1　本合同的租赁期限为［］年，起租日为甲方向出卖人支付首笔租赁物件转让价款的当日（起租日由资金从甲方账户汇出的时间确定，不受银行在途等因素影响)。

2.2　租赁起止日见双方在附件三《实际租金支付表》中的约定。

第三条　租赁成本

租赁成本是指甲方向出卖人购买租赁物件所支付的全部货款、税金及其相关费用，以上金额除税金外均含增值税。本合同项下租赁物件的租赁成本为人民币［］整（小写：¥［］元)。

第四条　租　金

4.1　租金是指依据本合同的约定乙方应向甲方支付的租金，它由购买租赁物的租赁成本（“本金”）与基于租赁成本（“本金”)、租赁利率所计算的本金的利息（“租赁利息”）构成，其中租赁利率是计算租金所适用的利率。租金、租赁利率、应由乙方实际负担的增值税金额、支付日期及次数、每期支付金额等均在《租金支付概算表》（见附件二）及《实际租金支付表》中载明，实际支付时，《租金支付概算表》与《实际租金支付表》规定不一致的，以《实际租金支付表》为准。

双方确认，《租金支付概算表》中的租金概算是假设［］年［］月［］日（甲方预计支付首笔租赁物件转让价款之日）为起租日，以估计的租赁物购买价款及估算的相关费用为租赁成本计算的；租赁物件购买价款实际支付后，甲方应以实际首笔租赁物件转让价款支付日为起租日，按实际产生的租赁成本另行制作《实际租金支付表》并交乙方签署。《实际租金支付表》不构成对本合同的修改，是本合同不可分割的部分，乙方不签署《实际租金支付表》不影响该表的效力。

乙方须保证按《实际租金支付表》中规定的租金、币种、支付次数及日期将租金支付至甲方指定的银行账户。账户信息如下，若账户信息变更，甲方应书面通知乙方：

账户名：

开户行：

账号：

4.2 乙方应于本合同约定的每期租金到期日之前在相应账户备足当期应付租金，并确保租金到期日前租金足额到达甲方指定账户，如遇法定节假日，则乙方应提前至节假日前的最后一个工作日内完成租金支付事宜。租赁利息均计算至每笔租金约定的租金到期日，以每年 360 天计算，按日计息，计算公式为：租赁利息＝未还租赁本金 × 实际天数 × 租赁利率 /360。

4.3 租赁利率按下列第［］种方式确定：

①中国人民银行公布的［］年期基准贷款利率，即［］%/ 年；

②中国人民银行公布的［］年期基准贷款利率下浮［］%，即［］%/ 年；

③中国人民银行公布的［］年期基准贷款利率上浮［］%，即［］%/ 年；

④协商确定的［］%/ 年。

双方确认，本合同所采取的租金形式为以下第［］种方式：

①固定租金，即在租赁期限内租金不作调整；

②浮动租金，即本合同有效期内，如遇中国人民银行同期基准贷款利率调整时（上浮 / 下浮），已偿还本金部分利率不再调整，甲方有权自主（且无须征得乙方同意）对基准利率调整后本合同项下未到期租金的租赁利率作相应调整，调整幅度与基准利率的调整幅度相同。因租赁利率发生调整而使得本合同《实际租金支付表》所确定的租金金额发生的变化，甲方应在变更租金事由发生之日起 10 个工作日之内以《租金变更通知书》（见附件五）通知乙方，乙方

在此同意无条件按照《租金变更通知书》的规定向甲方支付租金。《租金变更通知书》与《租金支付概算表》、《实际租金支付表》规定不一致的，以《租金变更通知书》为准。《租金变更通知书》也是本合同不可分割的一部分。

4.4 乙方要求提前归还租赁本金的，按下述第［］条约定执行：

①须严格按照《实际租金支付表》的约定执行，不得提前归还租赁本金。乙方未经甲方同意提前还款的，甲方有权拒绝收取提前还款资金，并追究乙方的违约责任。

②乙方可以提前归还租赁本金，在提前30天向甲方提出书面申请并取得甲方书面同意后，双方按重新约定的方式执行租赁本金的归还，并重新制定并签署《实际租金支付表》。对因此给甲方带来的租金损失，乙方应按以下约定进行补偿：补偿金额＝提前还款金额×［］%×提前还款天数，该补偿金在提前还款时与应付利息及本金一并支付。

4.5 乙方未按期、足额支付到期租金的，视为违约行为，应承担本合同第［］条的约定的违约责任，从保证金中依次扣减违约金及租金。

4.6 除因不可抗力事件造成本合同不能履行的以外，承租人不得因任何原因（包括但不限于租赁物灭失或毁损等）停止履行向出租人支付租金的义务。

4.7 甲方应在收到乙方所支付的租金后30日内，向乙方开具增值税专用发票。乙方增值税发票开具信息如下：

单位名称：

地址：

电话：

税号：

开户行：

账号：

第五条 租赁手续费

5.1 乙方于本合同签订后的5个工作日内向甲方指定的账户一次性支付人民币［］（小写：［］元）（即租赁成本的［］%，其中增值税为［］），作为本租赁项目手续费，由甲方向乙方开具增值税专用发票。

5.2 甲方指定的账户信息如本合同4.3所述。

第六条 租赁保证金

6.1 乙方于本合同签订后的5个工作日内向甲方指定的账户支付人民币[]（小写：￥[]元）（即租赁本金的[]%）作为履行本合同的保证金，由甲方向乙方开具等额保证金收据。

6.2 本合同项下的保证金均不计利息。乙方违反本合同任何条款时，甲方有权直接从租赁保证金中扣除乙方根据本合同应付的租金、违约金、损害赔偿金及其他应付费用。乙方应根据甲方的补足租赁保证金的通知及时补足租赁保证金，若乙方未按要求补足租赁保证金，甲方有权使用乙方其后每次交付的租金优先补足保证金。

6.3 在甲方完全履行本合同项下所有义务后的10个工作日内，出租人须向承租人返还租赁保证金（不计利息）。如出租人延迟返还租赁保证金，应按延迟支付款项的日万分之五向承租人支付违约金。出租人亦可将租赁保证金冲抵最后一期应付租金，如冲抵后仍不足以支付最后一期应付租金，则不足部分应由承租人补足；如冲抵后尚有余额，则出租人应将余额返还承租人。

6.4 甲方指定的账户信息如本合同4.3所述。

第七条 租赁物的购买

7.1 乙方根据自己的需要自行选定租赁物的出卖人和租赁物（包括但不限于型号规格、数量、质量、技术性能和售后服务、交货时间等全部技术条件和商业条件），乙方对自己的选择及决定承担全部责任。若出卖人不能履行、不能完全履行、迟延履行或履行不符合本合同规定条件的，包括但不限于买方交付设备迟延、所交设备的品质规格、技术性能和数量等条件不符合购买合同的规定等情况，甲方有权将对出卖人的索赔权转让给乙方，索赔权转让后，乙方直接向出卖人索赔，索赔的费用和结果，均由乙方承担和享有。因乙方的过错造成索赔逾期的，甲方不承担责任。

甲方根据乙方的选定与要求与出卖人订立租赁物买卖合同，承租人在买卖合同上签字即代表其接受买卖合同的全部条款。

7.2 乙方须向甲方提供甲方认为必要的各种批准和许可证明、单据和凭证等。按照国家法律法规规定租赁物的权属应当登记的，乙方须协助甲方办理相关登记手续。

7.3 因甲方购买本合同项下的租赁物所发生的税费等均由乙方承担并支

付，但在买卖合同中约定由出卖人承担前述费用的除外。

第八条　租赁物的交付使用与设置场所

8.1　租赁物件由出卖人根据买卖合同所约定的时间、地点和方式直接向乙方或承租人指定的代理人交付。乙方不得以任何理由拒绝接收租赁物。

8.2　乙方应在收到租赁物件后的5个工作日内向甲方提交由乙方法定代表人或授权代表签字并加盖乙方公章的《租赁物接收确认单》（见附件六）及《租赁物清单》，如租赁物件接收后5个工作日内乙方未签署《租赁物接收确认单》及《租赁物清单》送交给甲方的，则视为乙方已经接收租赁物。

8.3　如出卖人迟延交付租赁物，乙方应按照买卖合同的规定直接向出卖人主张权利，甲方不承担任何责任。

8.4　租赁物的设置场所为［］。在本合同有效期间，未经出租人书面同意，承租人不得变更租赁物的设置场所。

第九条　租赁物瑕疵的处理

9.1　由于租赁物及出卖人由乙方决定，表明乙方对租赁物件已有充分的了解，在乙方签署《租赁物接收确认单》后，甲方不承担任何瑕疵的担保责任，质量保证期内出现任何质量瑕疵，由乙方自行与出卖人协商解决。

9.2　即使出现本条9.1的情况，亦不影响乙方在本合同项下对甲方所承担的义务和责任。

第十条　租赁物的所有权和使用权

10.1　在租赁期间，租赁物件的所有权（此所有权及于租赁物件的从物、从权利、孳息以及针对租赁物所专有的程序、软件、授权许可、技术资料等）归属于甲方，乙方在租赁期间享有对租赁物的占有和使用权。未经出租人书面同意，乙方不得在租赁期内将租赁物销售、转让、转租、抵押、质押、投资入股、抵偿、设立诉讼担保，或以其他任何方式侵害出租人对租赁物的所有权，甲方也不得将租赁物件出售、出租、赠予其他人。未经甲方书面同意，不得将租赁物价迁离设置场所。

10.2　乙方在租赁期限内对租赁物件有充分和排他的占有权以及与之不可分割的使用权，而不受乙方法人地位或股权结构任何改变的影响。

甲方应当保证乙方对租赁物的占有和使用。甲方有下列情形之一的，乙方有权请求其赔偿损失：①无正当理由收回租赁物；②无正当理由妨碍、干扰乙方对租赁物的占有和使用；③因甲方的原因致使第三人对租赁物主张权利；④不当影响乙方对租赁物占有和使用的其他情形。

第十一条　租赁物件的保管、维修、保养义务

11.1　乙方负有对租赁物件保管、维修、保养的责任，以确保租赁物件正常的状态和功能。由此产生的全部费用由乙方承担。如乙方需要改动租赁物的外形、结构的，应当书面通知出租人并征求其书面同意，且不得影响原使用功能，因改造所增加的与租赁物不可分割或如果分割会导致租赁物功能减损的部件及/或软件，所有权亦自动无偿归甲方所有。

甲方在遵守有关法律，且在不影响承租人正常使用租赁物的情况下，有权随时检查租赁物件的使用和保养情况，乙方应提供检查所需便利条件。

11.2　乙方需要更换租赁物件的零部件时，应尽量使用原制造厂家生产的同规格、同型号零部件。若采用代用件，乙方应征得甲方书面同意，使用符合租赁物技术条件及性能的代用件，且应保证代用件的使用不会对租赁物的价值造成减损，并承担所需一切费用。

11.3　承租人应妥善使用、保管租赁物，采取定期维修和不定期检查等措施，其标准不得低于国家或同行业的有关规定或习惯，并承担所需一切费用。除合理的损耗及甲方同意对设备改造外，乙方应当使租赁物件处于交付时的状态。

11.4　乙方在占有、使用租赁物期间，如租赁物件造成第三人的人身伤害或者财产损害，一切责任均由乙方承担，甲方不承担任何责任。若甲方因此遭受任何损失，则乙方应于接到甲方通知后5个工作日内予以全部赔偿。此损失包括损失本身及有关合理的直接费用，包括但不限于利息、滞纳金、诉讼费、保全费、审计费、评估费、鉴定费、政府规费、律师费等。

第十二条　租赁期满后租赁物的处理

租赁期满且乙方履行完毕本合同项下的全部义务后，双方按下列第［］种方式处理租赁物：

12.1　乙方以名义价款购买租赁物：租赁期满后的［］个工作日内，乙方应向甲方支付人民币［］（小写：￥［］元，其中含增值税［］元）的名义价款购买租赁物。在收到乙方支付的名义价款后，甲方将租赁物的所有权转让给乙方或乙方指定的第三方，并出具名义价款发票和《租赁物所有权转让函》（见附件七）。

12.2 续租：乙方可继续租赁该租赁物，续租事宜由双方另行商定并签署书面协议。

12.3 返还租赁物：乙方于本合同到期后［］日内将租赁物返还甲方人，并保证租赁物完好无损（正常磨损的情况除外）。

第十三条 租赁物的毁损及灭失

13.1 租赁物件在交付给乙方后的毁损、灭失风险，由乙方承担，而无论其是否实际占有租赁物件。无论何种原因造成租赁物件的毁损、灭失，乙方不得延迟或拒绝支付租金及本合同项下所有应付款项。

13.2 如租赁物件发生毁损或灭失，乙方应立即通知甲方。甲方出租人可通知乙方采取下列处理方式，并由乙方负担所需一切费用：

①如租赁物可以修复，乙方应将租赁物修复至完全正常使用状态。

②更换经甲方认可的与租赁物件同等状态、性能和价值的物件。更换后该租赁物件自动归甲方所有，乙方对甲方的所有权不得持有异议，同时有义务保证甲方对该更换后的设备所享有的权利不受任何其他第三人的影响，并且乙方在本合同项下所承担的义务也不受任何影响。

③如甲方根据合理的判断认为租赁物件已灭失或毁损到无法修复的程度，可选择终止本合同项下的租赁并由乙方赔偿甲方的全部损失或由乙方自费更换与原租赁物价值、性能等相同的设备。前述损失包括但不限于全部剩余租金、逾期利息、损失赔偿金、协议留购价款（如选择适用12.1所述方式）及其他各项应由承租人承担的费用。乙方支付以上赔偿款后，乙方在本合同项下的一切义务履行完毕。

13.3 如租赁物件发生的毁损或灭失属于保险责任范围，还应按本合同第十四条相关约定处理。

第十四条 保 险

14.1 自起租日起，乙方应办理租赁物的一切保险（包括但不限于海上运输险、内陆运输险、工程安装险、财产险等），并使之在本合同履行完毕前持续有效，保险费用由乙方承担。由于乙方不办理保险而给甲方造成的全部损失（包括但不限于未支付的租金等）均由乙方承担。投保后，保险合同等相关文件原件应当由［］保管，乙方须在15天内将一份保险单副本提交给甲方。发生理赔时，保险理赔款优先用于偿还甲方的租金、所有迟付租金和违约金等款项。

14.2 如租赁期限内发生保险事故，乙方应当立即（24小时内）通知甲方，并由双方指派人员共同办理保险理赔事宜。

14.3 如租赁期限内发生保险事故，则保险赔偿金的处置方式为［］：

①用于支付因保险事故造成的租赁物损坏的维修及更换费用，剩余款项（如有）归乙方所有；

②用于支付因保险事故造成的租赁物损坏的维修及更换费用，剩余款项（如有）归甲方所有；

③归甲方所有；

④抵偿对甲方全部损失的赔偿款。

14.4 如果发生保险公司赔付范围之外的损害，导致租赁物件灭失或毁损到无法修复，承租人须按本合同第十三条的约定赔付甲方。

第十五条 担 保

乙方委托［］为本合同乙方的担保人，担保人向甲方出具不可撤销的《担保承诺函》，见本合同附件四。乙方负责将本合同复印件转交担保人。

第十六条 声明与保证

16.1 甲方在此声明和保证：

16.1.1 甲方是依法成立且在租赁期内合法存续的企业法人，具有从事融资租赁业务的资质；

16.1.2 甲方签订本合同已得到相应权力机构的批准或同意；

16.1.3 本租赁业务项目未超出公司章程、营业执照许可的范围，符合国家相关政策和行业规定；

16.1.4 甲方进行承包经营、合并、分立、联营、重组、歇业、解散等影响本合同的事项，应事先书面通知乙方。

16.2 乙方在此声明和保证：

16.2.1 乙方是依法成立且在租赁期内合法存续的企业法人，有权签订并履行本合同；

16.2.2 乙方签订本合同已得到公司有权机构及主管部门的批准，符合公司章程和相关规定；

16.2.3 乙方实行承包经营、合并、分立、联营、重组、歇业、解散等影响本合同的事宜，应事先书面通知甲方，乙方应避免上述事项对甲方造成不利影响；

16.2.4 乙方保证在本合同签订前向甲方提供真实、准确的财务报表，完整披露其对外提供的担保及负债。乙方承诺在本合同签订后，对外提供担保或产生其他负债超过［］元的，应当在提供担保或产生负债前十个工作日书面通知甲方。如涉及重大违约、重大诉讼、资产被查封、扣押的，乙方应在该等事件发生之日起三个工作日内书面通知甲方，并应采取相应措施避免该等事件对甲方的权益造成不良影响。

第十七条 财务资料

17.1 甲方需了解乙方的经营情况时，须提前［］个工作日通知乙方。承租人同意按照甲方要求定期或随时向甲方提供其资产负债表、利润及利润分配表、现金流量表或甲方合理要求的其他资料。

17.2 对于乙方提供的任何公司资料，未经乙方的同意，甲方不得披露给任何第三方。

第十八条 违约事项和补救措施

本合同生效后，甲、乙双方均应履行本合同所约定的义务。任何一方不履行或不完全履行本合同所约定义务的，应当依法承担违约责任。

18.1 如甲方未按照本合同及相关合同约定条款支付相关款项，致使本合同无法履行，由此造成的乙方的损失，甲方应承担相应的赔偿责任。

18.2 如乙方未能按本合同约定向甲方支付租金及所有其他应付款项，则自逾期之日起，每逾期一日，承租人应当就逾期金额按万分之五的比例向出租人支付违约金。

18.3 如乙方逾期支付租金及其他应付款项总额达租金总额的［］%，或者连续［］期或累计［］期末按时或全额履行支付义务的，且经甲方催告后30日内仍未付清租金及其他应付款项，或乙方有擅自将租赁物件设置担保、转让、抵债、转租或投资入股等侵害甲方所有权的行为及其他严重违反合同的行为，均视作乙方在本合同项下的严重违约，甲方有权采取以下任一种措施或同时采取以下多种措施：

（1）要求乙方立即停止侵害，恢复租赁物交付时的原状，并有权要求乙方按本合同项下未付租金总额的20%向甲方支付违约金；

（2）行使加速到期权，宣布本合同立即到期，要求乙方立即付清所有到期未付及未到期的租金及其他应付款项；

（3）要求乙方人赔偿全部损失；

（4）将租赁物件出售并将出售所得用以抵偿乙方应付的款项，不足部分再向乙方追索。若租赁物件出售所得超过承租人应付的租金、违约金、赔偿金、其他应付款项及名义价款等款项总额，则甲方应将超出部分的款项退还给乙方。

甲方采取前款措施，并不免除乙方在本合同项下的其他义务。

18.4 乙方如同时出现18.2及18.3所列情形的，甲方应择其重适用不能同时适用。

18.5 如乙方违反诚实信用原则，所作的声明和保证是不真实或不准确的，或乙方不履行本合同项下的附随义务（如通知、保密、协助等）的，甲方有权要求乙方限期履行、采取补救措施、并要求乙方赔偿损失。此损失包括损失本身及有关合理的费用，包括但不限于利息、滞纳金、诉讼费、保全费、审计费、评估费、鉴定费、政府规费、律师费等。

18.6 合同任何一方违反本合同的任何约定致使他方发生的一切费用（包括诉讼费、律师费等）均由违约方负担。

第十九条 重大变故的处理

19.1 如乙方发生或可能发生：

①关闭、停产、停业、合并、分立、重组、上市、经营恶化、涉及重大法律纠纷、任何其他方对乙方提起诉讼、仲裁或者以其他方式提出权利主张、投资失误、违规经营、破产、转让其重要资产或不履行与其他任何债权人之间的债务等；

②乙方生产计划、销售计划等出现重大调整，足以影响正常生产，可能影

响乙方履行本合同之能力；

③政府政策调整足以影响乙方生产，可能影响乙方履行本合同之能力的情况时，乙方应事先及时通知甲方，甲方有权要求乙方采取必要措施并使甲方满意，否则甲方可采取第十八条约定的措施。

19.2 如担保人发生第19.1款所述情形，乙方应及时通知甲方，并在7日内另行提供甲方认可的担保物或担保人，否则甲方有权采取第十八条约定的措施。在担保人分立、合并的情况下，经甲方同意后可以由变更后的机构承担保证责任。

19.3 在本合同有效期内，甲方或承租人的名称、法定地址、法定代表人等发生变化，不影响本合同的执行。发生变化的一方须立即书面通知对方。

19.4 双方同意，租赁期限内，因法律规定的除战争以外的不可抗力事件而导致本合同不能按时履行的，可以延期履行，但最长不超过不可抗力事件发生之后60日。因不可抗力事件造成本合同不能履行的，承租人应承担不可抗力事件的后果，按照本合同的约定赔偿甲方的损失。

第二十条　合同权利义务的转让、质押及抵押

20.1 未经甲方书面同意，乙方不得转让本合同项下的权利和义务给第三方或在其上设置质押等担保权利。

第二十一条　合同的成立、生效、变更、解除和终止

21.1 本合同须同时具备以下条件方能正式生效：本合同由双方法定代表人或授权代表签字并加盖公司公章，由授权代表签署的须提供法定代表人出具的授权委托书原件。本合同在如下情形下终止：①双方均履行完毕其在本合同项下之全部义务，本合同即终止；②甲方行使解除权时合同终止。合同终止不影响合同中解决争议的条款的效力。

21.2 本合同生效后，除甲方依据本合同的相关约定行使解约权外，甲乙任何一方无权擅自单方面提前变更或解除合同。如确需变更或解除合同，应经甲乙双方协商一致并达成书面协定。

21.3 本合同一式贰份，甲乙双方各执壹份，具有同等法律效力。

第二十二条　争议解决

22.1 凡因本合同引起的或与本合同有关的任何争议，由双方通过友好协商解决。协商不成，任何一方可以向甲方住所地有管辖权的人民法院提起诉讼。

22.2　因诉讼发生的相关费用（包括但不限于案件受理费、差旅费、合理的律师费等）均由败诉方承担。

22.3　在合同存在部分争议的情况下，解决争议期间，双方仍应继续执行与争议无关的合同条款。

第二十三条　地址和通知

23.1　甲方的地址及联系人是：

联系地址：

联系人：

23.2　乙方的地址及联系人是：

注册地址：

联系人：

23.3　双方之间一切通知以下述方式送达前述地址，即视为有效送达：

1）传真；

2）特快专递；

3）当面交送。

23.4　任何一方地址变更，应在变更后7日内通知对方。否则，由此引起的一切责任和后果由怠于通知的一方承担。

第二十四条　附　件

下列附件为本合同不可分割的一部分，与本合同具有同等法律效力：

一、租赁物清单

二、租金支付概算表

三、实际租金支付表

四、担保承诺函

五、租金变更通知书

六、租赁物接收确认单

七、租赁物所有权转让函

* *

（以下无正文，签字页附后）

（本页无正文，仅为 [] 年 [] 号《融资租赁合同》的签字页）

出租人：

（公章）

法定代表人（或授权代表）签字：

承租人：

（公章）

法定代表人（或授权代表）签字：

签字日期：　　年　月　日

附件一

租赁物清单

序号	租赁物件名称	规格型号	数量	原值（万元）	净值（万元）	出厂／使用时间	经济使用年限	生产厂商	设置场所
1									
2									
	合计								

注：乙方确认对上述《租赁物清单》中载明的信息真实有效，并承担上述信息失实而造成的一切法律风险。

出租人（盖章）：
法定代表人或授权代表：
日期：

承租人（盖章）：
法定代表人或授权代表：
日期：

附件二

租金支付概算表

合同编号：　　　　　　　　　　　　　　　　　　　　　　　　　　单位：元

<table>
<tr><td colspan="2">租赁物名称</td><td colspan="6">见附件一《租赁物清单》</td></tr>
<tr><td colspan="2">承租人</td><td colspan="6"></td></tr>
<tr><td colspan="2">租赁规模（含税）</td><td></td><td colspan="2">租赁年利率</td><td colspan="3"></td></tr>
<tr><td colspan="2">租赁期限</td><td></td><td colspan="2">租金支付方式</td><td colspan="3"></td></tr>
<tr><td colspan="2">增值税</td><td colspan="6">增值税由乙方随租金一并支付给甲方，甲方开具增值税发票，如合同执行过程中遇到政策调整，甲乙双方同意按新规定负担增值税及开具发票。</td></tr>
<tr><td colspan="2">保证金</td><td></td><td colspan="2">留购价款（不含税）</td><td></td><td>增值税</td><td></td></tr>
<tr><td colspan="2">预计起租日</td><td></td><td colspan="2">手续费（不含税）</td><td></td><td>增值税</td><td></td></tr>
<tr><td rowspan="2">期数</td><td rowspan="2">租金到期日</td><td rowspan="2">本金余额（不含税）</td><td colspan="2">当期不含税租金</td><td rowspan="2">增值税额</td><td colspan="2" rowspan="2">实际还款额</td></tr>
<tr><td>本金</td><td>利息</td></tr>
<tr><td>第一期</td><td></td><td></td><td></td><td></td><td></td><td colspan="2"></td></tr>
<tr><td>第二期</td><td></td><td></td><td></td><td></td><td></td><td colspan="2"></td></tr>
<tr><td></td><td></td><td></td><td></td><td></td><td></td><td colspan="2"></td></tr>
<tr><td></td><td></td><td></td><td></td><td></td><td></td><td colspan="2"></td></tr>
<tr><td></td><td>合计</td><td></td><td></td><td></td><td></td><td colspan="2"></td></tr>
</table>

注：本《租金支付概算表》以 [] 年 [] 月 [] 日为起租日计算得出，仅供参考，实际起租日以实际首笔租赁物件转让价款支付日为准，届时将制作实际租金支付表并通知到乙方。

出租人（盖章）：　　　　　　　　　　承租人（盖章）：

法定代表人或授权代表：　　　　　　　法定代表人或授权代表：

日期：　　　　　　　　　　　　　　　日期：

附件三

实际租金支付表

合同编号： 单位：元

<table>
<tr><td colspan="2">租赁物名称</td><td colspan="6">见附件一《租赁物清单》</td></tr>
<tr><td colspan="2">承租人</td><td colspan="6"></td></tr>
<tr><td colspan="2">租赁规模（含税）</td><td></td><td colspan="2">租赁年利率</td><td colspan="3"></td></tr>
<tr><td colspan="2">租赁期限</td><td></td><td colspan="2">租金支付方式</td><td colspan="3"></td></tr>
<tr><td colspan="2">增值税</td><td colspan="6">增值税由乙方随租金一并支付给甲方，甲方开具增值税发票，如合同执行过程中遇到政策调整，甲乙双方同意按新规定负担增值税及开具发票。</td></tr>
<tr><td colspan="2">保证金</td><td></td><td colspan="2">留购价款（不含税）</td><td></td><td>增值税</td><td></td></tr>
<tr><td colspan="2">起租日</td><td></td><td colspan="2">手续费（不含税）</td><td></td><td>增值税</td><td></td></tr>
<tr><td rowspan="2">期数</td><td rowspan="2">租金到期日</td><td rowspan="2">本金余额（不含税）</td><td colspan="2">当期不含税租金</td><td rowspan="2">增值税额</td><td colspan="2" rowspan="2">实际还款额</td></tr>
<tr><td>本金</td><td>利息</td></tr>
<tr><td>第一期</td><td></td><td></td><td></td><td></td><td></td><td colspan="2"></td></tr>
<tr><td>第二期</td><td></td><td></td><td></td><td></td><td></td><td colspan="2"></td></tr>
<tr><td></td><td></td><td></td><td></td><td></td><td></td><td colspan="2"></td></tr>
<tr><td></td><td></td><td></td><td></td><td></td><td></td><td colspan="2"></td></tr>
<tr><td></td><td>合计</td><td></td><td></td><td></td><td></td><td colspan="2"></td></tr>
</table>

出租人（盖章）：
法定代表人或授权代表：
日期：

承租人（盖章）：
法定代表人或授权代表：
日期：

附件四

担保承诺函

担保人：

注册地址：

法定代表人：

受益人：

注册地址：

法定代表人：

经［］请求，担保人现向受益人开立无条件的不可撤销的担保函，为［］和受益人于［］年［］月［］日签署的《融资租赁合同》（下称“主合同”）项下的全部付款义务提供无条件的、不可撤销的连带责任的保证。担保人保证责任如下：

一、担保人的担保范围为［］在主合同下的全部付款义务，以及实现债权的费用（包括但不限于诉讼费用、律师费用、公证费用、执行费用等），以及因［］违约而给受益人造成的损失和其他所有应付费用。

二、担保人在此无条件地不可撤销地保证：担保人为［］的上述义务承担连带保证责任。如［］因任何原因未履行主合同下的上述义务，则本担保人即应承担［］的全部付款责任。担保人保证在接到本担保函受益人书面索款通知后七个工作日内，依据本担保函确定的担保范围，向受益人立即足额地支付担保款项。

三、保证期间：担保人的保证期间为主债权的清偿期届满之日起两年。如主债权分期清偿，则保证期间为本担保函生效之日期至最后一期债务履行期届满之日后两年。

四、担保人的担保责任不因主合同和／或本担保函任何一方的主体地位或财产情况的变化、任何一方与其他机构签订的任何协议或文件或本担保函所担保的主合同的变化而免除。

五、担保人如发生机构变化，包括但不限于变更其名称、股东、分立、合并等，其在本担保函项下的全部义务自动由变化后的机构承担。

六、在本担保函担保责任期内，担保人的保证责任为无条件的不可撤销的担保，并不因下列任何一种情况而影响其内容或效力：

（一）主合同的履行期限延长或者其他条款的变更；

（二）受益人破产、分散、不履行或不能履行主合同项下的付款义务；

（三）受益人持有任何对［］履行付款义务的抵押、质押、其他保证或受益人实现、丧失、放弃、解除该抵押、质押或保证。

七、担保人在此向受益人保证和承诺：

（一）担保人遵守并且保证履行全部义务；

（二）担保人放弃不履行全部义务行为的要求和抗辩；

（三）担保人依中华人民共和国法律合法存在，享有充分的权利、授权并依法拥有其资产，具有履行本担保函项下保证义务的全部能力；

（四）担保人完全了解主合同的内容，签署和履行本担保函系基于担保人的真实意思表示；

（五）担保人开立本担保函不违反任何法律、法规及担保人的章程或作为一方当事人订立的其他合同；

（六）担保人就提供本担保函项下的担保，已获得有关法律、法规和公司章程所规定的一切批准或授权；

（七）担保人目前没有任何违约行为，也没有在任何法庭、政府或行政管理机关或仲裁机构中被起诉或将被起诉，或被卷入任何可能影响其履行担保义务的事件。

八、本担保函生效后，受益人有权对担保人的资金和财产状况进行监督，并可要求其提供相关的财务资料。

九、非经受益人书面同意，担保人不得将其担保义务转让给他人。

十、本担保函自主合同生效后且由担保人和受益人双方签字盖章后生效，至主合同项下相关款项全部付清后终止。

出租人（盖章）：	承租人（盖章）：
法定代表人或授权代表：	法定代表人或授权代表：
日期：	日期：

附件五

租金变更通知书

由于中国人民银行公布的人民币基准利率（下称“基准利率”）于 [] 年 [] 月 [] 日进行了调整，[] 年期贷款基准利率从原有的 [] % 调整到 [] %，根据 [] 年 [] 号《融资租赁合同》第 4.3 条的约定，现将租金支付表进行相应的调整，自 [] 年 [] 月起，将租赁利率从 [] % 调整为 [] %，租金应按新的利率进行计算，承租人自 [] 年 [] 月 [] 日起按本次调整后的租金支付表支付租金。

双方应于签署本通知书后签署调整后的《实际租金支付表》。

出租人（盖章）：	承租人（盖章）：
法定代表人或授权代表：	法定代表人或授权代表：
日期：	日期：

附件六

租赁物接收确认单

致：（出租人）

根据 [] 年 [] 月 [] 日签署的编号为 [] 的《融资租赁合同》及其项下的附属协议，我公司确认并陈述如下：

我公司已于 [] 年 [] 月 [] 日收到《租赁物清单》中所列明的全部租赁物件，并确认所有租赁物件符合《租赁物清单》中的各方面规格要求。

我公司同意接受全部租赁物件，并承诺按照上述融资租赁合同的规定自行对租赁物件进行验收和检查，贵公司对此不承担任何责任。

特此确认！

承租人（盖章）：

法定代表人或授权代表：

日期：

附件七

租赁物所有权转让函

致：（承租人）

根据 [] 年 [] 月 [] 日签署的编号为 [] 的《融资租赁合同》及其项下的附属协议，我公司确认并陈述如下：

截至 [] 年 [] 月 [] 日，我公司已收到贵公司支付的编号为 [] 的《融资租赁合同》项下的全部租金及应付款项，并收到贵公司支付的协议留购价款人民币 [] 元整（小写：￥ [] 元）。

自即日起，编号为 [] 的《融资租赁合同》项下的全部租赁物件的所有权转移至贵公司，特此说明。

出租人（盖章）：

法定代表人或授权代表：

日期：

融资租赁合同

（回租）

合同编号：　　字　　年　　号

出 租 人：
承 租 人：
签约地点：
签约日期：　　年　月　日

融资租赁（回租）合同

出租方（以下简称“甲方”）：____________________

注册地址：

电　话：　　　　　　　　　　　传　真：

公司负责人：

承租方（以下简称“乙方”）：____________________

注册地址：

电　话：　　　　　　　　　　　传　真：

法定代表人：

填写说明

1. 本合同适用于我司开展的融资性售后回租业务。

2. 合同中所有带有［］项的条款，均须根据其下面列明的内容填写相应的选项编号。

3. 合同中所有带有［］的空白项，需根据项目的实际情况进行填写，填写完毕后将［］删除。文字使用必须规范，不得任意简写、缩写。不需填写处，应以斜杠线填充。不得自行涂改、删减、注释合同内容。

4. 合同有关当事人的名称须与当事人营业执照上的企业法人名称及法人公章相符；个人姓名须与其本人身份证相符；代理人签字时要注明“（代理）”。

5. 合同中第五条、第六条、第十四条等条款需要根据交易的具体情形选择适用，如交易中不采用担保形式，则第十四条就不适用，如交易中不需承租人缴纳租赁保证金和租赁手续费，则第五条和第六条就不适用。

根据《中华人民共和国合同法》及其他有关法律、法规的规定，双方经过协商，一致同意按以下条款订立融资性售后回租合同（以下简称“本合同”或“售后回租合同”）。

第一条　交易的性质目的及租赁物

1.1　甲乙双方依本合同进行融资性售后回租交易，即：承租人将自制或外购的资产出售给出租人，然后再从出租人处租回使用。承租人以融资为目的，按本合同条款向出租人租用租赁物并向出租人支付租金。

1.2　本合同项下租赁物具体是指本合同附件一《租赁物清单》中所列的设备/不动产（以下简称“租赁物件”）。该租赁物件由乙方自行生产或外购，并用于与甲方开展融资性售后回租业务。

第二条　起租日和租赁期限

2.1　本合同的租赁期限为［］年，起租日为甲方向乙方支付首笔租赁物件转让价款的当日（起租日由资金从甲方账户汇出的时间确定，不受银行在途等因素影响）。

2.2　租赁起止日见双方在附件三《实际租金支付表》中的约定。

第三条　租赁成本

3.1　租赁成本是指甲方向乙方购买租赁物件所支付的全部货款，本合同项下租赁物件的租赁成本为人民币［］整（小写：￥［］元）。

甲方依据第［］种方式支付该全部价款：

①本合同租赁物件价款须在［］年［］月［］日前一次全部支付完毕。

②本合同租赁物价款依乙方申请分次支付，首次支付不得晚于［］年［］月［］日，剩余价款的支付须在首笔价款支付日后［］个月内完成。

支付时间及金额如有变化，双方另行书面约定。

3.2　甲方须保证按3.1中规定的金额、币种、支付日期将租赁物价款支付至乙方指定的银行账户中。账户信息如下，若账户信息变更，乙方应书面通知甲方：

账户名：

开户行：

账号：

第四条　租　金

4.1　租金是指依据本合同的约定乙方应向甲方支付的租金，它由购买租赁物的租赁成本（“本金”）与基于租赁成本（“本金”）、租赁利率所计算的本金的利息（“租赁利息”）构成，其中租赁利率是计算租金所适用的利率。租金、租赁利率、应由乙方实际负担的增值税金额、支付日期及次数、每期支付金额等均在《租金支付概算表》及《实际租金支付表》中载明，实际支付时，《租金支付概算表》与《实际租金支付表》规定不一致的，以《实际租金支付表》为准。

双方确认，《租金支付概算表》中的租金概算是假设 [] 年 [] 月 [] 日（甲方预计支付租赁物件购买价款之日）为起租日，以约定的租赁物购买价款及估算的相关费用为租赁成本计算的；租赁物件购买价款实际支付后，甲方应以实际付款日为起租日，按实际产生的租赁成本另行制作《实际租金支付表》并交乙方签署。《实际租金支付表》不构成对本合同的修改，是本合同不可分割的部分，乙方不签署《实际租金支付表》不影响该表的效力。

乙方须保证按《实际租金支付表》中规定的租金、币种、支付次数及日期将租金支付至甲方指定的银行账户。账户信息如下，若账户信息变更，甲方应书面通知乙方：

账户名：

开户行：

账号：

4.2　乙方应于本合同约定的每期租金到期日之前在相应账户备足当期应付租金，并确保租金到期日前租金足额到达甲方指定账户，如遇法定节假日，则乙方应提前至节假日前的最后一个工作日内完成租金支付事宜。租赁利息均计算至每笔租金约定的租金到期日，以每年 360 天计算，按日计息，计算公式为：租赁利息 = 未还租赁本金 × 实际天数 × 租赁利率 /360。

4.3　租赁利率按下列第 [] 种方式确定：

①中国人民银行公布的 [] 年期基准贷款利率，即 [] %/ 年；

②中国人民银行公布的 [] 年期基准贷款利率下浮 [] %，即 [] %/ 年；

③中国人民银行公布的 [] 年期基准贷款利率上浮 [] %，即 [] %/ 年；

④协商确定的 [] %/ 年。

双方确认，本合同所采取的租金形式为以下第 [] 种方式：

①固定租金，即在租赁期限内租金不作调整；

②浮动租金，即本合同有效期内，如遇中国人民银行同期基准贷款利率调

整时（上浮／下浮），已提款部分利率不再调整，基准利率调整后提款的，执行调整后基准利率。因租赁利率发生调整而使得本合同《实际租金支付表》所确定的租金金额发生的变化，甲方应在变更租金事由发生之日起10个工作日之内以《租金变更通知书》（见附件五）通知乙方，乙方在此同意无条件按照《租金变更通知书》的规定向甲方支付租金。《租金变更通知书》与《租金支付概算表》（见附件二）、《实际租金支付表》规定不一致的，以《租金变更通知书》为准。《租金变更通知书》也是本合同不可分割的一部分。

4.4　乙方要求提前归还租赁本金的，按下述第［］条约定执行：

①须严格按照《实际租金支付表》的约定执行，不得提前归还租赁本金。乙方未经甲方同意提前还款的，甲方有权拒绝收取提前还款资金，并追究乙方的违约责任。

②乙方可以提前归还租赁本金，在提前30天向甲方提出书面申请并取得甲方书面同意后，双方按重新约定的方式执行租赁本金的归还，并重新制定并签署《实际租金支付表》。对因此给甲方带来的租金损失，乙方应按以下约定进行补偿：补偿金额＝提前还款金额×［］%×提前还款天数，该补偿金在提前还款时与应付利息及本金一并支付。

4.5　乙方未按期、足额支付到期租金的，视为违约行为，应承担本合同第［］条的约定的违约责任，从保证金中依次扣减违约金及租金。

4.6　除因不可抗力事件造成本合同不能履行的以外，承租人不得因任何原因（包括但不限于租赁物灭失或毁损等）停止履行向出租人支付租金的义务。

4.7　甲方应在收到乙方所支付的租金后30日内，向乙方开具增值税发票。乙方增值税发票开具信息如下：

单位名称：

地址：

电话：

税号：

开户行：

账号：

第五条　租赁手续费

5.1　乙方于本合同签订后的5个工作日内向甲方指定的账户一次性支付

人民币［］（小写：［］元）（即租赁成本的［］%，其中增值税为［］），作为本租赁项目手续费，由甲方向乙方开具增值税发票。

5.2 甲方指定的账户信息如本合同4.3所述。

第六条 租赁保证金

6.1 乙方于本合同签订后的5个工作日内向甲方指定的账户支付人民币［］（小写：¥［］元）（即租赁本金的［］%）作为履行本合同的保证金，由甲方向乙方开具等额保证金收据。

6.2 本合同项下的保证金均不计利息。乙方违反本合同任何条款时，甲方有权直接从租赁保证金中扣除乙方根据本合同应付的租金、违约金、损害赔偿金及其他应付费用。乙方应根据甲方的补足租赁保证金的通知及时补足租赁保证金，若乙方未按要求补足租赁保证金，甲方有权使用乙方其后每次交付的租金优先补足保证金。

6.3 在甲方完全履行本合同项下所有义务后的10个工作日内，出租人须向承租人返还租赁保证金（不计利息）。如出租人延迟返还租赁保证金，应按延迟支付款项的日万分之五向承租人支付违约金。出租人亦可将租赁保证金冲抵最后一期应付租金，如冲抵后仍不足以支付最后一期应付租金，则不足部分应由承租人补足；如冲抵后尚有余额，则出租人应将余额返还承租人。

6.4 甲方指定的账户信息如本合同4.3所述。

第七条 租赁物的购买

7.1 乙方以回租使用、融资为目的，以售后回租方式向甲方出售租赁物件，并保证对其所出售设备享有完全的所有权，甲方根据乙方上述目的出资购买乙方出售给甲方的租赁物件。由于该项目采取售后回租的方式，因此甲方对租赁物件的质量、规格等不承担任何责任。

7.2 乙方须向甲方提供加盖乙方公章的《租赁物清单》及与租赁物清单所对应的租赁物件的收据复印件（需加盖公章）等其他甲方认为必要的各种批准和许可证明、单据和凭证。按照国家法律法规规定租赁物的权属应当登记的，乙方须协助甲方办理相关登记手续。

7.3 乙方出售给甲方的租赁物件，在甲方向乙方支付首笔转让价款的汇款日即被视为在完整状态下由乙方向甲方交付完毕，租赁物件的所有权即转至甲方。乙方在收到首笔租赁款后 15 日内，应向甲方开具等额收据。

7.4 乙方应根据双方约定的用途使用甲方支付的购买款项，因甲方购买本合同项下的租赁物所发生的税费等均由乙方承担并支付。

第八条 租赁物瑕疵的处理

8.1 由于租赁物最初由乙方购买，表明乙方对租赁物件已有充分的了解，甲方不承担任何瑕疵的担保责任，质量保证期内出现任何质量瑕疵，由乙方自行与出卖人协商解决。

8.2 即使出现本条 8.1 的情况，亦不影响乙方在本合同项下对甲方所承担的义务和责任。

第九条 租赁物的所有权和使用权

9.1 在租赁期间，租赁物件的所有权（此所有权及于租赁物件的从物、从权利、孳息以及针对租赁物所专有的程序、软件、授权许可、技术资料等）归属于甲方，乙方在租赁期间享有对租赁物的占有和使用权。未经出租人书面同意，乙方不得在租赁期内将租赁物销售、转让、转租、抵押、质押、投资入股、抵偿、设立诉讼担保，或以其他任何方式侵害出租人对租赁物的所有权，甲方也不得将租赁物件出售、出租、赠予其他人。未经甲方书面同意，不得将租赁物价迁离设置场所。

9.2 乙方在租赁期限内对租赁物件有充分和排他的占有权以及与之不可分割的使用权，而不受乙方法人地位或股权结构任何改变的影响。

甲方应当保证乙方对租赁物的占有和使用。甲方有下列情形之一的，乙方有权请求其赔偿损失：①无正当理由收回租赁物；②无正当理由妨碍、干扰乙方对租赁物的占有和使用；③因甲方的原因致使第三人对租赁物主张权利；④不当影响乙方对租赁物占有和使用的其他情形。

第十条 租赁物件的保管、维修、保养义务

10.1 乙方负有对租赁物件保管、维修、保养的责任，以确保租赁物件正常的状态和功能。由此产生的全部费用由乙方承担。如乙方需要改动租赁物的外形、结构的，应当书面通知出租人并征求其书面同意，且不得影响原使用功能，因改造所增加的与租赁物不可分割或如果分割会导致租赁物功能减损的部件及／或软件，所有权亦自动无偿归甲方所有。

甲方在遵守有关法律，且在不影响承租人正常使用租赁物的情况下，有权随时检查租赁物件的使用和保养情况，乙方应提供检查所需便利条件。

10.2 乙方需要更换租赁物件的零部件时，应尽量使用原制造厂家生产的同规格、同型号零部件。若采用代用件，乙方应征得甲方书面同意，使用符合租赁物技术条件及性能的代用件，且应保证代用件的使用不会对租赁物的价值造成减损，并承担所需一切费用。

10.3 承租人应妥善使用、保管租赁物，采取定期维修和不定期检查等措施，其标准不得低于国家或同行业的有关规定或习惯，并承担所需一切费用。除合理的损耗及甲方同意对设备改造外，乙方应当使租赁物件处于所有权转移给甲方时的状态。

10.4 乙方在占有、使用租赁物期间，如租赁物件造成第三人的人身伤害或者财产损害，一切责任均由乙方承担，甲方不承担任何责任。若甲方因此遭受任何损失，则乙方应于接到甲方通知后5个工作日内予以全部赔偿。此损失包括损失本身及有关合理的直接费用，包括但不限于利息、滞纳金、诉讼费、保全费、审计费、评估费、鉴定费、政府规费、律师费等。

第十一条　租赁期满后租赁物的处理

租赁期满且乙方履行完毕本合同项下的全部义务后，双方按下列第［］种方式处理租赁物：

11.1 乙方以名义价款购买租赁物：租赁期满后的［］个工作日内，乙方应向甲方支付人民币［］（小写：￥［］元，其中含增值税［］元）的名义价款购买租赁物。在收到乙方支付的名义价款后，甲方将租赁物的所有权转让给乙方或乙方指定的第三方，并出具名义价款发票和租赁物所有权转让函。

11.2 续租：乙方可继续租赁该租赁物，续租事宜由双方另行商定并签署书面协议。

11.3 返还租赁物：乙方于本合同到期后［］日内将租赁物返还甲方人，并保证租赁物完好无损（正常磨损的情况除外）。

第十二条　租赁物的毁损及灭失

12.1 租赁物件在交付给乙方后的毁损、灭失风险，由乙方承担，而无论其是否实际占有租赁物件。无论何种原因造成租赁物件的毁损、灭失，乙方不得延迟或拒绝支付租金及本合同项下所有应付款项。

12.2 如租赁物件发生毁损或灭失，乙方应立即通知甲方。甲方出租人可通知乙方采取下列处理方式，并由乙方负担所需一切费用：

①如租赁物可以修复，乙方应将租赁物修复至完全正常使用状态。

②更换经甲方认可的与租赁物件同等状态、性能和价值的物件。更换后该租赁物件自动归甲方所有，乙方对甲方的所有权不得持有异议，同时有义务保证甲方对该更换后的设备所享有的权利不受任何其他第三人的影响，并且乙方在本合同项下所承担的义务也不受任何影响。

③如甲方根据合理的判断认为租赁物件已灭失或毁损到无法修复的程度，可选择终止本合同项下的租赁并由乙方赔偿甲方的全部损失或由乙方自费更换与原租赁物价值、性能等相同的设备。前述损失包括但不限于全部剩余租金、逾期利息、损失赔偿金、协议留购价款（如选择适用 11.1 所述方式）及其他各项应由承租人承担的费用。乙方支付以上赔偿款后，乙方在本合同项下的一切义务履行完毕。

12.3 如租赁物件发生的毁损或灭失属于保险责任范围，还应按本合同第十四条相关约定处理。

第十三条 保 险

13.1 自起租日起，乙方应办理租赁物的一切保险（包括但不限于海上运输险、内陆运输险、工程安装险、财产险等），并使之在本合同履行完毕前持续有效，保险费用由乙方承担。由于乙方不办理保险而给甲方造成的全部损失（包括但不限于未支付的租金等）均由乙方承担。投保后，保险合同等相关文件原件应当由 [] 保管，乙方须在 15 天内将一份保险单副本提交给甲方。发生理赔时，保险理赔款优先用于偿还甲方的租金、所有迟付租金和违约金等款项。

13.2 如租赁期限内发生保险事故，乙方应当立即（24 小时内）通知甲方，并由双方指派人员共同办理保险理赔事宜。

13.3 如租赁期限内发生保险事故，则保险赔偿金的处置方式为 []：

①用于支付因保险事故造成的租赁物损坏的维修及更换费用，剩余款项（如有）归乙方所有；

②用于支付因保险事故造成的租赁物损坏的维修及更换费用，剩余款项（如有）归甲方所有；

③归甲方所有；

④抵偿对甲方全部损失的赔偿款。

13.4　如果发生保险公司赔付范围之外的损害，导致租赁物件灭失或毁损到无法修复，承租人须按本合同第十三条的约定赔付甲方。

第十四条　担　保

乙方委托［］为本合同乙方的担保人，担保人向甲方出具不可撤销的《担保承诺函》，见本合同附件四。乙方负责将本合同复印件转交担保人。

第十五条　声明与保证

15.1　甲方在此声明和保证：

15.1.1　甲方是依法成立且在租赁期内合法存续的企业法人，具有从事融资租赁业务的资质；

15.1.2　甲方签订本合同已得到相应权力机构的批准或同意；

15.1.3　本租赁业务项目未超出公司章程、营业执照许可的范围，符合国家相关政策和行业规定；

15.1.4　甲方进行承包经营、合并、分立、联营、重组、歇业、解散等影响本合同的事项，应事先书面通知乙方。

15.2　乙方在此声明和保证：

15.2.1　乙方是依法成立且在租赁期内合法存续的企业法人，有权签订并履行本合同；

15.2.2　乙方签订本合同已得到公司有权机构及主管部门的批准，符合公司章程和相关规定；

15.2.3　乙方实行承包经营、合并、分立、联营、重组、歇业、解散等影响本合同的事宜，应事先书面通知甲方，乙方应避免上述事项对甲方造成不利影响；

15.2.4　乙方保证在本合同签订前向甲方提供真实、准确的财务报表，完整披露其对外提供的担保及负债。乙方承诺在本合同签订后，对外提供担保或产生其他负债超过［］元的，应当在提供担保或产生负债前十个工作日书面通知甲方。如涉及重大违约、重大诉讼、资产被查封、扣押的，乙方应在该等事件发生之日起三个工作日内书面通知甲方，并应采取相应措施避免该等事件对甲方的权益造成不良影响。

第十六条 财务资料

16.1 甲方需了解乙方的经营情况时，须提前［］个工作日通知乙方。承租人同意按照甲方要求定期或随时向甲方提供其资产负债表、利润及利润分配表、现金流量表或甲方合理要求的其他资料。

16.2 对于乙方提供的任何公司资料，未经乙方的同意，甲方不得披露给任何第三方。

第十七条 违约事项和补救措施

本合同生效后，甲、乙双方均应履行本合同所约定的义务。任何一方不履行或不完全履行本合同所约定义务的，应当依法承担违约责任。

17.1 如甲方未按照本合同及相关合同约定条款支付相关款项，致使本合同无法履行，由此造成的乙方的损失，甲方应承担相应的赔偿责任。

17.2 如乙方未能按本合同约定向甲方支付租金及所有其他应付款项，则自逾期之日起，每逾期一日，承租人应当就逾期金额按万分之五的比例向出租人支付违约金。

17.3 如乙方逾期支付租金及其他应付款项总额达租金总额的［］%，或者连续［］期或累计［］期末按时或全额履行支付义务的，且经甲方催告后30日内仍未付清租金及其他应付款项，或乙方有擅自将租赁物件设置担保、转让、抵债、转租或投资入股等侵害甲方所有权的行为及其他严重违反合同的行为，均视作乙方在本合同项下的严重违约，甲方有权采取以下任一种措施或同时采取以下多种措施：

（1）要求乙方立即停止侵害，恢复租赁物交付时的原状，并有权要求乙方按本合同项下未付租金总额的20%向甲方支付违约金；

（2）行使加速到期权，宣布本合同立即到期，要求乙方立即付清所有到期未付及未到期的租金及其他应付款项；

（3）要求乙方人赔偿全部损失；

（4）将租赁物件出售并将出售所得用以抵偿乙方应付的款项，不足部分再向乙方追索。若租赁物件出售所得超过承租人应付的租金、违约金、赔偿金、其他应付款项及名义价款等款项总额，则甲方应将超出部分的款项退还给乙方。

甲方采取前款措施，并不免除乙方在本合同项下的其他义务。

17.4　乙方如同时出现17.2及17.3所列情形的，甲方应择其重适用不能同时适用。

17.5　如乙方违反诚实信用原则，所作的声明和保证是不真实或不准确的，或乙方不履行本合同项下的附随义务（如通知、保密、协助等）的，甲方有权要求乙方限期履行、采取补救措施、并要求乙方赔偿损失。此损失包括损失本身及有关合理的费用，包括但不限于利息、滞纳金、诉讼费、保全费、审计费、评估费、鉴定费、政府规费、律师费等。

17.6　合同任何一方违反本合同的任何约定致使他方发生的一切费用（包括诉讼费、律师费等）均由违约方负担。

第十八条　重大变故的处理

18.1　如乙方发生或可能发生：

①关闭、停产、停业、合并、分立、重组、上市、经营恶化、涉及重大法律纠纷、任何其他方对乙方提起诉讼、仲裁或者以其他方式提出权利主张、投资失误、违规经营、破产、转让其重要资产或不履行与其他任何债权人之间的债务等；

②乙方生产计划、销售计划等出现重大调整，足以影响正常生产，可能影响乙方履行本合同之能力；

③政府政策调整足以影响乙方生产，可能影响乙方履行本合同之能力的情况时，乙方应事先及时通知甲方，甲方有权要求乙方采取必要措施并使甲方满意，否则甲方可采取第十八条约定的措施。

18.2　如担保人发生第18.1款所述情形，乙方应及时通知甲方，并在7日内另行提供甲方认可的担保物或担保人，否则甲方有权采取第十八条约定的措施。在担保人分立、合并的情况下，经甲方同意后可以由变更后的机构承担保证责任。

18.3　在本合同有效期内，甲方或承租人的名称、法定地址、法定代表人等发生变化，不影响本合同的执行。发生变化的一方须立即书面通知对方。

18.4 双方同意，租赁期限内，因法律规定的除战争以外的不可抗力事件而导致本合同不能按时履行的，可以延期履行，但最长不超过不可抗力事件发生之后60日。因不可抗力事件造成本合同不能履行的，承租人应承担不可抗力事件的后果，按照本合同的约定赔偿甲方的损失。

第十九条 合同权利义务的转让、质押及抵押

19.1 未经甲方书面同意，乙方不得转让本合同项下的权利和义务给第三方或在其上设置质押等担保权利。

第二十条 合同的成立、生效、变更、解除和终止

20.1 本合同须同时具备以下条件方能正式生效：本合同由双方法定代表人或授权代表签字并加盖公司公章，由授权代表签署的须提供法定代表人出具的授权委托书原件。本合同在如下情形下终止：①双方均履行完毕其在本合同项下之全部义务，本合同即终止；②甲方行使解除权时合同终止。合同终止不影响合同中解决争议的条款的效力。

20.2 本合同生效后，除甲方依据本合同的相关约定行使解约权外，甲乙任何一方无权擅自单方面提前变更或解除合同。如确需变更或解除合同，应经甲乙双方协商一致并达成书面协定。

20.3 本合同一式贰份，甲乙双方各执壹份，具有同等法律效力。

第二十一条 争议解决

21.1 凡因本合同引起的或与本合同有关的任何争议，由双方通过友好协商解决。协商不成，任何一方可以向甲方住所地有管辖权的人民法院提起诉讼。

21.2 因诉讼发生的相关费用（包括但不限于案件受理费、差旅费、合理的律师费等）均由败诉方承担。

21.3 在合同存在部分争议的情况下，解决争议期间，双方仍应继续执行与争议无关的合同条款。

第二十二条 地址和通知

22.1 甲方的地址及联系人是：

联系地址：

联系人：

22.2　乙方的地址及联系人是：

注册地址：

联系人：

22.3　双方之间一切通知以下述方式送达前述地址，即视为有效送达：

①传真；

②特快专递；

③当面交送。

22.4　任何一方地址变更，应在变更后7日内通知对方。否则，由此引起的一切责任和后果由怠于通知的一方承担。

第二十三条　附　件

下列附件为本合同不可分割的一部分，与本合同具有同等法律效力：

一、租赁物清单

二、租金支付概算表

三、实际租金支付表

四、担保承诺函

五、租金变更通知书

六、租赁物所有权转让函

* *

（以下无正文，签字页附后）

（本页无正文，仅为［］年［］号《融资租赁合同》的签字页）

出租人：
（公章）
法定代表人（或授权代表）签字：

承租人：
（公章）
法定代表人（或授权代表）签字：

签字日期：　　年　月　日

附件一

租赁物清单

序号	租赁物件名称	规格型号	数量	原值（万元）	净值（万元）	出厂/使用时间	经济使用年限	生产厂商	设置场所
1									
2									
	合计								

注：乙方确认对上述《租赁物清单》中载明的信息真实有效，并承担上述信息失实而造成的一切法律风险。

出租人（盖章）：
法定代表人或授权代表：
日期：

承租人（盖章）：
法定代表人或授权代表：
日期：

附件二

租金支付概算表

合同编号：　　　　　　　　　　　　　　　　　　　　　　　　　　　　单位：元

<table>
<tr><td colspan="2">租赁物名称</td><td colspan="6">见附件一《租赁物清单》</td></tr>
<tr><td colspan="2">承租人</td><td colspan="6"></td></tr>
<tr><td colspan="2">租赁规模
（含税）</td><td></td><td colspan="2">租赁年利率</td><td colspan="3"></td></tr>
<tr><td colspan="2">租赁期限</td><td></td><td colspan="2">租金支付方式</td><td colspan="3"></td></tr>
<tr><td colspan="2">增值税</td><td colspan="6">增值税由乙方随租金一并支付给甲方，甲方开具增值税发票，如合同执行过程中遇到政策调整，甲乙双方同意按新规定负担增值税及开具发票。</td></tr>
<tr><td colspan="2">保证金</td><td></td><td colspan="2">留购价款（不含税）</td><td></td><td>增值税</td><td></td></tr>
<tr><td colspan="2">预计起租日</td><td></td><td colspan="2">手续费（不含税）</td><td></td><td>增值税</td><td></td></tr>
<tr><td rowspan="2">期数</td><td rowspan="2">租金到期日</td><td rowspan="2">本金余额</td><td colspan="2">当期不含税租金</td><td rowspan="2">增值税额</td><td rowspan="2" colspan="2">实际还款额</td></tr>
<tr><td>本金</td><td>利息</td></tr>
<tr><td>第一期</td><td></td><td></td><td></td><td></td><td></td><td colspan="2"></td></tr>
<tr><td>第二期</td><td></td><td></td><td></td><td></td><td></td><td colspan="2"></td></tr>
<tr><td></td><td></td><td></td><td></td><td></td><td></td><td colspan="2"></td></tr>
<tr><td></td><td></td><td></td><td></td><td></td><td></td><td colspan="2"></td></tr>
<tr><td></td><td>合计</td><td></td><td></td><td></td><td></td><td colspan="2"></td></tr>
</table>

注：本《租金支付概算表》以［］年［］月［］日为起租日计算得出，仅供参考，实际起租日以实际第一笔放款日为准，届时将制作实际租金支付表并通知到乙方。

出租人（盖章）：　　　　　　　　　　　　承租人（盖章）：

法定代表人或授权代表：　　　　　　　　　法定代表人或授权代表：

日期：　　　　　　　　　　　　　　　　　日期：

附件三

实际租金支付表

合同编号： 单位：元

<table>
<tr><td colspan="2">租赁物名称</td><td colspan="6">见附件一《租赁物清单》</td></tr>
<tr><td colspan="2">承租人</td><td colspan="6"></td></tr>
<tr><td colspan="2">租赁规模
（含税）</td><td></td><td colspan="2">租赁年利率</td><td colspan="3"></td></tr>
<tr><td colspan="2">租赁期限</td><td></td><td colspan="2">租金支付方式</td><td colspan="3"></td></tr>
<tr><td colspan="2">增值税</td><td colspan="6">增值税由乙方随租金一并支付给甲方，甲方开具增值税发票，如合同执行过程中遇到政策调整，甲乙双方同意按新规定负担增值税及开具发票。</td></tr>
<tr><td colspan="2">保证金</td><td></td><td colspan="2">留购价款（不含税）</td><td></td><td>增值税</td><td></td></tr>
<tr><td colspan="2">起租日</td><td></td><td colspan="2">手续费（不含税）</td><td></td><td>增值税</td><td></td></tr>
<tr><td rowspan="2">期数</td><td rowspan="2">租金到期日</td><td rowspan="2">本金余额</td><td colspan="2">当期不含税租金</td><td rowspan="2">增值税额</td><td rowspan="2" colspan="2">实际还款额</td></tr>
<tr><td>本金</td><td>利息</td></tr>
<tr><td>第一期</td><td></td><td></td><td></td><td></td><td></td><td colspan="2"></td></tr>
<tr><td>第二期</td><td></td><td></td><td></td><td></td><td></td><td colspan="2"></td></tr>
<tr><td></td><td></td><td></td><td></td><td></td><td></td><td colspan="2"></td></tr>
<tr><td></td><td></td><td></td><td></td><td></td><td></td><td colspan="2"></td></tr>
<tr><td></td><td>合计</td><td></td><td></td><td></td><td></td><td colspan="2"></td></tr>
</table>

出租人（盖章）： 承租人（盖章）：

法定代表人或授权代表： 法定代表人或授权代表：

日期： 日期：

附件四

担保承诺函

担保人：

注册地址：

法定代表人：

受益人：

注册地址：

法定代表人：

经［］请求，担保人现向受益人开立无条件的不可撤销的担保函，为［］和受益人于［］年［］月［］日签署的《融资租赁合同》（下称“主合同”）项下的全部付款义务提供无条件的、不可撤销的连带责任的保证。担保人保证责任如下：

一、担保人的担保范围为［］在主合同下的全部付款义务，以及实现债权的费用（包括但不限于诉讼费用、律师费用、公证费用、执行费用等），以及因［］违约而给受益人造成的损失和其他所有应付费用。

二、担保人在此无条件地不可撤销地保证：担保人为［］的上述义务承担连带保证责任。如［］因任何原因未履行主合同下的上述义务，则本担保人即应承担［］的全部付款责任。担保人保证在接到本担保函受益人书面索款通知后七个工作日内，依据本担保函确定的担保范围，向受益人立即足额地支付担保款项。

三、保证期间：担保人的保证期间为主债权的清偿期届满之日起两年。如主债权分期清偿，则保证期间为本担保函生效之日期至最后一期债务履行期届满之日后两年。

四、担保人的担保责任不因主合同和／或本担保函任何一方的主体地位或财产情况的变化、任何一方与其他机构签订的任何协议或文件或本担保函所担保的主合同的变化而免除。

五、担保人如发生机构变化，包括但不限于变更其名称、股东、分立、合并等，其在本担保函项下的全部义务自动由变化后的机构承担。

六、在本担保函担保责任期内，担保人的保证责任为无条件的不可撤销的担保，并不因下列任何一种情况而影响其内容或效力：

（一）主合同的履行期限延长或者其他条款的变更；

（二）受益人破产、分散、不履行或不能履行主合同项下的付款义务；

（三）受益人持有任何对［］履行付款义务的抵押、质押、其他保证或受益人实现、丧失、放弃、解除该抵押、质押或保证。

七、担保人在此向受益人保证和承诺：

（一）担保人遵守并且保证履行全部义务；

（二）担保人放弃不履行全部义务行为的要求和抗辩；

（三）担保人依中华人民共和国法律合法存在，享有充分的权利、授权并依法拥有其资产，具有履行本担保函项下保证义务的全部能力；

（四）担保人完全了解主合同的内容，签署和履行本担保函系基于担保人的真实意思表示；

（五）担保人开立本担保函不违反任何法律、法规及担保人的章程或作为一方当事人订立的其他合同；

（六）担保人就提供本担保函项下的担保，已获得有关法律、法规和公司章程所规定的一切批准或授权；

（七）担保人目前没有任何违约行为，也没有在任何法庭、政府或行政管理机关或仲裁机构中被起诉或将被起诉，或被卷入任何可能影响其履行担保义务的事件。

八、本担保函生效后，受益人有权对担保人的资金和财产状况进行监督，并可要求其提供相关的财务资料。

九、非经受益人书面同意，担保人不得将其担保义务转让给他人。

十、本担保函自主合同生效后且由担保人和受益人双方签字盖章后生效，至主合同项下相关款项全部付清后终止。

出租人（盖章）：	承租人（盖章）：
法定代表人或授权代表：	法定代表人或授权代表：
日期：	日期：

附件五

租金变更通知书

由于中国人民银行公布的人民币基准利率（下称“基准利率”）于［］年［］月［］日进行了调整，［］年期贷款基准利率从原有的［］%调整到［］%，根据［］年［］号《融资租赁合同》第4.3条的约定，现将租金支付表进行相应的调整，自［］年［］月起，将租赁利率从［］%调整为［］%，租金应按新的利率进行计算，承租人自［］年［］月［］日起按本次调整后的租金支付表支付租金。

双方应于签署本通知书后签署调整后的《实际租金支付表》。

出租人（盖章）：	承租人（盖章）：
法定代表人或授权代表：	法定代表人或授权代表：
日期：	日期：

附件六

租赁物所有权转让函

致：（承租人）

根据 [] 年 [] 月 [] 日签署的编号为 [] 的《融资租赁（回租）合同》及其项下的附属协议，我公司确认并陈述如下：

截至 [] 年 [] 月 [] 日，我公司已收到贵公司支付的编号为 [] 的《融资租赁（回租）合同》项下的全部租金及应付款项，并收到贵公司支付的协议留购价款人民币 [] 元整（小写：￥ [] 元）。

自即日起，编号为 [] 的《融资租赁（回租）合同》项下的全部租赁物件的所有权转移至贵公司，特此说明。

出租人（盖章）：

法定代表人或授权代表：

日期：

Finance Lease

Tax and Accounting Practice & Cases

08

融资租赁税收政策的变迁

2003 年以前的税收政策

国家税务总局发布的《营业税税目注释（试行稿）》（国税发〔1993〕149 号）将融资租赁业纳入金融保险业，规定其应按 5% 的税率缴纳营业税。

1997 年 1 月 1 日起，金融保险业的营业税税率统一调整为 8%，其中按原 5% 税率征收的部分，归地方财政收入，按提高 3% 税率征收的部分，归中央财政收入。2001—2003 年，税率又逐步恢复到 5%。

在此期间，融资租赁的营业税一直以差额征税方式征收。根据《财政部 国家税务总局关于转发〈国务院关于调整金融保险业税收政策有关问题的通知〉的通知》（财税字〔1997〕45 号），纳税人经营融资租赁业务，是以其向承租者收取的全部价款和价外费用（包括残值）减去出租方承担的出租货物的实际成本后的余额为营业额。其中实际成本包括由出租方承担的货物购入价、关税、增值税、消费税、运杂费、安装费、保险费等费用，可以看出，其中并不包括贷款利息支出。

《国家税务总局关于融资租赁业务如何征收营业税问题的批复》（国税函〔1998〕553 号）中也明确指出，在确定融资租赁业务营业税的营业额时，不得扣除外汇借款利息支出。

《财政部 国家税务总局关于融资租赁业营业税计税营业额问题的通知》（财税字〔1999〕183 号）规定，自 1999 年 7 月 1 日起，允许纳税人扣除为购买出租货物发生的“境外外汇借款利息支出”。国家税务总局发布的《金融保险业营业税申报管理办法》（国税发〔2002〕9 号）中明确了每期营业额的计算方法，是以各期全部营业额通过直线法折算出本期的营业额。

具体计算公式为：本期营业额 =（应收取的全部价款和价外费用 − 实际成本）×（本期天数 / 总天数），其中，实际成本 = 货物购入原价 + 关税 + 增值税 + 消费税 + 运杂费 + 安装费 + 保险费 + 支付给境外的外汇借款利息支出。

这一时期允许扣除的借款利息仅限于外汇借款利息，其初衷是配合利用外资引进设备。《国家税务总局关于外资金融机构若干营业税政策问题的通知》（国税发〔2000〕135 号）还特意明确了允许扣除的必须是境外外汇借款利息，境内借款，无论是外汇还是人民币借款，利息都不能扣除。但是，随着融资租赁从银行专营扩大到非银行的融资租赁公司，不允许扣除国内借款利息，不仅造成了纳税的不公平，还导致国家重复征税，即同一笔人民币借款利息，银行全额缴纳了一次营业税，对融资租赁公司的该笔借款利息又征了一次税。

2003—2009 年的税收政策

2003 年中国加入 WTO 谈判开始，当时中国的营业税税负很高。为此，《财政部 国家税务总局关于营业税若干政策问题的通知》（财税〔2003〕16 号）将允许扣除的借款利息由“外汇借款利息”修改为“贷款的利息（包括外汇借款和人民币借款利息）”。这一规定使各类融资租赁公司为开展融资租赁业务所发生的贷款利息的扣除得到了公平的对待，消除了重复征税，促进了融资租赁业的发展。

在融资租赁业缴纳营业税的时期，直租业务与售后回租业务的营业税缴纳并无差别，都是按利差征税，这体现了融资租赁业务以融物的形式达到融资目的的本质特征。出租方与承租方之间的关系实际上是资金借贷关系，相当于出租方提前垫付资金购买承租方所需租赁物，承租方分期偿还出租方垫付的资金，出租方赚取的是垫付资金的利息，这与银行信贷业务并无本质差别，所以应就借贷利息部分征收营业税。

2009 年 1 月 1 日前，我国实行的是生产型增值税，购进固定资产的增值税进项税额不得抵扣，所以企业直接购入固定资产和以融资租赁方式租入固定资产在流转税上并无本质差别。从企业所得税来看，国家税务总局发布的《企业所得税税前扣除办法》（国税发〔2000〕84 号）规定，纳税人以融资租赁方式从出租方取得固定资产，可按法规提取折旧费用在税前扣除。在这种情况下，承租方选择融资租赁或者银行贷款购买设备在所得税上也没有本质区别，同时，以融资租赁方式购买设备等给企业提供了更多的资金融通方式。

例如，B 融资租赁公司按 A 企业需求购买了一套生产设备，含税价格为 2 340 万元，运杂费、安装费等费用为 10 万元，假设银行贷款利息为 100 万元，B 公司收取的全部价款和价外费用为 2 450 万元，A 企业以银行贷款及融资租赁方式购入该生产设备均不能抵扣进项税，但均可根据税法规定以固定资产原值 2 450 万元计提折旧，流转税和所得税均相同，B 融资租赁公司缴纳的营业税为：（2 450−2 340−10）×5%=5（万元）。

2009—2012 年的税收政策

2009 年是增值税改革的一个重要年份。自当年 1 月 1 日起施行的《中华人民共和国增值税暂行条例》将我国一直以来实施的生产型增值税改为消费型增值税，即企业购买固定资产所支付的进项税额允许抵扣销项税额。增值税的这次转型对融资租赁行业产生了致命的冲击。

由于企业以融资租赁方式购入设备不可抵扣进项税而以银行贷款方式购入设备可以抵扣进项税，因此两种不同方式购买设备在税负上产生了很大的差别，承租方融资租赁的成本明显提高，融资租赁行业的竞争力也随之下降。仍以上述 A 企业为例。若在 2009 年以后，A 企业通过银行贷款自行购买价值 2 340 万元的生产设备，在不考虑运杂费和安装费的情况下，可抵扣 340 万元的进项税额；若继续选择融资租赁方式购买，由于融资租赁业务缴纳的是营业税，自然无法向 A 企业开具增值税专用发票，也就无法抵扣 340 万元的进项税，但该 340 万元可计入该生产设备的成本，以分期计提折旧的方式在所得税税前扣除。综合两方面因素，虽然选择融资租赁方式购买，340 万元的进项税额计入成本在所得税税前扣除，但与通过银行贷款直接购买设备相比，税务成本有所增加：340−340×25%=225（万元）。

在这种大背景下，融资租赁公司也纷纷寻求出路，售后回租型融资租赁由于其独有的优势渐渐普及起来。因为售后回租设备由承租方购买，所以很好地规避了直租方式无法抵扣进项税的弊端，但也有一个问题，即承租方出售资产的环节如何缴税，若仍需缴纳增值税则可抵扣的优势全无。为此，国家税务总局出台了《关于融资性售后回租业务中承租方出售资产行为有关税收问题的公告》（国家税务总局公告 2010 年第 13 号，以下简称 13 号公告），规定融资性售后回租业务中承租方出售资产的行为，不属于增值税和营业税征收范围，不征收增值税和营业税。这样就破解了售后回租中融资租赁企业和承租方之间买卖关系的流转税难题。

2012—2016 年的税收政策

上海营改增试点

2011 年 11 月 16 日《财政部 国家税务总局关于在上海市开展交通运输业和部分现代服务业营业税改征增值税试点的通知》（财税〔2011〕111 号）发布，同时印发了《交通运输业和部分现代服务业营业税改征增值税试点实施办法》、《交通运输业和部分现代服务业营业税改征增值税试点有关事项的规定》和《交通运输业和部分现代服务业营业税改征增值税试点过渡政策的规定》，明确从 2012 年 1 月 1 日起，上海市交通运输业和部分现代服务业开展营改增试点。

2012 年 7 月 31 日，财政部和国家税务总局再次发布文件，明确从 8 月 1 日起将试点范围由上海市分批扩大至北京等 8 个省（直辖市）。本次试点第一次将有形动产租赁纳入营改增，其税率被定为 17%，并且允许试点业务延续营改增前的差额征税政策，以取得的全部价款和价外费用，扣除支付给非试点纳税人价款后的余额为销售额，同时对其实际税负超过 3% 的部分实行即征即退；对试点纳税人在该地区试点实施之日前签订的尚未执行完毕的租赁合同，在合同到期日之前继续按照营业税政策规定缴纳营业税。

本轮营改增试点后，大部分现代服务业因名义税率提高很小而抵扣额较多，整体税负都有所下降，只有有形动产租赁服务税率由 5% 陡升至 17%，税负明显增加。并且对于实际税负超过 3% 即征即退这一规定如何计算实际税负也未予以明确，分子为实际缴纳增值税额没有争议，但分母如何确定众说纷纭：有的按租息，有的按息差（租息减去财务利息支出），有的按本金加上租息。为此，《财政部 国家税务总局关于交通运输业和部分现代服务业营业税改征增值税试点应税服务范围等若干税收政策的补充通知》（财税〔2012〕86 号）统一了口径，将分母规定为“全部价款和价外费用”，在这样的计算方式下，由于分母基数较大，绝大多数融资租赁公司的税负都达不到 3%，因此实际上无法享受该项优惠政策。

全国营改增试点

随着《财政部 国家税务总局关于在全国开展交通运输业和部分现代服务业营业税改征增值税试点税收政策的通知》（财税〔2013〕37号）的发布，2013年8月1日起营改增开始在全国范围内开展，对于纳税人提供有形动产融资租赁服务，以取得的全部价款和价外费用（包括残值）扣除由出租方承担的有形动产的贷款利息（包括外汇借款和人民币借款利息）、关税、进口环节消费税、安装费、保险费的余额为销售额，并未区分直租业务和售后回租业务。直租业务并未受太大影响，因其购入租赁物可抵扣进项税；但售后回租业务受到了很大的影响，因为承租方销售租赁物行为并不缴纳增值税，所以融资租赁公司也就无进项税可抵扣，相当于对本金部分也要缴纳增值税。

因此，此次营改增试点后，继增值税转型直租业务受到冲击，售后回租业务也陷入了困境，而罪魁祸首正是增值税转型时期曾经破解了售后回租中融资租赁企业和承租方之间买卖关系的流转税难题的13号公告。由于该文件规定融资性售后回租业务中承租方出售资产的行为不属于增值税和营业税征收范围，不征收增值税和营业税，融资租赁公司自然无法收到承租方开具的增值税专用发票，在不能抵扣本金部分进项税的情况下却要以包含本金的全部价款和价外费用开具增值税发票，导致了抵扣链条的断裂，造成了对同一笔收入的重复征税，融资租赁公司开展售后回租业务的实际税负接近17%。为此，各地都采用了一些变通的做法，仅就租息部分开具发票，本金部分开具收据。但8月初，国家税务总局专门给上海市国税局下发通知，要求不管新老合同，对售后回租业务的本金和租息均须全额征收增值税，禁止回租业务本金部分免征税。

为解决融资租赁业营改增税负明显增加的问题，在《营业税改征增值税试点实施办法》（财税〔2013〕106号）发布前，财政部就融资租赁营改增政策在业内征求意见，征求意见稿就售后回租业务提供了两套方案：方案一是废除13号公告，出租方应以包括本金部分的销售额缴纳增值税，承租方销售资产的行为，也按规定征收增值税，打通抵扣链条。对于此方案，业内的评价是可行但有一定的局限性，且对于废除13号公告业内也有很大的异议，认为最好不要废止该文件。方案二则是13号公告依旧有效，从事融资租赁业务的试点纳税人提供融资性售后回租服务收取的租赁有形动产价款本金暂不征收增值税，仅对利息差额征收增值税。最终，在2013年12月12日正式公布的财税〔2013〕106号文件中采纳了第二套方案。

上述政策执行至 2016 年 4 月 30 日，之后我国进行全面营改增，与融资租赁相关的具体税收政策及其最新变化将在第九章中进行详细介绍。

Finance Lease

Tax and Accounting Practice & Cases

09

现行融资租赁相关税种分析

增值税

增值税是以商品（含应税劳务和应税服务）在流转过程中产生的增值额作为征税对象而征收的一种流转税。营改增以前，融资租赁按 5% 的税率缴纳营业税，2013 年营改增试点后，融资租赁业中的有形动产租赁开始征收增值税，但对于试点纳税人在本地区试点实施之日前签订的尚未执行完毕的租赁合同，在合同到期日之前继续按照营业税政策规定缴纳营业税。

2016 年 5 月 1 日，营改增在全行业铺开，营业税彻底成了过去。不动产的融资租赁被纳入了营改增的范围，但融资租赁因为合同周期较长，在 2016 年全面营改增后遇到了一个特殊情况——此次营改增后仍有未执行完毕的老合同，此时营业税已经彻底消失，自然不能再延续《财政部 国家税务总局关于将铁路运输和邮政业纳入营业税改征增值税试点的通知》（财税〔2013〕106 号）的规定在合同到期日之前继续按照营业税政策规定缴纳营业税。对于这一情况，最新文件给出的过渡政策是：一般纳税人在纳入营改增试点之日（即 2013 年 8 月 1 日）前签订的尚未执行完毕的有形动产租赁合同，可以选择适用简易计税方法计税。此次营改增后，融资租赁的税目分类也有不小的变化，我们将在后面详细介绍。

一般政策

税法区分直租业务和售后回租业务对融资租赁做出了相应的定义，其中直租业务被划分到“租赁服务”中的“融资租赁服务”税目，售后回租则被划分到“金融服务”中的“贷款服务”税目。

对于直租业务，税法的定义是：融资租赁服务，是指具有融资性质和所有权转移特点的租赁活动。即出租人根据承租人所要求的规格、型号、性能等条件购入有形动产或者不动产租赁给承租人，合同期内租赁物所有权属于出租人，承租人只拥有使用权，合同期满付清租金后，承租人有权按照残值购入租赁物，以拥有其所有权。不论出租人是否将租赁物销售给承租人，均属于融资租赁。按照标的物的不同，融资租赁服务可分为有形动产融资租赁服务和不动产融资租赁服务。

对于售后回租，税法的定义是：融资性售后回租，是指承租人以融资为目的，将资产出售给从事融资性售后回租业务的企业后，从事融资性售后回租业务的企业将该资产出租给承租人的业务活动。

目前发展较为成熟的两种业务形式就是直租业务和售后回租业务，而对于转租赁等业务形式，税法并没有明确的相关政策规定，只能根据各自的业务特点套用直租业务的规定。

1. 适用主体

增值税的适用主体包括：（1）经中国人民银行、银保监会或者商务部批准从事融资租赁业务的试点纳税人（注：金融租赁公司及部分内资融资租赁公司）；（2）商务部授权的省级商务主管部门和国家经济技术开发区批准的（注：外资融资租赁公司及部分内资融资租赁公司），且实收资本达到 1.7 亿元的，从事融资租赁业务的试点纳税人。

上述（2）中有一个 1.7 亿元实收资本的最低门槛要求。之所以定为 1.7 亿元，是由于 2001 年 9 月 1 日以后设立的内资融资租赁企业的最低注册资本金应达到 1.7 亿元，但事实上目前仍存在很多实收资本金没有达到 1.7 亿元，且为商务部授权的省级商务主管部门和国家经济技术开发区批准的融资租赁公司。对于这部分融资租赁公司如何征税存在很大的争议，据笔者所知，很多地方对这部分融资租赁公司的税收政策都是区别于其他融资租赁公司的，诸如差额征税、即征即退等政策，它们都无法享受，这无疑增加了这类融资租赁企业的税收负担，造成了同行业内相同业务适用不同纳税政策的不平衡局面。

目前，内外资融资租赁公司的业务经营与监管职责已经划归银保监会，初步实现了监管上的统一，但从 2020 年 5 月 26 日中国银保监会发布的《融资租赁企业监督管理暂行办法》来看，并未提及对内外资融资租赁公司注册资本金方面的要求，而银保监会也公开表示将安排三年的过渡期研究这方面问题，在过渡期内原则上暂停融资租赁公司的登记注册。因此，在此期间在适用主体上仍将沿用以往的做法，而未来具体政策出台后则有望消除不同类型融资租赁公司适用主体要求的差异。

2. 适用税率

财税〔2013〕106 号文件第十二条规定：提供有形动产租赁服务，税率为 17%。至此，营改增的范围仅限于有形动产的融资租赁，并不包括房屋等不动产的融资租赁，也并未对直租和售后回租实行差别征税。

2016 年，《财政部 国家税务总局关于全面推开营业税改征增值税试点的通知》（财税〔2016〕36 号）将不动产融资租赁纳入营改增范围，并区分直租和售后回租划分了不同的税率档次，其中有形动产直租税率仍为 17%，不动产直租税率为 11%，售后回租业务按金融服务适用 6% 的税率。

此外，还有针对特殊情况可选择的过渡性税率及简易征收率，其适用范围是：

- 试点纳税人 2016 年 4 月 30 日前签订的有形动产融资性售后回租合同，在合同到期前提供的有形动产融资性售后回租服务，可继续按照有形动产融资租赁服务缴纳增值税，即仍可按财税〔2016〕36 号文件之前的有形动产租赁税目选择适用 17%（一般纳税人）的税率缴纳增值税。
- 一般纳税人 2016 年 4 月 30 日前签订的不动产融资租赁合同，或以 2016 年 4 月 30 日前取得的不动产提供的融资租赁服务，可以选择适用简易计税方法，按照 5% 的征收率计算缴纳增值税。
- 在纳入营改增试点之日前签订的尚未执行完毕的有形动产租赁合同，可以选择适用简易计税方法计税，增值税征收率为 3%。

2018 年 4 月 4 日，《财政部 税务总局关于调整增值税税率的通知》（财税〔2018〕32 号）出台，规定自 2018 年 5 月 1 日起将增值税税率下调 1 个百分点，一般纳税人发生增值税应税销售行为或者进口货物，原适用 17% 和 11% 税率的，税率分别调整为 16%、10%。

2019 年，《财政部 税务总局 海关总署关于深化增值税改革有关政策的公告》（财政部 税务总局 海关总署公告 2019 年第 39 号）进一步下调了增值税税率，规定自 2019 年 4 月 1 日起，一般纳税人发生增值税应税销售行为或者进口货物，原适用 16% 税率的，税率调整为 13%；原适用 10% 税率的，税率调整为 9%。

2020 年 3 月 1 日至 12 月 31 日期间，对湖北省增值税小规模纳税人，适用 3% 征收率的应税销售收入，免征增值税；除湖北省外，其他省、自治区、直辖市的增值税小规模纳税人，适用 3% 征收率的应税销售收入，减按 1% 征收率征收增值税。

目前，融资租赁业务适用税率表见表 9-1。

表 9-1 融资租赁业务适用税率表

<table>
<tr><th>一般纳税人合同签订情况</th><th>税目</th><th>分类</th><th>税率 / 征收率</th></tr>
<tr><td rowspan="4">2016 年 5 月 1 日后签订的融资租赁合同</td><td rowspan="2">租赁服务——融资租赁服务</td><td>有形动产融资租赁服务</td><td>13%</td></tr>
<tr><td>不动产融资租赁服务</td><td>9%</td></tr>
<tr><td rowspan="2">金融服务——贷款服务</td><td>有形动产售后回租业务</td><td>6%</td></tr>
<tr><td>不动产售后回租业务</td><td>6%</td></tr>
<tr><td>2016 年 4 月 30 日前签订的有形动产融资性售后回租合同（可选择）</td><td>租赁服务——融资租赁服务</td><td>有形动产融资租赁服务</td><td>13%</td></tr>
<tr><td rowspan="2">2016 年 4 月 30 日前签订的不动产融资租赁合同，或以 2016 年 4 月 30 日前取得的不动产提供的融资租赁服务（可选择）</td><td>租赁服务——融资租赁服务</td><td>不动产融资租赁服务</td><td>5%（征收率）</td></tr>
<tr><td>金融服务——贷款服务</td><td>不动产售后回租业务</td><td>5%（征收率）
（存在争议）</td></tr>
<tr><td rowspan="2">在纳入营改增试点之日（2013 年 8 月 1 日）前签订的尚未执行完毕的有形动产租赁合同（可选择）</td><td>租赁服务——融资租赁服务</td><td>有形动产融资租赁服务</td><td>3%（征收率）</td></tr>
<tr><td>金融服务——贷款服务</td><td>有形动产售后回租业务</td><td>3%（征收率）</td></tr>
</table>

在财税〔2016〕36 号文件出台以前，对于签订有形动产融资租赁合同的同时收取的手续费、咨询顾问费，大多数企业按 6% 的税率缴纳增值税，但严格来说手续费应作为价外费用一同适用 17% 的税率，而咨询顾问费按 6% 税率缴纳增值税不存在太多争议。原河北省国税局明确表示，从事融资租赁的纳税人向承租人收取财务顾问等经济咨询收入，按鉴证咨询服务收取增值税，纳税人应准确划分租赁收入和经济咨询收入的销售额，不能准确划分的，从高适用税率（17%）计算缴纳增值税。

财税〔2016〕36 号件文出台后，手续费仍应作为价外费用按适用税率（13%、9% 或 6%）或征收率（5%）缴纳增值税，对于咨询顾问费如何定性未明确说明。首先它一定不是混合销售，因为混合销售的前提是既涉及货物又涉及服务，融资租赁仅涉及服务，此外，财税〔2016〕36 号文件规定对于与贷款直接相关的投融资顾问费、手续费、咨询费等费用不允许抵扣进项税，这增加了其被定性为价外费用的猜想，对此，笔者认为应区分具体情况对待。国家税务总局稽查局对重点税源企业抽查的指导意见中曾强调：对于融资租赁企业收取的咨询费、管理费、手续费等相关费用，应核实企业是否提供了实质性的咨询等服务。因此，只要在收取咨询顾问费的同时提供了实质的咨询服务，则仍可以咨询服务税目按 6% 税率缴纳增值税，但需要注意的是，对于与售后回租直接相关的咨询顾问费不允许抵扣进项税。

以下为 2013 年营改增后的一个相关案例，对于判断咨询费是否为价外费用有一定参考价值。

案例 9-1

青岛 CF 融资租赁有限公司"咨询费"需补税

原青岛市国税局稽查局在一次税务检查中，经全面分析将经营规模较大、经营项目较多、增值税税负率较低的青岛 CF 融资租赁有限公司（以下简称"CF 公司"）选为重点检查对象。

CF 公司成立于 2013 年 10 月 31 日，注册资本为 5 亿元人民币，经商务部批准专业从事国内外融资租赁业务，主要业务包括融资租赁、经营性租赁、向国内外购买租赁资产、租赁财产的残值处理以及维修。

稽查局抽查相关收入对应的租赁合同，检查人员发现 CF 公司在向承租人收取租赁费的同时，以租赁费收入的一定比例另收取手续费，并将该笔手续费计入"咨询费"收入项目。

经过调查，检查组得知，CF 公司在向承租人收取这些租赁费外款项时，并没有提供特定的咨询业务。于是，稽查人员告知 CF 公司财务人员："依据现行税收政策，此类手续费收入应作为价外费用并入你们公司的主营业务收入，按照 17% 税率申报缴纳增值税。"

对此，CF 公司方面并不认可，理由是：已经生效的融资租赁合同上写明，此笔费用就是咨询费，而按照财税〔2013〕106 号文件规定，咨询费适用税率就是 6%，企业按 6% 税率申报缴纳增值税没有问题。

针对企业的说法，稽查人员翻开《增值税暂行条例》向企业说明，此笔收费与企业向承租人收取的租赁费属于同一笔业务收入的不同款项，两项收费密切相关，

《增值税暂行条例》第六条第一款所称“价外费用”即是对此笔收费的税务处理界定。

经过进一步沟通，CF 公司终于理解了稽查人员的说法，并及时按照税务处理意见，对其相关错用税率收入 2 142 万元，扣除已按照 6% 税率缴纳的增值税税款，调增增值税销项税额 215 万元。

上例中，咨询费被认定为价外费用的关键是，该费用是以租赁费一定比例收取，且并未提供实质上的特定咨询服务，实质上是一种名义上的咨询费，变相的增加收入或某种意义上的避税。

对于承租人延期付款的罚息，融资租赁企业的通常做法是直接冲减管理费用，这是不符合税法规定的，正确的做法应该是作为价外费用计入收入，按适用税率或征收率缴纳增值税。

3. 销售额的确定

（1）业务处理。

①融资性售后回租服务。对于 2016 年 4 月 30 日前签订的有形动产融资性售后回租合同，在合同到期前提供的有形动产融资性售后回租服务，可选择继续按照有形动产融资租赁服务缴纳增值税，即可选择以下两种方法来确定销售额：

一是以向承租人收取的全部价款和价外费用，扣除向承租人收取的价款本金，以及对外支付的借款利息（包括外汇借款和人民币借款利息）、发行债券利息后的余额为销售额。

二是以向承租人收取的全部价款和价外费用，扣除支付的借款利息（包括外汇借款和人民币借款利息）、发行债券利息后的余额为销售额。

对比上述两种方法，融资租赁公司显然会倾向于选择对自身更有利的在销售额中扣除向承租人收取的有形动产价款本金的方法。

2016 年 5 月 1 日以后签订的融资性售后回租合同（包括有形动产及不动产），以取得的全部价款和价外费用（不含本金），扣除对外支付的借款利息（包括外汇借款和人民币借款利息）、发行债券利息后的余额为销售额。此处的唯一变化就是将本金价款直接作为全部价款和价外费用的一部分从中扣除，也就是更加强调了收入与成本的匹配。

②融资租赁服务（不含售后回租）。以收取的全部价款和价外费用，扣除支付

的借款利息（包括外汇借款和人民币借款利息）、发行债券利息和车辆购置税后的余额为销售额。这里之所以没有扣除收取对方的本金，是因为融资租赁公司在购入租赁物时即产生了进项税，可从销项税额中抵扣，如果这里扣除这部分本金则会造成重复抵扣，少交税金。需要注意的是，在 2016 年 5 月 1 日至 2019 年 3 月 31 日期间，当租赁物为不动产时，承租方进项税额的抵扣不适用不动产分别按 60% 和 40% 的比例分两年抵扣进项税的规定，可一次性抵扣。而自 2019 年 4 月 1 日起，纳税人取得不动产或者不动产在建工程的进项税额不再分两年抵扣，均可一次抵扣。

此外，我们可以看出，对比财税〔2013〕106 号文件，差额扣除项里少了保险费和安装费两项，因为全面营改增后该两项费用也可取得相应的进项税发票，通过抵扣链条实现扣除。需要注意的是，上述销售额的确定均未区分简易计税项目和一般计税项目，也未区分一般纳税人与小规模纳税人，计税方法的选择以合同为单位，每个符合条件的独立合同都可以自由选择一般计税方法或简易计税方法，并且一经选定 36 个月内不能改变。

③特殊问题说明。价外费用包括价外向承租人收取的手续费、补贴、基金、集资费、返还利润、奖励费、违约金、滞纳金、延期付款利息、赔偿金、代收款项、代垫款项、包装费、包装物租金、储存费、优质费、运输装卸费以及其他各种性质的价外费用。在差额征税的情况下，以所收取的全部价款和价外费用减去借款利息等各扣除项目后的余额为价税合计的金额，计算税额时需先进行价税分离。

案例 9-2

直租业务计税基础的确定

A 融资租赁公司应 B 公司要求购买了一台机器设备，于 2019 年 12 月 1 日与 B 公司签订了直租合同，第一期收取租金 200 万元，支付借款利息 5 万元，则该笔业务产生的销项税金为：（200−5）÷（1+13%）×13%=22.43（万元）。

由于融资租赁业务租金是分期收回的，而购买的本金却是一次发生的，因此对于直租业务，初期必然会出现进项税远远大于销项税的情况，出现大量留抵税额；而对于售后回租业务，本金部分不能抵扣进项税，要迂回地通过差额征税（2016 年 4 月 30 日前签订的有形动产融资性售后回租合同）或直接不计入全部价款及价外费用（2016 年 5 月 1 日后签订的融资性售后回租合同）的方式来达到这一目的。

在原营业税税制下，根据收入与成本的配比原则，设备的本金是分期计入扣除额的，营改增试点的初期（2013 年 8 月 1 日至 2016 年 1 月 21 日），对这方面的具体做法并没有明确的规定，有的企业一次性抵扣，有的企业沿用原营业税的方法分期抵扣。当时北京市国税局明确表示：如果出租人全额取得有形动产价款本金发票，不能一次性全差额扣除，当期允许差额扣除的本金，是指出租人向承租人当期收取的有形动产价款本金部分。上海也出台了相关的地方性文件，并没有严格限制必须采取哪种方式差额扣除本金，即两种方法均可被接受。

在此期间，对于没有明确要求的地方，具体采取何种扣除抵扣方法需结合企业自身实际情况分析两种抵扣方法各自的优势和局限性来做判断：如果采取分开扣除的方法，优点是每期增值税额较为均衡，相比一次性抵扣更有利于享受即征即退的优惠政策，但是操作中会导致税务机关监管难度加大，风险较大；如果采取一次性抵扣的方法，优点是前期无须缴纳增值税，但也会因此导致后期增值税缴纳压力激增，对后期现金流要求增高，此外在规定的期限前享受即征即退的难度也会增加，但实际操作会比较简单，税务机关也比较好监管。

2015 年 12 月 22 日出台的《国家税务总局关于营业税改征增值税试点期间有关增值税问题的公告》（国家税务总局公告 2015 年第 90 号）明确了这一问题：纳税人提供有形动产融资性售后回租服务，计算当期销售额时可以扣除的有形动产价款本金，为书面合同约定的当期应当收取的本金。无书面合同或者书面合同没有约定的，为当期实际收取的本金。这一规定明确了售后回租业务要分期扣除本金而不可一次性扣除，从 2016 年 2 月 1 日开始执行。

2016 年 5 月 1 日全面营改增后，再一次强调了本金与收入的匹配问题：

对于 2016 年 4 月 30 日前签订的有形动产融资性售后回租合同，选择继续按照有形动产融资租赁服务缴纳增值税的，其可以扣除的价款本金，为书面合同约定的当期应当收取的本金。无书面合同或者书面合同没有约定的，为当期实际收取的本金。

对于 2016 年 5 月 1 日后新签订的融资性售后回租合同，更是把全部价款和价外费用指定为利息部分。

2020 年 1 月 1 日起，纳税人取得的财政补贴收入，与其销售货物、劳务、服务、无形资产、不动产的收入或者数量直接挂钩的，应按规定计算缴纳增值税，适用税率按照所挂钩的业务适用的税率确定，比如，按融资租赁合同履行金额一定比例给予补助的，按该合同的适用税率确定财政补贴收入的增值税税率。取得的其他情形的财政补贴收入，不属于增值税应税收入，不征收增值税。

此外，对于将融资租赁（不区分直租与售后回租）与保理相结合，把融资租赁合同项下未到期应收租金的债权以保理的方式转让给银行等金融机构的，并不改变出租人与承租人之间的融资租赁关系，国家税务总局公告2015年第90号规定，出租方纳税人须按现行的规定缴纳增值税，并向承租人开具发票，即承租人每期支付租金时，出租人需照常向承租人开具增值税发票，而不是由保理公司开具。融资租赁资产证券化模式与此较为相似，所以在进行增值税处理时也可参照此办法的思路进行处理。

（2）发票管理。

①差额征税的基本规定。早在融资租赁行业缴纳营业税时期就有差额征税的做法。当时规定，从事融资租赁业务，以其向承租人收取的全部价款和价外费用（包括残值）减除出租人承担的出租货物的实际成本后的余额为营业额。具体计算公式为：营业额 = 租金 -（购入价 + 关税 + 增值税 + 消费税 + 运杂费 + 安装费 + 保险费 + 贷款利息），这里的贷款利息包括了外汇借款和人民币借款利息。营改增后继续沿用了这样一种做法来缴纳增值税，对于直租业务，扣除项为借款利息（包括外汇借款和人民币借款利息）、发行债券利息和车辆购置税；对于回租业务，扣除项为有形动产价款本金、借款利息（包括外汇借款和人民币借款利息）和发行债券利息。

所列举的扣除项中未将所有融资成本都涵盖进去并且末尾处没有“等”字，这就意味着很多没有列举的融资成本（如保理融资成本、资产证券化支出等）都不能扣除，比如上一轮营改增后，山东省就明确规定保理融资的费用不能扣除。这样的规定存在一定的不合理性。同样是融资的成本，却只有借款和发行债券的利息可以扣除，这不仅直接增加了企业的税收负担，还间接增加了保理、资产证券化等新型融资渠道的融资成本，极大限制了融资租赁公司融资渠道多样化的发展。近几年为发展融资租赁业，国家提出要鼓励融资租赁公司拓宽融资渠道、为行业提供公平的政策环境并落实融资租赁相关税收政策，促进行业健康发展，相信未来随着政策的完善，其他融资成本的扣除将成为可能。

②差额征税凭证。试点纳税人在从全部价款和价外费用中扣除利息、本金等价款时，应当取得符合法律、行政法规和国家税务总局规定的有效凭证，否则不得扣除。这里所说的有效凭证是指：

◆ 支付给境内单位或者个人的款项，以发票为合法有效凭证。

◆ 支付给境外单位或者个人的款项，以该单位或者个人的签收单据为合法有效凭证，税务机关对签收单据有疑义的，可以要求其提供境外公证机构的确认证明。

◆ 缴纳的税款，以完税凭证为合法有效凭证。

◆ 扣除的政府性基金、行政事业性收费或者向政府支付的土地价款，以省级以上（含省级）财政部门监（印）制的财政票据为合法有效凭证（此条适用于房地产企业）。

◆ 国家税务总局规定的其他凭证。这里并没有具体列明其他凭证包括哪些，在金融业营改增之前，向银行借款发生的利息支出，都是以银行开具的银行利息结算单据作为有效扣除凭证的。

（3）发票管理的具体规定。

①承租人向出租人开具发票。2016 年 4 月 30 日前，有形动产融资性售后回租本金的扣除需要以承租人开具的发票为合法有效凭证。但融资性售后回租业务中承租人出售资产的行为，不属于增值税和营业税征税范围，不征收增值税和营业税。这里矛盾就出现了：一方面售后回租业务中承租人出售有形动产的行为不征收流转税；另一方面出租人要差额征税需要承租人开具发票。

这种情况下承租人自然不能开具增值税专用发票，所以增值税一般纳税人和小规模纳税人接受融资性售后回租服务，都只能开具普通发票，但实际工作中承租人是不愿意开具普通发票的，因为普通发票也要缴纳增值税，对承租人来说也是不合理的。基于这样一种情况，很多省份在当时都有一个自己的执行口径，例如上海的口径是：

如果承租人是增值税一般纳税人，承租人开具增值税普通发票或通用机打发票；如果承租人为增值税小规模纳税人或非增值税纳税人，承租人应开具普通发票或通用机打发票，对于部分不领购发票的单位（如学校、医院等），发生售后回租业务出售资产时，主管税务机关应为其临时核定发票用量。

承租人向出租人开具的普通发票上注明的设备本金销售额，承租人无须申报缴纳增值税，如果一窗式比对中出现异常，承租人应向主管税务机关提交合同和发票，主管税务机关审核后办理系统解锁。北京、山东、福建等地也采取了类似的做法来解决这一矛盾。

财税〔2016〕36 号文件将“融资性售后回租业务的本金”从扣除项目中删除，转变为全部价款和价外费用的抵减项，很好地解决了本金作为扣除项无法取得合法有效凭证的矛盾，而对于出租方可使用收据等自制凭证作为会计入账、税务证明本金金额的凭证。但对于 2016 年 4 月 30 日前签订的有形动产融资性售后回租合同，若融资租赁企业选择继续按照有形动产融资租赁服务缴纳增值税，则本金仍为扣除价款，仍需取得合法有效扣除凭证。即使在全面营改增后，融资性售后回租业务中承租人出售资产的行为不属于增值税征税范围的事实也没有发生改变，所以承租人仍不能开具增值税专用发票，但税控系统升级后可以通过开具 0 税率的增值税普通发票来解决这一问题。

②出租人向承租人开具发票。在 2016 年全面营改增后，开具增值税发票的防伪税控系统也进行了相应功能的升级，为适应差额征税政策，新增加了差额征税的模块。但该模块的使用会带来一个问题：以直租为例，假设 A 融资租赁公司出租设备某期收取全部价款和价外费用 100 万元，支付借款利息 7 万元，若使用差额征税模块开具增值税专用发票，所开具发票的销项税额为：（100−7）÷（1+13%）×13%=10.70（万元），也就是承租人可抵扣进项税 10.70 万元。但在上轮营改增时防伪税控系统并无差额征税功能，有形动产直租收取租金时所开具的增值税专用发票的销项税额为：100÷（1+13%）×13%=11.50（万元），对出租人来说可通过申报纳税时填报扣除项目来实现差额征税，但对承租人来说，两种开票方式可抵扣的进项税额大不相同。对于这一问题，国家税务总局货劳司及原河北省国税局、湖北省国税局给出的解读可总结为：差额征税中，未标明不得全额开具增值税专用发票情形的，均为可以全额开具且全额计算销项税额的发票，不必通过差额征税模块开具。从财税〔2016〕36 号文件来看，并没有就某项业务明确写明“不得全额开具增值税发票”，只有在部分差额征税行为中，就扣除部分，有“不得开具增值税专用发票”的规定。这也是判断差额征税项目能否全额开具增值税发票的关键，那些注明扣除部分“不得开具增值税专用发票”以外的差额征税事项，均可以开具全额增值税专用发票。

其一，融资性售后回租业务。对于 2016 年 4 月 30 日前签订的有形动产融资性售后回租合同，若融资租赁企业选择继续按照有形动产融资租赁服务缴纳增值税，则向承租人收取的有形动产价款本金，不得开具增值税专用发票，可以开具普通发票。这一规定的言外之意是并不要求出租人必须就本金部分开具发票，如果要开具的话，只能开具增值税普通发票。但无论是否开具发票，这部分本金都要先计入销售额，再通过差额征税的方式从价款中扣除。也就是说，承租人不能用租金的本金部分抵扣进项税，因为就融资租赁的经营特点来说，其实质是以融物的形式达到融资的目的，租赁物只是实现融资的媒介，利息部分才是融资的成本。

财税〔2016〕36 号文件出台前原河北省国税局对此业务的规定是：试点纳税人中的一般纳税人提供融资性售后回租服务（出租人），向承租人收取的有形动产价款本金，出租人为增值税一般纳税人的，应使用防伪税控系统开具增值税普通发票，在增值税普通发票上注明有形动产融资租赁服务费（本金），税率栏填“零”，出租人为小规模纳税人的，应开具普通发票。

2016 年 5 月 1 日后，该类业务可采用两种方法开具增值税发票：

- 一票制：通过防伪税控系统中“差额征税”功能模块来开具一份增值税发票，但文件只规定了本金部分不得开具增值税专用发票，所以使用差额征税功能开票时，差额扣除的金额应为本金金额，不应包括允许扣除的贷款利息。
- 两票制：对扣除本金后的收入和本金部分分别开具发票，其中以扣除本金后的收入计算税款并可对其开具专用发票，本金部分只能开具普通发票。

从目前执行情况来看，各地倾向于采取一票制方法开具增值税发票。

案例 9-3

2016 年 4 月 30 日前签订的有形动产融资性售后回租合同如何开票

A 融资租赁公司从 B 公司购入一台机器设备，并出租给 B 公司使用，租赁期满该设备归 B 公司所有。2015 年 1 月 1 日与 B 公司签订了售后回租合同，2019 年 12 月 1 日收取租金 200 万元，其中本金为 100 万元，支付借款利息 5 万元，假设 A 融资租赁公司选择继续按照有形动产融资租赁服务缴纳增值税，则该笔业务销项税金为：（200−100）÷（1+13%）×13%=11.50（万元），销售额为：200−11.50=188.50（万元）。价税合计金额为 200 万元。

使用“差额征税”模块开票时，发票“金额”栏为 188.50 万元、“税额”栏为 11.50 万元，“价税合计”栏为 200 万元，备注栏自动打印“差额征税”字样，票面金额与税额不具有税率或征收率的逻辑关系。

对于 2016 年 5 月 1 日后新签订的融资性售后回租合同，可按全部价款和价外费用（不含本金）全额开具增值税发票。

其二，融资租赁（直租）业务。对于采用一般计税办法核算的直租业务，可按全部价款和价外费用全额开具增值税发票，而不使用“差额征税”功能模块开具。

其三，选择简易计税方法合同。对于选择采用简易计税方法缴纳增值税的融资租赁合同及融资性售后回租合同，均可以全额开具增值税发票，并且除以下情形之外，适用简易计税方法的应税项目均可以开具增值税专用票：属于增值税一般纳税人的单采血浆站销售非临床用人体血液，按照简易办法依照3%征收率计算应纳税额的；纳税人销售旧货的；销售自己使用过的固定资产，减按2%征税的；税收法规规定不得开具专用发票的其他情形。

也就是说，选择简易计税方法的融资租赁合同及融资性售后回租合同均可以全额开具增值税专用发票。

2019年3月1日起，对于开展租赁业（经营租赁和直租）的小规模纳税人，若发生增值税应税行为，需要开具增值税专用发票的，可以自愿使用增值税发票管理系统自行开具。但销售其取得的不动产时，若需要开具增值税专用发票，仍应当按照有关规定向税务机关申请代开。2020年2月1日起，所有行业的小规模纳税人若需要开具增值税专用发票（包括销售取得的不动产），均可以自行开具增值税专用发票。

③出租人进项税的抵扣。进项税抵扣所遵循的基本原则是，只要税法未明确规定不能抵扣，则均能抵扣。税法中明确规定，以下情形不能抵扣进项税：

◆ 用于简易计税方法计税项目、免征增值税项目、集体福利或者个人消费的购进货物、加工修理修配劳务、服务、无形资产和不动产。其中涉及的固定资产、无形资产、不动产，仅指专用于上述项目的固定资产、无形资产（不包括其他权益性无形资产）、不动产。纳税人的交际应酬消费属于个人消费。

（注：自2018年1月1日起，纳税人租入固定资产、不动产，既用于一般计税办法计税项目，又用于简易计税方法计税项目、免征增值税项目、集体福利或者个人消费的，其进项税额准予从销项税额中全额抵扣。）

◆ 非正常损失的购进货物，以及相关的加工修理修配劳务和交通运输服务。

◆ 非正常损失的在产品、产成品所耗用的购进货物（不包括固定资产）、加工修理修配劳务和交通运输服务。

◆ 非正常损失的不动产，以及该不动产所耗用的购进货物、设计服务和建筑服务。

◆ 非正常损失的不动产在建工程所耗用的购进货物、设计服务和建筑服务。纳税人新建、改建、扩建、修缮、装饰不动产，均属于不动产在建工程。

◆ 购进的旅客运输服务、贷款服务、餐饮服务、居民日常服务和娱乐服务。

（注：2019年4月1日起，纳税人购进国内旅客运输服务，其进项税额允许从销项税额中抵扣。）

◆ 财政部和国家税务总局规定的其他情形。

对于融资租赁公司，若选择了采取简易计税办法缴纳增值税，则专用于该项目的设备、物资等所产生的进项税不能抵扣，也就是说，对于一般纳税人选择按 5% 的简易征收率计算缴纳增值税的 2016 年 4 月 30 日前签订的不动产融资租赁（直租）合同，或以 2016 年 4 月 30 日前取得的不动产提供的融资租赁（直租）服务，其购进不动产的进项税不能抵扣。此外，选择按 3% 简易征收率计算缴纳增值税的在纳入营改增试点之日（2013 年 8 月 1 日）前签订的尚未执行完毕的有形动产租赁（直租）合同，其购进有形动产的进项税也不能抵扣。

日常费用报销过程中，2019 年 3 月 31 日前，差旅费中的交通运输费、餐费都不能抵扣进项税，日常经营产生的业务招待费、居民日常服务和娱乐服务（如 KTV、健身等）的报销都不能抵扣进项税。2019 年 4 月 1 日起，差旅费中的交通运输费可以抵扣进项税，可用作抵扣凭证的有：增值税专用发票；增值税电子普通发票；注明旅客身份信息的国内航空运输电子客票行程单、铁路车票、公路水路等其他客票，其中旅客仅限于与本单位签订了劳动合同的员工，以及本单位作为用工单位接受的劳务派遣员工。具体抵扣方法见表 9-2。2017 年 1 月 1 日起取得的可抵扣凭证，取消了原 360 天认证期限的规定。2019 年 3 月 1 日起，全部一般纳税人可以自愿使用网上发票综合服务平台进行认证抵扣。

表 9-2 旅客运输服务抵扣方法

取得凭证类型	抵扣方法
增值税专用发票	发票上注明的税额
增值税电子普通发票	为发票上注明的税额
注明旅客身份信息航空运输电子客票行程单	（票价 + 燃油附加费）÷（1+9%）×9%
注明旅客身份信息的铁路车票	票面金额 ÷（1+9%）×9%
注明旅客身份信息的公路、水路等其他客票	票面金额 ÷（1+3%）×3%

需要注意的是，日常差旅费中没有旅客身份信息的出租车票仍不能抵扣进项税，而网约车费用可凭增值税电子普通发票抵扣进项税，通过旅行社或网上平台订购的机票，若取得的是旅行社或平台开具的“旅游服务”发票，也不符合要求，无法抵扣进项税，除此之外，国外旅客运输服务、机票中的民航发展基金、用于不可抵扣项目的旅客运输服务也不能抵扣进项税。

最后，财税〔2016〕36 号文件最让大家失望的是贷款服务不能抵扣进项税，但融资租赁公司因差额征税的特殊政策而成了最大的受益者，在各行业都无法对融资成本抵扣进项税时，融资租赁公司通过差额扣除贷款成本的方式间接达到了抵扣贷款进项税的效果。

④承租人进项税的抵扣。财税〔2016〕36 号文件出台后，融资租赁最大的变化就是融资性售后回租业务重新回归了其金融业务的实质，被划分为贷款服务，并且纳税人购进的贷款服务以及纳税人接受贷款服务向贷款方支付的与该笔贷款直接相关的投融资顾问费、手续费、咨询费等费用，其进项税额均不得从销项税额中抵扣。

这对售后回租这种业务模式带来了很大的冲击。因为在财税〔2010〕36 号文件实施以前，有形动产的直租和售后回租都是可以抵扣进项税的，该文件出台后，售后回租模式优势全无，但有形动产及不动产直租业务仍然可以抵扣进项税。此外，对于 2016 年 4 月 30 日前签订的有形动产融资性售后回租合同，选择继续按照有形动产融资租赁服务缴纳增值税的，仍可延续之前的政策允许承租人抵扣进项税。

另外，自 2018 年 1 月 1 日起，纳税人以经营租赁或融资租赁中直租的方式租入固定资产、不动产（含土地使用权），既用于一般计税办法计税项目，又用于简易计税方法计税项目、免征增值税项目、集体福利或者个人消费的，其进项税额准予从销项税额中一次性全额抵扣，抵扣凭证应为 2018 年 1 月 1 日后取得的纳税义务发生时间（参考图 9-1）发生在 2018 年 1 月 1 日后的增值税专用发票。

这里所称固定资产和不动产应以增值税中的定义为准，而不限于会计核算标准。其中，固定资产是指使用期限超过 12 个月的机器、机械、运输工具以及其他与生产经营有关的设备、工具、器具等有形动产；不动产是指不能移动或者移动后会引起性质、形状改变的财产，包括建筑物、构筑物等。建筑物，包括住宅、商业营业用房、办公楼等可供居住、工作或者进行其他活动的建造物。构筑物，包括道路、桥梁、隧道、水坝等建造物。

若已抵扣进项税的租入固定资产或不动产，改变用途专用于不可抵扣项目，应当将该进项税额从当期进项税额中扣减，无法确定该进项税额的，按照当期实际成本（即需要转出期间的租金）计算应扣减的进项税额。而对于租入固定资产或不动产用于不可抵扣项目后改变用途用于可抵扣项目，则改变用途后取得的租金发票可以抵扣进项税，而之前已经进行进项税转出的可抵扣进项税若想转回，则需去税务局办理，但实践中成功率不高。

案例 9-4

租入固定资产用途改变的进项税扣减

A 公司 2018 年 1 月 1 日从 B 融资租赁公司以直租的方式租入中央空调设施，安装用于自有办公楼内办公及员工宿舍使用，2018 年 1 月 1 日预付第一季度租金，全额抵扣进项税额 30 万元，3 月开始，该办公楼全部用于职工住宿，则 3 月应从当期进项税中扣减抵扣的 3 月份的租金进项税：30×1/3=10（万元）。

⑤过渡时期留抵税金的处理。财税〔2016〕36 号文件规定，原增值税一般纳税人兼有销售服务、无形资产或者不动产的，截止到纳入营改增试点之日前的增值税期末留抵税额，不得从销售服务、无形资产或者不动产的销项税额中抵扣。这一点是非常容易被企业忽视的，其中心思想是不允许以营改增时点以前形成的留抵税金来抵扣新纳入营改增项目在 2016 年 5 月 1 日后产生的销项税额。

（4）政策开始执行时间。

财税〔2016〕36 号文件规定：

①经中国人民银行、银监会[1]或者商务部批准从事融资租赁业务的试点纳税人（即金融租赁公司及部分内资融资租赁公司）从 2016 年 5 月 1 日起按上述规定执行。

②经商务部授权的省级商务主管部门和国家经济技术开发区批准从事融资租赁业务的试点纳税人（即外资融资租赁公司及部分内资融资租赁公司），2016 年 5 月 1 日后实收资本达到 1.7 亿元的，从达到标准的当月起执行；2016 年 5 月 1 日后实收资本未达到 1.7 亿元但注册资本达到 1.7 亿元的，在 2016 年 7 月 31 日前仍可按照上述规定执行，2016 年 8 月 1 日后开展的融资租赁业务和融资性售后回租业务不得按照上述规定执行。

（5）纳税义务发生时间。

纳税义务发生时间是税法中非常重要的一个概念，是判断企业是否按照税法的规定正确缴纳税款的一个重要影响因素，只要纳税义务发生，即使企业未确认收入、未开具增值税发票，也应按规定申报缴纳增值税。

增值税的纳税义务发生时间是纳税人发生应税行为并收讫销售款项或者取得索

[1] 现为银保监会。

取销售款项凭据的当天；先开具发票的，为开具发票的当天。其中收讫销售款项，是指纳税人销售服务、无形资产、不动产过程中或者完成后收到款项，也就是排除了预收账款。而取得索取销售款项凭据的当天，是指书面合同确定的付款日期；未签订书面合同或者书面合同未确定付款日期的，为服务、无形资产转让完成的当天或者不动产权属变更的当天。以上是关于增值税纳税义务发生时间的一般规定，对于租赁服务还有特殊的规定：纳税人提供租赁服务采取预收款方式的，其纳税义务发生时间为收到预收款的当天。

也就是说，确定融资租赁公司的增值税纳税义务发生时间时，首先要区分业务类型，还要根据实际情况具体分析。

①直租业务。直租业务纳税义务发生时间判断图如图 9-1 所示。

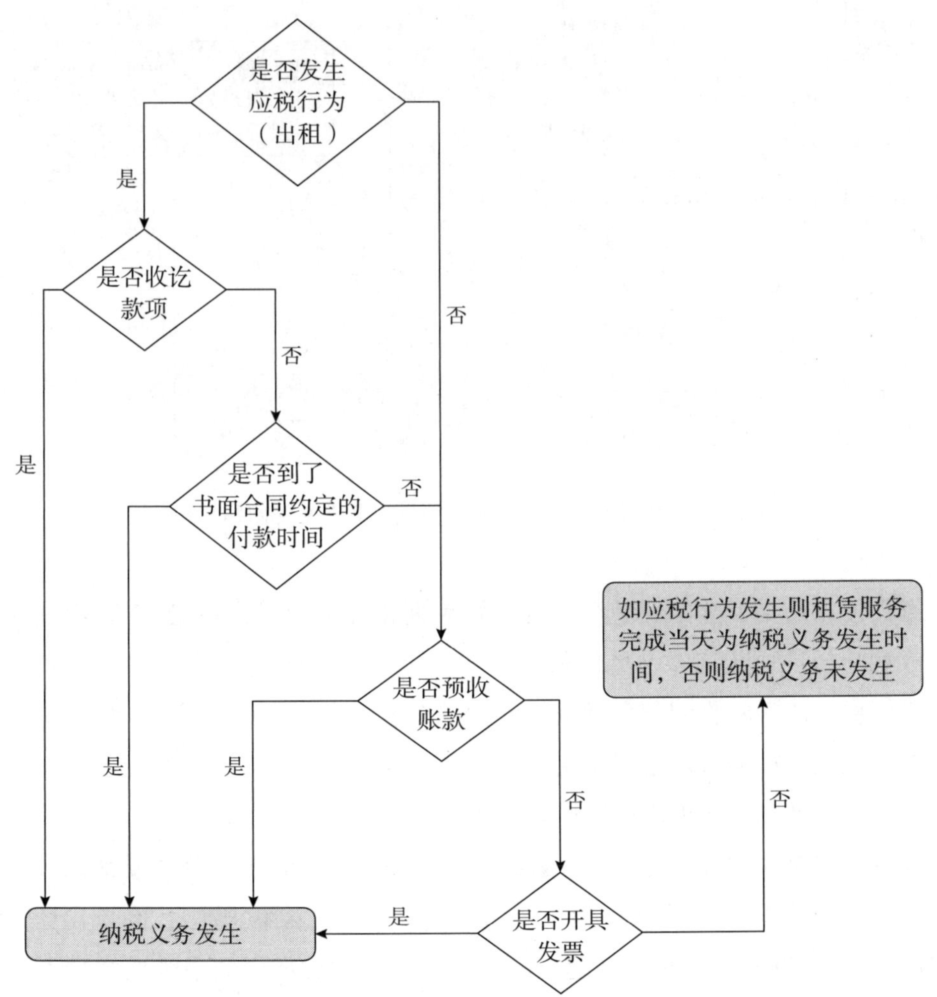

图 9-1 直租业务纳税义务发生时间判断图

②融资性售后回租业务。融资性售后回租业务纳税义务发生时间判断图如图 9-2 所示。

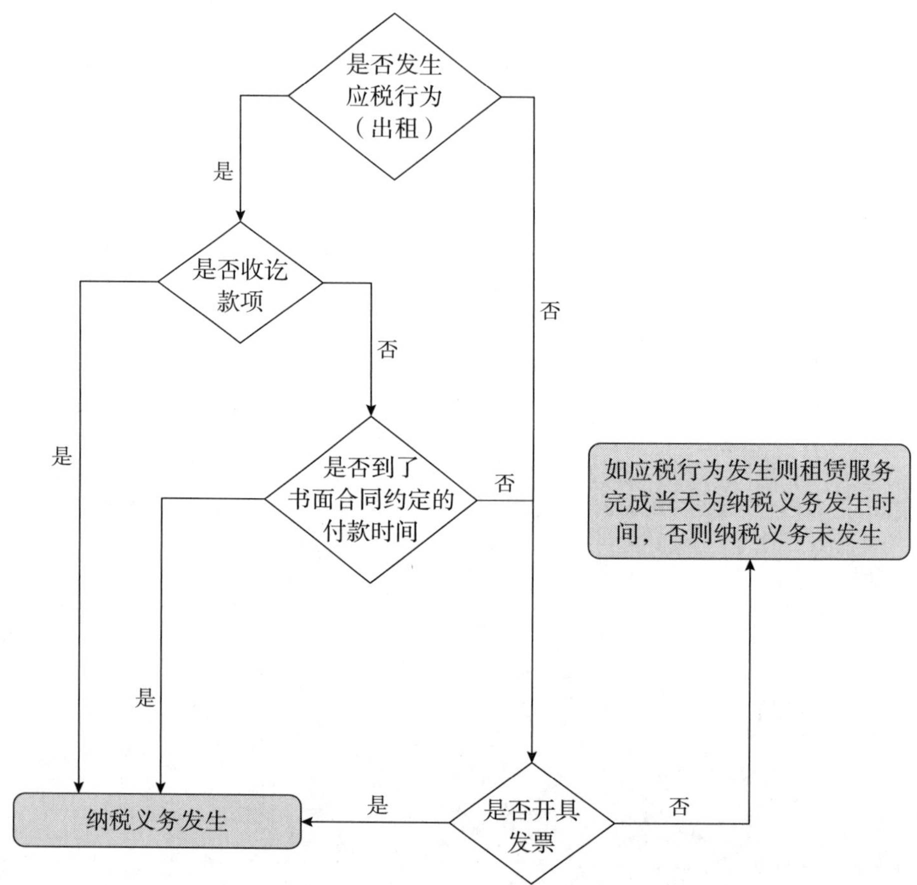

图 9-2 融资性售后回租业务纳税义务发生时间判断图

需要注意的是，金融租赁公司开展售后回租业务自结息日起 90 天内发生的应收未收利息按现行规定缴纳增值税，自结息日起 90 天后发生的应收未收利息暂不缴纳增值税，待实际收到利息时按规定缴纳增值税。监管移交后，其他融资租赁公司是否适用该政策需未来进一步明确。

（6）一般纳税人和小规模纳税人的选择。

增值税纳税人的身份可分为一般纳税人和小规模纳税人，小规模纳税人月销售额未超过 10 万元（以 1 个季度为 1 个纳税期，季度销售额未超过 30 万元）的，免征增值税。自 2019 年 1 月 1 日起，以 1 个季度为纳税期限的小规模纳税人，如果在季度中间开业、注销或小规模纳税人登记为一般纳税人，导致当期实际经营期不足 1 个季度，当期销售额未超过 30 万元的，免征增值税。

2018 年 5 月 1 日起，应税年销售额大于 500 万元的纳税人应申请一般纳税人资格，此外，按营改增的有关规定，确定销售额时可以差额扣除的试点纳税人，其应税服务年销售额按未扣除之前的销售额计算；纳税人偶尔发生的销售无形资产、转让不动产的销售额，不计入应税行为年应税销售额。

对于未达到这一标准的纳税人，如果会计核算健全，能够提供准确的税务资料，可以向主管税务机关申请一般纳税人资格认定，而不作为小规模纳税人，企业被认定为一般纳税人后，除在 2018 年 5 月 1 日至 2018 年 12 月 31 日期间，不得再转为小规模纳税人。但有一部分特殊的企业即使达到了认定标准也无须办理一般纳税人资格认定，比如：

①个体工商户以外的其他个人，即自然人。

②选择按小规模纳税人纳税的非企业性单位，如行政单位、事业单位、军事单位、社会团体和其他单位。

③选择按小规模纳税人纳税的不经常发生应税行为的企业。

④应税服务年销售额超过规定标准的其他个人不属于一般纳税人；不经常提供应税服务的单位和个体工商户可选择按小规模纳税人纳税。

对于融资企业来说，一般不会涉及上述情况，绝大多数的融资租赁公司都是一般纳税人。但也有一部分项目公司为小规模纳税人，这部分融资租赁公司也会在未来逐渐升为一般纳税人。需要提醒的是，企业须在转换身份的临界点事先做好筹划，如可预料到应税服务年销售额即将达到标准线，则应避免在此时进行大量购入，因为作为小规模纳税人，融资租赁企业是无法取得增值税专用发票的，被认定为一般纳税人后税率升高到 6%、9% 或 13% 却无法抵扣进项税，会大幅增加企业的税收负担。因此，在处于小规模纳税人与一般纳税人临界点时，应尽量把资产的购进推迟到被认定为一般纳税人以后。

（7）融资租赁业务增值税的计算。

前文我们已经详细讲解了融资租赁公司增值税缴纳的基本政策细节，这里，我们将不同类型、时间的融资租赁业务增值税额的计算方法总结如下（见表 9-3）。

表 9-3　融资租赁业务增值税的计算

<table>
<tr><th>纳税人类型</th><th>合同签订时间</th><th>合同类型</th><th>税率 / 征收率</th><th>应纳税额计算</th></tr>
<tr><td rowspan="11">一般纳税人</td><td rowspan="4">老合同（2013 年 8 月 1 日前）</td><td rowspan="2">有形动产融资租赁（直租）</td><td>13%</td><td>（全部价款 + 价外费用 − 借款利息 − 债券利息 − 车辆购置税）÷（1+13%）×13%</td></tr>
<tr><td>3%（可以选择）</td><td>（全部价款 + 价外费用 − 借款利息 − 债券利息 − 车辆购置税）÷（1+3%）×3%</td></tr>
<tr><td rowspan="2">有形动产融资性售后回租</td><td>6%</td><td>（不含本金全部价款 + 价外费用 − 借款利息 − 债券利息）÷（1+6%）×6%</td></tr>
<tr><td>3%（可以选择）</td><td>（不含本金全部价款 + 价外费用 − 借款利息 − 债券利息）÷（1+3%）×3%</td></tr>
<tr><td rowspan="5">老合同（2016 年 4 月 30 日前）/2016 年 4 月 30 日前取得不动产</td><td rowspan="3">有形动产融资性售后回租</td><td>6%</td><td>（不含本金全部价款 + 价外费用 − 借款利息 − 债券利息）÷（1+6%）×6%</td></tr>
<tr><td rowspan="2">13%（可以选择）</td><td>（全部价款 + 价外费用 − 本金 − 借款利息 − 债券利息）÷（1+13%）×13%</td></tr>
<tr><td>（全部价款 + 价外费用 − 借款利息 − 债券利息）÷（1+17%）×17%</td></tr>
<tr><td rowspan="2">不动产融资租赁（直租）</td><td>9%</td><td>（全部价款 + 价外费用 − 借款利息 − 债券利息）÷（1+9%）×9%</td></tr>
<tr><td>5%（可以选择）</td><td>（全部价款 + 价外费用 − 借款利息 − 债券利息）÷（1+5%）×5%</td></tr>
<tr><td rowspan="3">新合同（2016 年 5 月 1 日后）</td><td>有形动产融资租赁（直租）</td><td>13%</td><td>（全部价款 + 价外费用 − 借款利息 − 债券利息 − 车辆购置税）÷（1+13%）×13%</td></tr>
<tr><td>不动产融资租赁（直租）</td><td>9%</td><td>（全部价款 + 价外费用 − 借款利息 − 债券利息）÷（1+9%）×9%</td></tr>
<tr><td>融资性售后回租</td><td>6%</td><td>（不含本金全部价款 + 价外费用 − 借款利息 − 债券利息）÷（1+6%）×6%</td></tr>
<tr><td rowspan="2">小规模纳税人</td><td rowspan="2">老合同（2016 年 4 月 30 日前）</td><td rowspan="2">有形动产融资性售后回租</td><td>3%（可以选择）</td><td>（全部价款 + 价外费用 − 本金 − 借款利息 − 债券利息）÷（1+3%）×3%
2020 年 3 月 1 日至 12 月 31 日期间：
（全部价款 + 价外费用 − 本金 − 借款利息 − 债券利息）÷（1+1%）×1%</td></tr>
<tr><td>3%（可以选择）</td><td>（全部价款 + 价外费用 − 借款利息 − 债券利息）÷（1+3%）×3%
2020 年 3 月 1 日至 12 月 31 日期间：
（全部价款 + 价外费用 − 借款利息 − 债券利息）÷（1+1%）×1%</td></tr>
</table>

续表

纳税人类型	合同签订时间	合同类型	税率 / 征收率	应纳税额计算
小规模纳税人	其他新老合同	融资租赁（直租）	3%	（全部价款 + 价外费用 - 借款利息 - 债券利息 - 车辆购置税）÷（1+3%）×3% 2020 年 3 月 1 日至 12 月 31 日期间： （全部价款 + 价外费用 - 借款利息 - 债券利息 - 车辆购置税）÷（1+1%）×1%
		融资性售后回租	3%	（不含本金全部价款 + 价外费用 - 借款利息 - 债券利息）÷（1+3%）×3% 2020 年 3 月 1 日至 12 月 31 日期间： （不含本金全部价款 + 价外费用 - 借款利息 - 债券利息）÷（1+1%）×1%

（8）特殊情形下的增值税缴纳。

①不具有融资租赁资质的企业从事租赁业务。营改增以前，《国家税务总局关于融资租赁业务征收流转税问题的通知》（国税函〔2000〕514 号）对于不具有融资租赁资质的其他单位从事融资租赁业务的流转税做出了规定：

对于期满租赁的货物的所有权转让给承租人的，征收增值税，不征收营业税；对于租赁的货物的所有权未转让给承租人的，征收营业税，不征收增值税。目前该文件仍有效，全面营改增后，我们可以合理推断：对于期满租赁货物的所有权转让给承租人的，按照销售货物或不动产缴纳增值税；而对于期满租赁货物的所有权未转让给承租人的，不能按融资租赁的相关政策缴纳增值税，需按经营租赁缴纳增值税。

②委托租赁业务。委托租赁简单来说是不具有融资租赁资质的企业委托融资租赁公司开展融资租赁业务，融资租赁公司只收取手续费，融资租赁的收入归委托人所有。委托租赁也要分情况缴纳增值税：

期满租赁的货物的所有权转让给承租人的，委托人按照销售货物或不动产缴纳增值税，向融资租赁公司开具增值税专用发票，融资租赁公司再按融资租赁服务向承租人开具增值税发票；租赁的货物的所有权归委托人的，委托人按经营租赁缴纳增值税，而由于出租人不拥有租赁物的所有权，所以出租人也应按经营租赁缴纳增值税。

即征即退

从概念上讲，“即征即退”是指纳税人按税法规定缴纳的税款，由税务机关在征税时部分或全部退还纳税人的一种税收优惠，其实质是一种特殊方式的减免税。类似的优惠还包括先征后退和先征后返，主要适用于增值税减免。三种优惠的主要区别在于，即征即退在缴税的当月就可以向征税税务机关申请退税；先征后退会稍晚一些，一般在缴税的次月开始申请退税；先征后返是税款入库后，由财政部门进行返还。从目前的趋势来看，即征即退将会被更多地使用，因为政策本身既可以使纳税人及时享受到税收优惠，又不打破增值税链条的延续性，相对于直接免税政策有一定的技术优势。

同时，即征即退相对于免税也有一定的劣势，主要体现在两个方面：第一，即征即退要求先缴税后退税，而且各地征退税有一定的时间差，无形中占用了纳税人的资金；第二，在即征即退中，与所交增值税对应的城市维护建设税、教育费附加等附加税费是不随退税而退还的，即附加税费需要正常交而不是像免税那样可以直接免掉，会造成税收负担略有提高。

1. 业务处理

经中国人民银行、银保监会或者商务部批准从事融资租赁业务的试点纳税人中的一般纳税人，提供有形动产融资租赁服务和有形动产融资性售后回租服务，对其增值税实际税负超过 3% 的部分实行增值税即征即退政策。注意：此处不包括不动产融资租赁。

所称增值税实际税负，是指纳税人当期提供应税服务（指有形动产直租及回租）实际缴纳的增值税额占纳税人当期提供应税服务取得的全部价款和价外费用的比例。需要注意的是，该实际税负的核算是以每个增值税纳税申报期为单位的。在重庆的执行口径中，对于有形动产直租业务及选择按有形动产融资租赁服务缴纳增值税的 2016 年 4 月 30 日前签订的未执行完毕有形动产融资性售后回租合同，该比例的分母为未差额扣除本金及借款利息以前的全部价款和价外费用（该全部价款和价外费用是否含税文件未明确说明，参考其他即征即退政策的核心思想可在实践中使用不含税的全部价款和价外费用作为分母），而实际缴纳的增值税则是在差额扣除的基础上计算缴纳的，因此分子的数额远远小于分母。经过粗略的测算，此时融资租赁企业若想享受到即征即退的税收优惠政策，13% 利率下其毛利率（差额扣除后金额 / 含税全部价款及价外费用）至少要在 23.08% 以上，而有这样一个利润空间的融资租赁企业少之又少，这也是这一税收政策一直为企业所诟病的地方。对于2016年5月1日后签订的有形动产融资性售后回租合同，该比例的分母为不含本金的全部价款和价外费用（不含税）。

2. 适用主体

即征即退的适用主体包括：①经中国人民银行、银保监会或者商务部批准从事融资租赁业务的试点纳税人；②商务部授权的省级商务主管部门和国家经济技术开发区批准的，且实收资本达到1.7亿元的，从事融资租赁业务的试点纳税人。

3. 政策开始执行时间

经中国人民银行、银保监会或者商务部批准从事融资租赁业务的试点纳税人从2013年8月1日起按上述规定执行。

经商务部授权的省级商务主管部门和国家经济技术开发区批准从事融资租赁业务的试点纳税人，2016年5月1日后实收资本达到1.7亿元的，从达到标准的当月起按照上述规定执行；2016年5月1日后实收资本未达到1.7亿元但注册资本达到1.7亿元的，在2016年7月31日前仍可按照上述规定执行，2016年8月1日后开展的有形动产融资租赁业务和有形动产融资性售后回租业务不得按照上述规定执行。

4. 材料准备

从事有形动产融资租赁服务，首先需要在业务发生前到主管税务机关申请税务资格认定，自取得享受增值税优惠资格的次月起，每月申报且税款缴纳入库后，就可以申请办理退税。

申请资格认定所需资料如下：

- ◆《税务认定审批确认表》；
- ◆ 中国人民银行、银保监会、商务部及其授权部门批准经营融资租赁业务证明原件和复印件（2019年3月起无须提交该资料，仅留存备查）；
- ◆ 有形动产租赁服务合同原件和复印件；
- ◆ 有形动产租赁服务期间的增值税申报表；
- ◆ 税务机关要求提供的其他相关资料。

5. 注意事项

纳税人当期提供应税服务实际缴纳的增值税额占纳税人当期提供应税服务取得的全部价款和价外费用的比例中的“当期”是按月划分的，企业应当单独核算即征即退项目的销售额和应纳税额，不单独核算的，不可以享受增值税即征即退税收优惠。纳税申报时，应当将即征即退融资租赁服务的销售额和应纳税额填写在增值税申报表附表一的第 7 行，否则无法办理退税手续。

加计抵减

1. 业务处理

自 2019 年 4 月 1 日至 2021 年 12 月 31 日，允许提供邮政服务、电信服务、现代服务（包括经营租赁、融资租赁中的直租和咨询服务）、生活服务取得的销售额占全部销售额的比重超过 50% 的纳税人，按照当期可抵扣进项税额加计 10%，抵减应纳税额。

纳税人应按照当期可抵扣进项税额的 10% 计提当期加计抵减额。按照现行规定不得从销项税额中抵扣的进项税额，不得计提加计抵减额，已计提加计抵减额的进项税额，按规定做进项税额转出的，应在进项税额转出当期，相应调减加计抵减额。

当期可抵减加计抵减额的计算公式如下：

$$当期计提加计抵减额 = 当期可抵扣进项税额 \times 10\%$$

$$\begin{matrix}当期可抵减\\加计抵减额\end{matrix} = \begin{matrix}上期末加计\\抵减额余额\end{matrix} + \begin{matrix}当期计提\\加计抵减额\end{matrix} - \begin{matrix}当期调减\\加计抵减额\end{matrix}$$

计算出当期可抵减加计抵减额后，纳税人应按照现行规定计算一般计税方法下抵减前的应纳税额（不包括简易计税方法应纳税额）后，并区分以下情形加计抵减：

- 抵减前的应纳税额等于零的，当期可抵减加计抵减额全部结转下期抵减；
- 抵减前的应纳税额大于零，且大于当期可抵减加计抵减额的，当期可抵减加计抵减额全额从抵减前的应纳税额中抵减；
- 抵减前的应纳税额大于零，且小于或等于当期可抵减加计抵减额的，以当期可抵减加计抵减额抵减应纳税额至零。未抵减完的当期可抵减加计抵减额，结转下期继续抵减。

案例 9-5

加计抵减额的计算

A 融资租赁企业 2019 年 4 月开始享受加计抵减政策，当月留抵税额为 30 万元，增值税销项税额 50 万元，其中简易计税项目税额 10 万元，认证抵扣增值税专用发票税额 10 万元，其中有 3 万元专用于简易计税项目，1 万元为 2019 年 3 月取得，4 月认证，取得员工出差航空及铁路客票计算抵扣进项税额为 0.5 万元。

此例中，纳税人 3 月底前取得的增值税专用发票在 4 月份或之后认证的，计入 4 月或之后可抵扣进项税额，3 月末的留抵税额可以计入 4 月可抵扣进项税额，以后月份的留抵税额不计入。

4 月可计提加计抵减额 =（30+10−3+0.5）×10%=3.75（万元）

一般计税方法下抵减前的应纳税额 =（50−10）−（10−3）−0.5−30

=2.5（万元）

4 月可抵减加计抵减额为 2.5 万元，应纳税额为简易计税项目 10 万元。

期末可抵减加计抵减额 =3.75−2.5=1.25（万元）

2019 年 5 月增值税销项税额 40 万元，其中简易计税项目税额 10 万元，认证抵扣增值税专用发票税额 10 万元，其中有 3 万元专用于简易计税项目，取得员工出差航空及铁路客票计算抵扣进项税额为 0.3 万元。

5 月可计提加计抵减额 =（10−3+0.3）×10%=0.73（万元）

一般计税方法下抵减前的应纳税额 =（40−10）−（10−3）−0.3=22.7（万元）

5 月可用于抵减的加计抵减额 =1.25+0.73=1.98（万元）

5 月可抵减加计抵减额为 1.98 万元，应纳税额为 22.7−1.98+10=30.72（万元）。

期末可抵减加计抵减额 =0

2. 适用主体

提供邮政服务、电信服务、现代服务（包括经营租赁和融资租赁中的直租）、生活服务取得的销售额占全部销售额的比重超过 50% 的纳税人。

3. 政策适用时间的判断

2019 年 3 月 31 日前设立的纳税人，自 2018 年 4 月至 2019 年 3 月期间的销售额（经营期不满 12 个月的，按照实际经营期的销售额）符合上述规定条件的，自 2019 年 4 月 1 日起适用加计抵减政策。若 2018 年 4 月至 2019 年 3 月期间销售额均为零，以首次产生销售额当月起连续 3 个月的销售额确定适用加计抵减政策。

2019 年 4 月 1 日后设立的纳税人，自设立之日起 3 个月的销售额符合上述规定条件的，自登记为一般纳税人之日起适用加计抵减政策。若自设立之日起 3 个月的销售额均为零，则以首次产生销售额当月起连续 3 个月的销售额确定适用加计抵减政策。

计算销售额时，一般纳税人及小规模纳税人期间纳税申报销售额、稽查查补销售额、纳税评估调整销售额都包含在内，其中纳税申报销售额包括：一般计税方法销售额，简易计税方法销售额，免税销售额，税务机关代开发票销售额，免、抵、退办法出口销售额，即征即退项目销售额，对于享受差额征税的纳税人，按照差额后的销售额参与计算该销售额比重。稽查查补销售额和纳税评估调整销售额，计入查补或评估调整当期销售额确定适用加计抵减政策。

对于经财政部和国家税务总局或者其授权的财政和税务机关批准，实行汇总缴纳增值税的总机构及其分支机构，以总机构本级及其分支机构的合计销售额，确定总机构及其分支机构是否适用加计抵减政策。

纳税人确定适用加计抵减政策后，当年内不再调整，以后年度是否适用，根据上年度销售额计算确定。加计抵减政策执行到期后，纳税人不再计提加计抵减额，结余的加计抵减额停止抵减。

案例 9-6

加计抵减政策适用时间的确定

（1）A 融资租赁公司成立于 2015 年 1 月，2018 年 6 月登记为一般纳税人，2018 年 4 月至 5 月直租简易计税项目销售额为 50 万元；2018 年 6 月至 2019 年 3 月直租业务一般计税项目销售额为 300 万元，简易计税项目销售额为 250 万元，售后回租差额后销售额为 400 万元；2019 年 1 月至 12 月直租业务简易计税项目销售额为 300 万元，一般计税项目销售额为 300 万元，售后回租差额后销售额为 700 万元。

虽然 2018 年 4 月至 5 月 A 公司为小规模纳税人，计算时销售额也包含在内，2018 年 4 月至 2019 年 3 月销售额比例为：（50+300+250）÷（50+300+250+400）=60%，自 2019 年 4 月 1 日起适用加计抵减政策。

2020 年应根据 2019 年销售额比例进行判断：（300+300）÷（300+300+700）=46.15%，因此，2020 年不适用加计抵减政策。

（2）B 融资租赁公司成立于 2019 年 2 月，2019 年 3 月登记为一般纳税人，2 月至 3 月直租业务一般计税项目销售额为 200 万元，售后回租差额后销售额为 300 万元；2019 年 2 月至 12 月直租业务一般计税项目销售额为 1 000 万元，售后回租差额后销售额为 700 万元。

2019 年 2 月至 3 月销售额比例为：200÷（200+300）=40%，不符合规定条件，因此，2019 年不适用加计抵减政策。

2020 年应根据 2019 年销售额比例进行判断：1 000÷（1 000+700）=58.82%，因此，2020 年 1 月起适用加计抵减政策。

4. 特殊情形的处理

纳税人可计提但未计提的加计抵减额，可在确定适用加计抵减政策当期一并计提。比如，2019 年 3 月设立的某融资租赁公司，4 月登记为一般纳税人，若到 5 月符合加计抵减条件，可在 6 月一并计提 4—5 月份的加计抵减额。

纳税人出口货物劳务、发生跨境应税行为不适用加计抵减政策，其对应的进项税额不得计提加计抵减额，纳税人兼营出口货物劳务、发生跨境应税行为且无法划分不得计提加计抵减额的进项税额，按照以下公式计算：

$$\text{不得计提加计抵减额的进项税额} = \text{当期无法划分的全部进项税额} \times \text{当期出口货物劳务和发生跨境应税行为的销售额} \div \text{当期全部销售额}$$

5. 材料准备

纳税人应在每个年度首次确认适用加计抵减政策时，通过电子税务局（或前往办税服务厅）提交《适用加计抵减政策的声明》。

留抵退税

增值税期末留抵税额退税政策最早是从 2018 年开始实施的，其中仅涉及了装备制造等先进制造业、研发等现代服务业和电网企业，不包括融资租赁业，并且该规定最初由于不够完善而没有达到预期的效果。于是各部门又陆续发布了多个补充文件，一方面对政策进行完善，另一方面扩大适用行业范围，其中财政部、税务总局、海关总署公告 2019 年第 39 号将融资租赁业纳入了留抵退税范围。

1. 业务处理

纳税人自 2019 年 4 月税款所属期起，若连续六个月（按季纳税的，连续两个季度）与 2019 年 3 月底相比新增加的期末留抵税额（以下简称“增量留抵税额”）均大于零，且第六个月增量留抵税额不低于 50 万元并符合规定的其他留抵退税条件，可于符合条件的次月起，在增值税纳税申报期（以下称“申报期”）内，完成本期增值税纳税申报后，通过电子税务局或办税服务厅提交《退（抵）税申请表》办理留抵退税。在完成退税后，如果纳税人要再次申请留抵退税，连续 6 个月计算区间不能和上一次申请退税的计算区间重复。

案例 9-7

增量留抵税额的计算

A 融资租赁公司 2019 年 3 月留抵税额为 20 万元，4 月为 25 万元，5 月为 30 万元，6 月为 35 万元，7 月为 40 万元，8 月为 45 万元，9 月为 70 万元，则从 4 月起连续六个月与 3 月相比新增加的留抵税额均大于 0，且 9 月 70−20=50（万元），符合规定条件，假设退税 5 万元，则 9 月底留抵税额要调整成 70−5=65（万元）。

2019 年 10 月留抵税额为 15 万元，11 月为 30 万元，12 月为 35 万元，2020 年 1 月为 45 万元，2 月为 50 万元，3 月 60 万元，4 月为 80 万元，则 10 月增量留抵税额为 15−20=−5（万元）小于 0，11 月为 30−20=10（万元），应从 11 月算起，从 11 月起连续六个月与 3 月相比新增加的留抵税额均大于 0，且 2020 年 4 月 80−20=60（万元）大于 50 万元，符合规定条件。

此外，还应注意：

（1）2019年4月1日以后新设立的纳税人，2019年3月底的留抵税额为0，其增量留抵税额即为当期的期末留抵税额。

（2）加计抵减不会形成留抵税额，因此也不能申请留抵退税。

申请留抵退税额的计算公式为：

允许退还的增量留抵税额 = 增量留抵税额 × 进项构成比例 ×60%

进项构成比例，为2019年4月至申请退税前一税款所属期内已抵扣的增值税专用发票（含税控机动车销售统一发票）、海关进口增值税专用缴款书、解缴税款完税凭证注明的增值税额占同期全部已抵扣进项税额（包括已转出进项税额）的比重。即排除了：

（1）农产品收购发票或者销售发票；

（2）收费公路通行费增值税电子普通发票；

（3）增值税一般纳税人支付的桥、闸通行费，取得的通行费发票（不含财政票据）；

（4）购进国内旅客运输服务取得的电子普通发票，注明旅客身份信息的航空运输电子客票行程，铁路车票，公路、水路等其他客票。

取消不动产进项税额分期抵扣后，一次性转入的进项税额，在计算进项构成比例时，视同取得专用发票抵扣的进项税额参与计算。融资租赁公司发生适用出口退免税的出口业务，并办理退免税的，购入时对应的进项税不得用于留抵退税。

案例 9-8

留抵退税额的计算

（承案例9-7）A融资租赁公司2019年4月不动产分期抵扣一次抵扣的未抵扣税额为50万元，2019年4月至2020年4月已抵扣增值税专用发票进项税额为100万元，收费公路通行费增值税电子普通发票税额为5万元，客票税额为3万元。则应退税额为：60×（100+50）÷（100+5+3+50）×60%=34.18（万元）。

应于2020年5月申报期内进行申报，并在6月申报时将退税额34.18万元填入《增值税纳税申报表附列资料（二）（本期进项税额明细）》第22栏“上期留抵税额退税”。

2. 适用主体

同时符合以下条件的纳税人，可以向主管税务机关申请退还增量留抵税额：

（1）自 2019 年 4 月税款所属期起，连续六个月（按季纳税的，连续两个季度）增量留抵税额均大于零，且第六个月增量留抵税额不低于 50 万元；

（2）纳税信用等级为 A 级或者 B 级；

企业纳税信用等级以纳税人向主管税务机关申请办理增值税留抵退税并提交《退（抵）税申请表》时的纳税信用级别为准。

（3）申请退税前 36 个月未发生骗取留抵退税、出口退税或虚开增值税专用发票情形的；

（4）申请退税前 36 个月未因偷税被税务机关处罚两次及以上的；

（5）自 2019 年 4 月 1 日起未享受即征即退、先征后返（退）政策的。

前面介绍了融资租赁公司适用即征即退政策，因此，融资租赁公司在申请留抵退税时要注意上述第（5）项的规定，这里所指的 2019 年 4 月 1 日起未享受即征即退是指纳税人在 2019 年 4 月 1 日后未申请并享受即征即退政策，如果是 2019 年 3 月 31 日前申请即征即退且符合政策规定，但在 4 月 1 日后收到的退税款，也符合上述第（5）项中未享受即征即退的条件。

3. 政策开始执行时间

自 2019 年 4 月 1 日起，试行增值税期末留抵税额退税制度。

4. 特殊情形的处理

纳税人在办理留抵退税期间因纳税申报、稽查查补和评估调整等原因，造成期末留抵税额发生变化的，按最近一期《增值税纳税申报表（一般纳税人适用）》期末留抵税额确定允许退还的增量留抵税额。

纳税人在办理留抵退税期间既有增值税欠税，又有期末留抵税额的，按最近一期《增值税纳税申报表（一般纳税人适用）》期末留抵税额，抵减增值税欠税后的余额确定允许退还的增量留抵税额。

纳税人取得增值税留抵退税款的，不得再申请享受增值税即征即退、先征后返

（退）政策。2020 年 1 月 20 日前，纳税人已按规定取得增值税留抵退税款的，在 2020 年 6 月 30 日前将已退还的增值税留抵退税款全部缴回，可以按规定享受增值税即征即退、先征后返（退）政策；否则，不得享受增值税即征即退、先征后返（退）政策。

5. 留抵退税的审核

在办理留抵退税过程中，税务机关对纳税人是否符合留抵退税条件、当期可退还增量留抵税额等进行审核确认，并区分不同情形进行处理：

（1）准予办理留抵退税。对于符合退税条件，且不存在以下所列情形的，税务机关应在受理留抵退税申请之日起 10 个工作日内完成审核，并向纳税人出具准予留抵退税的《税务事项通知书》。

①存在增值税涉税风险疑点的；

②被税务稽查立案且未结案的；

③增值税申报比对异常未处理的；

④取得增值税异常扣税凭证未处理的；

⑤国家税务总局规定的其他情形。

（2）暂停办理留抵退税。对于符合退税条件，但纳税人存在（1）中增值税涉税风险疑点，或存在涉嫌骗取出口退税、虚开增值税专用发票等增值税重大税收违法行为的，明确先暂停为其办理留抵退税。

①如果风险疑点排除且相关事项处理完毕，仍符合留抵退税条件的，税务机关继续为其办理留抵退税；

②如果风险疑点排除且相关事项处理完毕后，不再符合留抵退税条件的，税务机关不予办理留抵退税；

（3）终止办理留抵退税。如果在进行风险排查时，发现纳税人存在涉嫌骗取出口退税、虚开增值税专用发票等增值税重大税收违法行为的，终止为其办理留抵退税。在税务机关对纳税人涉嫌增值税重大税收违法问题核实处理完毕后，纳税人仍符合留抵退税条件的，可重新申请办理留抵退税。

（4）不予办理留抵退税。经税务机关审核，对不符合留抵退税条件的纳税人，不予办理留抵退税，并向纳税人出具不予留抵退税的《税务事项通知书》。

其他税收优惠

（1）信达、华融、长城、东方四大资产管理公司在收购、承接、处置不良资产可享受以下税收优惠政策：对资产公司接受相关国有银行的不良债权，借款方以货物、不动产、无形资产、有价证券和票据等抵充贷款本息的，免征资产公司销售转让该货物、不动产、无形资产、有价证券、票据以及利用该货物、不动产从事融资租赁业务应缴纳的增值税。

（2）2014 年 1 月 1 日起，对国内租赁公司或租赁公司设立的项目子公司，经国家有关部门批准从境外购买空载重量在 25 吨以上并租赁给国内航空公司使用的飞机，减按 5% 征收进口环节增值税。但自 2018 年 6 月 1 日起，对申报进口监管方式为 1 500（租赁不满一年）、1 523（租赁贸易）、9 800（租赁征税）的租赁飞机（税则品目：8802），海关停止代征进口环节增值税，由税务机关按照现行增值税政策实施征收管理。

这样一个看似简单的征收部门的变更，实则对于此行业来说却是个利好的重大突破，这意味着以往长期困扰该行业的双重征税问题得到了解决。以往按照规定，虽然在税务上，飞机进口租赁是按租赁税目以租金为计税依据缴纳增值税，但在海关那里，飞机进口租赁被认定为一种进口行为，需向海关缴纳进口环节增值税，这样就造成了一项业务的两个环节重复缴纳了两次增值税，大大加重了税收负担。该规定解决了在进口环节重复征税的问题，只需在租赁环节由税务部门就租金征收一次增值税。

（3）财税〔2016〕36 号文件附件三第一条第（二十三）项规定，金融同业往来利息收入可以适用免税政策。《财政部 国家税务总局关于金融机构同业往来等增值税政策的补充说明》（财税〔2016〕70 号）对该条款做出了补充说明，其中需要注意的是，符合以下条件的同业存款利息收入应适用免税政策而不是不征税政策：金融机构之间开展的同业资金存入与存出业务，其中资金存入方仅为具有吸收存款资格的金融机构。也就是说，对于金融机构（金融租赁公司）的存款利息，只要支付存款利息方是具有吸收存款资格的金融机构，就应适用免税政策。

（4）2020 年 1 月 1 日至 2020 年 12 月 31 日，融资租赁公司将自产、委托加工或购买的货物，通过公益性社会组织和县级以上人民政府及其部门等国家机关，或者直接向承担疫情防治任务的医院，无偿捐赠用于应对新冠肺炎疫情的，免征增值税，可自行进行免税申报，无须办理有关免税备案手续，但相关证明材料应留存备查。

适用该免征增值税政策的，不得开具增值税专用发票，已开具增值税专用发票的，应当开具对应红字发票或者作废原发票，再按规定适用免征增值税政策并开具普通发票。但如果在疫情防控期间已经开具增值税专用发票，按照此规定应当开具对应红字发票而未及时开具的，可以先适用免征增值税政策，对应红字发票应当于相关免征增值税政策执行到期后 1 个月内完成开具。

（5）自 2019 年 1 月 1 日至 2022 年 12 月 31 日，融资租赁公司将自产、委托加工或购买的货物通过公益性社会组织、县级及以上人民政府及其组成部门和直属机构，或直接无偿捐赠给目标脱贫地区的单位和个人，免征增值税。在政策执行期限内，目标脱贫地区实现脱贫的，可继续适用上述政策。2015 年 1 月 1 日至 2018 年 12 月 31 日期间已发生的符合上述条件的扶贫货物捐赠，可追溯执行上述增值税政策。

2019 年 4 月 10 日前已征收入库的按上述规定应予免征的增值税税款，可抵减纳税人以后月份应缴纳的增值税税款或者办理税款退库。已向购买方开具增值税专用发票的，应将专用发票追回后方可办理免税。无法追回专用发票的，不予免税。

出口退（免）税

1. 出口退（免）税货物范围

《财政部 海关总署 国家税务总局关于在天津东疆保税港区试行融资租赁货物出口退税政策的通知》（财税〔2012〕66 号）规定，融资租赁货物出口退税政策首先在天津东疆保税港区试行。根据《财政部 海关总署 国家税务总局关于在全国开展融资租赁货物出口退税政策试点的通知》（财税〔2014〕62 号），融资租赁货物出口退税政策进一步扩大到在全国统一实施，具体有以下几个方面的规定：

（1）对融资租赁出口货物试行退税政策。对经商务部批准设立的外商投资融资租赁公司、经商务部和国家税务总局共同批准开展融资租赁业务试点的内资融资租赁企业、经商务部授权的省级商务主管部门和国家经济技术开发区批准的融资租赁公司、经银监会[1]批准设立的金融租赁公司及其设立的项目子公司（以下统称融资租赁出租方），以融资租赁方式租赁给境外承租人且租赁期限在 5 年（含）以上，

[1] 现为银保监会。

并向海关报关后实际离境的货物，试行增值税、消费税出口退税政策。

这里所称融资租赁出口货物的范围，包括飞机、飞机发动机、铁道机车、铁道客车车厢、船舶及其他货物，具体应符合《中华人民共和国增值税暂行条例实施细则》（以下简称《增值税暂行条例实施细则》）中对“固定资产”的相关规定，即使用期限超过 12 个月的机器、机械、运输工具以及其他与生产经营有关的设备、工具、器具等。

（2）对融资租赁海洋工程结构物试行退税政策。对融资租赁出租方购买的，并以融资租赁方式租赁给境内列名海上石油天然气开采企业且租赁期限在 5 年（含）以上的国内生产企业生产的海洋工程结构物，视同出口，试行增值税、消费税出口退税政策。海洋工程结构物的具体范围及退税率参见表 9-4，海上石油天然气开采企业的具体范围参见书末的附录 2。

表 9-4　海洋工程结构物范围及适用退税率

序号	海洋工程结构物的具体范围（海关税则中货物名称）	被包含在的海关税则号	对应的常见名称	退税率
1	钢铁制桥梁及桥梁体段	7308100000	过渡段；生活模块；处理模块	13%
2	钢铁制门窗及其框架、门槛	7308300000		
3	其他钢铁结构体及部件（包括结构体用的已加工钢板、型材）	7308900000		
4	钻探深度≥ 6 千米其他石油钻探机	8430411100	钻机模块	13%
5	钻探深度< 6 千米其他钻探机（自推进的）	8430412900		
6	载重不超过 15 万吨的原油船	8901202100	浮式生产储油轮；浮式储油轮；穿梭油轮	13%
7	载重不超过 10 万吨的原油船	8901201100		
8	10 万吨 < 载重量≤ 30 万吨成品油船	8901201200		
9	机动多用途船	8901905000	三用工作船	13%
10	拖船及顶推船	8904000000		
11	15 万吨<载重量≤ 30 万吨的原油船	8901202200	浮式生产储油轮；浮式储油轮；单点系泊系统；水下油汽罐；栈桥码头	13%
12	其他不以航行为主要功能的船舶	8905909000		
13	含植物性材料的浮动结构体	8907900010		
14	其他浮动结构体	8907900090		
15	浮动或潜水式钻探或生产平台	8905200000	自升式、半潜式钻井船；浮式钻井船；钻井平台；生产平台；处理平台；生活平台；烽火台	13%

需要注意的是，上述融资租赁出口货物和融资租赁海洋工程结构物不包括在海关监管年限内的进口减免税货物。但自2017年1月1日起，融资租赁企业及其设立的项目子公司、金融租赁公司及其设立的项目子公司购买并以融资租赁方式出租的国内生产的海洋工程结构物不再适用上述出口返税政策，应按规定缴纳增值税，但承租方为按实物征收增值税的中外合作油（气）田开采企业的除外，并且2017年1月1日前签订的海洋工程结构物融资租赁合同，在合同到期前，可继续按现行相关出口返税政策执行。

2. 出口退（免）税资格认定

《国家税务总局关于发布〈出口货物劳务增值税和消费税管理办法〉的公告》（国家税务总局公告2012年第24号）规定：出口企业应在办理对外贸易经营者备案登记或签订首份委托出口协议之日起30日内，（融资租赁出租方应在首份融资租赁合同签订之日起30日内）填报《出口退（免）税资格认定申请表》，提供下列资料到主管税务机关办理出口退（免）税资格认定：（1）加盖备案登记专用章的《对外贸易经营者备案登记表》或《中华人民共和国外商投资企业批准证书》；（2）中华人民共和国海关进出口货物收发货人报关注册登记证书；（3）银行开户许可证；（4）未办理备案登记发生委托出口业务的生产企业提供委托代理出口协议，不需要提供第（1）、（2）项资料；（5）主管税务机关要求提供的其他资料。

《国家税务总局关于发布〈融资租赁货物出口退税管理办法〉的公告》（国家税务总局公告2014年第56号）规定：融资租赁出租方除提供上述资料（仅经营海洋工程结构物融资租赁的，可不提供《对外贸易经营者备案登记表》或《中华人民共和国外商投资企业批准证书》、中华人民共和国海关进出口货物收发货人报关注册登记证书）外还应提供以下资料：（1）从事融资租赁业务的资质证明；（2）融资租赁合同（有法律效力的中文版）；（3）税务机关要求提供的其他资料。该公告发布前已签订融资租赁合同的融资租赁出租方，可向主管税务机关申请补办出口退税资格的认定手续。

3. 退税申报期限及材料

融资租赁出租方应在融资租赁货物报关出口之日或收取融资租赁海洋工程结构

物首笔租金开具发票之日次月起至次年 4 月 30 日前的各增值税纳税申报期内，收齐有关凭证，向主管税务机关办理融资租赁货物增值税、消费税退税申报。由于特殊原因未收齐单证，无法在规定期限内申报的，应在申报期限截止之日前，向负责管理出口退（免）税的主管税务机关提出延期申报申请。

融资租赁出租方申报融资租赁货物退税时，应将不同融资租赁合同项下的融资租赁货物分别申报，在申报表的明细表中“退（免）税业务类型”栏内填写“RZZL”，并提供以下资料：

（1）融资租赁出口货物的，提供出口货物报关单（出口退税专用）。（2）融资租赁海洋工程结构物的，提供向海洋工程结构物承租人收取首笔租金时开具的发票。（3）购进融资租赁货物取得的增值税专用发票（抵扣联）或海关（进口增值税）专用缴款书。融资租赁货物属于消费税应税货物的，还应提供消费税税收（出口货物专用）缴款书或海关（进口消费税）专用缴款书。（4）与承租人签订的租赁期在 5 年（含）以上的融资租赁合同（有法律效力的中文版）。（5）融资租赁海洋工程结构物的，提供列名海上石油天然气开采企业收货清单。（6）税务机关要求提供的其他资料。需要注意的是，企业不再办理核销，出口报关和申请退税时不再提交核销单。

4. 退税操作流程

第一步，资格认定。首先带上文所述资料到主管税务机关办理资格认定。

第二步，外部数据采集。初次使用时出口商品汇率及海关贸易性质配置。

第三步，免退税明细数据采集。出口企业根据企业出口信息，录入当期出口明细数据、冲减明细。

第四步，免退税预申报。导出电子数据后可选择远程或者携带 U 盘到现场做预申报。

第五步，预审核反馈疑点调整。对预申报反馈的信息进行分析和处理。若本期录入有差错返回第三步，重新录入。若发现上期有错，返回第三步，录入冲减明细，并重新录入正确的信息。然后再次预申报，直至无错误。

第六步，生产明细申报数据。本期预申报无误后导出明细申报数据，为正式申报做准备。

第七步，正式申报。导出汇总数据，连同第五步导出的明细数据一起作为正式申报的电子数据，打印出纸质申报表及上文“3.退税申报期限及材料”中规定的材料到税务机关做正式申报。

第八步，正式审核反馈信息处理。用正式申报税务机关反馈回的信息更新出口退税系统中的数据。

2018 年 5 月 1 日起，出口企业和其他单位申报出口退（免）税时，不再进行退（免）税预申报。主管税务机关确认申报凭证的内容与对应的管理部门电子信息无误后方可受理出口退（免）税申报。

5.退税的计算

融资租赁出租方将融资租赁出口货物租赁给境外承租人、将融资租赁海洋工程结构物租赁给海上石油天然气开采企业，免征出口环节增值税，并向融资租赁出租方退还其购进租赁货物所含增值税，其计算公式为：

$$\text{增值税应退税额} = \frac{\text{购进融资租赁货物的增值税专用发票注明的金额或}}{\text{海关（进口增值税）专用缴款书注明的完税价格}} \times \frac{\text{融资租赁货物适用的}}{\text{增值税退税率}}$$

融资租赁出口货物适用的增值税退税率，按照统一的出口货物适用退税率执行。2018 年 11 月 1 日，出口退税率进行了简并，原出口退税率为 15% 的提高至 16%；原出口退税率为 9% 的提高至 10%；原出口退税率为 5% 的提高至 6%。2019 年 4 月 1 日起，原适用 16% 税率且出口退税率为 16% 的出口货物劳务，出口退税率调整为 13%；原适用 10% 税率且出口退税率为 10% 的出口货物、跨境应税行为，出口退税率调整为 9%。2019 年 6 月 30 日前（含 2019 年 4 月 1 日前），融资租赁一般纳税人出口货物，购进时已按调整前税率征收增值税的，执行调整前的出口退税率，购进时已按调整后税率征收增值税的，执行调整后的出口退税率，具体见表 9-5。

出口退税率的执行时间及出口货物劳务、发生跨境应税行为的时间，按照以下规定执行：

（1）报关出口的货物劳务（保税区及经保税区出口除外），以海关出口报关单上注明的出口日期为准；

（2）非报关出口的货物劳务、跨境应税行为，以出口发票或普通发票的开具时间为准；

（3）保税区及经保税区出口的货物，以货物离境时海关出具的出境货物备案清单上注明的出口日期为准。

从增值税一般纳税人购进的按简易办法征税的融资租赁货物和从小规模纳税人购进的融资租赁货物，其适用的增值税退税率，按照购进货物适用的征收率和退税率孰低的原则确定。

表 9-5 不同情况下出口退税率

<table>
<tr><th>原适用税率</th><th>原退税率</th><th>出口时间</th><th>开票时间</th><th>购入发票税率</th><th>执行退税率</th></tr>
<tr><td rowspan="9">16%</td><td rowspan="6">16%</td><td rowspan="3">2019 年 6 月 30 日前</td><td>2019 年 3 月 31 日前</td><td>16%</td><td>16%</td></tr>
<tr><td rowspan="2">2019 年 4 月 1 日后</td><td>16%</td><td>16%</td></tr>
<tr><td>13%</td><td>13%</td></tr>
<tr><td rowspan="3">2019 年 7 月 1 日后</td><td>2019 年 3 月 31 日前</td><td>16%</td><td rowspan="3">13%</td></tr>
<tr><td rowspan="2">2019 年 4 月 1 日后</td><td>16%</td></tr>
<tr><td>13%</td></tr>
<tr><td>13%</td><td colspan="3">不限</td><td>13%</td></tr>
<tr><td>10%</td><td colspan="3">不限</td><td>10%</td></tr>
<tr><td>6%</td><td colspan="3">不限</td><td>6%</td></tr>
<tr><td rowspan="7">10%</td><td rowspan="6">10%</td><td rowspan="3">2019 年 6 月 30 日前</td><td>2019 年 3 月 31 日前</td><td>10%</td><td>10%</td></tr>
<tr><td rowspan="2">2019 年 4 月 1 日后</td><td>10%</td><td>10%</td></tr>
<tr><td>9%</td><td>9%</td></tr>
<tr><td rowspan="3">2019 年 7 月 1 日后</td><td>2019 年 3 月 31 日前</td><td>10%</td><td rowspan="3">9%</td></tr>
<tr><td rowspan="2">2019 年 4 月 1 日后</td><td>10%</td></tr>
<tr><td>9%</td></tr>
<tr><td>6%</td><td colspan="3">不限</td><td>6%</td></tr>
</table>

案例 9-9

融资租赁出口退税额的计算

A 融资租赁公司（一般纳税人）于 2019 年 3 月按 B 公司要求购入国内生产企业生产的海洋工程结构物（当月取得发票），并于 2019 年 7 月以融资租赁方式租赁给 B 企业，假设 B 企业为按实物征收增值税的中外合作油（气）田开采企业，合同约定期限为 10 年，该海洋工程结构物的购买价款（含税）为 1.3 亿元，第一期租金为 125 万元。那么 A 融资租赁公司应如何缴纳增值税？

对于该笔业务应免缴出口环节增值税，并退还 A 企业购进租赁货物所含增值税，由于出口时间在 2019 年 7 月 1 日后，3 月取得发票时适用税率为 16%，出口退税率应为 13%。

应退税额 =130 000 000÷（1+16%）×13%=14 568 965.52（元）

6. 出口退税发票管理

出租方可用增值税专用发票或海关进口增值税专用缴款书作为出口退税凭证，融资租赁一般纳税人取得的 2017 年 7 月 1 日及以后开具的海关缴款书，应当自开具之日起 360 日内通过发票综合服务平台进行选择确认或申请稽核比对。用于融资租赁货物退税的增值税专用发票或海关进口增值税专用缴款书，不得用于抵扣内销货物应纳税额。融资租赁货物属于消费税应税货物的，若申请退税，还应提供有关消费税专用缴款书。

非保税区的企业将货物销售给保税区的企业也可享受退税。出口到保税区的货物虽然视同出口，需要报关，但海关暂不签发出口退税联，企业暂不退税，等货物实际离境后（即货物离开保税区，出口到境外后），海关才为企业该批货物签发退税联，企业才可以申报退税。非保税区企业将货物运往保税区，应先在海关部门确认是否以出口方式把货物运往保税区，如是，应开具出口发票。

7. 注意事项

融资租赁出租方在进行融资租赁出口货物报关时，应在海关出口报关单上填写“租赁货物（1523）”方式。海关依融资租赁出租方申请，对符合条件的融资租赁出口货物办理放行手续后签发出口货物报关单（出口退税专用，以下简称退税证明联），并按规定向国家税务总局传递退税证明联相关电子信息。对海关特殊监管区域内已退增值税、消费税的货物，以融资租赁方式离境时，海关不再签发退税证明联。

对承租期未满而发生退租的融资租赁货物，融资租赁出租方应及时主动向税务机关报告，并按照规定补缴已退税款。对融资租赁出口货物，再复进口时融资租赁出租方应按照规定向海关办理复运进境手续并提供主管税务机关出具的货物已补税或未退税证明，海关不征收进口关税和进口环节税。

城市维护建设税、教育费附加及地方教育附加

城市维护建设税、教育费附加是对从事生产经营活动的单位和个人，以其实际缴纳的增值税及消费税的税额为计税依据，按纳税人所在地适用的不同税率计算征收的税种，地方教育附加则是一种政府性基金。

城市维护建设税

城市维护建设税的征税范围比较广，具体包括城市市区、县城、建制镇以及税法规定征收增值税及消费税的其他地区。该税种实行地区差别比例税率，按纳税人所在地的不同，税率分别规定为 7%、5%、1% 三个档次，不同地区的纳税人，适用不同档次的税率。具体适用范围是：

- 纳税人所在地在城市市区的，税率 7%；
- 纳税人所在地在县城、建制镇的，税率 5%；
- 纳税人所在地不在城市市区、县城、建制镇的，税率 1%。

县政府设在城市市区，其在市区办的企业，按市区的规定税率计算纳税。纳税人所在地为工矿区的，应根据行政区划分别按照 7%、5%、1% 的税率缴纳城市维护建设税。

教育费附加及地方教育附加

教育费附加及地方教育附加同城市维护建设税一样，也是以纳税人实际缴纳的增值税及消费税的税额为计税依据缴纳的附加费，教育费附加的缴纳比例为 3%，地方教育附加的缴纳比例为 2%。

纳税人在被查补增值税、消费税和被处以罚款时，应同时对其偷漏的城市维护建设税、教育费附加及地方教育附加进行补税和交纳罚款。

优惠政策

对海关进口的产品征收的增值税、消费税，不征收城市维护建设税、教育费附加及地方教育附加（以下简称附加税费），即若融资租赁标的物由出租方进口获得，则无须缴纳以上附加税费。

对于由于减免增值税、消费税而发生的退税，同时退还已纳的附加税费，但对出口退还增值税和消费税的，不退还已缴纳的附加税费。此外，对增值税、消费税实行先征后返、先征后退、即征即退办法的，除另有规定外，对随其征收的附加税费一律不予退（返）还。也就是说，对于融资租赁公司实际税负超过 3% 即征即退的，退还增值税的同时，附加税费不予退还。

2016 年 2 月 1 日起，按月纳税的月销售额不超过 10 万元（按季度纳税的季度销售额不超过 30 万元）的纳税义务人免征教育费附加、地方教育附加。

实行增值税期末留抵退税的纳税人，允许其从城市维护建设税、教育费附加和地方教育附加的计税依据中扣除退还的增值税额。

2020 年 1 月 1 日至 2020 年 12 月 31 日，融资租赁公司将自产、委托加工或购买的货物，通过公益性社会组织和县级以上人民政府及其部门等国家机关，或者直接向承担疫情防治任务的医院，无偿捐赠用于应对新冠肺炎疫情的，免征城市维护建设税、教育费附加和地方教育附加。

2019 年 1 月 1 日至 2021 年 12 月 31 日，由省、自治区、直辖市人民政府根据本地区实际情况，以及宏观调控需要确定，对增值税小规模纳税人可以在 50% 的税额幅度内减征城市维护建设税、教育费附加及地方教育附加。截至 2020 年 2 月 18 日已有 31 个省份明确减半征收。

案例 9-10

留抵退税情况下城市维护建设税、教育费附加和地方教育附加的缴纳

（承案例 9-7 和案例 9-8）假设该融资租赁企业在浙江某城市市区，2020 年 4 月留抵税额为 80−34.18=45.82（万元），5 月申请退税 34.18 万元，销项税额 100 万元，进项税额 1 万元，6 月申报前收到退税 34.18 万元，则 5 月附加税为：（100−1−45.82−34.18）×（7%+3%+2%）=2.28（万元）。

2020年1月1日起，融资租赁公司将自产、委托加工或购买的货物，通过公益性社会组织和县级以上人民政府及其部门等国家机关，或者直接向承担疫情防治任务的医院，无偿捐赠用于应对新冠肺炎疫情的，免征城市维护建设税、教育费附加、地方教育附加。

关税与消费税

关　税

关税是海关依法对进出境货物、物品征收的一种税。进口货物的收货人、出口货物的发货人以及进出境物品的所有人为关税的纳税义务人，融资租赁企业若以进口的方式购入承租人指定的租赁物，则需要向海关缴纳关税。

关税的税率根据进出口货物、物品的不同可分为从价税、从量税、复合税、选择税和滑准税，其中从价税是最为常见的一种关税计税标准。对于从价税，其关税以关税完税价格 × 关税税率确定，其完税价格是由海关以货物的成交价格为基础审查确定的，当成交价格不能确定时，完税价格则由海关依法估定。以融资租赁方式进口的飞机所涉租赁手续费，属于租赁成本的一部分，应计入完税价格。

1. 关税完税价格

进口货物的关税完税价格包括货物的货价、货物运抵我国境内目的地点起卸前的运输费及其相关费用、保险费。其中货价是指买方为购买该货物，并按《完税价格办法》有关规定调整后的实付和应付价款，应包含以下费用：

（1）除购货佣金以外的佣金和经纪费；

（2）与该货物视为一体的容器费用；

（3）包装材料和包装劳务费用；

（4）与进口货物的生产和向中华人民共和国境内销售有关的，由买方以免费或者以低于成本的方式提供，并且可以按适当比例分摊的下列货物或者服务的价值：

◆ 进口货物包含的材料、部件、零件和类似货物；

◆ 在生产进口货物过程中使用的工具、模具和类似货物；

◆ 在生产进口货物过程中消耗的材料；

◆ 在境外进行的为生产进口货物所需的工程设计、技术研发、工艺及制图等相关服务。

（5）买方需向卖方或者有关方直接或者间接支付的特许权使用费，但是符合下列情形之一的除外：①特许权使用费与该货物无关；②特许权使用费的支付不构成该货物向中华人民共和国境内销售的条件。

根据融资租赁业务的特征，如果特许权使用费是用于支付分销权、销售权或者其他类似权利，且进口货物属于下列情形之一的，应当视为与进口货物有关：①进口后可以直接销售的；②经过轻度加工即可销售的。

买方不支付特许权使用费则不能购得进口货物，或者买方不支付特许权使用费则该货物不能以合同议定的条件成交的，应当视为特许权使用费的支付构成进口货物向中华人民共和国境内销售的条件。

（6）卖方直接或者间接从买方对该货物进口后销售、处置或者使用所得中获得的收益。

纳税义务人应当向海关提供上述费用或者价值的客观量化数据资料。纳税义务人不能提供的，海关与纳税义务人进行价格磋商后，按照海关估价方法审查确定完税价格。

需要注意的是，进口货物的价款中单独列明的下列税收、费用不应计入进口货物完税价格：

◆ 厂房、机械或者设备等货物进口后发生的建设、安装、装配、维修或者技术援助费用，但是保修费用除外。

◆ 进口货物运抵中华人民共和国境内输入地点起卸后发生的运输及其相关费用、保险费。

◆ 进口关税、进口环节海关代征税及其他国内税。

◆ 在境内复制进口货物而支付的费用。

◆ 境内外技术培训及境外考察费用。

◆ 同时符合下列条件的利息费用：利息费用是买方为购买进口货物而融资所产生的；有书面的融资协议的；利息费用单独列明的；纳税义务人可以证明有关利率不高于在融资当时当地此类交易通常应当具有的利率水平，且没有融资安排的相同或者类似进口货物的价格与进口货物的实付、应付价格非常接近的。

陆运、空运和海运进口货物的运费和保险费，应当按照实际支付的费用计算。如果进口货物的运费无法确定或者未实际发生，海关按该货物进口同期运输业公布的运费率（额）计算运费；按“货价加运费”两者总额的3‰计算保险费。

邮运的进口货物，应当以邮费作为运输及相关费用、保险费；以境外边境口岸价格条件成交的铁路或公路运输进口货物，海关应当按照货价的1%计算运输及相关运费、保险费；作为进口货物的自驾进口运输工具，海关在审定完税价格时，可以不另行计入运费。

2. 关税征收

进口货物应自运输工具申报进境之日起14日内由纳税义务人向货物进境地海关申报，海关根据税则归类和完税价格计算应缴纳的关税和进口环节代征税，并填发税款缴款书。纳税义务人应当自海关填发税款缴款书之日起15日内，向指定银行缴纳税款。

纳税义务人未在关税缴纳期限内缴纳税款，即构成关税滞纳，应自关税缴纳期限届满滞纳之日起，到纳税义务人缴纳关税之日止，按滞纳税款万分之五的比例按日缴纳税收滞纳金（包括周末及法定节假日）。如果在海关填发缴款书之日起3个月仍未缴纳税款，经批准还可从纳税义务人在开户银行或者其他金融机构的存款中直接扣缴税款，或将应税货物依法变卖，以变卖所得抵缴税款。

案例 9-11

融资租赁标的物进口关税的计算

A融资租赁公司于2020年4月按B企业的要求购买一批小汽车（符合乘用车标准），并将该批小汽车以融资租赁方式出租给B企业。该批小汽车于2020年4月15日申报进境，海关于2020年4月26日填发税款缴款书。该批小汽车买价为1 500万元，运费为60万元，合同约定期限为5年，A公司于2020年5月20日缴纳税款，假定关税税率为9%，则应缴纳的关税税额及滞纳金如下：

应纳关税税额＝（15 000 000+600 000）×（1+3‰）×9%=1 408 212（元）

应交滞纳金 =1 408 212×9×0.5‰ =6 336.95（元）

消费税

消费税是在生产、委托加工和进口环节以特定消费品为课税对象所征收的一种税，属于流转税的范畴，以游艇、小汽车为标的物所开展的融资租赁业务会涉及消费税的缴纳。融资租赁企业按承租人的要求进口的消费税应税租赁物，应由融资租赁企业在进口环节向海关缴纳消费税。与关税一样，消费税也应由纳税义务人自海关填发税款缴款书之日起 15 日内，向指定银行缴纳税款。

游艇及小汽车的消费税都是从价计征的，进口游艇及小汽车的应纳税额都是按组成计税价格和规定的税率计算缴纳消费税的，其计算公式为：

组成计税价格 =（关税完税价格 + 关税）÷（1- 消费税比例税率）

应纳税额 = 组成计税价格 × 消费税比例税率

游艇及小汽车的消费税比例税率如表 9-6 所示。

表 9-6 小汽车、游艇消费税比例税率

税目	子目	税率
游艇	——	10%
小汽车	1. 乘用车	
	(1) 汽缸容量（排气量，下同）在 1.0 升（含）以下	1%
	(1) 汽缸容量（排气量，下同）在 1.5 升（含）以下	3%
	(2) 汽缸容量在 1.5 升至 2.0 升（含）	5%
	(3) 汽缸容量在 2.0 升至 2.5 升（含）	9%
	(4) 汽缸容量在 2.5 升至 3.0 升（含）	12%
	(5) 汽缸容量在 3.0 升至 4.0 升（含）	25%
	(6) 汽缸容量在 4.0 升以上	40%
	2. 中轻型商用客车	5%
	3. 价格 130 万元及以上的超豪华小汽车	额外加征 10%

案例 9-12

融资租赁标的物进口消费税的计算

（承例 9-11）假设该批小汽车的气缸容量为 2.5 升，并于 2020 年 4 月 27 日缴纳税款，则 A 融资租赁公司应缴纳的消费税税额的计算如下：

组成计税价格 =［（15 000 000+600 000）×（1+3‰）+1 408 212］÷（1−9%）
=18 741 771.43（元）

应纳税额 =18 741 771.43×9%=1 686 759.43（元）

1. 消费税出口退（免）税

融资租赁出口货物、融资租赁海洋工程结构物（具体范围与增值税一致）属于消费税应税消费品的，向融资租赁出租方退还前一环节已征的消费税。其计算公式为：

消费税应退税额 = 购进融资租赁货物税收（出口货物专用）缴款书上或海关进口消费税专用缴款书上注明的消费税税额

融资租赁货物属于消费税应税货物的，若申请消费税退税，应提供有关消费税专用缴款书。

2. 优惠政策

2020 年 1 月 1 日起至 2022 年 12 月 31 日，融资租赁公司将自产、委托加工或购买的货物，通过公益性社会组织和县级以上人民政府及其部门等国家机关，或者直接向承担疫情防治任务的医院，无偿捐赠用于应对新冠肺炎疫情的，免征消费税。

企业所得税

企业所得税的计税依据为应纳税所得额，按照《中华人民共和国企业所得税法》（以下简称《企业所得税法》）的规定，应纳税所得额的基本计算公式为：

应纳税所得额＝收入总额－不征税收入－免税收入－各项扣除－以前年度亏损

当年应纳税额＝应纳税所得额×适用税率

下面，我们将围绕企业所得税的计算公式来分析融资租赁双方在处理融资租赁业务时涉及的纳税调整。

收入的确认

企业所得税的收入包括以货币形式和非货币形式从各种来源取得的收入，具体包括：销售货物收入，提供劳务收入，转让财产收入，股息、红利等权益性投资收益，利息收入，租金收入，特许权使用费收入，接受捐赠收入，其他收入。对于融资租赁公司而言，其收取租金所获得的利息收入属于企业所得税收入总额的范围。

不征税收入

收入总额中的下列收入为不征税收入：

（1）财政拨款。是指各级人民政府对纳入预算管理的事业单位、社会团体等组织拨付的财政资金，但国务院和国务院财政、税务主管部门另有规定的除外。

（2）依法收取并纳入财政管理的行政事业性收费、政府性基金。行政事业性收费，是指依照法律法规等有关规定，按照国务院规定程序批准，在实施社会公共管理，以及在向公民、法人或者其他组织提供特定公共服务过程中，向特定对象收取并纳入财政管理的费用。政府性基金，是指企业依照法律、行政法规等有关规定，代政府收取的具有专项用途的财政资金。

（3）国务院规定的其他不征税收入。是指企业取得的，由国务院财政、税务主管部门规定专项用途并经国务院批准的财政性资金。这里所称财政性资金，是指企业取得的来源于政府及其有关部门的财政补助、补贴、贷款贴息，以及其他各类财政专项资金，包括直接减免的增值税和即征即退、先征后退、先征后返的各种税收，但不包括企业按规定取得的出口退税款。

①《财政部 国家税务总局关于财政性资金、行政事业性收费、政府性基金有关企业所得税政策问题的通知》（财税〔2008〕151号）第一条规定，企业取得的各类财政性资金，除属于国家投资和资金使用后要求归还本金的以外，均应计入企

业当年收入总额。这里所称国家投资，是指国家以投资者身份投入企业、并按有关规定相应增加企业实收资本（股本）的直接投资。

②对于企业取得的由国务院财政、税务主管部门规定专项用途并经国务院批准的财政性资金，准予作为不征税收入，在计算应纳税所得额时从收入总额中减除。但需同时满足以下几个条件：企业能够提供规定资金专项用途的资金拨付文件；财政部门或其他拨付资金的政府部门对该资金有专门的资金管理办法或具体管理要求；企业对该资金以及以该资金发生的支出单独进行核算。

③纳入预算管理的事业单位、社会团体等组织按照核定的预算和经费报领关系收到的由财政部门或上级单位拨入的财政补助收入，准予作为不征税收入，在计算应纳税所得额时从收入总额中减除，但国务院和国务院财政、税务主管部门另有规定的除外。

因此，从事融资租赁服务的企业，按照现行营改增政策取得的即征即退的增值税属于财政性资金，但目前财政部、国家税务总局没有针对该即征即退税款出台专门的资金管理办法或具体管理要求，不符合上述规定的，不属于不征税收入，应当缴纳企业所得税。

免税收入

（1）国债利息收入。是指企业持有国务院财政部门发行的国债取得的利息收入。

（2）符合条件的居民企业之间的股息、红利等权益性投资收益。是指居民企业直接投资于其他居民企业取得的投资收益。

（3）在中国境内设立机构、场所的非居民企业从居民企业取得与该机构、场所有实际联系的股息、红利等权益性投资收益。该股息、红利等权益性投资收益，不包括连续持有居民企业公开发行并上市流通的股票不足12个月取得的投资收益。

（4）符合条件的非营利组织的收入。具体包括以下收入：

①接受其他单位或者个人捐赠的收入；

②除《企业所得税法》第七条规定的财政拨款以外的其他政府补助收入，但不包括因政府购买服务取得的收入；

③按照省级以上民政、财政部门规定收取的会费；

④不征税收入和免税收入孳生的银行存款利息收入；

⑤财政部、国家税务总局规定的其他收入。

以上各项免税收入是企业所得税法规定的法定免税收入，免税期限一般较长或无期限，免税内容具有较强的稳定性，一旦列入税法，没有特殊情况，一般不会修改或取消。

各项扣除

《企业所得税法》规定，企业实际发生的与取得收入有关的、合理的支出，包括成本、费用、税金、损失和其他支出，准予在计算应纳税所得额时扣除。与融资租赁双方有密切关系的扣除项主要有以下几个：

1. 租赁资产的折旧

（1）固定资产的计税基础。

融资租入的固定资产，以租赁合同约定的付款总额和承租人在签订租赁合同过程中发生的相关费用为计税基础，租赁合同未约定付款总额的，以该资产的公允价值和承租人在签订租赁合同过程中发生的相关费用为计税基础。资产的公允价值是不含增值税的，因此笔者认为，与其相对应的付款总额也应为不含增值税的付款总额，否则会出现融资租入固定资产计税基础的基本确立原则不统一的问题。《国家税务总局关于融资性售后回租业务中承租方出售资产行为有关税收问题的公告》（国家税务总局公告 2010 年第 13 号）规定，对融资性售后回租业务中融资性租赁的资产，仍按承租人出售前原账面价值作为计税基础计提折旧。

会计上采用旧租赁准则核算的，承租人应当将租赁期开始日租赁资产公允价值与最低租赁付款额现值两者中较低者作为融资租入固定资产的入账价值，承租人在租赁谈判和签订租赁合同过程中发生的，可归属于租赁项目的手续费、律师费、差旅费、印花税等初始直接费用，也应当计入租入资产的价值（以上均不含税）。如果承租人或与其有关的第三方对租赁资产余值提供了担保，则应计提的折旧总额为融资租入固定资产的入账价值扣除担保余值后的余额；如果承租人或与其有关的第三方未对租赁资产余值提供担保，则应计提的折旧总额为租赁开始日固定资产的入账价值。

会计上采用新租赁准则核算的，对于直租业务，除适用简化处理的短期租赁和低价值资产租赁外，承租人应将租赁期开始日或之前支付的租赁付款额（存在租赁激励的，扣除已享受的租赁激励相关金额）、租赁期开始日尚未支付的含税租赁付款额的现值、发生的可归属于租赁项目的手续费、律师费、差旅费、印花税等初始直接费用及承租人为拆卸及移除租赁资产、复原租赁资产所在场地或将租赁资产恢复至租赁条款约定状态预计将发生的成本扣除租赁合同全部产生的进项税额作为使用权资产的入账价值。对于售后回租业务，资产转让不属于销售的（融资性售后回租），承租人应当继续按原账面价值确认被转让资产。

由此可见，对于以不同方式融资租入的固定资产，税法上规定的计税基础是不同的，此外，各种方式融资租入的固定资产在税法上的计税基础与会计上的计量基础也存在差异。税法上并未规定计算最低租赁付款额的现值，而是采用相对简化的处理方式，以合同约定的付款总额或出售前账面价值作为计税基础，比会计准则的规定更直观、更简单。

（2）固定资产的折旧范围及时间。

税法上，以经营租赁方式租入固定资产发生的租赁费支出，按照租赁期限均匀扣除；以融资租赁方式租入固定资产发生的租赁费支出，按照规定构成融资租入固定资产价值的部分，应从投入使用的次月起提取折旧费用，分期扣除。而在会计上，新租赁准则规定从租赁期开始日起按月计提折旧，当月计提确有困难的，也可从下月起计提折旧。

（3）折旧年限。

除国务院财政、税务主管部门另有规定外，固定资产计算折旧的最低年限如下：

◆ 房屋、建筑物，为 20 年；

◆ 火车、轮船、机器、机械和其他生产设备，为 10 年；

◆ 与生产经营活动有关的器具、工具、家具等，为 5 年；

◆ 飞机、火车、轮船以外的运输工具，为 4 年；

◆ 电子设备，为 3 年。

发达国家为促进金融租赁业的发展，专门制定了相关加速折旧的政策。比如，美国和韩国都允许对租赁资产进行加速折旧。我国并没有专门针对融资租赁业出台相关加速折旧政策，但《企业所得税法》规定，企业的固定资产由于技术进步等原因，需加速折旧的，可以缩短折旧年限或者采取加速折旧的方法。可采用以上折旧方法的固定资产是指：由于技术进步，产品更新换代较快的固定资产；常年处于强震动、高腐蚀状态的固定资产。采取缩短折旧年限方法的，最低折旧年限不得低于规定折旧年限的 60%；采取加速折旧方法的，可以采取双倍余额递减法或年数总和法。

《财政部 国家税务总局关于促进企业技术进步有关财务税收问题的通知》（财工字〔1996〕41号）规定，国有、集体工业企业技术改造采取融资租赁方法租入机械设备，折旧年限可按租赁期限和国家规定折旧年限孰短的原则确定，但最短折旧年限不短于三年。

天津市政府发布的《关于促进我市租赁业发展的意见》（津政发〔2010〕39号）也规定，租赁公司租赁机器设备符合相关条件，并确需加速折旧的，可采用缩短折旧年限方法计算，但最短折旧年限不得低于规定的60%；也可采用双倍余额递减法或年数总和法计算。

会计上确定租赁资产的折旧期间时，应视租赁合同而定。如果能够合理确定承租人在租赁期届满时取得租赁资产所有权，以租赁资产使用寿命为折旧年限，如果无法合理确定承租人在租赁期届满时是否能够取得租赁资产所有权，则应当在租赁期与租赁资产使用寿命两者中较短的期间内计提折旧。

由此可见，关于折旧年限，税法和会计上也存在明显的差异，需根据实际情况进行纳税调增或调减。

（4）加速折旧政策的适用范围。2014—2019年间，国家陆续发布多个文件，先后对生物药品制造业，专用设备制造业，铁路、船舶、航空航天和其他运输设备制造业，计算机、通信和其他电子设备制造业，仪器仪表制造业，信息传输、软件和信息技术服务业等六个行业以及轻工、纺织、机械、汽车等四个领域重点行业和其他制造业实施了固定资产加速折旧政策，2020年为防控新冠肺炎疫情又对疫情防控重点保障物资生产企业实施了加速折旧政策（见表9-7）。

表9-7 六大行业、四个领域重要行业及制造业加速折旧政策

行业（企业）	固定资产类别	购置时间	条件	税收优惠	
				加速折旧（缩短折旧年限或加速折旧）	企业所得税税前一次性扣除
六大行业	购进（包括自行建造）	2014年1月1日后新购进	投入使用当年主营业务收入占收入总额比例超过50%的	√	×
四领域重点行业	购进	2015年1月1日后新购进	投入使用当年主营业务收入占收入总额比例超过50%的	√	×

续表

行业（企业）	固定资产类别	购置时间	条件	税收优惠	
				加速折旧（缩短折旧年限或加速折旧）	企业所得税税前一次性扣除
全部制造业	购进（包括自行建造）	2019 年 1 月 1 日后新购进	投入使用当年主营业务收入占收入总额比例超过 50% 的	√	×
六大行业中的小型微利企业	研发和生产经营共用的仪器、设备	2014 年 1 月 1 日后新购进	投入使用当年主营业务收入占收入总额比例超过 50% 的	单位价值超过 100 万元的	单位价值不超过 100 万元的
四领域重点行业的小型微利企业	研发和生产经营共用的仪器、设备	2015 年 1 月 1 日后新购进	投入使用当年主营业务收入占收入总额比例超过 50% 的	单位价值超过 100 万元的	单位价值不超过 100 万元的
全部制造业	购进（包括自行建造）	2019 年 1 月 1 日后新购进	投入使用当年主营业务收入占收入总额比例超过 50% 的	单位价值超过 100 万元的	单位价值不超过 100 万元的
所有行业	专门用于研发的仪器、设备	2014 年 1 月 1 日后新购进	无	单位价值超过 100 万元的	单位价值不超过 100 万元的
所有行业	单位价值不超过 5 000 元的固定资产	无时间限制	无	×	√
所有行业	单位价值不超过 500 万元的设备、器具	在 2018 年 1 月 1 日至 2020 年 12 月 31 日期间新购进	无	×	√
疫情防控重点保障物资生产企业	疫情防控相关设备	2020 年 1 月 1 日后新购置	企业范围由省级及以上发展改革部门、工业和信息化部门确定	×	√

需要注意的是，上述政策所说的是“购进”，是购买而不是租赁。即使融资租入固定资产所有权最后一般都会转移到承租人，但它也是租赁，不是“购进”，不能加速折旧。

2015 年 11 月 11 日，国家税务总局所得税司副司长刘宝柱在税务总局网站“固定资产加速折旧政策”在线访谈中明确指出：“购进是指以货币购进的固定资产和自行建造的固定资产。融资租赁的固定资产不属于购进的范畴，因此，不能适用本次加速折旧政策。”

2. 研发费的加计扣除

研究开发费是指企业为开发新技术、新产品、新工艺发生的研究开发费用，未形成无形资产计入当期损益的，在按照规定据实扣除的基础上，按照研究开发费用的 50% 加计扣除；形成无形资产的，按照无形资产成本的 150% 摊销。需要注意的是，在 2017 年 1 月 1 日至 2020 年 12 月 31 日期间，科技型中小企业研发费加计扣除比例为 75%，形成无形资产的按该期间无形资产成本的 175% 进行摊销。

（1）融资租入固定资产的折旧。

《财政部 国家税务总局 科学技术部关于完善研究开发费用税前加计扣除政策的通知》（财税〔2015〕119 号）规定，用于研发活动的仪器、设备的折旧费可作为研发费用在税前加计扣除，并没有区分购入固定资产还是融资租入固定资产。由于融资租入固定资产在承租方计提折旧，因此符合条件的融资租入固定资产的折旧可以加计扣除。

（2）融资租入固定资产的租赁费。

财税〔2015〕119 号文件规定直接投入费用可作为研发费用在税前加计扣除，包括研发活动直接消耗的材料、燃料和动力费用；用于中间试验和产品试制的模具、工艺装备开发及制造费，不构成固定资产的样品、样机及一般测试手段购置费，试制产品的检验费；用于研发活动的仪器、设备的运行维护、调整、检验、维修等费用，以及通过经营租赁方式租入的用于研发活动的仪器、设备租赁费。

特别强调了“经营租赁方式租入的”固定资产，排除了融资租入的固定资产。由于融资租入固定资产的折旧已经可以加计扣除，因此租赁费就不能再加计扣除了。

3. 未实现融资收益及未确认融资费用的分摊

（1）出租人。

企业所得税上对融资租赁的出租方取得的收入的界定较为模糊，并没有相关文件直接明确指出融资租赁出租方按何种收入缴纳企业所得税。目前主要有以下几种观点（见表 9-8）：

表 9-8 融资租赁出租方收入界定

	直租业务	售后回租业务	观点解释
观点一	利息收入	利息收入	《财政部 税务总局关于金融企业贷款损失准备金企业所得税税前扣除有关政策的公告》（财政部 税务总局公告 2019年第 86 号）明确：金融租赁公司按规定提取的贷款损失准备金允许按计算公式税前扣除，其中贷款资产是指应收融资租赁款等具有贷款特征的风险资产。可见，此处将融资租赁业务定性为贷款性质，所以应按“利息收入”缴纳企业所得税。
观点二	租金收入	利息收入	1. 从表面来看，直租业务收取的是租金，且增值税上出租方采购租赁物时抵扣进项税，出租时按租赁服务收入缴纳增值税，因此，直租业务取得的收入为“租金收入”。 2.《国家税务总局关于融资性售后回租业务中承租方出售资产行为有关税收问题的公告》（国家税务总局公告 2010年第 13 号）明确：售后回租承租人出售资产的行为，不确认为销售收入，租赁期间，承租人支付的租金属于融资利息的部分，作为企业财务费用在税前扣除，因此，售后回租业务在所得税上被界定为融资，出租方应按照“利息收入”缴纳企业所得税。
观点三	分期付款销售收入	利息收入	1.《中华人民共和国企业所得税法实施条例》（以下简称《企业所得税法实施条例》）明确：融资租入的固定资产（直租业务），以租赁合同约定的付款总额和承租人在签订租赁合同过程中发生的相关费用为计税基础，租赁合同未约定付款总额的，以该资产的公允价值和承租人在签订租赁合同过程中发生的相关费用为计税基础。以融资租赁方式租入固定资产发生的租赁费支出，按照规定构成融资租入固定资产价值的部分应当提取折旧费用，分期扣除。 由此可见，直租业务承租方企业所得税上按照分期付款购买固定资产处理，因此，出租方应按照“分期收款销售收入”缴纳企业所得税。 2. 同观点二。

对比来看，几种观点对售后回租业务按“利息收入”缴纳企业所得税基本达成共识，争议主要集中在直租业务上。《企业所得税法实施条例》第十九条规定：“租金收入，按照合同约定的承租人应付租金的日期确认收入的实现。”企业租金收入金额，应当按照有关租赁合同或协议约定的金额全额确定。租赁合同或协议约定的金额应当包括承租人行使优惠购买租赁资产的选择权所支付的价款。

《企业所得税法实施条例》第十八条规定：“利息收入，按照合同约定的债务人应付利息的日期确认收入的实现。”

《企业所得税法实施条例》第二十三条规定：“以分期收款方式销售货物的，按照合同约定的收款日期确认收入的实现。”

由此可见，各种收入类型的的基本确认原则是一致的，其主要思想是：即使某一纳税年度按照合同约定应收租金没有收到，即使租赁服务没有发生，也应在当年确认计税收入。

对于直租业务，几种观点最大的区别在于：若按“租金收入”缴纳企业所得税，根据《国家税务总局关于贯彻落实企业所得税法若干税收问题的通知》（国税函〔2010〕79号）的规定，如果交易合同或协议中规定租赁期限跨年度，且租金提前一次性支付的，根据收入与费用配比原则，出租人可对上述已确认的收入，在租赁期内，分期均匀计入相关年度收入。但该情况与融资租赁业务的功能相悖，因此常发生于经营租赁业务，一般不存在于融资租赁业务中。

对于售后回租业务，按“利息收入”缴纳企业所得税时，金融租赁公司对已确认为利息收入的应收利息，逾期90天仍未收回，且会计上已冲减当期利息收入的，准予抵扣当期应纳税所得额，对已冲减利息收入应收未收利息，在以后年度又收回的，应计入当期应纳税所得额计算纳税。

三种观点中，从依据的关联性和逻辑性来看，笔者倾向于第三种观点，显然，税法关于融资租赁出租人收入确认的时点和金额的规定与会计准则是存在一定差异的。

在税法上，出租人开展融资租赁直租业务若按“分期付款销售”缴纳企业所得税，则出租人应在纳税年度确认资产转让所得，出租人发生的初始直接费用可以在发生的当期一次性扣除，如果金额较大，也可以根据配比原则，在租金收入确认的各期配比扣除。即：（本期应收租金＋本期应收租赁服务费）－租出资产的计税基础×（本期应收租金＋本期应收租赁服务费）/合同确定的应收租金及租赁服务费总额－本期其他成本费用（如融资成本）－本期初始直接费用。

出租人开展售后回租业务若按“利息收入”缴纳企业所得税，则在纳税年度确认的应税所得＝本期应收利息－本期其他成本费用（如融资成本）－本期初始直接费用，其中本期应收利息为本期应收租金与本期分摊租赁资产公允价值的差额。

租赁期满，出租人收到的购买款在实际收到时确认计税收入，不再扣除租赁资产的成本和初始直接费用。

而在会计处理上，旧租赁准则是以当期未实现融资收益的分摊－其他成本费用（如融资成本）± 租赁资产公允价值与账面价值的差额作为各期应确认的所得额。

新租赁准则规定，在不考虑增值税的情况下，直租业务将租赁投资总额与租赁投资净额的差额计入“应收融资租赁款——未实现融资收益”，并按周期性利率分期确认租赁收入，各期应确认的所得额 = 租赁收入 - 其他成本费用（如融资成本）± 租赁资产公允价值与账面价值的差额；售后回租业务若资产转让不属于销售（融资性售后回租），出租方应当确认一项与承租方固定资产转让收入等额的金融资产，并按实际利率法分期计算确认利息收入，各期应确认的所得额 = 利息收入 - 其他成本费用（如融资成本）；生产商或经销商作为出租人的融资租赁，在租赁期开始日，该出租人应当按照租赁资产公允价值与租赁收款额（不含税）按市场利率折现的现值两者孰低确认收入，并按照租赁资产账面价值扣除未担保余值的现值后的余额结转销售成本，生产商或经销商出租人为取得融资租赁发生的成本，应当在租赁期开始日计入当期损益，不含税租赁收款额与收入的差额及未担保余值与未担保余值现值的差额计入“应收融资租赁款——未实现融资收益”，并按周期性利率分期确认租赁收入，各期应确认的所得额 = 收入 - 销售成本 - 当期损益 + 租赁收入。可见出租人会计上的所得与税法上存在差异，需要做纳税调整。

（2）承租人。

①直租业务。旧租赁准则规定，在租赁开始日，承租人应当将租赁期开始日租赁资产公允价值与不含税最低租赁付款额现值中较低者作为租入资产的入账价值，将最低租赁付款额作为长期应付款的入账价值，其差额作为未确认融资费用。每期采用实际利率法分摊未确认融资费用，按当期应分摊的未确认融资费用金额，借记“财务费用”科目，贷记“未确认融资费用”科目。新租赁准则规定，在租赁期开始日，承租人应按尚未支付的不含税租赁付款额的现值确认租赁负债，其中尚未支付的租赁付款总额记入“租赁负债——租赁付款额”科目，二者差额记入“租赁负债——未确认融资费用”科目。每期应当按照固定的周期性利率计算租赁负债在租赁期内各期间的利息费用，并借记“财务费用”科目或相关资产成本，贷记“租赁负债——未确认融资费用”科目。

而税法对融资租赁方式租入固定资产的计价不考虑最低租赁付款额现值，不承认会计确认的未确认融资费用，也不存在未确认融资费用的摊销，因此存在税会差异，需要做纳税调整。

②回租业务。对于融资性售后回租业务，租赁期间，承租人支付的属于融资利息的部分，作为企业财务费用在税前扣除，而会计上，旧租赁准则规定，未确认融

资费用的分摊与直租业务相同，新租赁准则规定，若资产转让不属于销售（融资性售后回租），应当确认一项与固定资产转让收入等额的金融负债，并按实际利率法按期计算确认融资费用。若约定的融资利息与会计计算的融资费用不一致，则也存在税会差异，需进行纳税调整。

4. 减值准备与损失

融资租赁公司在会计上可按相关会计准则对应收融资租赁款减去未实现融资收益的差额部分、未担保余值（旧租赁准则适用）或应收融资租赁款（新租赁准则适用）的减值进行会计处理，但在税务上需分情况采取不同的处理方法。

《财政部 税务总局关于金融企业贷款损失准备金企业所得税税前扣除有关政策的公告》（财政部 税务总局公告 2019 年第 86 号）规定，自 2019 年 1 月 1 日起至 2023 年 12 月 31 日，金融租赁公司应收融资租赁款损失准备金允许税前扣除，其计算公式为：准予当年税前扣除的贷款损失准备金 = 本年末准予提取贷款损失准备金的贷款资产余额 ×1%− 截至上年末已在税前扣除的贷款损失准备金的余额。金融租赁公司按上述公式计算的数额如为负数，应当相应调增当年应纳税所得额，其发生的符合条件的贷款损失，应先冲减已在税前扣除的贷款损失准备金，不足冲减部分可据实在计算当年应纳税所得额时扣除。

而对于除金融租赁公司以外的其他融资租赁公司，在税务上对未经核定的各项资产减值准备、风险准备等准备金支出不允许在税前扣除。

上述融资租赁公司的应收款项（本金部分）损失实际发生时，应做货币资产坏账损失处理在税前扣除，并需依据以下相关证据材料确认：

- 相关事项合同、协议或说明；
- 属于债务人破产清算的，应有人民法院的破产、清算公告；
- 属于诉讼案件的，应出具人民法院的判决书或裁决书或仲裁机构的仲裁书，或者被法院裁定终（中）止执行的法律文书；
- 属于债务人停止营业的，应有工商部门注销、吊销营业执照证明；
- 属于债务人死亡、失踪的，应有公安机关等有关部门对债务人个人的死亡、失踪证明；
- 属于债务重组的，应有债务重组协议及其债务人重组收益纳税情况说明；
- 属于自然灾害、战争等不可抗力而无法收回的，应有债务人受灾情况说明以及放弃债权申明。

除此之外，还有两种特殊情况下的坏账损失处理方法：一是企业逾期三年以上的应收款项在会计上已作为损失处理的，可以作为坏账损失，但应说明情况，并出具专项报告；二是企业逾期一年以上，单笔数额不超过五万元或者不超过企业年度收入总额万分之一的应收款项，会计上已经作为损失处理的，可以作为坏账损失，但应说明情况，并出具专项报告。

融资租赁的承租人应当按照《企业会计准则第 8 号——资产减值》的规定，确定融资租入固定资产或使用权资产是否发生减值，并对已识别的减值损失进行会计处理；而税务上对于未实际发生的该类减值准备也不允许税前扣除。

5. 非居民企业所得税

在中国境内未设立机构、场所的非居民企业，以融资租赁方式将设备、物件等租给中国境内企业使用，租赁期满后设备、物件所有权归中国境内企业（包括租赁期满后作价转让给中国境内企业），非居民企业按照合同约定的期限收取租金，应以租赁费（包括租赁期满后作价转让给中国境内企业的价款）扣除设备、物件价款后的余额，作为贷款利息所得计算缴纳企业所得税，由中国境内企业在支付时代扣代缴。

6. 关联企业借款利息

根据《财政部 国家税务总局关于企业关联方利息支出税前扣除标准有关税收政策问题的通知》（财税〔2008〕121 号）第一条的规定，在计算应纳税所得额时，企业实际支付给关联方的利息支出，不超过以下规定比例和《企业所得税法》及其实施条例有关规定计算的部分，准予扣除，超过的部分不得在发生当期和以后年度扣除。其接受关联方债权性投资与其权益性投资比例（债资比）为：金融企业为 5:1，其他企业为 2:1，其中金融租赁公司适用债资比为 5:1，其他融资租赁公司适用 2:1 的债资比。这一标准并非判断可税前扣除关联企业借款利息金额的唯一标准，若企业如果能够按照《企业所得税法》及其实施条例的有关规定提供相关资料，并证明相关交易活动符合独立交易原则；或者该企业的实际税负不高于境内关联方的，其实际支付给境内关联方的利息支出，在计算应纳税所得额时准予扣除而不受上述债资比的限制。

优惠政策

（1）自 2019 年 1 月 1 日至 2022 年 12 月 31 日，企业通过公益性社会组织或者县级（含县级）以上人民政府及其组成部门和直属机构，用于目标脱贫地区的扶贫捐赠支出，准予在计算企业所得税应纳税所得额时据实扣除。在政策执行期限内，目标脱贫地区实现脱贫的，可继续适用上述政策。

（2）自 2020 年 1 月 1 日至 2020 年 12 月 31 日，企业直接向承担疫情防治任务的医院捐赠用于应对新冠肺炎疫情的物品，允许在计算应纳税所得额时全额扣除。捐赠人凭承担疫情防治任务的医院开具的捐赠接收函办理税前扣除事宜。

（3）自 2020 年 1 月 1 日至 2020 年 12 月 31 日，企业通过公益性社会组织或者县级以上人民政府及其部门等国家机关，捐赠用于应对新冠肺炎疫情的现金和物品，允许在计算应纳税所得额时全额扣除。

（4）自 2011 年 1 月 1 日至 2020 年 12 月 31 日，对设在西部地区的金融租赁公司和内资融资租赁公司，减按 15% 的税率征收企业所得税；自 2012 年 1 月 1 日至 2020 年 12 月 31 日，对设在赣州市的金融租赁公司和内资融资租赁公司减按 15% 的税率征收企业所得税。以上金融租赁公司和内资融资租赁公司应以《产业结构调整指导目录》中规定的鼓励类产业项目（包括金融服务业——融资租赁服务）为主营业务，且其主营业务收入占企业收入总额 70% 以上。

自 2021 年 1 月 1 日至 2030 年 12 月 31 日，对设在西部地区的金融租赁公司和内资融资租赁公司减按 15% 的税率征收企业所得税。这里的金融租赁公司和内资融资租赁公司是指以《西部地区鼓励类产业目录》中规定的产业（包括金融服务业——融资租赁服务）为主营业务，且其主营业务收入占企业收入总额 60% 以上的企业。

上述西部地区包括内蒙古自治区、广西壮族自治区、重庆市、四川省、贵州省、云南省、西藏自治区、陕西省、甘肃省、青海省、宁夏回族自治区、新疆维吾尔自治区和新疆生产建设兵团。湖南省湘西土家族苗族自治州、湖北省恩施土家族苗族自治州、吉林省延边朝鲜族自治州，可以比照西部地区的企业所得税政策执行。2021 年 1 月 1 日至 2030 年 12 月 31 日，江西省赣州市也可以比照西部地区的企业所得税政策执行。

印花税

业务处理

印花税是以经济活动和经济交往中，书立、领受应税凭证行为为征税对象征收的一种税，印花税的纳税义务人是在中国境内书立、使用、领受印花税法规所列举的凭证并依法履行纳税义务的单位和个人。

按照《国家税务局关于对借款合同贴花问题的具体规定》（国税地字〔1988〕30号）的规定，银行及其金融机构经营的融资租赁业务，是一种以融物方式达到融资目的的业务，实际上是分期偿还的固定资金借款。因此，对融资租赁合同（包括融资性售后回租），可根据合同所载的租金总额暂按“借款合同”计税贴花；其税率为万分之零点五。此处的租金总额区分以下两种情况进行确定：合同中所载金额和增值税分开注明的，按不含增值税的合同金额确定计税依据；未分开注明的，以合同所载金额为计税依据。

对于其他单位从事的融资租赁业务如何缴纳印花税，在2015年12月24日之前并没有文件给出明确的规定，各地的要求也各有不同。有的企业比照上述规定按借款合同缴纳，有的企业按财产租赁合同缴纳。但是其他单位并不具备借款合同印花税的主体资格，此外，根据《中华人民共和国印花税暂行条例》所附《印花税税目税率表》的规定，借款合同是银行及其他金融组织和借款人（不包括银行同业拆借）所签订的借款合同，而其他单位从事融资租赁业务并不涉及银行及其他金融组织，上述合同也不属于银行及其他金融组织和借款人签订的借款合同，因此严格来说不能视同借款合同缴纳印花税。

而财产租赁合同与融资租赁合同又存在本质的差别，所以按照财产租赁合同缴纳印花税同样存在争议。对此，武汉和天津地方文件的规定是：对融资租赁合同可根据合同所载租金总额按借款合同计税贴花，即按借款金额万分之零点五贴花；对分别签订购销合同和融资租赁合同的，应按规定分别贴花（不区分金融租赁和普通租赁）。

《财政部 国家税务总局关于融资租赁合同有关印花税政策的通知》（财税〔2015〕144号）明确规定，企业（不区分金融租赁公司和其他融资租赁企业）开展融资租赁业务签订的融资租赁合同（含融资性售后回租），统一按照其所载明的租金总额依照“借款合同”税目，按万分之零点五的税率计税贴花，而对于融资性售后回租业务中，承租人、出租人因出售租赁资产及购回租赁资产所签订的合同，不征收印花税。也就是说，对于直租业务，租赁货物的所有权在租赁期结束后转让给承租人，并且在融资租赁合同结束之后另行签订一个购销合同的，双方仍应按照购销合同缴纳印花税，适用税率为万分之三。

融资租赁公司采取不同的融资方式，其印花税的缴纳也会有所不同：

（1）融资租赁公司从银行及其他金融组织借款应区分不同情况缴纳印花税。对于非银行系融资租赁公司从银行及其他金融组织借款应按“借款合同”缴纳印花税，税率为万分之零点五；对于银行系融资租赁公司从银行及其他金融组织借款，《关于印花税若干具体问题的解释和规定》〔（91）国税发 155 号〕规定：银行、非银行金融机构之间相互融通短期资金，凡按照规定的同业拆借期限和利率签订的同业拆借合同，不贴花，凡不符合规定的，应按借款合同贴花。

（2）融资租赁公司通过银行保理融资，签订的银行保理合同不属于印花税应税列举范畴，根据印花税应税正列举原则，不需要缴纳印花税。

（3）融资租赁公司与其他公司之间签订的借款合同，也不需要缴纳印花税。

（4）融资租赁公司将实施资产证券化的信贷资产信托予受托机构时，双方签订的信托合同暂不征收印花税；融资租赁公司在信贷资产证券化过程中，与资金保管机构、证券登记托管机构以及其他为证券化交易提供服务的机构签订的其他应税合同，暂免征收融资租赁公司应缴纳的印花税；融资租赁公司因开展租赁资产证券化业务而专门设立的资金账簿暂免征收印花税。

优惠政策

自 2018 年 5 月 1 日起，对按万分之五税率贴花的资金账簿（实收资本和资本公积）减半征收印花税，对按件贴花五元的其他账簿免征印花税。

2019 年 1 月 1 日至 2021 年 12 月 31 日，由省、自治区、直辖市人民政府根据本地区实际情况，以及宏观调控需要确定，对增值税小规模纳税人可以在 50% 的税额幅度内减征印花税（不含证券交易印花税），截至 2020 年 2 月 18 日已有 31 个省份明确减半征收。

纳税人无偿捐赠防疫物资并签订捐赠合同的，不缴纳印花税，无须履行相关申报、审批手续。

房产税

业务处理

房产税是以房屋为征税对象，按照房屋的计税余值或租金收入，向产权所有人征收的一种财产税。对于融资租赁房产，由于租赁费包括购进房屋的价款、手续费、借款利息等，与一般房屋出租的“租金”内涵不同，且租赁期满后，当承租人偿还最后一笔租赁费时，房屋产权要转移给承租人，其实质虽然是融资，但采用的是一种变相分期付款购买固定资产的形式，所以在计征房产税时应以房产余值计算征收。

《财政部 国家税务总局关于房产税、城镇土地使用税有关问题的通知》（财税〔2009〕128 号）对融资租赁房产的房产税问题做出了相关规定：融资租赁的房产，由承租人自融资租赁合同约定开始日的次月起依照房产余值缴纳房产税。合同未约定开始日的，由承租人自合同签订的次月起依照房产余值缴纳房产税。

房产税实行按年计算、分期缴纳的征收方法，具体纳税期限由省、自治区、直辖市人民政府确定。征收地点为房产所在地，若房产不在同一地方，则需按房产的坐落地点分别在当地房产税务机关缴纳。

适用税率

我国现行房产税采用的是比例税率，计税依据分为从价计征和从租计征两种形式。融资租赁房产税采用的是从价计征的方式，其税率为 1.2%，具体计算公式为：

应纳税额 = 应税房产原值 ×（1- 扣除比例）×1.2%

各地扣除比例有所不同，但扣除比例的范围都在 10% ～ 30% 之间。

对于房产原值如何确定的问题，《财政部 国家税务总局关于房产税、城镇土地使用税有关问题的通知》（财税〔2008〕152 号）明确规定，2009 年 1 月 1 日起对依照房产原值计税的房产，不论是否记载在会计账簿固定资产科目中，均应按照房屋原价计算缴纳房产税。房屋原价应根据国家有关会计制度规定进行核算，对纳税人未按国家会计制度规定核算并记载的，应按规定予以调整或重新评估。旧租赁准则第十一条规定，在租赁期开始日，承租人应当将租赁期开始日租赁资产公允价值与最低租赁付款额现值两者中较低者作为租入资产的入账价值，所以按旧租赁准则，这里所称房产原值为租赁期开始日，租赁资产公允价值与最低租赁付款额现值两者中的较低者（新租赁准则的相关规定参见本章企业所得税各项扣除），另外，该应税房产原值应为不含增值税的原值。

需要注意的是，承租人对原有房屋进行改建、扩建的，要相应增加房屋的原值。

案例 9-13

不动产融资租赁房产余值的计算

A 租赁公司于 2019 年 4 月将一生产厂房以融资租赁方式租赁给 B 企业。合同约定期限为 10 年，最低租赁付款额现值为 1 000 万元（不含税），该生产厂房的公允价值为 1 200 万元（不含税），假设 B 企业所在地税务机关规定计征房产税的依据为房产原值一次减除 25% 后的余值，那么 B 企业融资租入该生产厂房的房产余值为：

1 000×（1−25%）=750（万元）

优惠政策

房产融资租赁业务的承租人如为医院、学校，则会涉及下面的税收优惠政策：

由国家财政部门拨付事业性经费的单位（如学校、医疗卫生单位、托儿所、幼儿园、敬老院、文化、体育、艺术等实行全额或差额预算管理的事业单位）所有的，本身业务范围内使用的房产免征房产税。

2019 年 1 月 1 日至 2021 年 12 月 31 日，由省、自治区、直辖市人民政府根据本地区实际情况，以及宏观调控需要确定，对增值税小规模纳税人可以在 50% 的税额幅度内减征房产税，截至 2020 年 2 月 18 日已有 31 个省份明确减半征收。

此外，疫情期间，各省都发布了相应政策，对受疫情影响停产或遭受重大损失，缴纳房产税确有困难的企业减免房产税，享受减免政策的不适用上述减半征收政策。

契 税

业务处理

契税是以在中华人民共和国境内转移土地、房屋权属为征税对象，向产权承受人征收的一种财产税，其纳税人为境内转移土地、房屋权属，承受的单位和个人。对于直租业务，由于在融资租赁期间房产的所有权仍属于出租人，还没有发生转移变动，因此，融资租赁期间的房产不缴纳契税。但是如果在融资租赁期过后，租赁双方的房屋所有权发生转移，则承租人应按规定缴纳契税。

契税纳税义务发生时间是纳税人签订土地、房屋权属转移合同的当天，或者纳税人取得其他具体土地、房屋权属转移合同性质凭证的当天。纳税人应自纳税义务发生之日起 10 日内办理纳税申报，并在土地、房屋所在地的征收机关缴纳税款。

适用税率

契税实行 3% ～ 5% 的幅度税率，各省、自治区、直辖市人民政府在 3% ～ 5% 的幅度税率范围内，按照本地区的实际情况确定。实行幅度税率是考虑到我国经济发展不平衡，各地经济现状差别较大的实际情况。其计算公式为：应纳税额 = 不动产的价格 × 税率，注意，此处的不动产价格是指不含增值税的价格。

优惠政策

《财政部 国家税务总局关于企业以售后回租方式进行融资等有关契税政策的通知》（财税〔2012〕82 号）规定，对金融租赁公司开展售后回 租业务，承受承租人房屋、土地权属的，照章征税。对售后回租合同期满，承租人回购原房屋、土地权属的，免征契税。在财税〔2012〕82 号文件出台前，没有具体的政策规定，税务机关对于承租人回购标的物办理产权证时就要征收契税，值得注意的是，适用财税〔2012〕82 号文件中免征契税规定的融资租赁公司必须是金融租赁公司，也就是说，经商务部和国家税务总局等批准内资试点融资租赁公司以及外资融资租赁公司不得适用该政策。这样的规定对除金融租赁公司以外的其他融资租赁公司来说略显不公平，也使其进行房地产售后回租时的税收成本比金融租赁公司高出一大截。

对于直租业务，融资租赁公司购入房屋、土地及承租人承受房屋、土地权属都要缴纳契税。

车船税

业务处理

目前，很多融资租赁公司都开展了车辆和船舶的融资租赁业务，这种情况下其实务中就会涉及车船税的处理。车船税是以车船为征税对象，向拥有车船的单位和个人征收的一种税，车船税的纳税义务人是指中华人民共和国境内，车辆、船舶的所有人或者管理人，其中，所有人是指在我国境内拥有车船的单位和个人；管理人是指对车船具有管理权或者使用权，不具有所有权的单位。纳税义务发生时间为取得车船所有权或管理权的当月（以购买车船的发票或其他证明文件所载日期的当月为准）。车船税实行按年申报，分月计算，一次性缴纳的缴纳方式，其纳税地点为车船的登记地或者车船税扣缴义务人所在地。对于依法不需要办理登记的车船，车船税的纳税地点为车船的所有人或者管理人所在地。

对于直租业务，融资租赁公司从厂商购入车船，租赁期内出租人拥有车辆、船舶的所有权，车辆登记在出租人名下，所以应由融资租赁公司缴纳车船税，租赁期满如果车船的所有权归承租人，则由承租人缴纳车船税。

对于售后回租业务，当租赁物为车船时，融资租赁公司从承租人购入车船，租赁期内因为车辆登记在出租人名下，所以也应由出租人缴纳车船税，租赁期满如果承租人回购车船，则由承租人缴纳车船税。一般情况下，租赁期内的车船税，融资租赁公司会将其包含在租金内转嫁给承租人。

对于涉及境外船舶租赁的车船税处理，《国家税务总局关于车船税征管若干问题的公告》（国家税务总局公告 2013 年第 42 号）规定：境内单位和个人租入外国籍船舶的，不征收车船税。境内单位和个人将船舶出租到境外的，应依法征收车船税。

适用税率

车船税实行定额税率。定额税率也称固定税额，是税率的一种特殊形式。定额税率计算简便，适宜从量计征的税种。车船税的具体使用税额，依照《车船税税目税额表》（见表 9-9）规定的税额幅度和国务院的规定确定。

表 9-9　车船税税目税额表

车船税的税目		计税单位	年基准税额	备注
乘用车[按发动机汽缸容量（排气量）分档]	1.0 升（含）以下的	每辆	60 元至 360 元	核定载客人数 9 人（含）以下
	1.0 升以上至 1.6 升（含）的		300 元至 540 元	
	1.6 升以上至 2.0 升（含）的		360 元至 660 元	
	2.0 升以上至 2.5 升（含）的		660 元至 1 200 元	
	2.5 升以上至 3.0 升（含）的		1 200 元至 2 400 元	
	3.0 升以上至 4.0 升（含）的		2 400 元至 3 600 元	
	4.0 升以上的		3 600 元至 5 400 元	
商用车	商用车客车	每辆	480 元至 1 440 元	核定载客人数 9 人以上，包括电车
	商用车货车	整备质量每吨	16 元至 120 元	包括半挂牵引车、三轮汽车和低速载货汽车等
	挂车	整备质量每吨	按照货车税额的 50% 计算	
其他车辆	其他车辆专用作业车	整备质量每吨	16 元至 120 元	不包括拖拉机 不包括拖拉机
	其他车辆轮式专用机械车	整备质量每吨	16 元至 120 元	
摩托车	摩托车	每辆	36 元至 180 元	
船舶	机动船舶	净吨位每吨	3 元至 6 元	拖船、非机动驳船分别按照机动船舶税额的 50% 计算
	游艇	艇身长度每米	600 元至 2 000 元	无

购置的新车船，购置当年的应纳税额自纳税义务发生当月起按月计算，其计算公式为：

应纳税额 =（年应纳税额 ÷12）× 应纳税月份数

应纳税月份数 =12- 纳税义务发生时间（取月份）+1

案例 9-14

融资租赁标的物车船税的计算

A 融资租赁公司于 2020 年 4 月按 B 企业的要求购买一艘机动船舶，并将该机动船舶通过融资租赁的方式出租给 B 企业。合同约定期限为 10 年，净吨位为 520 吨，假设当地机动船舶每吨年税额为 5 元，那么 A 公司 2020 年应缴纳的车船税的计算如下：

应纳税月份数 =12−4+1=9（个月）

应纳税额 =（520×5÷12）×9=1 950（元）

优惠政策

近几年，汽车融资租赁成了一种新型的业务模式，很多融资租赁公司陆续开展了汽车融资租赁服务。2012 年 5 月，百得利（中国）融资租赁有限公司更名为易汇资本（中国）融资租赁有限公司，在北京车展期间与奔驰中国联手为奔驰经销商提供融资租赁服务；8 月，梅赛德斯－奔驰租赁有限公司正式推出专为中国客户打造的汽车融资租赁产品。国家为鼓励通过融资租赁的模式来发展新能源汽车，出台了一系列相关的税收优惠政策：

自 2018 年 7 月 10 日起，对节能汽车，减半征收车船税；对新能源车船，免征车船税，具体享受这些税收优惠的车型参照《享受车船税减免优惠的节约能源使用新能源汽车车型目录》确定，免税船舶为主推进动力装置为纯天然气发动机的船舶，发动机采用微量柴油引燃方式且引燃油热值占全部燃料总热值的比例不超过 5% 的，视同纯天然气发动机。

车辆购置税

业务处理

当融资租赁公司以车辆为标的物时，自然会涉及车辆购置税的缴纳。车辆购置税是以在中国境内购置规定车辆为课税对象、在特定环节向车辆购置者征收的一种税，其纳税义务人为在我国境内购置应税车辆的单位和个人，纳税环节发生在使用环节，即最终消费环节。具体而言，纳税人应当在向公安机关等车辆管理机构办理车辆登记注册手续前缴纳车辆购置税。车辆购置税只在初次购买时缴纳，除特殊情况外，再次转让时无须缴纳车辆购置税。

对于车辆直租业务，融资租赁公司根据承租人的要求购买车辆，融资租赁期间车辆的所有权归融资租赁公司所有，所以理论上的纳税义务人为出租人，但实际上真正想拥有车辆所有权的是承租人，出租人实质是为承租人提供融资，因此融资租赁公司通常的做法是将车辆购置税包含在所收的租金当中。

对于车辆售后回租业务，车辆购置税应由承租人缴纳，这一点毫无疑问。

适用税率

车辆购置税实行统一比例税率，税率为 10%。其计算公式为：

应纳税额 = 计税价格 ×10%

纳税人购买自用的应税车辆的计税价格，为纳税人购买应税车辆而支付给销售者的全部价款和价外费用，不包括增值税税款，即（全部价款 + 价外费用）÷（1+增值税税率或征收率），其中全部价款为机动车销售统一发票上所列的含税金额，价外费用是指销售方收取的基金、集资费、违约金（延期付款利息）和手续费、包装费、储存费、优质费、运输装卸费以及其他各种性质的价外费用，但不包括销售方因代办保险等而向购买方收取的保险费，以及向购买方收取的代购买方缴纳的车辆购置税、车辆牌照费。上海市、江苏省、浙江省、宁波市自 2020 年 2 月 1 日起、其他地区自 2020 年 6 月 1 日起，纳税人购置应税车辆办理车辆购置税纳税申报时，以发票电子信息中的不含税价作为申报计税价格。

纳税人进口自用应税车辆以组成计税价格为计税依据，组成计税价格 = 关税完税价格 + 关税 + 消费税。

优惠政策

城市公交企业购置的公共汽电车辆免征车辆购置税。

自2018年1月1日至2022年12月31日，对购置的新能源汽车免征车辆购置税，具体车型参照《免征车辆购置税的新能源汽车车型目录》，自该目录发布之日起，购置列入该目录的新能源汽车免征车辆购置税；购置时间为机动车销售统一发票（或有效凭证）上注明的日期。

自2018年7月1日至2021年6月30日，对购置挂车减半征收车辆购置税。购置日期按照《机动车销售统一发票》《海关关税专用缴款书》或者其他有效凭证的开具日期确定。

船舶吨税

业务处理

自中华人民共和国境外港口进入境内港口的船舶，应当缴纳船舶吨税。应税船舶在进入港口办理入境手续时，应税船舶负责人应当向海关申报纳税领取吨税执照，已领取吨税执照的要交验吨税执照，船舶吨税由海关负责征收，其纳税义务发生时间为应税船舶进入港口当日，应税船舶负责人应当自海关填发吨税缴款凭证之日起15日内向指定银行缴清税款，否则，自滞纳税款之日起，按日加收滞纳税款0.5‰的滞纳金。

若融资租赁公司根据承租人的要求从境外购入船舶，当该船舶初次进口到港且为空载船舶时，免征船舶吨税，承租人租赁期内若用该船舶从事国际运输业务，再次从境外港口驶入境内港口则需要按规定缴纳船舶吨税。

适用税率

船舶吨税实行定额税率，并设置了优惠税率和普通税率。中华人民共和国国籍的应税船舶，以及船籍国（地区）与我国签订有互相给予船舶税费最惠国待遇条款的条约或者协定的应税船舶，适用优惠税率，其他应税船舶适用普通税率。具体税率参照吨税税目、税额表（见表9-10）。

表 9-10　船舶吨税税目税额表

税　目 （按船舶净吨位划分）	税率（元 / 净吨）						备　注
	普通税率 （按执照期限划分）			优惠税率 （按执照期限划分）			
	1 年	90 日	30 日	1 年	90 日	30 日	
不超过 2 000 净吨	12.6	4.2	2.1	9	3	1.5	拖船和非机动驳船分别按相同净吨位船舶税率的 50% 计征税款
超过 2 000 净吨，但不超过 10 000 净吨	24	8	4	17.4	5.8	2.9	
超过 10 000 净吨，但不超过 50 000 净吨	27.6	9.2	4.6	19.8	6.6	3.3	
超过 50 000 净吨	31.8	10.6	5.3	22.8	7.6	3.8	

船舶吨税计算公式如下：

应纳税额 = 船舶净吨位 × 定额税率

案例 9-15

融资租赁标的物船舶吨税的计算

A 融资租赁公司于 2019 年 4 月按 B 企业的要求从 D 国购买一艘机动船舶，次月船舶空载到港，A 公司将该机动船舶通过融资租赁的方式出租给 C 运输公司，合同约定期限为 10 年，净吨位为 520 吨。2019 年 7 月，C 运输公司用该船舶从 D 国运输一批货物驶入我国某港口，负责人已向我国海关领取了吨税执照，在港口停留期限为 30 天，D 国与我国签订有互相给予船舶税费最惠国待遇条款的条约。那么船舶负责人应缴纳的船舶吨税计算如下：

2019 年 4 月自境外购买取得船舶所有权初次空载进港免征船舶吨税；

2019 年 7 月运载货物入境应纳税额为：

应纳税额 =520×1.5=780（元）

土地增值税

税法未就融资租赁不动产土地增值税问题做出专门规定。根据《中华人民共和国土地增值税暂行条例》及其实施细则的规定，转让国有土地使用权、地上的建筑物及其附着物（以下简称转让房地产）并取得收入的单位和个人，为土地增值税的纳税义务人。转让国有土地使用权、地上的建筑物及其附着物并取得收入，是指以出售或者其他方式有偿转让房地产的行为。不包括以继承、赠与方式无偿转让房地产的行为。

对于直租业务，在租赁期内，并未转让国有土地使用权、地上的建筑物及其附着物，出租人不需要缴纳土地增值税。若融资租赁期限届满，不动产权属发生转移，融资租赁公司需要缴纳土地增值税。

对于售后回租业务如何缴纳土地增值税存在争议。

一种观点认为，承租人转让房产时，需按规定计算缴纳土地增值税。《金融租赁公司管理办法》第三十四条规定："从事售后回租业务的金融租赁公司应真实取得相应标的物的所有权。标的物属于国家法律法规规定其产权转移须到登记部门进行登记的财产类别的，金融租赁公司应进行相关登记。"根据上述规定，承租人将建筑物出售给融资租赁公司时，需要办理房产过户手续，而缴纳土地增值税是办理房产过户手续的条件之一，故在承租人转让房产时，应计算缴纳土地增值税。

另一种观点认为，根据《国家税务总局关于融资性售后回租业务中承租人出售资产行为有关税收问题的公告》（国家税务总局公告 2010 年第 13 号）的规定，融资性售后回租业务是指承租人以融资为目的将资产出售给经批准从事融资租赁业务的企业后，又将该项资产从该融资租赁企业租回的行为。融资性售后回租业务中承租人出售资产时，资产所有权以及与资产所有权有关的全部报酬和风险并未完全转移。因此，在承租人将国有土地使用权、地上的建筑物及其附着物出售予融资租赁公司时，无须缴纳土地增值税。

对于这两种观点，笔者更倾向于后一种。舟山市人民政府办公室在《关于促进我市融资租赁业发展的若干意见》中也明确表示，各类融资租赁公司开展不动产、无形资产售后回租业务，出售资产的行为不属于营业税和土地增值税征收范围，不征收营业税和土地增值税。

其他税收优惠、财政补助及操作要点

我们暂不考虑营改增后营业税补助的终结，来看一下各地对融资租赁公司的扶持政策。

天津市相关政策

2010 年，天津市政府发布了《关于促进我市租赁业发展的意见》（津政发〔2010〕39 号），并利用滨海新区先行先试的政策优势向国家争取到许多政策支持，在全国融资租赁业发展环境仍不完善的情况下，率先营造了一个有利于融资租赁业发展的政策环境；2012 年末，又发布了《天津市促进现代服务业发展财税优惠政策》（津财金〔2012〕24 号），将优惠政策的期限延长至 2017 年 12 月 31 日；2015 年发布《关于加快我市融资租赁业发展的实施意见》（津政办发〔2015〕2 号）进一步为融资租赁业提供各方面的便利。

1. 财政补助规定

对经国家有关部门批准，在天津市新设的金融租赁公司和融资租赁公司法人机构，由税务登记地财政部门给予一次性资金补助。其中注册资本 10 亿元以上（含本数，下同）的，补助 2 000 万元；注册资本 10 亿元以下，5 亿元以上的，补助 1 500 万元；注册资本 5 亿元以下、1 亿元以上的，补助 1 000 万元。补助资金分三年支付，第一年支付 40%，第二年、第三年分别支付 30%。

对经国家有关部门批准，在天津市新设立的金融租赁公司和融资租赁公司法人机构，在天津市规划的金融区内新购建的自用办公用房，按每平方米 1 000 元的标准给予一次性补助，最高补助金额不超过 1 000 万元。租赁的自用办公用房，三年内每年按房屋租金的 30% 给予补贴，连续补贴三年。若实际租价高于房屋租金市场指导价的，则按市场指导价计算租房补贴。

对经国家有关部门批准，在天津市新设立的金融租赁公司和融资租赁公司法人机构，自开业年度起，前二年按其缴纳营业税的 100% 标准给予补助，后三年按其缴纳营业税的 50% 标准给予补助；自获利年度起，前二年按其缴纳企业所得税地方分享部分的 100% 标准给予补助，后三年按其缴纳企业所得税地方分享部分的 50% 标准给予补助。新购建的自用办公用房，按其缴纳契税的 100% 标准给予补助，并在三年内按其缴纳房产税的 100% 标准给予补助。

对经国家有关部门批准，在天津市新设立的金融租赁公司和融资租赁公司法人机构，从外省市引进且连续聘任两年以上的公司副职级以上高级管理人员，在天津市行政辖区内第一次购买商品房、汽车或参加专业培训的，五年内按其缴纳个人工薪收入所得税地方分享部分予以奖励，累计最高奖励限额为购买商品房、汽车或参加专业培训实际支付的金额；不在本市行政辖区内购买商品房、汽车或参加专业培训的，三年内按其缴纳个人工薪收入所得税地方分享部分的 50% 给予奖励。

对于 2012 年 12 月 31 日前，经国家有关部门批准，在天津市新设或迁入的金融租赁公司和融资租赁公司法人机构新购建的自用办公房产，按其缴纳契税的 100% 标准给予补助；前三年按其缴纳房产税的 100% 标准给予补助。

以上各项政府补助资金，按照财政体制规定，是由市财政和区县财政分别负担。对于享受前四项财政补助政策，要以在天津市经营期限达到十年作为基础，否则，应退回财政补助资金。

对融资租赁企业购买纳入工业和信息化部节能与新能源汽车示范推广应用工程推荐车型目录、符合《天津市新能源汽车推广应用实施方案（2013—2015 年）》（津政办发〔2014〕103 号）相关条件的新能源汽车，按照《天津市财政局 天津市科学技术委员会关于印发天津市新能源汽车财政补贴管理办法的通知》（津财建一〔2014〕11 号）有关规定，由地方财政与中央财政按照 1∶1 比例给予补贴。补贴资金由市财政局直接拨付汽车生产企业，租赁公司按销售价格扣减补贴后支付。

对在境内资本市场上市融资和在境外证券交易所上市且所募集资金全部用于在津项目投资的本地企业、重组天津市问题上市公司或重组外地上市公司并将上市公司迁入天津市的重组方以及在全国中小企业股份转让系统、天津股权交易所、天津滨海柜台交易市场股份公司挂牌交易的本地企业，给予一次性专项补助。企业获得的奖励资金应主要用于奖励对企业上市做出特殊贡献的高级管理人员和有功人员。对于符合专项扶持资金申请条件且申请材料齐备的企业，市金融局收到申请材料后会同市财政局进行审核，15 个工作日内予以拨付。

2. 税收政策

经国家有关部门批准，在天津市新设或迁入的金融租赁公司和融资租赁公司法人机构，购置在环境保护专用设备企业所得税优惠名录、节能节水专用设备企业所得税优惠名录和安全生产专用设备企业所得税优惠名录范围内的环境保护、节能节水、安全生产等专用设备，由承租人实际使用，符合融资租赁条件的，该设备投资额的 10% 可以从承租人企业当年的应纳税额中抵免；当年不足抵免的，可以在以后 5 个纳税年度结转抵免。如租赁期间发生变化，上述专用设备所有权未转移到承租人的，承租人应当停止享受企业所得税优惠，并补缴已经抵免的企业所得税税款。

售后回租业务。对融资性租赁的资产，仍按承租人出售前原账面价值作为计税基础计提折旧。租赁期间，承租人支付的属于融资利息的部分，作为企业财务费用在税前扣除。对政府物业和商业物业售后回租业务，在租赁公司购买环节和原业主回购环节发生的契税，实行先征后返（目前国家文件规定金融租赁公司开展售后回租业务回购环节免征契税）。如因情况发生变化，售后回租业务未能实施，物业所有权未转移到原业主的，租赁公司和原业主应补缴已经返还的契税。

上海浦东新区相关政策

2012 年 11 月 6 日，上海浦东新区金融服务局、浦东新区财政局共同制定了《浦东新区促进金融业发展财政扶持办法实施细则》（以下简称《实施细则》），2016 年又发布《浦东新区十三五促进金融业发展财政扶持办法》，对注册地和税管地均在浦东新区的融资租赁企业给予一系列的政策扶持。具体规定如下：

（1）对新引进的融资租赁企业，给予一次性落户补贴。所称一次性落户补贴，具体是按企业注册资本规模给予如下补贴，并按实际到位资本情况进行分期兑付，享受落户补贴的最低到位资本为 1 亿元：注册资本 1 亿元（含）至 5 亿元，给予 500 万元；注册资本 5 亿元（含）至 10 亿元，给予 1 000 万元；注册资本 10 亿元（含）以上，给予 1 500 万元一次性补贴。

（2）对新引进的融资租赁企业，给予一定奖励。2017 年 8 月 12 日至 2020 年 12 月 31 日，对 2017 年 6 月 1 日后新引进的融资租赁公司，三年内根据对新区贡献平价指标体系综合考核评定，给予一定的落户奖励；对融资租赁公司，根据企业每年对新区的综合贡献（扣除享受过的落户奖励）给予一定的综合贡献奖励。

（3）对融资租赁企业增资，给予一定补贴。所称增资补贴，指根据增资规模，按新引进融资租赁企业的条件和补贴标准，扣除企业已享受过的一次性补贴，补足与该《实施细则》规定的奖励不足部分。

享受第（1）、（3）项补贴的机构，累计补贴金额不超过 1 500 万元。

对在浦东新区购买自用办公用房的，给予一定购房补贴。所称购房补贴是按购房房价给予 1.5% 的补贴。

人才补贴。对新引进注册资本达到 10 亿元或增资规模 10 亿元（含）以上的融资租赁企业的高管人员，给予每人一次性住房（租房）补贴 20 万元；对到位资本金 1 亿元（含）以上的融资租赁企业高管人员、管理人员和专业骨干人员，经综合考核评定，给予一定人才补贴。所称高管人员，指在企业担任董事长、副董事长、总经理（总裁）、副总经理（副总裁）、监事长（督察长）职务的人员。所称管理人员，指在企业担任高管职务以下、部门副职以上的人员。所称专业骨干人员，指除上述高管人员和管理人员外，拥有三年以上（含三年）从业经验的企业在职正式员工。融资租赁企业享受《浦东新区促进金融业发展财政扶持办法》规定人才补贴的各类人员总数，不超过上年年末该企业正式员工的 50%。

鼓励融资租赁企业为新区内企业提供融资租赁服务，特别鼓励其开展船舶、飞机租赁等航运租赁业务，按其业务量，给予一定补贴。对为新区企业提供融资服务的融资租赁企业，根据其当年为新区企业提供融资总额，给予融资总额 0.5% 的补贴；对为新区企业提供航运租赁服务的融资租赁企业，根据其当年通过航运租赁业务为新区企业提供融资总额，给予融资总额 1% 的补贴。单笔业务不重复享受补贴，该项补贴的最高限额为 500 万元。申请补贴的融资租赁企业当年累计为区内企业提供融资总额应不少于 5 000 万元。

对融资租赁企业购入新区先进装备制造企业生产的设备，购入新区企业制造的飞机、船舶，按照合同金额，给予一定补贴。对融资租赁企业购入新区先进装备制造企业生产的设备，按照合同金额的 0.5%，给予融资租赁企业补贴；对融资租赁企业购入新区企业制造的飞机、船舶，按照合同金额的 1%，给予融资租赁企业补贴。单一合同不重复享受补贴，对单一融资租赁企业，每年该项补贴额最高为 500 万元。

对融资租赁企业新购入船舶和飞机，给予一定登记费补贴。对融资租赁企业新购入船舶和飞机，给予登记费 100% 的补贴，单船或单机最高补贴额为 10 万元，对单一融资租赁企业，每年该项补贴额最高为 200 万元。

北京中关村科技园区相关政策

2012 年起，北京市先后发布了《关于中关村国家自主创新示范区促进融资租赁发展的意见》（京政发〔2012〕23 号）、《中关村国家自主创新示范区促进科技金融深度融合创新发展支持资金管理办法》（中科园发〔2017〕10 号）和《中关村国家自主创新示范区促进科技金融深度融合创新发展支持资金管理办法实施细则（试行）》（中科园发〔2017〕38号），实行了一系列促进中关村示范园区内的融资租赁企业发展的财政补贴政策。具体规定如下：

中关村示范区新设立或引进的金融租赁公司，按照《关于促进首都金融业发展的意见实施细则》（京发改〔2005〕2736号）的规定，经北京市金融服务工作领导小组批准，可以享受一次性资金补助政策，所需资金由市区两级各分担50%。

对融资租赁企业给予购（建、租）房补贴。鼓励各区县政府对融资租赁企业给予购（建、租）房补贴。2012年起新设立或新迁入海淀区，具备独立法人资格且在海淀区注册纳税的融资租赁企业，购置或自建办公用房的，由海淀区人民政府给予每平方米1 000元的一次性补贴，补贴面积不超过500平方米。融资租赁企业租用办公用房的，享受3年租金补贴。第一年补贴租金的50%，第二年补贴30%，第三年补贴10%，补贴面积不超过500平方米。

鼓励融资租赁企业面向中关村企业开展业务。鼓励有条件的中关村企业通过申请设立外商投资融资租赁公司或内资融资租赁公司直接开展融资租赁业务，实现产业资本和金融资本的有机结合。鼓励合作的融资租赁企业为中关村企业提供融资租赁业务，中关村科技园区管理委员会按照对中关村企业实际开展的融资租赁业务总额的1%给予补贴，每家机构年度补贴额不超过500万元。

鼓励中关村企业通过融资租赁方式实现发展。鼓励中关村企业通过融资租赁的方式取得为科技研发和创新创业服务的设备、器材等，中关村科技园区管理委员会对企业融资租赁而发生的融资费用（包括租息和手续费）给予20%的补贴，年度补贴额不超过50万元，企业享受补贴的时限不超过3年。2017年5月6日起按照每年新增业务规模的1%，给予融资租赁机构年度不超过500万元的补贴支持，纳入机构补贴总额的单个企业融资租赁业务额度不超过3 000万元。

支持金融租赁资质或牌照。支持企业获得国家或北京市金融监管部门批复的金融租赁业务资质或牌照，按照每个资质或牌照50万元的标准给予企业一次性补贴。所获金融业务资质或牌照明确要求有筹办期的，企业需筹建完毕、通过监管部门验收并正式开业。

深圳前海合作区相关政策

2018年12月21日，深圳市人民政府发布了《关于印发扶持金融业发展若干措施的通知》（深府规〔2018〕26号），对金融租赁公司推出一系列扶持政策。2019年深圳市前海管理局在此基础上又发布了《深圳前海深港现代服务业合作区支持金融业发展专项资金实施细则（试行）》，对2019年8月20日至2020年12月31日期间在前海注册以及新迁入前海的融资租赁公司给予如下资金扶持：

对融资租赁公司符合《深圳市扶持金融业发展若干措施》并已经享受有关政策，除本细则有特殊规定的，按照市奖励金额的50%给予一次性配套扶持，最高给予2 500万元的落户奖及500万元的增资奖励。

对前海合作区成立以后设立或迁入的企业给予以下奖励：

①对完成上市辅导的企业，给予50万元奖励。

②对获准在上海证券交易所、深圳证券交易所或香港、纽约、伦敦、东京、新加坡、纳斯达克等境外证券交易所挂牌上市（不含小额资本市场和柜台交易）的企业，给予募集资金净额0.5%、最高不超过300万元的奖励。

③对在全国中小企业股份转让系统（新三板）创新层成功挂牌的，一次性给予100万元奖励；对在全国中小企业股份转让系统（新三板）基础层成功挂牌的，一次性给予50万元奖励。

对在前海区内注册且成功开展跨境金融资产转让的金融机构，给予交易资产规模的0.01%的奖励。单个金融机构单笔奖励不超过10万元、每年奖励不超过100万元。

人才可按照《深圳前海深港现代服务业合作区人才发展引导专项资金实施细则（试行）》等有关规定享受人才奖励。注册以及新迁入前海的金融租赁企业总部、专业子公司、一级分支机构管理团队，分别按100万元、50万元和30万元给予管理团队一次性安家补贴。

对前海企业在香港及境外市场成功发行债券的，给予融资规模0.5%、最高100万元的发行费用支持。对前海港资企业的境外母公司或子公司成功在境内发行债券且发债资金用于前海港资企业的，给予融资规模0.5%、最高100万元的发行费用支持。上述跨境发债为绿色债券的，按照上述标准的2倍给予发行费用支持。

对跨国公司以前海成员企业作为主办企业，并在前海银行开设主办账户，开展本外币跨境资金池业务的，按其上年度实际展业规模的0.1%给予奖励，奖励最高不超过50万元。

对前海区内交易场所成功开展跨境金融资产转让的，给予交易资产规模的0.1%、最高不超过10万元的奖励，单家机构每年最高不超过100万元。

每年开展前海金融创新案例征集评选活动，对优秀金融创新案例按等级分别给予 5 万～ 30 万元资助，多家申报单位申报同一案例的，平均分配扶持资金。

福建自贸区相关政策

2015 年 9 月 4 日，福建省制定了《福建省人民政府办公厅关于支持福建自贸试验区融资租赁业加快发展的指导意见》（闽政办〔2015〕123 号）。2019 年 6 月 25 日，福建自由贸易试验区福州片区工作领导小组办公室发布《关于进一步加快福建自贸试验区福州片区融资租赁业发展的实施意见》（榕自贸办〔2019〕5 号），实行了一系列促进福建自贸区内的融资租赁企业发展的财政补贴政策。具体规定如下：

1. 自贸区财政补助规定

（1）落户奖励。对在自贸试验区内，已设立、新设或迁入的融资租赁公司和金融租赁公司营运满一年，根据到资情况给予一次性财政补助。注册资本实缴 5 000 万元（含）至 5 亿元的，可给予不超过 100 万元的补助；注册资本实缴 5 亿元（含）至 10 亿元的，可给予不超过 300 万元的补助；注册资本实缴 10 亿元以上的，可给予不超过 500 万元的补助。

（2）经营业绩奖补。自贸区所在地政府可以根据融资租赁企业的经营主业和经营业绩给予奖补。对入驻自贸区企业租用自用办公用房，可按照租金市场指导价的一定比例给予 1 ～ 3 年的租金补助。对购入设备并被自贸试验区企业租赁使用的融资租赁公司，按照合同履行金额的 3‰～ 5‰给予奖励。对购入智能制造设备、飞机、船舶、新能源生产设备、医疗设备等符合自贸区产业政策设备的融资租赁公司，可以按 5‰～ 10‰弹性给予奖励。自贸区所在地政府可以约定单一企业单笔业务奖励和总奖励的最高金额，也可以设定申请奖励的融资租赁企业的业绩门槛。

（3）专业人才激励措施。支持自贸区融资租赁高层次人才申报福建自贸试验区高层次人才引进计划，符合条件的由省级人才专项经费给予 25 万～ 200 万元的安家支持，并相应纳入自贸区所在地政府引进高层次人才计划给予相应的政策支持。对新引进国内外知名融资租赁总部企业的高层次人才，自贸区所在地政府可按其经营业绩给予住房和生活补助。

2. 福州片区财政补助规定

（1）落户奖励。对在自贸试验区内，已设立、新设或迁入的融资租赁公司和金融租赁公司营运满一年，根据“企业到资额 / 上限到资额 × 补助上限”标准给予一次性财政补助。对融资租赁公司和金融租赁公司增加资本金的，根据“企业增资额 / 上限增资额 × 补助上限”标准给予一次性财政补助。注册资本到资或实际增资 5 000 万元（含）至 5 亿元，可给予不超过 100 万元的补助；注册资本到资或实际增资 5 亿元（含）至 10 亿元，可给予不超过 300 万元的补助；注册资本到资或实际增资 10 亿元以上的，可给予不超过 500 万元的补助。

（2）办公用房租金补贴。对自贸试验区融资租赁企业租用自用办公用房并投入运营，按每平方米市场评估价房屋租金的 30% 补贴，补助时间为 3 年若新租赁自用办公用房的价格低于房屋租金市场指导价，则以其实际租价为基准计算租房补贴。享受补贴期间，租赁企业须承诺不转租办公用房。

（3）设备购买、承租奖励。对购入设备并被福州市企业租赁使用的自贸试验区融资租赁公司，按其项目设备购买价款的 0.5% 给予奖励，融资租赁方、承租方分别按照奖励总额 80%、20% 的比例进行奖励。该奖励金均由融资租赁方统一申报，同时提供融资租赁方和承租方的账户，补助金分别拨付双方账户。单一企业每年度总奖励金额不超过 200 万元。对于购入智能制造设备、城市轨道交通设备、飞机、船舶、特种汽车、新能源生产设备、化工生产设备、医疗设备等符合自贸试验区产业政策的设备，按实际购买价款的 1% 给予融资租赁企业奖励，单一企业每年度享受奖励总金额不超过 500 万元。单一企业每年度享受总奖励金额不超过当年度该企业缴纳税收地方留成。

3. 税收政策

自贸区福州片区支持租赁企业在每年年度终了根据承租人财务、经营管理和租金逾期期限等因素，分析应收租赁款的风险程度和回收可能性，对承担风险和损失的资产计提风险准备金；金融租赁公司对应融资租赁款等各项具有贷款特征的风险资产按税收有关规定提取的贷款损失准备金，准予在企业所得税税前扣除。金融租赁公司实际发生的符合条件的贷款损失，应先冲减已在税前扣除的贷款损失准备金，不足冲减部分可据实在计算当年应纳税所得额时扣除。

厦门市相关政策

厦门2014年9月30日发布《厦门市中小企业发展专项资金使用管理办法》（厦财企〔2014〕40号），2020年3月31日发布《厦门市促进融资租赁业发展的若干措施》（厦府办规〔2020〕2号）给予融资租赁企业各项财政补贴。具体规定如下：

（1）融资租赁公司购入设备并被厦门市民营、中小企业租赁使用的，按照租赁合同及发票金额的5‰给予奖励，单一企业单笔业务奖励金额不超过20万元，总奖励金额不超过200万元。

（2）融资租赁公司购入厦门市地产设备开展业务的，按照租赁合同及发票金额的6‰给予奖励，单一企业单笔业务奖励金额不超过30万元，总奖励金额不超过300万元。

（3）对境内外具有实力的知名企业和金融机构（世界500强、中国500强、大型央企、民企500强、台湾百大等）在厦门市新设立、收购控股或从市域外新迁入的融资租赁法人企业，按照《厦门市人民政府关于印发扶持金融业发展若干措施的通知》（厦府〔2019〕280号）第（七）项及其实施细则的相关规定给予一次性落户奖励，最高不超过500万元：实收资本1亿（含）～5亿元的，奖励80万元；5亿（含）～10亿元的，奖励150万元；10亿（含）～20亿元的，奖励300万元；20亿元（含）以上的，奖励500万元。上述新设立、收购控股或从厦门市域外新迁入的融资租赁法人企业后续增资后累计实收资本达到高一级实收资本规模的，补足奖励差额部分。未获得一次性落户奖励、后续进行增资的，对当次增资规模按新设立融资租赁公司实收资本奖励标准的50%予以奖励，多次增资规模不可合并计算，累计增资奖励最高不超过250万元。

（4）购买自用办公用房的，按购房合同的10%给予一次性补贴（每平方米最高不超过1 000元），最高不超过500万元，分3年平均支付；租赁自用办公用房的，连续3年给予租房补贴，每年按房屋租金的40%给予补贴，累计补助额不超过500万元。享受上述购租房补助的办公用房在享受补助期间不得转售或转租。

（5）对经营满1年以上、年实际租赁额达5 000万元及以上的融资租赁公司购入设备并被厦门市企业法人或其他组织租赁使用的，按照该笔业务当年度开具增值税发票的不含税金额的5‰给予业务奖励。对于符合规定的售后回租业务，可用租赁合同及经开户银行盖章的租金进账单替代增值税发票。单家企业单笔业务奖励金额不超过30万元，每年度总奖励金额不超过300万元。

以上第（3）、（4）、（5）项自2020年3月31日起5年内有效。

新疆喀什、霍尔果斯经济开发区相关政策

2010年1月1日至2020年12月31日，对在新疆喀什、霍尔果斯两个特殊经济开发区内新办的属于《新疆困难地区重点鼓励发展产业企业所得税优惠目录》（以下简称《目录》）范围内的企业，自取得第一笔生产经营收入所属纳税年度起，五年内免征企业所得税。属于《目录》范围内的企业是指以《目录》中规定的产业项目为主营业务，其主营业务收入占企业收入总额70%以上的企业。

《目录》中与融资租赁公司相关的业务主要有以下几项：农村金融服务体系建设；知识产权代理、转让、登记、鉴定、检索、评估、认证、咨询和相关投融资服务；为用户提供节能诊断、设计、融资、改造、运行管理等服务；应急咨询、培训、租赁和保险服务。

虽然该项政策并非专门针对融资租赁行业制定，但融资租赁公司也可从中获得税收优惠。2016年7月5日，新疆中泰融资租赁有限公司发布了《关于新疆中泰融资租赁有限公司获得企业所得税优惠备案的公告》，称其自2016年4月1日至2020年12月31日享受免征企业所得税的税收优惠。

10

融资租赁的会计要素

融资租赁业务会计处理基本概念解析

假设承租人在获得对租赁资产使用权的控制前未预付租金，融资租赁业务相关特殊要素见图 10-1。

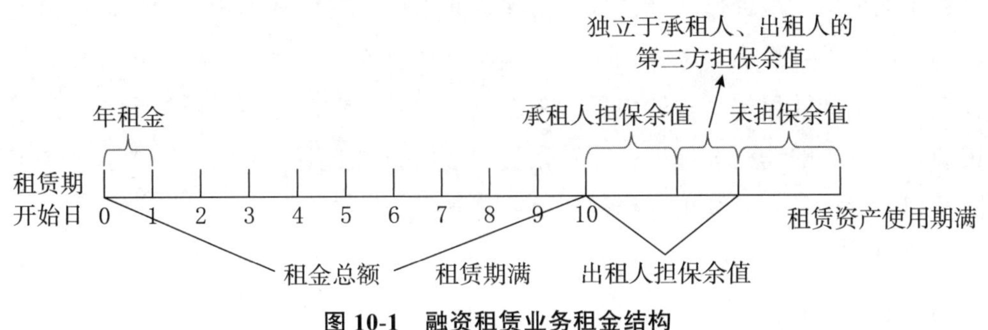

图 10-1 融资租赁业务租金结构

租赁开始日与租赁期开始日

租赁开始日，是指租赁合同签署日与租赁各方就主要租赁条款做出承诺日中的较早者，出租人应当在租赁开始日将租赁分为融资租赁或经营租赁。

租赁期开始日，在新租赁准则中是指出租人提供租赁资产使其可供承租人使用的起始日期，即承租人有权行使其使用租赁资产权利的日期，表明租赁行为的开始。如果承租人在租赁协议约定的起租日或租金起付日之前，已获得对租赁资产使用权的控制，则表明租赁期已经开始，租赁协议中对起租日或租金支付时间的约定，并不影响租赁期开始日的判断。在租赁期开始日，除进行简化处理的短期租赁和低价值资产租赁外，承租人应当对使用权资产和租赁负债进行初始确认；出租人应当确认应收融资租赁款并终止确认融资租赁资产。

购买选择权、续租选择权与终止租赁选择权的评估

在租赁期开始日，应对承租人行使购买选择权、续租选择权及终止租赁选择权的可能性进行评估，评估时可从租赁不可撤销期间的长短（不可撤销期间越短，获取替代资产的成本越高，承租人行使续租选择权或不行使终止租赁选择权的可能性越大）、与终止租赁相关的成本、租赁资产对承租人运营的重要程度、与行使选择权相关的条件及满足相关条件的可能性、选择权期间的合同有关条款和条件与市价相比是否有优势、承租人在合同期内进行或预期进行的重大改良，在承租人做出选择时，预期能否为承租人带来重大经济利益、承租人使用该类资产的通常期限及原因等多方面因素考虑。

若无论承租人是否行使选择权，均保证向出租人支付基本相等的最低或固定现金，则应假定可合理确定承租人将行使续租选择权或不行使终止租赁选择权。若同时存在原租赁和转租赁，且转租赁期限超过原租赁期限，如原租赁包含 5 年的不可撤销期间和 2 年的续租选择权，而转租赁的不可撤销期限为 7 年，则应考虑转租赁期限及相关租赁条款对续租选择权评估的可能影响。

租赁期

租赁期，是指承租人有权使用租赁资产且不可撤销的期间。衡量不可撤销期间的关键为是否在合同条款中约定强制执行合同的期间，具体分以下几种情况：

（1）出租人与承租人双方均有权在未经另一方许可的情况下终止租赁，且罚款金额、预计对交易双方带来的经济损失不重大的，该租赁不再可强制执行。

（2）承租人有终止租赁选择权的，在确定租赁期时，企业应将该项权利视为承租人可行使的终止租赁选择权予以考虑，如果合理确定将不会行使该选择权的，租赁期应当包含终止租赁选择权涵盖的期间；若仅出租人有权终止租赁，则不可撤销的租赁期包括终止租赁选择权所涵盖的期间。

（3）承租人有续租选择权，且合理确定将行使该选择权的，租赁期还应当包含续租选择权涵盖的期间。

若因实际情况与评估时相比发生变化等原因，导致不可撤销的租赁期间发生变化，企业应当修改租赁期。若发生承租人可控范围内的重大事件或变化，且影响承租人是否合理确定将行使相应选择权的，承租人应当对其是否合理确定将行使续租选择权、购买选择权或不行使终止租赁选择权进行重新评估，并根据重新评估结果修改租赁期。这些重大事件或变化包括但不限于下列情形：

（1）在租赁期开始日未预计到的重大租赁资产改良，在可行使续租选择权、终止租赁选择权或购买选择权时，预期将为承租人带来重大经济利益。

（2）在租赁期开始日未预计到的租赁资产的重大改动或定制化调整。

（3）承租人做出的与行使或不行使选择权直接相关的经营决策。例如，决定续租互补性资产、处置可替代的资产或处置包含相关使用权资产的业务。

担保余值

担保余值，是指与出租人无关的一方向出租人提供担保，保证在租赁结束时租赁资产的价值至少为某指定的金额。就承租人而言，是指由承租人或与其有关的第三方担保的资产余值；就出租人而言，是指就承租人而言的担保余值加上独立于承租人和出租人的第三方担保的资产余值。

未担保余值

未担保余值，是指租赁资产余值中，出租人无法保证能够实现或仅由与出租人有关的一方予以担保的部分。具体来说，是指租赁资产余值中扣除就出租人而言的担保余值以后的资产余值。

资产余值

资产余值，是指在租赁期开始日估计的租赁期届满时租赁资产的公允价值。

资产余值 = 担保余值 + 未担保余值

租赁期满时，一般需要对资产的实际余值进行评估，如果实际余值低于担保余值，担保人应对这部分差额进行全额补偿；而当租赁资产实际余值高于担保余值时，按照融资租赁的实质，这部分差额收益应归承租人享有。对于未担保余值，承租人并不负补偿责任。

融资租赁资产余值的担保情况不同，核算方法也存在差异：

旧租赁准则中，出租人应将资产担保余值计入其最低租赁收款额内核算；未担保余值则应算入租赁投资总额，单独设置“未担保余值”科目核算，租赁期内需对未担保余值进行经常性检查，如有减值，应确认为当期损失。对承租人而言，会计处理只需将担保余值计入最低租赁付款额中，无须单独反映未担保余值。

新租赁准则中，出租人应将担保余值计入租赁收款额中核算；未担保余值则应按内含利率折现算入租赁投资净额。承租人需根据自身提供的担保余值预计应支付的款项，将其计入租赁付款额，这与担保余值不同，反映的是担保余值与租赁期满租赁资产实际公允价值的差额。

案例 10-1

资产余值的构成——担保余值与未担保余值

租赁公司将一台大型设备以融资租赁方式租赁给某企业。假定融资租出的设备的租赁到期后余值是 1 000 万元，分为担保余值和未担保余值。假定担保余值是 800 万元，其中与承租人及其有关的第三方的担保余值是 500 万元，与承租人无关的第三方的担保余值（担保公司担保的余值）是 300 万元；未担保余值是 200 万元。其资产余值结构见图 10-2。

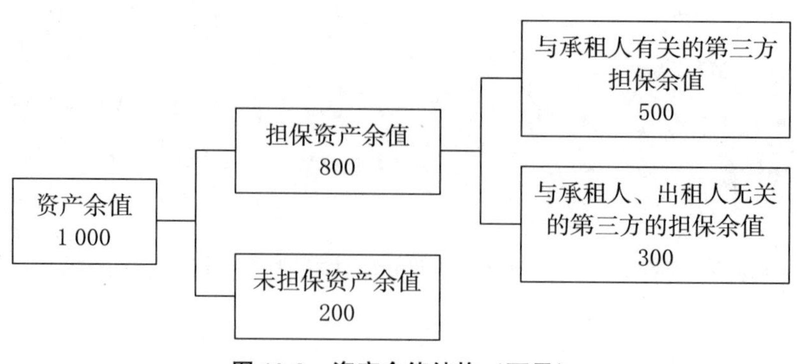

图 10-2　资产余值结构（万元）

可变租赁付款额

可变租赁付款额，类似于旧租赁准则中的“或有租金”，是指承租人为取得在租赁期内使用租赁资产的权利，而向出租人支付的因租赁期开始日后的事实或情况发生变化（而非时间推移）而变动的款项，其主要特征是金额不固定且不随时间长短而变化。可变租赁付款额可能与下列各项指标或情况挂钩：

（1）由于基准利率或消费者价格指数等市场比率或指数数值变动导致的价格变动。例如，如果当年物价指数在 110% ～ 115% 之间，每年额外支付 20 万元租金；物价指数在 115% ～ 120% 之间，每年额外支付 30 万元租金等。

（2）承租人源自租赁资产的绩效。例如，某零售业在签订不动产融资租赁合同时，合同条款规定，从次年起，每年按照使用该不动产取得营业收入的 2% 收取额外租金。

（3）租赁资产的使用。例如，车辆租赁要求承租人在月行驶里程不超过 1 万公里时，月租金为 2 万元；月行驶里程超过 1 万公里、不超过 2 万公里时，月租金为 3 万元。

需要注意的是，在租赁期开始日，可变租赁付款额是不确定的，所以除取决于指数或比率的可变租赁付款额外，其他可变租赁付款额均不纳入租赁负债的初始计量中，而应当在实际发生时计入当期损益。例如，与营业收入相关的可变租赁付款额，应在实际发生时借记“销售费用”科目，贷记“银行存款”科目。取决于指数或比率的可变租赁付款额，需要根据租赁期开始日的指数或比率确定纳入租赁负债的初始计量金额，租赁期开始日后，因用于确定租赁付款额的指数或比率（浮动利率除外）的变动而导致未来租赁付款额发生变动的，承租人应当按照变动后租赁付款额的现值重新计量租赁负债。

案例 10-2

取决于指数或比率的可变租赁付款额的入账价值

A 公司融资租入某设备，租赁期为 5 年，租赁期开始日物价指数为 100，初始年租金为 100 万元，于每年年末支付，以后每年末租金根据上年物价指数的上涨而调整，折现率为 5%。

租赁期开始日，应以当前物价指数计算可变租赁付款额的入账价值，不需要考虑后续租金的变化，计入租赁负债的金额为：100×（P/A,5%,5）=492.95（万元）。

假设第1年内物价指数从100上升至105，则第一年末，应根据物价指的变化重新计算租赁负债的入账价值：100×105/100×（P/A，5%，4）=372.33（万元）。

租赁付款额（针对承租人）

租赁付款额，是指承租人向出租人支付的与在租赁期内使用租赁资产的权利相关的款项，旧租赁准则中对应“最低租赁付款额”。租赁付款额与最低租赁付款额的对比见表10-1。

表10-1　租赁付款额与最低租赁付款额对比

	租赁付款额（新）	最低租赁付款额
付款额构成	①固定付款额及实质固定付款额，出租人存在租赁激励的，扣除租赁激励相关金额； ②取决于指数或比率的可变租赁付款额，该款项在初始计量时根据租赁期开始日的指数或比率确定； ③购买选择权的行权价格，前提是承租人合理确定将行使该选择权； ④行使终止租赁选择权需支付的款项，前提是租赁期反映出承租人将行使终止租赁选择权； ⑤根据承租人提供的担保余值预计应支付的款项。	在租赁期内，承租人应支付或可能被要求支付的款项（不包括或有租金和履约成本），加上由承租人或与其有关的第三方担保的资产余值。 ①租赁合同没有规定优惠购买选择权时：最低租赁付款额＝各期租金之和＋承租人或与其有关的第三方担保的资产余值； ②租赁合同规定有优惠购买选择权时：最低租赁付款额＝各期租金之和＋承租人行使优惠购买选择权而支付的款项。

实质固定付款额，是指在形式上可能包含变量但实质上无法避免的付款额。例如：

（1）付款额设定为可变租赁付款额，但该可变条款几乎不可能发生，没有真正的经济实质。例如，付款额仅需在租赁资产经证实能够在租赁期间正常运行时支付，或者仅需在不可能不发生的事件发生时支付。又如，付款额初始设定为与租赁资产使用情况相关的可变付款额，但其潜在可变性将于租赁期开始日之后的某个时点消除，在可变性消除时，该类付款额成为实质固定付款额。

（2）承租人有多套付款额方案，但其中仅有一套是可行的。在此情况下，承租人应采用该可行的付款额方案作为租赁付款额。

（3）承租人有多套可行的付款额方案，但必须选择其中一套。在此情况下，承租人应采用总折现金额最低的一套作为租赁付款额。比如，在租赁期开始日无法合理确定承租方行使购买选择权还是续租选择权，但已知承租方必须二选其一，则应选择购买价款现值和续租价款现值较低的方案对应的付款额作为实质固定付款额。

租赁激励，是指出租人未达成租赁向承租人提供的优惠，包括出租人向承租人支付的与租赁有关的款项、出租人为承租人偿付或承担的成本等。比如，由于租赁物与承租人要求不完全相符，约定由出租人承担承租人的租赁物改良费用。

案例 10-3

租赁付款额的确定

甲公司采用融资租赁方式从乙公司租入设备一台。租赁合同的主要内容有：该设备租赁期为 5 年，租赁期开始日乙公司承担甲公司设备改良费用 10 万元；每年年末支付固定租金 100 万元；如果当年物价指数在 105 ～ 115 之间，每年额外支付 20 万元租金；物价指数在 115 ～ 120 之间，每年额外支付 30 万元租金，租赁期开始日物价指数为 110；甲公司即承租人担保的资产余值为 30 万元，甲公司的母公司担保的资产余值为 20 万元，预计租赁期结束时该设备公允价值为 40 万元；担保公司担保金额为 10 万元。则租赁期开始日确定的租赁付款额包括：

①固定付款额 =100×5−10=490（万元）；

②可变付款额 =20×5=100（万元）；

③承租人提供的担保余值预计应支付的款项 =30+20−40=10（万元）。

租赁期开始日确定的租赁付款额总额 =490+100+10=600（万元）

租赁收款额（针对出租人）

租赁收款额，是指出租人因让渡在租赁期内使用租赁资产的权利而应向承租人收取的款项，旧租赁准则中对应“最低租赁收款额”。租赁收款额与最低租赁收款额的对比见表 10-2。

表 10-2　租赁收款额与最低租赁收款额对比

	租赁收款额（新）	最低租赁收款额
收款额构成	①承租人需支付的固定付款额及实质固定付款额，存在租赁激励的，扣除租赁激励相关金额； ②取决于指数或比率的可变租赁付款额，该款项在初始计量时根据租赁期开始日的指数或比率确定； ③购买选择权的行权价格，前提是合理确定承租人将行使该选择权； ④承租人行使终止租赁选择权需支付的款项，前提是租赁期反映出承租人将行使终止租赁选择权； ⑤由承租人、与承租人有关的一方以及有经济能力履行担保义务的独立第三方向出租人提供的担保余值。	最低租赁收款额＝各期租金之和＋就出租人而言担保余值＝最低租赁付款额＋独立于承租人和出租人的第三方担保的资产余值

案例 10-4

租赁收款额的确定

（承案例 10-2）租赁期开始日确定的租赁收款额包括：

①固定付款额 =100×5−10=490（万元）；

②可变付款额 =20×5=100（万元）；

③就出租人而言的担保余值 =30+20+10=60（万元）。

租赁期开始日确定的租赁收款额总额 =490+100+60=650（万元）

租赁内含利率

租赁内含利率，在旧租赁准则中是指在租赁开始日，使不含税最低租赁收款额的现值与未担保余值的现值之和等于租赁资产公允价值与出租人的不含税初始直接费用之和的折现率。

在新租赁准则中，是指使出租人不含税租赁收款额的现值与未担保余值的现值之和等于租赁资产公允价值与出租人的不含税初始直接费用之和的利率。若承租人无法确定租赁内含利率，应当以承租人增量借款利率作为折现率，即承租人在类似经济环境下为获得与使用权资产价值接近的资产，在类似期间以类似抵押条件借入资金须支付的利率。

融资租赁企业会计科目设置

由于不同规模、不同形式的融资租赁公司存在一定的差异，因此下面的会计科目设置并不能适用于所有的融资租赁企业，融资租赁企业可根据自身具体情况在此基础上进行调整。

资产类科目设置

资产类科目设置具体见表 10-3。

表 10-3 资产类科目设置

一级科目		二级科目		三级科目		核算项目
库存现金	1001					
银行存款	1002	×× 银行	100201			支行名称和账号
其他货币资金	1012	信用证保证金	101201			支行名称和账号
		银行承兑汇票	101202			支行名称和账号
		信用卡	101203			支行名称和账号
		存出保证金	101204			支行名称和账号
交易性金融资产	1101	成本	110101	股票	11010101	
				债券	11010102	
				基金	11010103	
		公允价值变动	110102	股票	11020201	
				债券	11020202	
				基金	11020203	
应收票据	1121					往来单位
买入返售金融资产	1111					买入对象
应收账款	1122	租赁项目应收账款	112201			往来单位
		其他	112202			往来单位
应收股利	1131					
应收利息	1132					

续表

一级科目		二级科目		三级科目		核算项目
预付账款	1151					往来单位
合同资产	1164					往来单位
合同资产减值准备	1165					往来单位
其他应收款	1221	外部单位	122101			往来单位
		个人	122102			个人姓名
		租赁保证金	122103			往来单位
		其他	122104			往来单位
坏账准备	1241	应收账款坏账准备	124101			
		应收票据坏账准备	124102			
		其他应收款坏账准备	124103			
		长期应收款坏账准备	124104			
原材料	1403					
库存商品	1405					
债权投资	1501	面值	150101	股票	15010101	
				债券	15010102	
				基金	15010103	
		利息调整	150102	股票	15020101	
				债券	15020102	
				基金	15020103	
		应计利息	150103	股票	15030101	
				债券	15030102	
				基金	15030103	
债权投资减值准备	1502					
其他债权投资	1503	成本	150301			
		利息调整	150302			
		公允价值变动	150303			
其他权益工具投资	1504	成本	150401			
		公允价值变动	150402			
长期股权投资	1511	成本	151101			被投资企业
		损益调整	151102			被投资企业
		其他权益变动	151103			被投资企业
长期股权投资减值准备	1512					

续表

一级科目		二级科目		三级科目		核算项目
长期应收款	1531					
应收融资租赁款	1541（未公布）	租赁收款额	154101	×× 资产	15410101	
		未实现融资收益	154102	×× 资产	15410201	
		未担保余值	154103	×× 资产	15410301	
		初始直接费用	154104	×× 资产	15410401	
		融资租赁销项税额	154105	×× 资产	15410401	
应收融资租赁款减值准备	1542（未公布）					
固定资产	1601	房屋建筑物	160101			
		器具工具家具	160102			
		运输工具	160103			
		电子设备	160104			
累计折旧	1602	房屋建筑物	160201			
		器具工具家具	160102			
		运输工具	160003			
		电子设备	159904			
在建工程	1604					
工程物资	1605					
固定资产清理	1606	房屋建筑物	160601			
		器具工具家具	160602			
		运输工具	160603			
		电子设备	160604			
融资租赁资产	1611	设备名称	161101			
无形资产	1701	土地使用权	170101			
		软件	170102			软件名称
		其他	170103			
累计摊销	1702	土地使用权	170201			
		软件	170202			软件名称
		其他	170203			
长期待摊费用	1801					
递延所得税资产	1811					
待处理财产损溢	1901					

负债类科目设置

负债类科目设置具体见表 10-4。

表 10-4　负债类科目设置

一级科目		二级科目		三级科目		核算项目
短期借款	2001					金融企业名称
交易性金融负债	2101	本金	210101	股票	21010101	
				债券	21010102	
				基金	21010203	
		公允价值变动	210102	股票	21010201	
				债券	21010202	
				基金	21010203	
应付票据	2201					往来单位
预收账款	2203					往来单位
合同负债	2204					
应付职工薪酬	2211	工资及奖金	221101			
		职工福利	221102	职工工餐	22110201	部门
				通信费	22110202	部门
				取暖费、集中供热补贴	22110203	部门
				职工宿舍	22110204	部门
				职工联谊	22110205	部门
				其他	22110206	部门
		社会保险费	221103	养老保险	22110301	部门
				医疗保险	22110302	部门
				失业保险	22110303	部门
				工伤保险	22110304	部门
				生育保险	22110305	部门
		住房公积金	221104			部门
		补充住房公积金	221105			部门
		工会经费	221106			部门
		职工教育经费	221107			部门
		解除职工劳动关系补偿	221108			部门
应交税费	2221	应交增值税	222101	进项税额	22210101	

续表

一级科目		二级科目		三级科目		核算项目
应交税费	2221	应交增值税	222101	销项税额	22210102	
				已交税金	22210103	
				销项税额抵减	22210104	
				进项税额转出	22210105	
				出口退税	22210106	
				转出未交增值税	22210107	
				减免税款	22210108	
		待抵扣进项税	222102			
		待转销项税额	222103			
		简易计税	222104			
		未交增值税	222105			
		应交城市维护建设税	222106			收入类别
		应交教育费附加	222107			收入类别
		应交地方教育附加	222108			收入类别
		应交土地增值税	222109			收入类别
		应交企业所得税	222110			
		应交个人所得税	222111			
		应交房产税	222112			收入类别
		应交土地使用税	222113			收入类别
应付利息	2231	×× 银行	223101			
		×× 企业	223102			
应付股利	2232	股东名称	223104			
其他应付款	2241	个人	224101			个人姓名
		存入保证金	224102			往来单位
		其他单位往来	224103			往来单位
		融资租赁保证金	224104			租赁物名称
		其他	224104			往来单位
递延收益	2401					
长期借款	2501	本金	250101			金融企业名称
		利息调整	250102			
		应计利息	250103			
应付债券	2502	面值	250201			
		利息调整	250202			
		应计利息	250203			

续表

一级科目		二级科目		三级科目		核算项目
长期应付款	2701					
专项应付款	2711					
预计负债	2801					
递延所得税负债	2901					

所有者权益、成本、损益类科目设置

根据《企业会计准则第 17 号——借款费用》的规定，银行借款利息只有资本化和费用化两种处理方法，而除了生产商、经销商出租人在某些情况下可资本化外，其他出租人银行借款利息都应计入财务费用，这与融资租赁的业务实质是不相符的，融资租赁行业最主要的直接成本就是银行借款等的利息以及购买融资租赁设备的价款，设备价款已经在确认收入时直接扣除，而借款的利息费用若直接费用化会导致最终的财务报表中有收入而无成本。因此，在符合会计准则要求的同时，为方便管理，可以在“财务费用——利息支出”下设“融资租赁借款费用”三级科目用以归集该类业务成本。

从新租赁准则来看，需将应收融资租赁款中的未实现融资收益（相当于利息部分）按期分摊，计入租赁收入、其他业务收入或利息收入科目，并在期末将科目余额转入本年利润，对于日常经营活动是租赁的融资租赁企业，租赁收入和利息收入可以作为“主营业务收入”列报，笔者认为在日常实务中，为方便财务软件中利润表的生成，这里也可以先将租赁收入或利息收入科目转入主营业务收入，再在期末将主营业务收入转入本年利润。融资租赁企业在设置所有者权益、成本、损益类科目时可参考表 10-5。

表 10-5　所有者权益、成本及损益类科目设置

一级科目		二级科目		三级科目		核算项目
实收资本	4001	股东名称	400101			
资本公积	4002	资本溢价	400201			
		其他资本公积	400202			
其他综合收益	4003	信用减值准备	400301			
		其他	400302			

续表

一级科目		二级科目		三级科目		核算项目
盈余公积	4101	法定盈余公积	410101			
		任意盈余公积	410102			
本年利润	4103					
利润分配	4104	提取任意盈余公积	410401			
		提取法定盈余公积	410402			
		应付现金股利或利润	410403			
		转作股本的股利	410404			
		盈余公积补亏	410405			
		未分配利润	410406			
租赁成本	5002					
主营业务收入	6001	融资租赁收入	600101			租赁物名称
		其他收入	600103			
利息收入	6011					
租赁收入	6041	利息收入	604101			
		可变租赁付款额	604102			
其他业务收入	6051					
公允价值变动损益	6101	交易性金融资产	610101			
		交易性金融负债	610102			
		投资性房地产	610103			
资产处置损益	6103					
其他收益	6104					
投资收益	6111	交易性金融资产	611101			
		持有至到期投资	611102			
		可供出售金融资产	611103			
		长期股权投资	611104			
		交易性金融负债	611105			
		其他	611106			
营业外收入	6301	处置非流动资产利得	630101			
		非货币性资产交换利得	630102			
		债务重组利得	630103			
		罚没利得	630104			
		其他利得	630105			
主营业务成本	6401	融资租赁成本	640101			
		其他成本	640103			

续表

一级科目		二级科目		三级科目		核算项目
其他业务成本	6402					
税金及附加	6403	应交城市维护建设税	640301			收入类别
		应交教育费附加	640302			收入类别
		应交地方教育附加	640303			收入类别
		应交土地增值税	640304			收入类别
		应交房产税	640305			收入类别
		应交土地使用税	640306			收入类别
		应交印花税	640307			收入类别
销售费用	6601	工资及奖金	660201			
		职工福利费	660202			
		劳动保险费	660203			
		职工教育经费	660204			
		工会经费	660205			
		劳保用品费	660206			
		办公费	660207	文具印刷	66020701	
				行政收费	66020702	
				其他	66020703	
		差旅费	660208			
		通讯费	660209			
		水费	660210			
		电费	660211			
		业务招待费	660212			
		会务费	660213			
		修理费	660214			
		固定资产折旧	660215			
		无形资产摊销	660216			
		低值易耗品摊销	660217			
		诉讼费	660218			
		咨询费	660222			
		其他	660223			
管理费用	6602	工资及奖金	660201			部门
		职工福利费	660202			部门
		劳动保险费	660203			部门
		职工教育经费	660204			部门

续表

一级科目		二级科目		三级科目		核算项目
管理费用	6602	工会经费	660205			部门
		劳保用品费	660206			部门
		办公费	660207	文具印刷	66020701	部门
				行政收费	66020702	部门
				其他	66020703	部门
		差旅费	660208			部门
		通讯费	660209			部门
		水费	660210			部门
		电费	660211			部门
		业务招待费	660212			部门
		会务费	660213			部门
		修理费	660214			部门
		固定资产折旧	660215			部门
		无形资产摊销	660216			部门
		低值易耗品摊销	660217			部门
		诉讼费	660218			部门
		审计费	660219			部门
		资产评估费	660220			部门
		咨询费	660221			部门
		其他	660222			部门
财务费用	6603	利息支出	660301	融资租赁借款费用	66030101	
				其他	66030102	
		利息收入	660302			
		手续费支出	660303			
		汇兑损益	660304			
信用减值损失	6702					
营业外支出	6711	处理非流动资产处置损失	671101			
		债务重组损失	671103			
		罚款支出	671104			
		捐赠支出	671105			
		非常损失	671106			
		其他支出	671107			

续表

<table>
<tr><th colspan="2">一级科目</th><th colspan="2">二级科目</th><th colspan="2">三级科目</th><th>核算项目</th></tr>
<tr><td rowspan="2">所得税费用</td><td rowspan="2">6801</td><td>当期所得税费用</td><td>680101</td><td></td><td></td><td></td></tr>
<tr><td>递延所得税费用</td><td>680102</td><td></td><td></td><td></td></tr>
<tr><td>以前年度损益调整</td><td>6901</td><td></td><td></td><td></td><td></td><td></td></tr>
</table>

出租方会计核算要点

特殊会计科目设置

融资租赁兼具融资、促销、投资等功能，促进了商品流通，沟通了制造业与金融业，是一种非常特殊的业务类型。我们在对其进行会计处理时，通常会涉及一些比较特殊的二级科目，如未担保余值、未实现融资收益等。营改增以后，出租人在进行融资租赁账务处理时主要会用到表 10-6 所列示的这些会计科目，下面将对其中的“融资租赁资产”、“应收融资租赁款”、“应收融资租赁款减值准备”和“租赁收入”做详细的介绍。

表 10-6 出租方特殊会计科目设置

<table>
<tr><th>一级科目</th><th>二级科目</th><th>三级科目</th><th>备注</th></tr>
<tr><td>融资租赁资产</td><td>设备名称</td><td></td><td></td></tr>
<tr><td>应交税费</td><td>应交增值税</td><td>进项税</td><td></td></tr>
<tr><td rowspan="5">应收融资租赁款</td><td>租赁收款额</td><td>设备名称</td><td rowspan="5">列报于“长期应收款”项目。其中，自资产负债表日起一年内（含一年）到期的，在“一年内到期的非流动资产”中填列。
出租业务较多的出租人，也可在“长期应收款”项目下单独列示为“其中：应收融资租赁款”。</td></tr>
<tr><td>未实现融资收益</td><td>设备名称</td></tr>
<tr><td>未担保余值</td><td>设备名称</td></tr>
<tr><td>初始直接费用</td><td>设备名称</td></tr>
<tr><td>融资租赁销项税额</td><td>设备名称</td></tr>
<tr><td>应收融资租赁款减值准备</td><td></td><td></td><td></td></tr>
<tr><td>应交税费</td><td>待转销项税额</td><td></td><td></td></tr>
<tr><td>应交税费</td><td>应交增值税</td><td>销项税</td><td></td></tr>
<tr><td rowspan="2">租赁收入</td><td>利息收入</td><td></td><td>内外资融资租赁公司适用</td></tr>
<tr><td>可变租赁付款额</td><td></td><td></td></tr>
</table>

续表

一级科目	二级科目	三级科目	备注
利息收入			金融租赁公司适用
主营业务收入	融资租赁收入	设备名称	

1. 融资租赁资产

在融资租赁交易中，必定会涉及出租人根据承租人的要求购买租赁物件的事项，购买该租赁物后，出租方获得了对该租赁物的所有权，可以通过让渡租赁物的占用、使用、收益权来获得源源不断的租金收入，因此有必要单独设置“融资租赁资产”这一科目来核算为开展融资租赁业务取得租赁物的成本。之所以与“固定资产”科目区分开来，是因为租赁物是不同于企业其他实体资产的存在，其购买的目的和最终的处置方式都不同于企业其他资产，但租赁业务不多的企业也可以通过“固定资产”科目核算。该科目通过借记金额来核算出租人为取得资产所有权所发生的支出，包括合同价款及为取得其所有权所发生的运输费、途中保险费、安装调试费等。同时，该科目一般可按照租赁资产类别或项目进行明细核算。需要注意的是，凡是由出租人企业以外的第三方承担的租赁物件购置成本，并且由此带来的经济效益归于该第三方的，则这部分购置成本不应确认为“融资租赁资产”的价值。这种情况存在于杠杆融资租赁、委托融资租赁或联合融资租赁的交易方式之中。

2. 应收融资租赁款

“应收融资租赁款”这一科目所确认的，是因融资租赁合同的生效和履行所形成的出租人企业对承租人企业的融资租赁债权，这种债权是以未来约定期限内收取租金的方式实现的，其金额为未担保余值和租赁期开始日不含税尚未收到租赁收款额按照租赁内含利率折现的现值之和，其中，租赁期开始日已收取的租赁收款额现值与实际收款额相等，若存在初始直接费用，不含税初始直接费用也包含在其中。

（1）租赁收款额。

初始确认时，出租人应当按已经收取的租赁款，借记“银行存款”等科目；按尚未收到的不含税租赁收款额，借记“应收融资租赁款——租赁收款额”科目；按尚未收到租赁收款额对应应交的增值税销项税额，借记“应收融资租赁款———融资租赁销项税额”科目。当收到各期租金时，借记“银行存款”科目，贷记“应收融资租赁款——租赁收款额”科目。

（2）未担保余值。

租赁期满时，如果租赁资产的使用年限长于租赁期，租赁资产就会有余值，此时，出于对出租人和租赁资产的保护，避免因承租人在租赁期内过度耗用或损坏租赁资产而损害出租人的利益，如果双方约定租赁期满资产由出租人收回，则租赁合同中一般会规定由承租人（或与承租人有关的第三方）对租赁资产的余值进行担保，除此之外，还有可能找来与承租人和出租人均无关，但在财务上有能力提供担保的第三方来对资产余值进行担保，这些被担保的租赁资产余值就称为担保余值；资产余值与担保余值的差额即为未担保余值。出租人应将资产担保余值计入其租赁收款额内核算，租赁期开始日应按预计租赁期结束时的未担保余值，借记“应收融资租赁款———未担保余值”科目。

（3）未实现融资收益。

“应收融资租赁款——未实现融资收益”科目是融资租赁公司在租赁期内确认融资租赁收入的基础，它体现了该融资租赁合同项下通过收取租金可获得的预期收益，融资租赁企业会在租赁期内分期将其转入租赁收入，未实现融资收益金额 = 不含税租赁收款额 + 未担保余值 - 租赁资产公允价值 - 不含税初始直接费用，租赁期开始日，出租人应将未实现融资收益金额记入“应收融资租赁款——未实现融资收益”科目贷方。

（4）初始直接费用。

初始直接费用，是指为达成租赁所发生的增量成本。增量成本是指若企业不取得该租赁，则不会发生的成本，如佣金、印花税等。无论是否实际取得租赁都会发生的支出，不属于初始直接费用，例如为评估是否签订租赁合同而发生的差旅费、法律费用等，此类费用应当在发生时计入当期损益。企业认为有必要对发生的初始直接费用进行单独核算的，也可以按照发生的初始直接费用的金额，借记“应收融资租赁款——初始直接费用”科目，贷记“银行存款”等科目；然后借记“应收融资租赁款——未实现融资收益”科目，贷记“应收融资租赁款——初始直接费用”科目。

应收融资租赁款科目余额在“长期应收款”项目中填列，其中，自资产负债表日起一年内（含一年）到期的，在“一年内到期的非流动资产”中填列。出租业务较多的出租人，也可在“长期应收款”项目下单独列示为“其中：应收融资租赁款”。

3. 应收融资租赁款减值准备

出租方应设置本科目来核算应收融资租赁款的减值准备，应收融资租赁款的预期信用损失，按应减记的金额，借记“信用减值损失”科目，贷记“应收融资租赁款减值准备”科目，转回已计提的减值准备时，做相反的会计分录。该科目期末贷方余额，反映应收融资租赁款的累计减值准备金额。

4. 租赁收入

融资租赁的出租方应分期确认租赁利息收入，借记“应收融资租赁款——未实现融资收益”科目，贷记“租赁收入——利息收入”、“利息收入”或“其他业务收入”科目，其金额为期初不含税应收融资租赁款余额 × 内含利率。除此之外，出租人在确认未计入租赁收款额的可变租赁付款额时，应当借记“银行存款”“应收账款”等科目，贷记“租赁收入——可变租赁付款额”科目。该科目可按租赁资产类别和项目进行明细核算，但选择时要与融资租赁资产保持一致。对于融资租赁企业，利息收入和租赁收入可以作为营业收入列报。

融资租赁业务会计核算流程

1. 直租业务

下面我们用表格的形式梳理融资租赁公司开展直租及回租业务时涉及的全套会计核算流程，包括标准的会计摘要、会计分录的书写以及记账凭证后需附的原始凭证及各环节业务处理要点的说明。

作为一般纳税人的出租人（融资租赁公司）在 2016 年 5 月 1 日后新签订的融资租赁合同（有形动产及不动产直租业务）主要涉及的业务流程及相应的会计核算要点见表 10-7。

表 10-7 出租方直租业务会计核算流程及要点

业务流程	标准摘要	会计分录	原始凭证及业务处理要点
向银行借款	收××银行长期借款	借：银行存款——××银行 长期借款——利息调整 贷：长期借款——本金	附件：银行借款凭证、银行进账单 业务处理要点：长期借款——利息调整的金额为借款本金与实际收到借款的差额。
依据承租方要求购买设备或不动产	付××公司××融资租赁资产购买价款（融资租赁合同编号××）	借：融资租赁资产——××设备/××不动产 应交税费——应交增值税（进项税额） 贷：银行存款——××银行/应付账款——××公司（若租赁物为不动产，银行存款中包含契税）	附件：设备或不动产购买合同、合同款项付款审批单、银行汇款单（支票存根）、增值税专用发票、契税完税凭证。 业务处理要点：①凭证摘要必须涵盖如下元素：付款单位名称、融资租赁设备或不动产名称、款项性质、合同编号。②应坚持见票付款的原则。③付款审批是企业内部控制的重要资料。
租赁期开始日	转××公司××融资租赁资产款（融资租赁合同编号××）	借：应收融资租赁款——租赁收款额（不含税租赁收款额） ——融资租赁销项税额 ——未担保余值 银行存款——××银行（已收取租赁款） 资产处置损益（租赁资产公允价值小于账面价值） 贷：融资租赁资产——××设备/不动产（租赁资产原账面价值） 银行存款（初始直接费用） 资产处置损益（租赁资产公允价值大于原账面价值） 应收融资租赁款——未实现融资收益 应交税费——待转销项税额 同时： 借：应交税费——应交增值税（进项税额） 贷：应收融资租赁款——未实现融资收益 借：应收融资租赁款——未实现融资收益 贷：应交税费——应交增值税（销项税额）	附件：融资租赁合同、融资租赁租金支付表、银行付款回单、银行进账单。 业务处理要点：①凭证摘要一定涵盖如下元素：承租方名称、融资租赁设备名称、款项性质、合同编号。②应收融资租赁款——租赁收款额的金额为不含增值税的租赁收款额。③“应收融资租赁款——融资租赁销项税额”科目与“应交税费——待转销项税额”科目金额相等，区分租赁物的不同，依据不含担保余值租赁收款额/（1+13%）×13%或不含担保余值租赁收款额/（1+9%）×9%确定。④应交税费——应交增值税（进项税额）为初始直接费用可抵扣的进项税额。⑤应交税费——应交增值税（销项税额）的金额为已收租赁款应交增值税销项税额。⑥应收融资租赁款——未实现融资收益的金额通过倒挤得出。
	收××公司租赁保证金（融资租赁合同编号××）	借：银行存款——××银行 贷：其他应收款——租赁保证金	附件：银行进账单、融资租赁合同。 业务处理要点：若某融资租赁合同必须以收到租赁保证金为生效条件，需做此分录。

续表

业务流程	标准摘要	会计分录	原始凭证及业务处理要点
资产负债表日	计提×期应付银行借款利息	借：财务费用——利息支出（融资租赁借款费用） 贷：应付利息 长期借款——利息调整	附件：银行借款归还计划表、企业自己编制的各期财务费用表。 业务处理要点：财务费用——利息支出（融资租赁借款费用）的金额为长期借款摊余成本 × 实际利率。
支付每期银行利息	付第×期银行借款利息	借：应付利息 贷：银行存款 同时： 借：财务费用——利息支出（融资租赁借款费用）（借方负数） 应交税费——应交增值税（销项税额抵减）	附件：取得的结算单据、银行开具的利息增值税发票。 业务处理要点：若为有形动产直租，则应交税费——应交增值税（销项税额抵减）的金额为应付利息 /（1+13%）×13%，若为不动产直租，则为应付利息 /（1+9%）×9%，其冲减的财务费用应以负数形式记入借方。
收到每期租金	收××公司××融资租赁资产第×期租金	借：银行存款——××银行 贷：应收融资租赁款——租赁收款额 ——融资租赁销项税额	附件：融资租赁租金支付表、银行进账单、税金计算表。 业务处理要点："应收融资租赁款——融资租赁销项税额"科目金额为租赁收款额对应的销项税额。
	转××公司××融资租赁资产第×期保证金抵作租金	借：其他应收款——租赁保证金 贷：应收融资租赁款——租赁收款额 ——融资租赁销项税额	附件：融资租赁租金支付表、税金计算表。 业务处理要点：承租人到期不交租金，以保证金抵作租金时，需做此分录。
	确认××公司××融资租赁资产第×期租金增值税销项税额	借：应交税费——待转销项税额 贷：应交税费——应交增值税（销项税额）（开票部分对应的增值税）	附件：增值税专用发票。 业务处理要点：应交税费——应交增值税（销项税额）的金额为开票部分对应的增值税，即（本期全部价款 + 价外费用）/（1+13%）×13% 或（本期全部价款 + 价外费用）/（1+9%）×9%（对于直租业务来说会对本息和全额开具增值税专用发票）。
	确认××公司××融资租赁资产第×期租金融资租赁收入	借：应收融资租赁款——未实现融资收益 贷：租赁收入——利息收入 / 利息收入 也可再做一个下面的分录： 借：租赁收入——利息收入 / 利息收入 贷：主营业务收入	附件：公司自制未实现融资收益每期摊销表。 业务处理要点：①确认的租赁收入为期初不含税应收融资租赁款余额 × 内含利率。②内外资融资租赁公司用"租赁收入——利息收入"科目，金融租赁公司用"利息收入"科目。

续表

业务流程	标准摘要	会计分录	原始凭证及业务处理要点
收到每期租金	收（或转）××公司××融资租赁资产可变租赁付款额	借：银行存款——××银行／应收账款——××公司 贷：租赁收入——利息收入／利息收入 应交税费——应交增值税（销项税额） 也可再做一个下面的分录： 借：租赁收入——利息收入／利息收入 贷：主营业务收入	附件：银行进账单、自制可变租赁付款额情况说明、增值税专用发票。 业务处理要点：出租人取得的未纳入租赁投资净额计量的可变租赁付款额（即除按指数或比率计算的可变租赁付款额）应当在实际发生时计入当期损益。
租赁期满	收（或转）××公司留购××融资租赁资产价款	借：银行存款——××银行／应收账款——××公司 贷：应收融资租赁款——租赁收款额 ——融资租赁销项税额 同时： 借：应交税费——待转销项税额 贷：应交税费——应交增值税（销项税额）	附件：融资租赁租金支付表、增值税专用发票、银行进账单。 业务处理要点：应交税费——应交增值税（销项税额）的金额为有形动产留购金额／（1+13%）×13%或不动产留购金额／（1+9%）×9%。
	转××公司返还××设备	(1) 存在担保余值，不存在未担保余值 借：融资租赁资产 贷：应收融资租赁款——租赁收款额 同时： 借：其他应收款（收取的损失补偿金） 贷：营业外收入 应交税费——应交增值税（销项税额） (2) 存在担保余值，同时存在未担保余值 借：融资租赁资产 贷：应收融资租赁款——租赁收款额 应收融资租赁款——未担保余值 同时： 借：其他应收款（收取的损失补偿金） 贷：营业外收入 应交税费——应交增值税（销项税额） (3) 存在未担保余值，不存在担保余值 借：融资租赁资产 贷：应收融资租赁款——未担保余值 (4) 担保余值和未担保余值均不存在 无须做会计处理，只需做相应的备查登记。	附件：自制单据，增值税专用发票。 业务处理要点：收回资产时，融资租入资产的入账价值是按账面价值来计量的，而不是按照收回资产的公允价值，所以，此时融资租赁资产的入账价值等于担保余值＋未担保余值的金额，但如果该收回的资产的公允价值小于担保余值，那么应向承租人收取价值损失补偿金，并将其计入营业外收入，而所产生的损失只有在处置该资产的时候才会体现出来。

续表

业务流程	标准摘要	会计分录	原始凭证及业务处理要点
承租人违约没收保证金	转××公司××融资租赁资产违约没收保证金	借：其他应收款——租赁保证金 贷：营业外收入 应交税费——应交增值税（销项税额）	附件：融资租赁合同或内部审批单、增值税专用发票。 业务处理要点：承租人违约，按租赁合同或协议规定没收保证金时需做此分录，没收保证金应按价外费用缴纳增值税。
归还借款本金	付银行借款本金	借：长期借款——本金 贷：长期借款——利息调整 银行存款——××银行 财务费用——利息支出（融资租赁借款费用）	附件：银行汇款单（支票存根）、借款归还计划表。 业务处理要点：①长期借款——利息调整的金额为该科目的剩余转销额。②财务费用通过倒挤得出，可能在借方或贷方。
出口退税	计提出口退税款	借：主营业务成本（征退税差额） 其他应收款——应收出口退税（增值税） 贷：应交税费——应交增值税（出口退税） ——应交增值税（进项税转出）	附件：企业自制出口退税计算表格。 业务处理要点：①增值税应退税额 = 购进融资租赁货物的增值税专用发票注明的金额或海关（进口增值税）专用缴款书注明的完税价格 × 融资租赁货物适用的增值税退税率（适用贸易退税）。②征退税差额做进项税转出处理计入主营业务成本。
	收出口退税款	借：银行存款——××银行 贷：其他应收款——应收出口退税（增值税）	附件：银行进账单。
加计抵减	付××期增值税	借：应交税费——未交增值税 贷：银行存款——××银行 其他收益	附件：增值税税票、银行付款回单、自制加计抵减计算表。 业务处理要点：①其他收益的金额为实际加计抵减金额。②银行存款金额为加计抵减后实际缴纳税款，有可能为0。
收到留抵退税	收留抵退税款	借：银行存款 贷：应交税费——应交增值税（进项税额转出）	附件：准予留抵退税的《税务事项通知书》、银行进账单。

2. 生产商和经销商出租人直租业务

如果生产商或经销商出租其产品或商品构成了融资租赁，则该交易产生的损益应相当于按照正常售价直接销售标的资产所产生的损益，该正常售价应该是考虑过适用的交易量或商业折扣后的售价。

在会计处理上，基于会计谨慎性原则，生产商或经销商出租人在租赁期开始日应当按照租赁资产公允价值与租赁收款额（不含税）按市场利率折现的现值两者孰低确认收入，并按照租赁资产账面价值扣除未担保余值的现值后的余额结转销售成本，收入和销售成本的差额作为销售损益。取得融资租赁所发生的成本应当在租赁期开始日计入损益，而不属于初始直接费用。

作为一般纳税人的生产商或经销商在 2016 年 5 月 1 日后对其产品或商品新签订的融资租赁合同（有形动产直租业务）主要涉及的业务流程及相应的会计核算要点见表 10-8。

表 10-8　生产商或经销商以其产品开展直租业务会计核算流程及要点

业务流程	标准摘要	会计分录	原始凭证及业务处理要点
租赁期开始日	转××公司××融资租赁资产款（融资租赁合同编号××）	借：应收融资租赁款——租赁收款额 ——融资租赁销项税额 贷：主营业务收入 应交税费——待转销项税额 应收融资租赁款——未实现融资收益 借：主营业务成本 应收融资租赁款——未担保余值 贷：库存商品 应收融资租赁款——未实现融资收益 借：销售费用 应交税费——应交增值税（进项税额） 贷：银行存款（初始直接费用）	附件：融资租赁合同、融资租赁租金支付表、银行付款回单。 业务处理要点：①凭证摘要一定涵盖如下元素：承租方名称、融资租赁设备名称、款项性质、合同编号。②应收融资租赁款——租赁收款额的金额为不含增值税的租赁收款额。③“应收融资租赁款——融资租赁销项税额”科目与“应交税费——待转销项税额”科目金额相等，依据不含担保余值租赁收款额 /（1+13%）×13% 确定。④主营业务收入为租赁资产公允价值与不含税租赁收款额按市场利率折现的现值中的较低者。⑤主营业务成本为资产账面价值 - 未担保余值的现值的金额。⑥应收融资租赁款——未实现融资收益的金额通过倒挤得出。
	收××公司租赁保证金（融资租赁合同编号××）	借：银行存款——××银行 贷：其他应收款——租赁保证金	附件：银行进账单、融资租赁合同。 业务处理要点：若某融资租赁合同必须以收到租赁保证金为生效条件，需做此分录。

续表

业务流程	标准摘要	会计分录	原始凭证及业务处理要点
收到每期租金	收××公司××融资租赁资产第×期租金	借：银行存款——××银行 贷：应收融资租赁款——租赁收款额 ——融资租赁销项税额	附件：融资租赁租金支付表、银行进账单、税金计算表。 业务处理要点：应收融资租赁款——融资租赁销项税额的金额为租赁收款额对应的销项税额。
	转××公司××融资租赁资产第×期保证金抵作租金	借：其他应收款——租赁保证金 贷：应收融资租赁款——租赁收款额 ——融资租赁销项税额	附件：融资租赁租金支付表、税金计算表。 业务处理要点：承租人到期不交租金，以保证金抵作租金时，需做此分录。
	确认××公司××融资租赁资产第×期租金增值税销项税额	借：应交税费——待转销项税额 贷：应交税费——应交增值税（销项税额）（开票部分对应的增值税）	附件：增值税专用发票。 业务处理要点：应交税费——应交增值税（销项税额）的金额为开票部分对应的增值税，即（本期全部价款+价外费用）/（1+13%）×13%（对于直租业务来说，会对本息和全额开具增值税专用发票）。
	确认××公司××融资租赁资产第×期租金融资租赁收入	借：应收融资租赁款——未实现融资收益 贷：其他业务收入	附件：公司自制未实现融资收益每期摊销表 业务处理要点：①确认的租赁收入为期初不含税应收融资租赁款余额×内含利率（此处内含利率不同于融资租赁公司直租业务）。②不以租赁为主营业务的可记入“其他业务收入”科目。
	收（或转）××公司××融资租赁资产可变租赁付款额	借：银行存款——××银行/应收账款——××公司 贷：其他业务收入 应交税费——应交增值税（销项税额）	附件：银行进账单、自制可变租赁付款额情况说明、增值税专用发票。 业务处理要点：出租人取得的未纳入租赁投资净额计量的可变租赁付款额（即除按指数或比率计算的可变租赁付款额）应当在实际发生时计入当期损益。
租赁期满	收（或转）××公司留购××融资租赁资产价款	借：银行存款——××银行/应收账款——××公司 贷：应收融资租赁款——租赁收款额 ——融资租赁销项税额 同时： 借：应交税费——待转销项税额 贷：应交税费——应交增值税（销项税额）	附件：融资租赁租金支付表、增值税专用发票、银行进账单。 业务处理要点：应交税费——应交增值税（销项税额）的金额为留购金额/（1+13%）×13%。

续表

业务流程	标准摘要	会计分录	原始凭证及业务处理要点
租赁期满	转××公司返还××设备	(1) 存在担保余值，不存在未担保余值 借：融资租赁资产 贷：应收融资租赁款——租赁收款额 同时： 借：其他应收款（收取的损失补偿金） 贷：营业外收入 应交税费——应交增值税（销项税额） (2) 存在担保余值，同时存在未担保余值 借：融资租赁资产 贷：应收融资租赁款——租赁收款额 应收融资租赁款——未担保余值 同时： 借：其他应收款（收取的损失补偿金） 贷：营业外收入 应交税费——应交增值税（销项税额） (3) 存在未担保余值，不存在担保余值 借：融资租赁资产 贷：应收融资租赁款——未担保余值 (4) 担保余值和未担保余值均不存在无须做会计处理，只需做相应的备查登记。	附件：自制单据，增值税专用发票。 业务处理要点：收回资产时，融资租入资产的入账价值是按账面价值来计量的，而不是按照收回资产的公允价值，所以，此时融资租赁资产的入账价值等于担保余值＋未担保余值的金额，但如果该收回的资产的公允价值小于担保余值，那么应向承租人收取价值损失补偿金，并将其计入营业外收入，而所产生的损失只有在处置该资产的时候才会体现出来。
承租人违约没收保证金	转××公司××融资租赁资产违约没收保证金	借：其他应收款——租赁保证金 贷：营业外收入 应交税费——应交增值税（销项税额）	附件：融资租赁合同或内部审批单、增值税专用发票。 业务处理要点：承租人违约，按租赁合同或协议规定没收保证金时需做此分录，没收保证金应按价外费用缴纳增值税。

3. 融资性售后回租业务

售后租回交易中的资产转让不属于销售的（即融资性质），出租人不确认被转让资产，但应当确认一项与转让收入等额的金融资产，并按照《企业会计准则第22号——金融工具确认和计量》对该金融资产进行会计处理。表10-9列示了2016年5月1日后作为一般纳税人的出租人（融资租赁公司）新签订的融资性售后回租合同主要涉及的业务流程及相应的会计核算要点。

表10-9 出租方融资性售后回租业务会计核算流程及要点

业务流程	标准摘要	会计分录	原始凭证及业务处理要点
向银行借款时	收××银行长期借款	借：银行存款——××银行 长期借款——利息调整 贷：长期借款——本金	附件：银行借款凭证、银行进账单。 业务处理要点：长期借款——利息调整为借款本金与实际收到借款的差额。
租赁期开始日	付××公司××融资租赁资产购买价款（融资租赁合同编号××）	借：长期应收款——应收融资租赁款 贷：银行存款——××银行（若租赁物为不动产，银行存款中包含契税） 同时： 借：应交税费——应交增值税（进项税额） 贷：长期应收款——应收融资租赁款	附件：融资租赁合同、合同款项付款审批单、银行汇款单（支票存根）、对方开具的收据。 业务处理要点：①凭证摘要必须涵盖如下元素：付款单位名称、融资租赁设备名称、款项性质、合同编号。②应坚持见票付款原则。③付款审批是内部控制的重要资料。④长期应收款为租赁资产的购买价款，初始直接费用也计入其中，此外建议如有契税也计入其中。⑤应交税费——应交增值税（进项税额）的金额为初始直接费用进项税额。
	收××公司租赁保证金（融资租赁合同编号××）	借：银行存款——××银行 贷：其他应收款——租赁保证金	附件：银行进账单、融资租赁合同。 业务处理要点：若某融资租赁合同必须以收到租赁保证金为生效条件，需做此分录。
资产负债表日	计提×期应付银行借款利息	借：财务费用——利息支出（融资租赁借款费用） 贷：应付利息 长期借款——利息调整	附件：银行借款归还计划表、企业自己编制的各期财务费用表。 业务处理要点：财务费用——利息支出（融资租赁借款费用）的金额为长期借款摊余成本×实际利率。
支付每期银行利息	付第×期银行借款利息	借：应付利息 贷：银行存款 同时： 借：财务费用——利息支出（融资租赁借款费用）（借方负数） 应交税费——应交增值税（销项税额抵减）	附件：取得的结算单据、银行开具的利息增值税发票。 业务处理要点：若为有形动产售后回租，则应交税费——应交增值税（销项税额抵减）的金额为应付利息/(1+6%)×6%，其冲减的财务费用应以负数形式记入借方。

续表

业务流程	标准摘要	会计分录	原始凭证及业务处理要点
收到每期租金	收××公司××融资租赁资产第×期租金	借：银行存款——××银行 贷：财务费用——利息收入 长期应收款——应收融资租赁款 应交税费——应交增值税（销项税额）	附件：融资租赁租金支付表、银行进账单、自制财务费用分摊表、增值税普通发票。 业务处理要点：①应交税费——应交增值税——销项税额的金额为增值税发票对应的增值税（融资性售后回租业务按当期不含本金的全部价款及价外费用开具增值税普通发票，也就是仅就利息部分开具发票）。②财务费用摊销额为期初长期应收款余额 × 实际利率。
	转××公司××融资租赁资产第×期保证金抵作租金	借：其他应收款——租赁保证金 贷：财务费用——利息收入 长期应收款——应收融资租赁款 应交税费——应交增值税（销项税额）	附件：融资租赁租金支付表、自制财务费用分摊表、增值税普通发票。 业务处理要点：承租人到期不交租金，以保证金抵作租金时，需做此分录。
租赁期满	收（或转）××公司留购××融资租赁资产价款	借：银行存款——××银行 贷：财务费用——利息收入 长期应收款——应收融资租赁款 应交税费——应交增值税（销项税额）	附件：融资租赁租金支付表、银行进账单、自制财务费用分摊表、增值税普通发票。 业务处理要点：应交税费——应交增值税（销项税额）的金额为留购金额 /（1+6%）×6%（此处是提供融资租赁服务的同时销售租赁物，属于混合销售）。
	转××公司返还××设备	（1）存在担保余值 借：固定资产 其他应收款（收回租赁资产的价值低于担保余值的金额） 应交税费——应交增值税（进项税额） 贷：营业外收入 （2）不存在担保余值 借：固定资产 应交税费——应交增值税（进项税额） 贷：营业外收入	附件：自制单据。 业务处理要点：因为售后回租承租人出售时增值税不按销售处理，所以租赁期满把设备交予出租人时，需按销售处理缴纳增值税。
承租人违约没收保证金	转××公司××融资租赁资产违约没收保证金	借：其他应收款——租赁保证金 贷：营业外收入 应交税费——应交增值税（销项税额）	附件：融资租赁合同或内部审批单、增值税专用发票。 业务处理要点：承租人违约，按租赁合同或协议规定没收保证金时需做此分录，没收保证金应按价外费用缴纳增值税。

续表

业务流程	标准摘要	会计分录	原始凭证及业务处理要点
归还借款本金	付银行借款本金	借：长期借款——本金 贷：长期借款——利息调整 银行存款——××银行 财务费用——利息支出（融资租赁借款费用）	附件：银行汇款单（支票存根）、借款归还计划表。 业务处理要点：①长期借款——利息调整的金额为该科目的剩余转销额。②财务费用通过倒挤得出，可能在借方或贷方。

4. 老合同直租及回租业务

对于一般纳税人 2013 年 8 月 1 日前签订的有形动产融资租赁（直租）合同及有形动产融资性售后回租合同，若选择按 3% 征收率进行简易计税的，购进有形动产的进项税额不能抵扣，因 2013 年 8 月 1 日距离现在已有很长的时间，实际中也不会涉及该进项税的抵扣，《增值税会计处理规定》（财会〔2016〕22 号文件印发）出台后，会计处理上需单独设置“应交税费——简易计税”科目核算其实际的增值税额，而其具体金额只需将 13%、9% 及 6% 的税率替换成 3% 的征收率核算即可。

对于一般纳税人 2016 年 4 月 30 日前签订的有形动产融资性售后回租合同，选择按原有形动产融资租赁计算缴纳增值税的，收取全部价款及价外费用所开具的发票为差额征税的增值税专用发票，在会计核算上除以上所附发票的不同以外，计算相关金额时还需将 6% 的税率替换成 13% 的税率（忽略选择不扣除本金缴纳增值税情形）。

对于一般纳税人 2016 年 4 月 30 日前签订的不动产融资租赁合同，或以 2016 年 4 月 30 日前取得的不动产提供的融资租赁服务，选择按照 5% 的征收率计算缴纳增值税的，也应将其实际的增值税额单独设置“应交税费——简易计税”科目核算。若涉及在 2016 年 5 月 1 日后购入不动产的，其进项税额需做进项税转出处理（见表 10-10）：

表 10-10 简易计税不动产融资租赁合同涉及进项税额转出的会计核算

业务流程	标准摘要	会计分录	原始凭证及业务处理要点
依据承租方要求购买不动产	付××公司××融资租赁资产购买价款（融资租赁合同编号××）	借：融资租赁资产——××不动产 应交税费——应交增值税（进项税额） 贷：银行存款——××银行／应付账款——××公司（银行存款中包含契税） 同时： 借：融资租赁资产——××不动产 贷：应交税费——应交增值税（进项税额转出）	附件：不动产购买合同、合同款项付款审批单、银行汇款单（支票存根）、增值税专用发票、契税完税凭证。 业务处理要点：①凭证摘要必须涵盖如下元素：付款单位名称、融资租赁设备或不动产名称、款项性质、合同编号。②应坚持见票付款的原则。③付款审批是企业内部控制的重要资料。

承租方会计核算要点

特殊会计科目设置

承租人虽然不直接从事融资租赁业务，但在与融资租赁公司开展融资租赁业务时也会涉及不同于日常业务的会计处理，除进行简化处理的短期租赁和低价值资产租赁外，营改增以后一般会用到表 10-11 所列的会计科目。在介绍承租人主要业务流程的核算要点以前，我们先来了解一下“使用权资产”、“使用权资产累计折旧”、“使用权资产减值准备”、“租赁负债”和“预计负债”这五个科目。

表 10-11　承租方特殊会计科目设置

一级科目	二级科目	三级科目	备注
使用权资产	设备名称		
应交税费	增值税	进项税	
租赁负债	租赁付款额	设备名称	
	未确认融资费用	设备名称	
预付账款			
预计负债			
长期应收款	融资租赁进项税额	设备名称	待抵扣进项税额
使用权资产累计折旧	设备名称		
使用权资产减值准备	设备名称		

1. 使用权资产

使用权资产，是指承租人可在租赁期内使用租赁资产的权利，在租赁期开始日，承租人取得了使用资产的权利，应当按照成本对使用权资产进行初始计量。该成本包括：

（1）租赁负债的初始计量金额。

（2）在租赁期开始日或之前支付的租赁付款额，存在租赁激励的，扣除已享受的租赁激励相关金额。

在某些情况下，承租人可能在租赁期开始前就发生了与标的资产相关的经济业务或事项。例如，租赁合同双方经协商在租赁合同中约定，标的资产需经建造或重新设计后方可供承租人使用；根据合同条款与条件，承租人需支付与资产建造或设计相关的成本。承租人如发生与标的资产建造或设计相关的成本，应适用其他相关准则（如《企业会计准则第 4 号——固定资产》）进行会计处理。同时，需要注意的是，与标的资产建造或设计相关的成本不包括承租人为获取标的资产使用权而支付的款项，此类款项无论在何时支付，均属于租赁付款额。

（3）承租人发生的初始直接费用。

（4）承租人为拆卸及移除租赁资产、复原租赁资产所在场地或将租赁资产恢复至租赁条款约定状态预计将发生的成本。但承租人由于在特定期间将使用权资产用于生产存货而发生的上述成本，应按照《企业会计准则第 1 号——存货》进行会计处理。

2. 使用权资产累计折旧

在租赁有效期内，融资租入的固定资产虽然资产所有权尚未归承租方所有，但在会计处理上，承租方需将租赁资产作为一项资产、将向出租方的融资作为一种负债，纳入自身的资产负债表。前面提到融资租入固定资产需通过“使用权资产”科目核算，那么同时也要对使用权资产按期计提折旧，将折旧额贷记“使用权资产累计折旧”科目，借方计入当期损益。因租赁范围缩小、租赁期缩短或转租等原因减记或终止确认使用权资产时，承租人应同时结转相应的使用权资产累计折旧，借记“使用权资产累计折旧”科目。本科目期末贷方余额，反映的是使用权资产的累计折旧额。

新租赁准则规定，承租人通常应当自租赁期开始日起按月计提使用权资产的折旧，当月计提确有困难的，也可从下月起计提折旧，并在附注中予以披露。

3. 使用权资产减值准备

承租方应设置本科目来核算使用权资产的减值准备，使用权资产发生减值的，按应减记的金额，借记“资产减值损失”科目，贷记“使用权资产减值准备”科目。使用权资产减值准备一旦计提，不得转回。因租赁范围缩小、租赁期缩短或转租等原因减记或终止确认使用权资产时，承租人应同时结转相应的使用权资产累计减值准备。本科目期末贷方余额，反映使用权资产的累计减值准备金额。

4. 租赁负债

“租赁负债”与出租方的“应收融资租赁款”科目相对，它所确认的是因融资租赁合同的生效和履行所形成的承租人企业对出租人企业的融资租赁债务，这种债务是以在未来约定期限内按期支付租金的方式偿还的，其金额为含增值税的尚未支付租赁付款额的现值，而对于租赁期开始日之前已经支付的不含税租赁付款额（扣除已享受的租赁激励），贷记“预付款项”等科目。

（1）租赁付款额。

在租赁期开始日，承租人应当按尚未支付的含税租赁付款额，贷记“租赁负债——租赁付款额”科目；承租人支付租赁付款额时，应当借记“租赁负债——租赁付款额”等科目，贷记“银行存款”等科目。

在租赁期开始日后，承租人若需按变动后的不含税租赁付款额的现值重新计量租赁负债，当租赁负债增加时，应当按不含税租赁付款额现值的增加额，借记“使用权资产”科目，按增加的未来可抵扣进项税，借记“长期应收款——应收融资租赁进项税额”科目，按不含税租赁付款额的增加额，贷记“租赁负债——租赁付款额”科目，差额借记“租赁负债——未确认融资费用”科目；当租赁负债减少时，除发生租赁范围缩小、租赁期缩短或转租等情况外，做相反分录。若使用权资产的账面价值已调减至零；应当按仍需进一步调减的含税租赁付款额借记“租赁负债——租赁付款额”科目；按仍需进一步调减的不含税租赁付款额现值贷记“当期损益”科目，按仍需进一步调减的未来可抵扣进项税，贷记“长期应收款——应收融资租赁进项税额”科目。

租赁变更导致租赁范围缩小或租赁期缩短的，承租人应当按缩小或缩短的相应比例，借记“租赁负债——租赁付款额”科目。

（2）未确认融资费用。

“租赁负债——未确认融资费用”科目是融资租赁公司在租赁内确认融资租赁利息支出的基础。在租赁期开始日，承租方按尚未支付的不含税租赁付款额与其不含税现值的差额，借记“租赁负债——未确认融资费用”科目。即未确认融资费用＝尚未支付不含税租赁付款额－尚未支付不含税租赁付款额现值。

“租赁负债——未确认融资费用”科目的金额体现了该融资租赁合同项下通过支付租金所付出的利息代价，在租赁期内承租方会分期将其转入“财务费用”科目或资产类科目。

5. 预计负债

承租方预计将发生的为拆卸及移除租赁资产、复原租赁资产所在场地或将租赁资产恢复至租赁条款约定状态等含税成本的现值，贷记“预计负债”科目。

融资租赁业务会计核算流程

下面我们将用表格的形式梳理承租人开展直租及回租业务时涉及的全套会计核算流程，包括标准的会计摘要、会计分录的书写以及记账凭证后需附的原始凭证及各环节业务处理要点的说明。

1. 直租业务

作为一般纳税人的承租人在 2016 年 5 月 1 日后新签订的融资租赁合同（有形动产及不动产直租业务）主要涉及的业务流程及相应的会计核算要点（见表 10-12）（假设该融资租入固定资产并非用于不可抵扣进项税的项目）。

表 10-12 承租方直租业务会计核算流程及要点

业务流程	标准摘要	会计分录	原始凭证及业务处理要点
提前支付租赁付款额	付××公司××融资租赁资产租赁付款额（融资租赁合同编号××）	借：预付账款 应交税费——应交增值税（进项税额） 贷：银行存款——××银行	附件：银行汇款单（支票存根）、增值税专用发票。
租赁期开始日	转××公司××融资租赁资产（融资租赁合同编号××）	借：使用权资产——××设备 / 不动产 长期应收款——融资租赁进项税额 租赁负债——未确认融资费用 贷：租赁负债——租赁付款额（尚未支付的含税租赁付款额） 银行存款（初始直接费用） 预计负债 预付账款 同时： 借：应交税费——应交增值税（进项税额） 贷：长期应收款——融资租赁进项税额（初始直接费用进项税额）	附件：融资租赁合同、设备验收入库单、融资租赁租金支付表、银行汇款单（支票存根）。 业务处理要点：①凭证摘要必须涵盖如下元素：出租方名称、融资租赁设备或不动产名称、合同编号。①租赁负债——未确认融资费用的金额为尚未支付的不含税租赁付款额与其不含税现值的差额。②长期应收款——融资租赁进项税额区分租赁物的不同，依据未来应付全部价款总和 /（1+13%）×13% 或依据未来应付全部价款总和 /（1+9%）×9% 确定，其中包括初始直接费用和预计负债的进项税额。

续表

业务流程	标准摘要	会计分录	原始凭证及业务处理要点
租赁期开始日	付××公司租赁保证金（融资租赁合同编号××）	借：其他应收款——租赁保证金 贷：银行存款——××银行	附件：银行汇款单（支票存根）、融资租赁合同。 业务处理要点：若某融资租赁合同必须以收到租赁保证金为生效条件，需做此分录。
支付每期租金	付××公司××融资租赁资产第×期租金	借：租赁负债——租赁付款额——××设备/不动产 贷：银行存款——××银行/应付账款——××公司	附件：融资租赁租金支付表、银行汇款单（支票存根）。
	转××公司××融资租赁资产第×期保证金抵作租金	借：租赁负债——租赁付款额——××设备/不动产 贷：其他应收款——租赁保证金	附件：融资租赁租金支付表。 业务处理要点：承租人到期不交租金，以保证金抵作租金时，需做此分录。
	确认××公司××融资租赁资产第×期租金增值税进项税	借：应交税费——应交增值税（进项税额）（开票部分对应的增值税） 贷：长期应收款——融资租赁进项税额	附件：增值税专用发票 业务处理要点：应交税费——应交增值税（销项税额）的金额为开票部分对应的增值税，即（本期全部价款＋价外费用）/（1+13%）×13%或（本期全部价款＋价外费用）/（1+9%）×9%（对于直租业务来说会对本息和全额开具增值税专用发票）。
	确认××公司××融资租赁资产第×期融资租赁租金支出	借：财务费用（不满足资本化条件） 在建工程等（满足资本化条件时） 贷：租赁负债——未确认融资费用	附件：公司自制未确认融资费用每期摊销表。 业务处理要点：确认的该部分未确认融资费用为期初不含税租赁负债余值×内含利率。
	付（或转）××公司××融资租赁资产可变租赁付款额	借：销售费用等 应交税费——应交增值税（进项税额） 贷：银行存款——××银行/应收账款——××公司	附件：银行汇款单（支票存根）、增值税专用发票、自制可变租赁付款额情况说明。 业务处理要点：承租人支付的未纳入租赁投资净额计量的可变租赁付款额（即除按指数或比率计算的可变租赁付款额）应当在实际发生时计入当期损益，但按其他准则规定应计入相关资产成本的，从其规定。
计提折旧	计提第×期融资租入固定资产折旧	借：制造费用等 贷：使用权资产累计折旧	附件：使用权资产计提折旧表。

续表

业务流程	标准摘要	会计分录	原始凭证及业务处理要点
租赁变更导致租赁范围缩小或租赁期缩短	转销××公司××融资租赁资产租赁变更额	借：租赁负债——租赁付款额——××设备/不动产 资产出资损益（差额） 贷：使用权资产——××设备/不动产 租赁负债——未确认融资费用 长期应收款——融资租赁进项税额 资产处置损益（差额）	附件：自制转销比例计算表。
转租使用权资产形成融资租赁	转××公司××转租融资租赁资产款（融资租赁合同编号××）	借：应收融资租赁款——租赁收款额（不含税租赁收款额） ——融资租赁销项税额 ——未担保余值 银行存款——××银行（已收取租赁款） 使用权资产累计折旧 使用权资产减值准备 资产处置损益（租赁资产公允价值小于账面价值） 贷：使用权资产——××设备/不动产 银行存款（初始直接费用） 资产处置损益（租赁资产公允价值大于账面价值） 应收融资租赁款——未实现融资收益 应交税费——待转销项税额 同时： 借：应交税费——应交增值税（进项税额） 贷：应收融资租赁款——未实现融资收益 借：应收融资租赁款——未实现融资收益 贷：应交税费——应交增值税（销项税额）	附件：使用权资产计提折旧表、融资租赁合同、融资租赁租金支付表、银行付款回单、银行进账单。 业务处理要点：①凭证摘要必须涵盖如下元素：承租方名称、融资租赁设备名称、款项性质、合同编号。②应收融资租赁款——租赁收款额的金额为不含增值税的租赁收款额。③“应收融资租赁款——融资租赁销项税额”科目与“应交税费——待转销项税额”科目金额相等，区分租赁物的不同，依据租赁收款额/（1+13%）×13%或租赁收款额/（1+9%）×9%确定。④应交税费应交税费——应交增值税（销项税额）应交增值税（进项税额）的金额为初始直接费用可抵扣的进项税额。⑤应交税费——应交增值税（销项税额）为已收租赁款应交增值税销项税额。⑥应收融资租赁款——未实现融资收益的金额通过倒挤得出。
承租人违约没收保证金	转××公司××融资租赁资产违约没收保证金	借：营业外支出 应交税费——应交增值税（进项税额） 贷：其他应收款——租赁保证金	附件：融资租赁合同或内部审批单、增值税专用发票。 业务处理要点：承租人违约，按租赁合同或协议规定没收保证金时需做此分录，出租方没收保证金应按价外费用缴纳增值税。

续表

业务流程	标准摘要	会计分录	原始凭证及业务处理要点
	付××公司留购××设融资租赁资产价款	借：租赁负债——租赁付款额——××设备／不动产（购买价款） 贷：银行存款——××银行 借：固定资产——××设备／不动产 使用权资产累计折旧 使用权资产减值准备 贷：使用权资产——××设备 银行存款——××银行（不动产契税） 借：应交税费——应交增值税（进项税额） 贷：长期应收款——融资租赁进项税额	附件：银行汇款单（支票存根）、增值税专用发票、使用权资产计提折旧表。
租赁期满	向××公司返还××设备／不动产	（1）存在承租人担保余值 借：使用权资产累计折旧 使用权资产减值准备 资产处置损益 贷：使用权资产——××设备 借：租赁负债——租赁付款额——××设备／不动产 应交税费——应交增值税（进项税额）（实际支付大于预计支付部分对应进项税） 营业外支出（实际支付大于预计支付） 贷：银行存款 营业外收入（实际支付小于预计支付） 借：应交税费——应交增值税（进项税额） 营业外支出（实际支付小于预计支付部分对应进项税） 贷：长期应收款——融资租赁进项税额 （2）不存在承租人担保余值 借：使用权资产累计折旧 使用权资产减值准备 资产处置损益 贷：使用权资产——××设备	附件：银行汇款单（支票存根）、增值税专用发票、使用权资产计提折旧表。

2. 短期租赁和低价值资产租赁

对于短期租赁和低价值资产租赁，承租人可以选择不确认使用权资产和租赁负债，而是将短期租赁和低价值资产租赁的租赁付款额，在租赁期内各个期间按照直线法或其他系统合理的方法计入相关资产成本或当期损益。其他系统合理的方法能够更好地反映承租人的受益模式的，承租人应当采用该方法。

短期租赁，是指在租赁期开始日，租赁期不超过 12 个月的租赁。包含购买选择权的租赁不属于短期租赁。比如：甲公司与乙公司签订 8 个月的租赁合同，并包含 5 个月的续租选择权，且合理确定乙公司将行使该选择权的，该租赁期为 13 个月，超过 12 个月，不符合短期租赁条件。对于短期租赁，承租人应当按照租赁资产的类别会计处理选择，若某类租赁资产选择了简化会计处理，未来该类资产下所有短期租赁都要采用简化会计处理。

低价值资产租赁，是指单项租赁资产为全新资产时价值较低的租赁。低价值资产租赁的判定仅与资产的绝对价值有关，不受承租人规模、性质或其他情况影响，也不考虑该资产对于承租人或相关租赁交易的重要性，通常低价值资产在全新状态下绝对价值应低于 4 000 元人民币，如台式及笔记本电脑、小件办公家具、电话等小型资产。

除此之外，低价值资产租赁还应构成单独租赁，即只有承租人能够从单独使用该低价值资产或将其与承租人易于获得的其他资源一起使用中获利，且该项资产与其他租赁资产没有高度依赖或高度关联关系时，才能对该资产租赁选择进行简化会计处理。如增加服务器容量的组件，虽然单个价值很低，但因为其与服务器中其他部分高度相关，故不能确定为低价值资产。对于低价值资产租赁，承租人可根据每项租赁的具体情况做出会计处理选择。

承租人转租或预期转租租赁资产的，原租赁不属于低价值资产租赁。比如：甲公司与乙公司签订一份租赁合同，该标的资产全新时价格为 2 000 元，乙公司计划将其转租赁给丙公司，虽然该租赁资产价值足够低，但因为承租人预期转租，故乙公司作为承租人不能将该租赁确认为低价值资产租赁。

进行简化处理的短期租赁由于租赁变更或者租赁变更之外的原因导致租赁期发生变化的，承租人应当将其视为一项新租赁重新判断是否可以选择进行简化会计处理。租赁变更，是指原合同条款之外的租赁范围、租赁对价、租赁期限的变更，包括增加或终止一项或多项租赁资产的使用权，延长或缩短合同规定的租赁期等。直租业务承租人选择进行简化会计处理的会计核算见表 10-13。

表 10-13　承租方直租业务选择简化会计处理的核算

业务流程	标准摘要	会计分录	原始凭证及业务处理要点
确认租金	转××公司××融资租赁资产租金	借：长期待摊费用 　贷：其他应付款	附件：融资租赁合同。 业务处理要点：金额为租赁付款额。
摊销租金	确认××公司××融资租赁资产第×期融资租赁租金支出	借：制造费用、销售费用、管理费用等 　贷：长期待摊费用	附件：自制摊销表。 业务处理要点：计入资产或当期损益的金额为租赁付款额在租赁期内各个期间按照直线法或其他系统合理方法摊销金额。
支付每期租金	付××公司××融资租赁资产第×期租金	借：其他应付款 　　应交税费——应交增值税（进项税额） 　贷：银行存款	附件：融资租赁租金支付表、银行汇款单（支票存根），增值税专用发票。 业务处理要点：银行存款为当期支付的租赁付款额。

3. 融资性售后回租业务

售后租回交易中的资产转让不属于销售的（即融资性质），承租人应当继续确认被转让资产，同时确认一项与转让收入等额的金融负债，并按照《企业会计准则第 22 号——金融工具确认和计量》对该金融负债进行会计处理。2016 年 5 月 1 日后，作为一般纳税人的承租人新签订的融资性售后回租合同主要涉及的业务流程及相应的会计核算要点见表 10-14。由于 2016 年 5 月 1 日后签订的融资性售后回租合同属于贷款业务，进项税不允许抵扣，所以在支付每期租金时无须确定租金的进项税额。

表 10-14　承租方融资性售后回租业务会计核算流程及要点

业务流程	标准摘要	会计分录	原始凭证及业务处理要点
租赁期开始日	付××公司××融资租赁资产购买价款（融资租赁合同编号××）	借：银行存款——××银行 　贷：长期应付款——应付融资租赁款 　　　银行存款——××银行（初始直接费用） 同时： 借：应交税费——应交增值税（进项税额） 　贷：长期应付款——应付融资租赁款	附件：融资租赁合同、银行进账单。 业务处理要点：①凭证摘要必须涵盖如下元素：付款单位名称、融资租赁设备名称、款项性质、合同编号。②应坚持见票付款原则。③付款审批是内部控制的重要资料。④如有初始直接费用，以不含税初始直接费用冲减“长期应付款——应付融资租赁款”科目金额。

续表

业务流程	标准摘要	会计分录	原始凭证及业务处理要点
租赁期开始日	付××公司租赁保证金（融资租赁合同编号××）	借：其他应收款——租赁保证金 贷：银行存款——××银行	附件：银行汇款单（支票存根）、融资租赁合同。 业务处理要点：若某融资租赁合同必须以收到租赁保证金为生效条件，需做此分录。
支付每期租金	付××公司××融资租赁资产第×期租金	借：财务费用——利息支出 长期应付款——应付融资租赁款 贷：银行存款——××银行	附件：融资租赁租金支付表、银行汇款单（支票存根）、自制财务费用分摊表、增值税普通发票。 业务处理要点：财务费用摊销额为期初长期应付款余额 × 实际利率。
	转××公司××融资租赁资产第×期保证金抵作租金	借：财务费用——利息支出 长期应付款——应付融资租赁款 贷：其他应收款——租赁保证金	附件：融资租赁租金支付表、自制财务费用分摊表、增值税普通发票。 业务处理要点：承租人到期不交租金，以保证金抵作租金时，需做此分录。
计提折旧	计提第×期固定资产折旧	借：制造费用等 贷：累计折旧	附件：固定资产计提折旧表。 业务处理要点：承租方继续对固定资产计提折旧。
租赁期满	付（或转）××公司留购××融资租赁资产价款	借：财务费用——利息支出 长期应付款——应付融资租赁款 贷：银行存款——××银行	附件：融资租赁租金支付表、银行汇款单（支票存根）、自制财务费用分摊表、增值税普通发票。 业务处理要点：假设对方为金融租赁公司，不动产在此环节无须缴纳契税。
	转××公司返还××设备	（1）存在担保余值 借：资产处置损益 累计折旧 贷：应交税费——应交增值税（销项税额） 固定资产 借：营业外支出 贷：其他应付款（返还租赁资产的价值低于担保余值的金额） （2）不存在担保余值 借：资产处置损益 累计折旧 贷：应交税费——应交增值税（销项税额） 固定资产	附件：自制单据。 业务处理要点：因为售后回租承租人出售时增值税不按销售处理，所以租赁期满把设备交予出租人时，需按销售处理缴纳增值税。
承租人违约没收保证金	转××公司××融资租赁资产违约没收保证金	借：营业外支出 贷：其他应收款——租赁保证金	附件：融资租赁合同或内部审批单、增值税普通发票。 业务处理要点：承租人违约，按租赁合同或协议规定没收保证金时需做此分录，出租方没收保证金应按价外费用缴纳增值税。

4. 老合同直租及回租业务

对于一般纳税人 2013 年 8 月 1 日前签订的有形动产融资租赁（直租）合同及有形动产融资性售后回租合同，若融资租赁公司选择按 3% 征收率进行简易计税，承租人在会计处理上并无太大差别，融资性售后回租合同仍然无法抵扣进项税，直租合同在计算会计处理中的相关金额时，需将 13%、9% 的税率替换成 3% 的征收率，并且需要单独设置。若企业出于管理需求需将简易计税项目单独核算，也可将其实际的增值税额单独设置“简易计税”核算项目进行核算。

对于一般纳税人 2016 年 4 月 30 日前签订的不动产融资租赁合同，或以 2016 年 4 月 30 日前取得的不动产提供的融资租赁服务，若融资租赁公司选择按照 5% 的征收率计算缴纳增值税，则与上述选择按 3% 征收率计算缴纳增值税一样，只需在计算相关金额时将 13%、9% 的税率替换成 5% 的征收率。

对于一般纳税人 2016 年 4 月 30 日前签订的有形动产融资性售后回租合同，若融资租赁公司选择按原有形动产融资租赁计算缴纳增值税，承租人仍可按 13% 的税率抵扣进项税，其与 2016 年 5 月 1 日后签订有形动产融资性售后回租合同在会计处理上的不同主要体现在以下环节（具体见表 10-15）（忽略选择不扣除本金缴纳增值税情形）。

表 10-15　选择按有形动产融资租赁计税的售后回租老合同的会计核算流程及要点

业务流程	标准摘要	会计分录	原始凭证及业务处理要点
支付每期租金	付 ×× 公司 ×× 融资租赁资产第 × 期租金	借：财务费用——利息支出 长期应付款——应付融资租赁款 应交税费——应交增值税（进项税额） 贷：银行存款——×× 银行	附件：融资租赁租金支付表、银行汇款单（支票存根）、自制财务费用分摊表、增值税专用发票。 业务处理要点：①财务费用摊销额为期初长期应付款余额 × 实际利率。②应交税费——应交增值税（进项税额）金额为当期所付（全部价款 + 价外费用 − 本金）/（1+13%）×13%。
	转 ×× 公司 ×× 融资租赁资产第 × 期保证金抵作租金	借：财务费用——利息支出 长期应付款——应付融资租赁款 应交税费——应交增值税（进项税额） 贷：其他应收款——租赁保证金	附件：融资租赁租金支付表、自制财务费用分摊表、增值税专用发票。 业务处理要点：承租人到期不交租金，以保证金抵作租金时，需做此分录。

续表

业务流程	标准摘要	会计分录	原始凭证及业务处理要点
租赁期满	付（或转）××公司留购××融资租赁资产价款	借：财务费用——利息支出 长期应付款——应付融资租赁款 应交税费——应交增值税（进项税额） 贷：银行存款——××银行	附件：融资租赁租金支付表、银行汇款单（支票存根）、自制财务费用分摊表、增值税专用发票。 业务处理要点：假设对方为金融租赁公司，不动产在此环节无须缴纳契税。
承租人违约没收保证金	转××公司××融资租赁资产违约没收保证金	借：营业外支出 应交税费——应交增值税（进项税额） 贷：其他应收款——租赁保证金	附件：融资租赁合同或内部审批单、增值税专用发票。 业务处理要点：承租人违约，按租赁合同或协议规定没收保证金时需做此分录，出租方没收保证金应按价外费用缴纳增值税。

Finance Lease

Tax and Accounting Practice & Cases

11

融资租赁直租业务税会处理实务

在上一章，我们已经把融资租赁直租及售后回租业务整个会计处理的基本框架搭建了起来。在接下来的两章中，我们将通过多个案例详细讲解在直租和售后回租业务中出租人与承租人的会计及税务处理。

出租方税会处理实务

下面，我们对直租业务中出租人会计处理的关键环节做一个简单的介绍。

会计上融资租赁的认定

1. 租赁的识别

租赁，是指在一定期间内，出租人将资产的使用权让与承租人以获取对价的合同。在合同开始日，企业应当评估合同是否为租赁或者包含租赁。

如果租赁合同中一方让渡了在一定期间内控制一项或多项已识别资产使用的权利以换取对价，则该合同为租赁或者包含租赁，其中，除非合同条款和条件发生变化，企业无须重新评估合同是否为租赁或者包含租赁。这里的“一定期间”除时间外也可以是已识别资产的使用量，比如让渡了某设备一定产出量内的使用权。如果客户有权在部分合同期内控制已识别资产的使用，则合同包含一项在该部分合同期间的租赁。

另外，接受商品或服务的合同可能由合营安排或合营安排的代表签订。在这种情况下，企业评估合同是否包含一项租赁时，应将整个合营安排视为该合同中的客户，评估该合营安排是否在使用期间有权控制已识别资产的使用。

为确定合同是否让渡了在一定期间内控制已识别资产使用的权利，企业应当同时评估以下两方面：

（1）合同中的客户是否有权获得在使用期间内因使用已识别资产所产生的几乎全部经济利益；

（2）有权在该使用期间主导已识别资产的使用。

已识别资产通常由合同明确指定（合同指定型号、序列号等），也可以在资产可供客户使用时隐性指定（合同未明确指定，但履行过程只能由特定资产完成，如定制的只适用该合同的资产）。

案例 11-1

对资产的指定

甲公司与乙公司签订了合同，合同约定 3 年内使用乙公司一个生产设备，该生产设备专用于生产甲公司某特殊涂料，如不经重大改造其他客户无法使用。乙公司仅有一台该设备，如果设备发生故障该公司无法自由替换该设备，合同约定由供应方进行修理。

该合同中未明确指定设备型号，但是对设备进行了隐形指定，因为乙公司仅拥有一台适用客户甲使用的设备，必须使用该设备来履行合同，而乙公司无法自由替换该设备，只能按甲公司要求进行修理。因此，该设备是一项已识别资产。

即使合同已对资产进行指定，如果资产的供应方在整个使用期间拥有对该资产的实质性替换权，则该资产不属于已识别资产。其原因在于，如果资产供应方在整个使用期间均能自由替换合同资产，那么实际上，合同只规定了满足客户需求的一类资产，而不是被唯一识别出的一项或几项资产。也就是说，在这种情况下，合同资产并未和资产供应方的同类其他资产明确区分开，并未被识别出来。

企业在评估资产供应方的替换权是否为实质性权利时，应基于合同开始日的事实和情况，而不应考虑在合同开始日企业认为不可能发生的未来事件。

同时符合下列条件时，表明供应方拥有资产的实质性替换权：

（1）资产供应方拥有在整个使用期间替换资产的实际能力；

（2）资产供应方通过行使替换资产的权利将获得经济利益。该条件强调替换收益大于替换成本。与资产位于资产供应方所在地相比，如果资产位于客户所在地或其他位置，替换资产所需要的成本更有可能超过其所能获取的利益。资产供应方在资产运行结果不佳或者进行技术升级的情况下，因修理和维护而替换资产的权利或义务不属于实质性替换权。

案例 11-2

实质性替换权的判断

某连锁超市将特定面积区域出租给某品牌销售其产品，期限 3 年，但合同规定在必要条件下，超市可无条件调换租赁的位置或将租赁位置调换至其他分店。这种情况下，超市有替换资产的实际能力（无条件），并且超市的这种调换行为是基于资源的有效利用，无须付出较大成本，目的是获得经济利益，且所获经济利益大于付出的成本，所以该连锁超市有实质性替换权。

需要注意的是，如果合同仅赋予资产供应方在特定日期或者特定事件发生日或之后拥有替换资产的权利或义务，考虑到资产供应方没有在整个使用期间替换资产的实际能力，资产供应方的替换权不具有实质性。

如果企业难以确定供应方是否拥有对该资产的实质性替换权，应当视为供应方没有对该资产的实质性替换权。

如果资产的部分产能在物理上可区分（例如，建筑物的一层），则该部分产能属于已识别资产。如果资产的某部分产能或其他部分在物理上不可区分，则该部分不属于已识别资产（即非合同范围内的部分，如光纤电缆的部分容量），除非其实质上代表该资产的全部产能，从而使客户获得因使用该资产所产生的几乎全部经济利益。

案例 11-3

物理可区分性的判断

甲公司与乙公司签订了一份合同，合同约定甲公司取得 20 年连接 A、B 城市光缆中带宽的光纤使用权。乙公司共有10条传输容量相同的光缆，取得的宽带光纤使用权相当于其中3条光缆的传输容量。

此时，甲公司取得部分光缆的传输容量，但由于乙公司共有10条传输容量相同的光缆，此3条光缆和其他光缆在物理上无明显区别，不具有物理可区分性。此外，这3条的传输容量也不代表10条光缆几乎全部传输容量。

为了控制已识别资产的使用，客户应当有权获得整个使用期间使用该资产所产生的几乎全部经济利益（例如，在整个使用期间独家使用该资产）。客户可以通过多种方式直接或间接获得使用资产所产生的经济利益，例如，通过使用、持有或转租资产。使用资产所产生的经济利益包括资产的主要产出和副产品（包括来源于这些项目的潜在现金流量）以及通过与第三方之间的商业交易实现的其他经济利益。在评估是否有权获得因使用已识别资产所产生的几乎全部经济利益时，企业应当在约定的客户可使用资产的权利范围内考虑其所产生的经济利益。

案例 11-4

在约定的客户可使用资产的权利范围内考虑产生的经济利益

某连锁超市将特定面积区域出租给某品牌销售其产品，周末，该品牌在超市外部搭摊位做促销活动，则在评估是否有权获得因使用已识别资产所产生的几乎全部经济利益时，应考虑超市内特定区域所产生的经济利益，而不考虑周末超市外促销所产生的经济利益。

如果合同规定客户应向资产供应方或另一方支付因使用资产所产生的部分现金流量作为对价，该现金流量仍应视为客户因使用资产而获得的经济利益的一部分。因为该类现金流一般是为控制已识别资产使用，获取经济利益而支付的对价，并不影响客户因使用资产而获得的经济利益的计算。

存在下列情况之一的，可视为客户有权主导对已识别资产在整个使用期间内的使用：

（1）客户有权在整个使用期间主导已识别资产的使用目的和使用方式。即承租方可在合同界定的使用范围内自行变更使用方式和目的，但须考虑改变使用方法和目的对使用权资产所产生的经济利益产生最大影响的决策权。例如，决定机器设备的运行时间，决定集装箱用来运输还是存储商品等。

（2）已识别资产的使用目的和使用方式在使用期开始前已预先确定，并且客户有权在整个使用期间自行或主导他人按照其确定的方式运营该资产，或者客户设计了已识别资产并在设计时已预先确定该资产在整个使用期间的使用目的和使用方式。除客户设计外，应考虑使用期间对资产使用做出决策的权利。

案例 11-5

客户有权主导对已识别资产在整个使用期间内的使用的判断

甲公司（客户）与乙公司（供应方）就使用一辆卡车在一周时间将货物从A地运至B地签订了合同。根据合同，乙公司只提供卡车、发运及到货的时间和站点，甲公司负责派人驾车自甲地到乙地。合同中明确指定了卡车，并规定在合同期内该卡车只允许用于运输合同中指定的货物，乙公司没有替换权。合同规定了卡车可行驶的最大里程。甲公司可在合同规定的范围内选择具体的行驶速度、路线、停车休息地点等。甲公司在指定路程完成后无权继续使用这辆卡车。

本例中，合同明确指定了一辆卡车，且乙公司无权替换，因此合同存在已识别资产。合同预先确定了卡车的使用目的和使用方式，即在规定时间内将指定货物从甲地运至乙地。甲公司有权在整个使用期间操作卡车（例如决定行驶速度、路线、停车休息地点），因此甲公司主导了卡车的使用，甲公司通过控制卡车的操作在整个使用期间全权决定卡车的使用。

说明：本案例来源于《企业会计准则第 21 号——租赁》应用指南。

合同可能包含一些旨在保护资产供应方在已识别资产或其他资产中的权益、保护资产供应方的工作人员或者确保资产供应方不因客户使用租赁资产而违反法律法规的条款和条件，这些权利虽然对客户使用资产权利的范围做出了限定，但是其本身不足以否定客户拥有主导资产使用的权利。

识别租赁的流程见图 11-1。

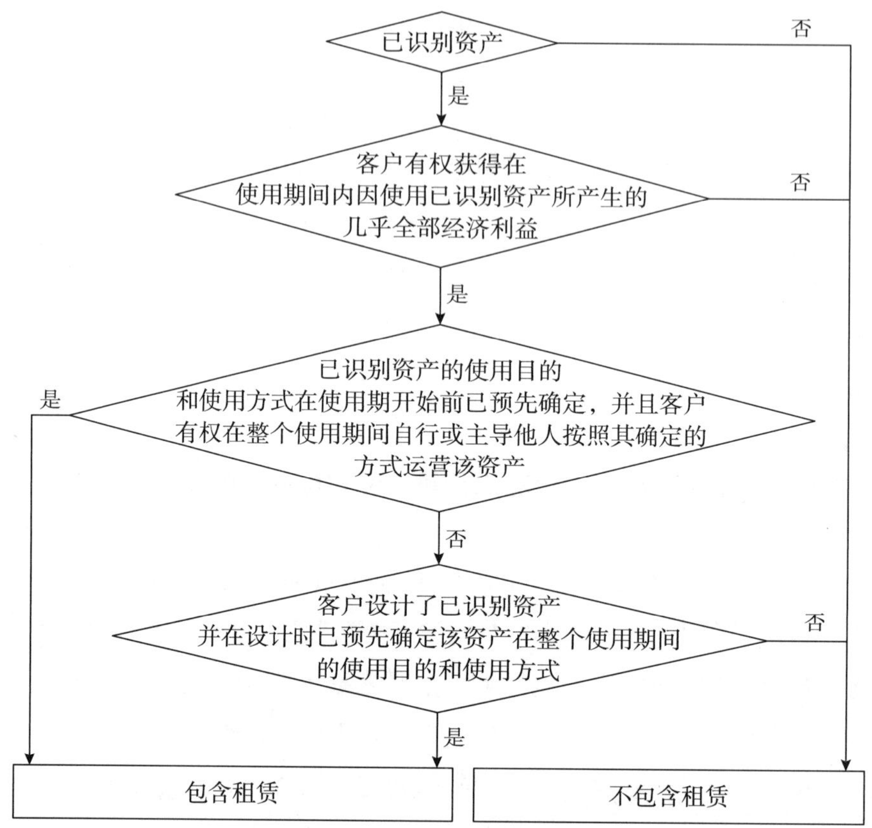

图 11-1　识别租赁的流程

只有符合要求的才能判定为租赁，但即使符合租赁的判定条件也不一定按新租赁准则进行会计处理，这里存在两种例外情形：

（1）承租人通过许可使用协议取得的电影、录像、剧本、文稿等版权、专利等项目的权利，以出让、划拨或转让方式取得的土地使用权，适用《企业会计准则第6号——无形资产》。

（2）出租人授予的知识产权许可，适用《企业会计准则第14号——收入》。勘探或使用矿产、石油、天然气及类似不可再生资源的租赁，承租人承租生物资产，采用建设经营移交等方式参与公共基础设施建设、运营的特许经营权合同，不适用新租赁准则。

2. 合同的拆分与合并

合同多种多样，可能是多项单独租赁的组合合同，比如租赁工厂厂房包含了土地、建筑物和机器设备的租赁；也可能是租赁成分与非租赁成分的组合合同，比如租赁一台大型打印机，并在合同条款中约定使用过程中的维修、更换部件等情形。

合同中同时包含多项单独租赁的，承租人和出租人应当将合同予以拆分，并分别对各项单独租赁进行会计处理。

合同中同时包含租赁和非租赁部分的，承租人和出租人应当将租赁和非租赁部分进行分拆，租赁部分应当分别按照新租赁准则进行会计处理，非租赁部分应当按照其他适用的企业会计准则进行会计处理。

同时符合下列条件的，使用已识别资产的权利构成合同中的一项单独租赁：

（1）承租人可从单独使用该资产或将其与易于获得的其他资源一起使用中获利，易于获得的资源是指出租人或其他供应方单独销售或出租的商品或服务，或者承租人已从出租人或其他交易中获得的资源。

（2）该资产与合同中的其他资产不存在高度依赖或高度关联关系。即承租人不租赁标的资产的决定不会对承租人使用合同中的其他标的资产的权利产生重大影响，这一事实表明标的资产与该其他标的资产不存在高度依赖或关联关系。

比如，客户在租赁电动汽车车身的同时也租赁了电池，电动汽车对电池存在高度依赖关系，因此，不应将车身作为一项单独的租赁，而应将租赁车身和电池合并为一个合同。

出租人可能要求承租人承担某些款项，却并未向承租人转移商品或服务。例如，出租人可能要求承租方承担管理费或与租赁相关的其他成本，而并未向承租人转移商品或服务。此类金额不构成合同中单独的组成部分，而应视为总对价的一部分分摊至单独识别的合同组成部分。

在分拆合同包含的租赁和非租赁部分时，承租人应当按照各租赁部分单独价格及非租赁部分的单独价格之和的相对比例分摊合同对价，出租人应当根据《企业会计准则第 14 号——收入》关于交易价格分摊的规定分摊合同对价。

案例 11-6

租赁与非租赁部分的拆分

A 公司从 B 公司租入一台立式打印机、一台小型打印机、一台相机，租赁期 5 年，用于日常办公需要，合同对价为 30 万元，每年支付 6 万元，其中包含维修费。

A 公司可从单独使用每项资产或将每项资产与易于获得的其他资源一起使用中获

利，比如A公司易于购买其他小型打印机和相机、立式打印机一起使用；每项单个资产与合同中的其他资产都不存在高度依赖方或高度关联关系。因此应将合同拆分为三个单独的租赁合同和非租赁部分，已知相似条件下，立式打印机维修价格为5 000元，小型打印机维修价格为1 500元，相机维修价格为3 000元，B公司在市场上单独出租租赁期为5年的立式打印机，小型打印和相机的价格分别为200 000元、30 000元和65 000元。

维修费合计：5 000+1 500+3 000=9 500（元）

市场价格合计：200 000+30 000+65 000=295 000（元）

实际总价款为300 000元。

分摊率为：300 000÷（9 500+295 000）=98.52%

立式打印机租赁对价 =200 000×98.52%=197 040（元）

小型打印机租赁对价 =30 000×98.52%=29 556（元）

相机租赁对价 =65 000×98.52%=64 038（元）

为简化处理，承租人可以按照租赁资产的类别选择是否拆分合同包含的租赁和非租赁部分。承租人选择不拆分的，应当将各租赁部分及与其相关的非租赁部分分别合并为租赁，按照新租赁准则进行会计处理。但是，对于按照《企业会计准则第22号——金融工具确认和计量》应分拆的嵌入衍生工具，承租人不应将其与租赁部分合并进行会计处理。

企业与同一交易方或其关联方在同一时间或相近时间订立的两份或多份包含租赁的合同，在符合下列条件之一时，应当合并为一份合同进行会计处理：

（1）该两份或多份合同基于总体商业目的而订立并构成一揽子交易，若不作为整体考虑则无法理解其总体商业目的。构成一揽子交易是指签约各方不能就该两份或多份合同中的部分合同接受或拒绝；

（2）该两份或多份合同中的某份合同的对价金额取决于其他合同的定价或履行情况；

（3）该两份或多份合同让渡的资产使用权合起来构成一项单独租赁。

案例 11-7

租赁合同的合并

A公司需要租赁B公司500平方米的厂房进行生产，其中50平方米被报废及不符合A公司生产要求的设备占用，A公司为生产需要又与B公司签订了100平方米的厂房租赁合同，由于之前有50平方米不能使用，该100平方米只按50平方米收取租金，并按前一合同单价定价，则这两个租赁合同应合并。因为这两个租赁合同的商业目的相同，且第二份合同的对价金额取决于第一个合同的定价及履行情况。

3. 融资租赁的判断

与旧租赁准则相比，新租赁准则对于融资租赁的定义并无本质变化。融资租赁是指实质上转移了与租赁资产所有权有关的几乎全部风险和报酬的租赁，其所有权最终可能转移，也可能不转移。其中风险包括由于生产能力的闲置或技术陈旧可能造成的损失，以及由于经济状况的改变可能造成的回报变动。报酬可以表现为在租赁资产的预期经济寿命期间经营的盈利以及因增值或残值变现可能产生的利得。租赁开始日后，除非发生租赁变更，出租人无须对租赁的分类进行重新评估。

租赁资产预计使用寿命、预计余值等会计估计变更或发生承租人违约等情况变化的，出租人不对租赁进行重分类。租赁合同可能包括因租赁开始日与租赁期开始日之间发生的特定变化而需对租赁付款额进行调整的条款与条件，比如出租人租赁资产成本发生变动或出租人该租赁的融资成本发生变动，在此情况下，出于租赁分类目的，此类变动的影响均视为在租赁开始日已经发生。

在按照融资租赁进行会计处理之前，出租人应在租赁开始日判断该笔业务是否满足按融资租赁进行核算的条件。满足以下一个或多个标准时，会计上通常分类其为融资租赁：

（1）在租赁期届满时，租赁资产的所有权转移给承租人。即如果在租赁协议中已经约定，或者根据其他条件在租赁开始日就可以合理地判断，租赁期届满时出租人会将资产的所有权转移给承租人，那么该项租赁应当认定为融资租赁。

（2）承租人有购买租赁资产的选择权，所订立的购买价款与预计行使选择权时租赁资产的公允价值相比足够低，因而在租赁开始日就可以合理确定承租人将行使该选择权。例如，出租人与承租人签订了一项租赁协议，租赁期限为3年，租赁期届满时承租人有权以10 000元的价格购买租赁资产，在签订租赁协议时估计该租赁资产租赁期届满时的公允价值为40 000元，由于购买价格仅为公允价值的25%（远低于公允价值40 000元），如果没有特殊情况，承租人在租赁期届满时将会行使购买权。在这种情况下，在租赁开始日即可判断该项租赁应当认定为融资租赁。

（3）资产的所有权虽然不转移，但租赁期占租赁资产使用寿命的大部分。通常认为这里所指的“大部分”是 75% 及以上，需要注意的是，所称使用寿命是指租赁开始日租赁资产的剩余使用寿命，而非全部可使用年限。如果租赁资产是旧资产，在租赁前已使用年限超过资产自全新时起算可使用年限的 75% 以上时，则不能采用这条判断标准确定租赁的分类。

例如，某租赁设备全新时可使用年限为 10 年，已经使用了 3 年，从第 4 年开始租出，租赁期为 6 年，由于租赁开始时该设备使用寿命为 7 年，租赁期占使用寿命的 85.7%（6 年 /7 年），符合上述第（3）条标准，因此，该项租赁应当归类为融资租赁；如果从第 4 年开始，租赁期为 3 年，租赁期占使用寿命的 42.9%，则不符合上述第（3）条标准，因此该项租赁不应认定为融资租赁（假定也不符合其他判断标准）。假如该设备已经使用了 8 年，从第 9 年开始租赁，租赁期为 2 年，此时，该设备使用寿命为 2 年，虽然租赁期为使用寿命的 100%（2 年 /2 年），但由于在租赁前该设备的已使用年限超过了可使用年限（10 年）的 75%（8 年 /10 年 =80% > 75%），因此，也不能采用这条标准来确定租赁的分类。

需要说明的是，这里的量化标准只是指导性标准，企业在具体运用时，必须按新租赁准则规定的相关条件进行综合判断。

（4）在租赁开始日，租赁收款额的现值几乎相当于租赁资产的公允价值。这里的“几乎相当于”，通常掌握在 90% 以上（含 90%）。需要说明的是，这里的量化标准只是指导性标准，企业在具体运用时，必须按新租赁准则规定的相关条件进行判断。

（5）租赁资产性质特殊，如果不作较大改造，只有承租人才能使用。这条标准是指租赁资产是由出租人根据承租人对资产型号、规格等方面的特殊要求专门购买或建造的，具有专购、专用性质。这些租赁资产如果不做较大的改造，其他企业通常难以使用。在这种情况下，该项租赁也应当认定为融资租赁。

若该项租赁存在下列一种或多种迹象，也可能分类为融资租赁：

（1）若承租人撤销租赁，撤销租赁对出租人造成的损失由承租人承担。

（2）资产余值的公允价值波动所产生的利得或损失归属于承租人。例如，租赁结束时，出租人以相当于资产销售收益的绝大部分金额作为退还的租金，说明承租人承担了租赁资产余值的几乎所有风险和报酬。

（3）承租人有能力以远低于市场水平的租金继续租赁至下一期间。这里所称“远低于”通常指 5% 及以下。

值得注意的是，出租人在判断租赁类型时，并非总是由上述情形和迹象来决定，而应综合考虑经济激励的有利方面和不利方面。若有其他特征充分表明，租赁实质上没有转移与租赁资产所有权相关的几乎全部风险和报酬，则该租赁应分类为经营租赁。例如，若租赁资产的所有权在租赁期结束时以相当于其届时公允价值的可变付款额转让至承租人，或者因存在可变租赁付款额导致出租人实质上没有转移几乎全部风险和报酬，就可能出现这种情况。

转租出租人应当基于原租赁产生的使用权资产，而不是原租赁的标的资产，对转租赁进行分类。以租赁期占使用寿命的比例来说，转租出租人将评估是不是原租赁剩余期限的大部分，而非是不是标的资产剩余使用寿命的大部分。例如，原租赁剩余使用年限是 20 年，租赁期 7 年，中间人转租赁 6 年，6/7=85.71%，大于 75%，分类为融资租赁。但是，原租赁为短期租赁，且转租出租人对原租赁进行简化处理的，转租出租人应当将该转租赁分类为经营租赁。

租赁债权的确认

在租赁期开始日，出租人需要先通过下面的会计处理确认在整个租赁期内的租赁债权。这样进行会计处理的结果是，出租人将租赁期开始日未担保余值和租赁期开始日不含税租赁收款额按照租赁内含利率折现的现值之和作为应收融资租赁款的入账价值，其中，租赁期开始日已收取的租赁收款额现值与实际收款额相等，若存在初始直接费用，则不含税初始直接费用也包含在其中。租赁未担保余值应在应收融资租赁款中单独设置“未担保余值”二级科目核算，出租人应定期复核计算租赁投资总额时的未担保余值，若预计未担保余值降低，出租人应修改租赁期内的收益分配，并立即确认预计的减少额，即将未担保余值的减记损失计入当期损益，并按减值后的未担保余值重新计算内含利率，据此计算剩余期间每期的利息收入。租赁收款额中包含了扣除租赁激励的固定付款额、取决于指数或比率的可变租赁付款额、留购价格、终止租赁价款及担保余值。已收取的租赁款直接借记“银行存款”科目，将不含税租赁收款额及未担保余值之和与融资租赁资产的公允价值和不含税初始直接费用之和的差额确认为未实现融资收益。租赁资产公允价值与账面价值的差额，计入资产处置损益。

营改增以后，由于增值税的缴纳，融资租赁公司的会计处理也发生了相应的变化，需要通过“应收融资租赁款——融资租赁销项税额”科目将未来收取租金等款项所开具发票上的增值税额先计提出来，并同时贷记“应交税费——待转销项税额”科目，其金额为：含税全部价款及价外费用 ÷（1+ 适用税率或征收率）× 适用税率或征收率。

会计处理如下：

借：应收融资租赁款——租赁收款额（不含税租赁收款额）

——融资租赁销项税额

——未担保余值

银行存款（已收取租赁款）

资产处置损益（租赁资产公允价值小于账面价值）

贷：融资租赁资产（租赁资产原账面价值）

银行存款（初始直接费用）

资产处置损益（租赁资产公允价值大于原账面价值）

应收融资租赁款——未实现融资收益

应交税费——待转销项税额

同时：

借：应交税费——应交增值税（进项税额）（初始直接费用进项税额）

贷：应收融资租赁款——未实现融资收益

借：应收融资租赁款——未实现融资收益

贷：应交税费——应交增值税（销项税额）（已收租赁款销项税额）

未实现融资收益的分期确认

出租方应在收到每期租金的同时确认当期收取租金开具发票的销项税额，并在租赁期内各个期间确定摊销的未实现融资收益，未实现融资收益相当于整个融资租赁业务所收取的利息，应当在整个合同期限内分期确认为融资租赁的收入。出租人应当采用实际利率法计算确认分摊到当期的融资收益和融资租赁收入。每期摊销额 = 期初不含税应收融资租赁款余额 × 内含利率，其中融资租赁的内含利率是指在租赁期开始日，为使出租人不含税租赁收款额的现值与未担保余值的现值之和等于租赁资产公允价值与出租人的不含税初始直接费用之和的折现率。

企业根据自身的业务特点确定租赁收入的核算科目，确认的租赁收入，金融租赁公司记入“利息收入”科目，内外资融资租赁公司记入“租赁收入——利息收入”科目、经销商开展融资租赁记入“其他业务收入”科目。“利息收入”和“租赁收入——利息收入”科目的余额可转入“主营业务收入”科目。

会计处理如下：

借：银行存款

　贷：应收融资租赁款——租赁收款额

　　　　　　　　　　——融资租赁销项税额

借：应收融资租赁款——融资租赁销项税额

　贷：应交税费——应交增值税（销项税额）

借：应收融资租赁款——未实现融资收益

　贷：租赁收入——利息收入 / 利息收入等

也可再做一个下面的分录：

借：租赁收入——利息收入 / 利息收入等

　贷：主营业务收入

差额扣除项的会计处理

《营业税改征增值税试点有关企业会计处理规定》（财会〔2012〕13 号）对差额扣除项的会计处理做出了相应的规定：一般纳税人提供应税服务，试点期间按照营业税改征增值税有关规定允许从销售额中扣除其支付给非试点纳税人价款的（包括当时的金融业纳税人），应在“应交税费——应交增值税”科目下增设“营改增抵减的销项税额”专栏，用于记录该企业因按规定扣减销售额而减少的销项税额；全面营改增后，《增值税会计处理规定》（财会〔2016〕22 号文件印发）将“营改增抵减的销项税额”专栏更名为“销项税额抵减”。

企业接受应税服务时，按规定允许扣减销售额而减少的销项税额，借记“应交税费——应交增值税（销项税额抵减）”科目，按实际支付或应付的金额与上述增值税额的差额，借记“财务费用——利息支出”科目，按实际支付或应付的金额，贷记“银行存款”“应付账款”等科目。

对于期末一次性进行账务处理的企业，期末，按规定当期允许扣减销售额而减少的销项税额，借记“应交税费——应交增值税（销项税额抵减）”科目，同时以借方负数记“财务费用——利息支出（融资租赁借款费用）”科目。

会计处理如下：

借：财务费用——利息支出（融资租赁借款费用）

　贷：应付利息

长期借款——利息调整

借：应付利息

贷：银行存款

借：财务费用——利息支出（融资租赁借款费用）（借方负数）

应交税费——应交增值税（销项税额抵减）

可变租赁付款额的会计处理

出租人在融资租赁下收到的除取决于指数或比率的可变租赁付款额，应在实际发生时确认为当期收入。其会计处理为：借记“银行存款”等科目，贷方记“租赁收入——利息收入”、“利息收入”或“其他业务收入”科目及“应交税费——应交增值税（进项税额）”科目，同时可将“租赁收入——利息收入”和“利息收入”科目的余额转入“主营业务收入”科目。

新旧租赁准则衔接的处理

对于首次执行日前已存在的合同，企业在首次执行日可以选择不重新评估其是否为租赁或者包含租赁。即企业可以仅对之前根据旧租赁准则识别为租赁的合同采用新租赁准则；对之前按旧租赁准则未识别为包含租赁的合同不采用新租赁准则。选择不重新评估的，企业应当在财务报表附注中披露这一事实，并一致应用于前述所有合同。所称首次执行日，是指企业首次采用新租赁准则的年度报告期间的开始日。

除下面所述情形外，出租人无须对作为出租人的租赁按照衔接规定进行调整，而应当自首次执行日起按照新租赁准则进行会计处理：对于首次执行日前划分为经营租赁且在首次执行日后仍存续的转租赁，转租出租人在首次执行日应当基于原租赁和转租赁的剩余合同期限和条款进行重新评估，并按照新租赁准则的规定进行分类。按照新租赁准则重分类为融资租赁的，应当将其作为一项新的融资租赁进行会计处理。

案例 11-8

直租业务中出租方会计处理、增值税申报及企业所得税纳税调整

2019 年 12 月 31 日，A 融资租赁公司（一般纳税人）与 B 制造公司（一般纳税人）

签订一份租赁合同，约定A公司应B公司的要求购进全新生产设备一台，并将其出租给B公司。A公司将设备于租赁期开始日直接交付B公司，并支付购买价款，取得增值税专用发票1份，发票注明价款2 480 000元，税额为322 400元，预计可使用年限4年；以上款项1 000 000由银行借款获得，借款年限为3年，年利率为5%，假设按年支付利息，到期一次还本，款项已支付。

双方签订融资租赁合同的主要条款如下：（1）租赁期开始日为2020年1月1日，租赁期为3年；（2）从2020年起，每年12月31日收取租金（含税）1 160 000元，每年给予按期付款优惠返还30 000元；（3）A公司发生可归属该租赁项目的佣金为15 277.78元，其中进项税额为864.78元；（4）承租期满时，B公司享有优惠购买该机器的选择权，购买价为11 300元，估计该日租赁资产的公允价值为200 000元；（5）甲公司享有终止租赁选择权，但若在租赁期间终止租赁，需支付的款项为剩余租赁期间的固定租金支付金额；（6）无担保余值及未担保余值。（注：假设不符合留抵退税条件、增值税期末结转略。）

A公司的会计处理如下：

第一步，判断租赁类型

因为租赁期满，B制造公司有优惠购买选择权，优惠购买价11 300元远低于行使选择权日租赁资产的公允价值200 000元，因此在2019年12月31日就可合理确定甲公司将会行使这种选择权。另外，在本例中，租赁期为3年，占租赁开始日租赁资产使用寿命的75%。通过对各种情况的综合考虑，认为该租赁实质上转移了与该项设备所有权有关的几乎全部风险和报酬，属于融资租赁。

第二步，账务处理

◆ 2020年度

先确定租赁收款额。

扣除租赁激励的固定付款额为：1 160 000−30 000=1 130 000（元）。

通过之前判断承租方会行使购买选择权，留购价格为：11 300元。

承租方享有终止租赁选择权，但若在租赁期间终止租赁，需支付的款项为剩余租赁期间的固定租金支付金额，因此可合理判断不会行使该权利。

该合同无担保余值。

因此，租赁收款额为1 130 000×3+11 300=3 401 300（元）。

然后计算租赁内含利率。租赁内含利率是指在租赁期开始日，使出租人不含税租赁收款额的现值与未担保余值的现值之和等于租赁资产公允价值与出租人的不含税初始直接费用之和的折现率。

由 1 130 000/（1+13%）×（P/A，R，3）+11 300/（1+13%）×（P/F，R，3）= 2 480 000+14 413，计算得出 R=10%。

（1）取得银行借款时：

借：银行存款——×× 银行　1 000 000

　贷：长期借款——本金　1 000 000

（2）2010 年 1 月 1 日购买生产设备时：

借：融资租赁资产　2 480 000

　　应交税费——应交增值税（进项税额）　322 400

　贷：银行存款——×× 银行　2 802 400

（3）2020 年 1 月 1 日租赁开始日确认租赁债权：

借：应收融资租赁款——租赁收款额　3 010 000

　　　　　　　　　——融资租赁销项税额　391 300

　贷：融资租赁资产　2 480 000

　　银行存款（初始直接费用）　15 277.78

　　应收融资租赁款——未实现融资收益　514 722.22

　　应交税费——待转销项税额　391 300［3 401 300/（1+13%）×13%］

同时，

借：应交税费——应交增值税（进项税额）　864.78

　贷：应收融资租赁款——未实现融资收益　864.78

（4）2020 年 1 月 1 日计提借款利息时：

借：财务费用——利息支出（融资租赁借款费用）　50 000

　贷：应付利息　50 000（1 000 000×5%）

（5）2020 年 1—12 月，每月确认的融资租赁收入为：249 441.3÷12=20 786.78（元）。每月确认租赁收入时：

借：应收融资租赁款——未实现融资收益　20 786.78

　贷：租赁收入——利息收入　20 786.78

同时，

借：租赁收入——利息收入　20 786.78

　贷：主营业务收入　20 786.78

未确认融资收益分配表见表 11-1。

表 11-1　未实现融资收益分配表　　单位：元

日期	不含税租金	确认的融资收益	租赁投资净额减少额	租赁投资净额余额（不含税）
		③＝期初⑤×10%	④＝②－③	⑤＝期初⑤－④
2020.1.1				2 494 413
2020.12.31	1 000 000	249 441.3	750 558.7	1 743 854.3
2021.12.31	1 000 000	174 385.43	825 614.57	918 239.73
2022.12.31	1 010 000	91 760.27*	918 239.73*	0
合计	3 010 000	515 587	2 494 413	

* 做尾数调整：91 760.27=1 010 000−918 239.73，918 239.73=918 239.73−0。

（6）2020 年 12 月 31 日，收到租金时：

借：银行存款　　1 130 000

　贷：应收融资租赁款——租赁收款额　　1 000 000

　　　　——融资租赁销项税额　　130 000

同时，开具增值税发票，确认增值税销项税额：

借：应交税费——待转销项税额　　130 000

　贷：应交税费——应交增值税（销项税额）　　130 000

（7）2020 年 12 月 31 日，支付借款利息时：

借：应付利息　　50 000

　贷：银行存款——×× 银行　　50 000

同时，确认抵减销项税额：

借：财务费用——利息支出（融资租赁借款费用）　　−5 752.21

　　应交税费——应交增值税（销项税额抵减）　　5 752.21

（8）2020 年底计提本年度所得税时：

2020 年度，会计上确认的收入是该年确认的融资收益共计 249 441.3 元，融资成本为 44 247.79 元，营业利润为：249 441.3−44 247.79=205 193.51（元）。

参照本书第 9 章企业所得税部分的内容，我们采纳收入确定的第三种观点，根据《企业所得税法实施条例》规定，按照合同约定的收款日期确认收入，应税所得＝（本期应收租金＋本期应收租赁服务费）－租出资产的计税基础×（本期应收租金＋本期应收租赁服务费）/合同确定的应收租金及租赁服务费总额－本期其他成本费用（如融资成本）－本期初始直接费用。所以2020年该公司应确认的应税收入是1 130 000÷（1+13%）=1 000 000（元），此业务当年产生的应税所得额=1 000 000−2 480 000×1 000 000/3 010 000−44 247.79−14 413=117 418.94（元），此年应纳税所得额应在会计利润的基础上调减：205 193.51−117 418.94=87 774.57（元），产生应纳税暂时性差异。

融资出租固定资产时，初始确认时既不影响会计利润也不影响应纳税所得额，即使产生暂时性差异，也不确认递延所得税。

借：所得税费用　29 354.74

　贷：应交税费——应交所得税　29 354.74（117 418.94×25%）

◆ 2021年度

（1）2021年1月1日计提借款利息时：

借：财务费用——利息支出（融资租赁借款费用）　50 000

　贷：应付利息　50 000（1 000 000×5%）

（2）2021年1—12月，每月确认的融资租赁收入为：174 385.43÷12=14 532.12（元）。每月确认租赁收入时：

借：应收融资租赁款——未实现融资收益　14 532.12

　贷：租赁收入——利息收入　14 532.12

同时：

借：租赁收入——利息收入　14 532.12

　贷：主营业务收入　14 532.12

（3）2021年12月31日，收到租金时：

借：银行存款　1 130 000

　贷：应收融资租赁款——租赁收款额　1 000 000

　　　　　　　　　——融资租赁销项税额　130 000

同时，开具增值税发票，确认增值税销项税额：

借：应交税费——待转销项税额　130 000

　贷：应交税费——应交增值税（销项税额）　130 000

（4）2021年12月31日，支付借款利息时：

借：应付利息　50 000

　贷：银行存款——××银行　50 000

同时，确认抵减销项税额：

借：财务费用——利息支出（融资租赁借款费用） −5 752.21

应交税费——应交增值税（销项税额抵减） 5 752.21

（5）2021 年底计提本年度所得税时：

2021 年度，会计上确认的收入是该年确认的融资收益共计 174 385.43 元，融资成本为 44 247.79 元，营业利润为：174 385.43−44 247.79=130 137.64（元）。

2021 年此业务产生的应税所得额 =1 000 000−2 480 000×1 000 000/3 010 000−44 247.79=131 831.94（元），此年应纳税所得额应在会计利润的基础上调增：131 831.94−130 137.64=1 694.3（元），初始确认时未确认递延所得税，后续也无须进行递延所得税的转回。

借：所得税费用 32 957.99

贷：应交税费——应交所得税 32 957.99（131 831.94×25%）

◆ 2022 年度

（1）2022 年 1 月 1 日计提借款利息时：

借：财务费用——利息支出（融资租赁借款费用） 50 000

贷：应付利息 50 000（1 000 000×5%）

（2）2022 年 1—12 月，每月确认的融资租赁收入为：91 760.27÷12=7 646.69（元）。每月确认租赁收入时：

借：应收融资租赁款——未实现融资收益 7 646.69

贷：租赁收入——利息收入 7 646.69

同时，

借：租赁收入——利息收入 7 646.69

贷：主营业务收入 7 646.69

（3）2022 年 12 月 31 日，收到租金及留购价款时：

借：银行存款 1 141 300

贷：应收融资租赁款——租赁收款额 1 010 000

——融资租赁销项税额 131 300

同时，开具增值税发票，确认增值税销项税额：

借：应交税费——待转销项税额 131 300

贷：应交税费——应交增值税（销项税额） 131 300

（4）2022 年 12 月 31 日，还本付息时：

借：应付利息 50 000

长期借款——本金　　1 000 000

贷：银行存款——××银行　　1 050 000

同时，确认抵减销项税额：

借：财务费用——利息支出（融资租赁借款费用）　　−5 752.21

应交税费——应交增值税（销项税额抵减）　　5 752.21

（5）2022年底计提本年度所得税时：

假设不考虑即征即退收益。2022年度，会计上确认的收入是该年确认的融资收益共计91 760.27元，融资成本为44 247.79元，营业利润为：91 760.27−44 247.79=47 512.48(元)。

2022年此业务产生的应税所得额=1 010 000−2 480 000×1 010 000/3 010 000−44 247.79=133 592.75（元），此年应纳税所得额应在会计利润的基础上调增：133 592.75−47 512.48=86 080.27（元）。

借：所得税费用　　33 398.19

贷：应交税费——应交所得税　　33 398.19（133 592.75×25%）

第三步，进行税务处理（以2020年为例）

A公司的2020年1月购入生产设备时应按如下方法填列增值税纳税申报表：

A公司2020年1月购入生产设备在申报增值税时需填列一般纳税人增值税纳税申报表主表、附表二（本期进项税额明细）、附表四（税额抵减情况表）。

先将本期认证相符的增值税专用发票份数、金额及税额填入附表二（见表11-2），购入设备的价款为2 480 000元，增值税额为322 400元，填入附表二中“本期认证相符且本期申报抵扣”对应的栏次。然后，由于融资租赁公司直租业销售额比重超过50%，可按照当期可抵扣进项税额加计10%，抵减应纳税额，加计抵减额为：322 400×10%=32 240（元），填入附表四（见表11-3），并根据以上信息填列增值税纳税申报表主表（见表11-4）。

表11-2　　**增值税纳税申报表附列资料（二）**

（本期进项税额明细）

税款所属时间：　年　月　日至　年　月　日

纳税人名称：（公章）　　金额单位：元至角分

一、申报抵扣的进项税额				
项目	栏次	份数	金额	税额
（一）认证相符的增值税专用发票	1=2+3	1	2 480 000.00	322 400.00

其中：本期认证相符且本期申报抵扣	2	1	2 480 000.00	322 400.00
前期认证相符且本期申报抵扣	3			
（二）其他扣税凭证	4=5+6+7+8a+8b			
其中：海关进口增值税专用缴款书	5			
农产品收购发票或者销售发票	6			
代扣代缴税收缴款凭证	7		—	
加计扣除农产品进项税额	8a	—	—	
其他	8b			
（三）本期用于购建不动产的扣税凭证	9			
（四）本期用于抵扣的旅客运输服务扣税凭证	10			
（五）外贸企业进项税额抵扣证明	11	—	—	
当期申报抵扣进项税额合计	12=1+4+11	1	2 480 000.00	322 400.00

二、进项税额转出额

项目	栏次	税额
本期进项税额转出额	13=14 至 23 之和	
其中：免税项目用	14	
集体福利、个人消费	15	
非正常损失	16	
简易计税方法征税项目用	17	
免抵退税办法不得抵扣的进项税额	18	
纳税检查调减进项税额	19	
红字专用发票信息表注明的进项税额	20	
上期留抵税额抵减欠税	21	
上期留抵税额退税	22	
其他应作进项税额转出的情形	23	

三、待抵扣进项税额

项目	栏次	份数	金额	税额
（一）认证相符的增值税专用发票	24	—	—	—
期初已认证相符但未申报抵扣	25			
本期认证相符且本期未申报抵扣	26			
期末已认证相符但未申报抵扣	27			
其中：按照税法规定不允许抵扣	28			
（二）其他扣税凭证	29=30 至 33 之和			

其中：海关进口增值税专用缴款书	30			
农产品收购发票或者销售发票	31			
代扣代缴税收缴款凭证	32		—	
其他	33			
	34			
四、其他				
项目	栏次	份数	金额	税额
本期认证相符的增值税专用发票	35	1	2 480 000.00	322 400.00
代扣代缴税额	36	—	—	

表 11-3

增值税纳税申报表附列资料（四）

（税额抵减情况表）

税款所属时间：　年　月　日至　年　月　日

纳税人名称：（公章）　　　　金额单位：元至角分

一、税额抵减情况						
序号	抵减项目	期初余额	本期发生额	本期应抵减税额	本期实际抵减税额	期末余额
		1	2	3=1+2	4 ≤ 3	5=3−4
1	增值税税控系统专用设备费及技术维护费					
2	分支机构预征缴纳税款					
3	建筑服务预征缴纳税款					
4	销售不动产预征缴纳税款					
5	出租不动产预征缴纳税款					

二、加计抵减情况							
序号	加计抵减项目	期初余额	本期发生额	本期调减额	本期可抵减额	本期实际抵减额	期末余额
		1	2	3	4=1+2−3	5	6=4−5
6	一般项目加计抵减额计算						
7	即征即退项目加计抵减额计算	0.00	32 240.00	0.00	32 240.00	0.00	32 240.00
8	合计	0.00	32 240.00	0.00	32 240.00	0.00	32 240.00

表 11-4

增值税纳税申报表

（增值税一般纳税人适用）

根据国家税收法律法规及增值税相关规定制定本表。纳税人不论有无销售额，均应按税务机关核定的纳税期限填写本表，并向当地税务机关申报。

税款所属时间：自　　年　月　日至　　年　月　日　　　　填表日期：　年　月　日　　　　金额单位：元至角分

<table>
<tr><td colspan="2">纳税人识别号</td><td colspan="3"></td><td colspan="2">所属行业：</td></tr>
<tr><td colspan="2">纳税人名称</td><td>（公章）</td><td>法定代表人姓名</td><td></td><td>注册地址</td><td></td><td>生产经营地址</td><td></td></tr>
<tr><td colspan="2">开户银行及账号</td><td></td><td>登记注册类型</td><td colspan="2"></td><td>电话号码</td><td></td></tr>
<tr><td colspan="2" rowspan="2">项　目</td><td rowspan="2">栏　次</td><td colspan="2">一般货物及劳务</td><td colspan="2">即征即退货物及劳务</td></tr>
<tr><td>本月数</td><td>本年累计</td><td>本月数</td><td>本年累计</td></tr>
<tr><td rowspan="10">销售额</td><td>（一）按适用税率计税销售额</td><td>1</td><td></td><td></td><td></td><td></td></tr>
<tr><td>其中：应税货物销售额</td><td>2</td><td></td><td></td><td></td><td></td></tr>
<tr><td>应税劳务销售额</td><td>3</td><td></td><td></td><td></td><td></td></tr>
<tr><td>纳税检查调整的销售额</td><td>4</td><td></td><td></td><td></td><td></td></tr>
<tr><td>（二）按简易办法计税销售额</td><td>5</td><td></td><td></td><td></td><td></td></tr>
<tr><td>其中：纳税检查调整的销售额</td><td>6</td><td></td><td></td><td></td><td></td></tr>
<tr><td>（三）免、抵、退办法出口销售额</td><td>7</td><td></td><td></td><td>—</td><td>—</td></tr>
<tr><td>（四）免税销售额</td><td>8</td><td></td><td></td><td>—</td><td>—</td></tr>
<tr><td>其中：免税货物销售额</td><td>9</td><td></td><td></td><td>—</td><td>—</td></tr>
<tr><td>免税劳务销售额</td><td>10</td><td></td><td></td><td>—</td><td>—</td></tr>
</table>

税额计算	销项税额	11				
	进项税额	12			322 400.00	322 400.00
	上期留抵税额	13		—		—
	进项税额转出	14				
	免、抵、退应退税额	15			—	—
	按适用税率计算的纳税检查应补缴税额	16			—	—
	应抵扣税额合计	17=12+13−14−15+16		—	322 400.00	—
	实际抵扣税额	18（如 17<11，则为 17，否则为 11）				
	应纳税额	19=11−18				
	期末留抵税额	20=17−18		—	322 400.00	—
	简易计税办法计算的应纳税额	21				
	按简易计税办法计算的纳税检查应补缴税额	22			—	—
	应纳税额减征额	23				
	应纳税额合计	24=19+21−23				
税款缴纳	期初未缴税额（多缴为负数）	25				
	实收出口开具专用缴款书退税额	26			—	—
	本期已缴税额	27=28+29+30+31				
	①分次预缴税额	28		—		—

税款缴纳	②出口开具专用缴款书预缴税额	29		—	—	—
	③本期缴纳上期应纳税额	30				
	④本期缴纳欠缴税额	31				
	期末未缴税额（多缴为负数）	32=24+25+26−27				
	其中：欠缴税额（≥0）	33=25+26−27		—		—
	本期应补（退）税额	34 ＝ 24−28−29		—		—
	即征即退实际退税额	35	—	—		
	期初未缴查补税额	36			—	—
	本期入库查补税额	37			—	—
	期末未缴查补税额	38=16+22+36−37			—	—

授权声明

如果你已授权委托代理人申报，请填写下列资料：

为代理一切税务事宜，现授权

（地址）　　　　　　　　为本纳税人的代理人，任何与本申报表有关的往来文件，都可寄予此人。

授权人签名：

申报人声明

本纳税申报表是根据国家税收法律法规及相关规定填报的，我确定它是真实的、可靠的、完整的。

声明人签字：

收到日期：　　　　　　接收人：　　　　　　主管税务机关盖章：

A 公司 2020 年 12 月收租金时应按如下方法填列增值税纳税申报表：

A 公司 2020 年 12 月收承租方租金在申报增值税时需填列一般纳税人增值税纳税申报表主表、附表一（本期销售情况明细）、附表三（服务、不动产和无形资产扣除项目明细）、附表四（税额抵减情况表）及《增值税差额征税扣除项目清单》。

首先，将本期允许差额扣除的银行借款利息的相关信息填入增值税差额征税扣除项目清单（见表 11-5），包括开具单位、纳税人识别号，合法的差额扣除凭证及其相关信息以及可差额扣除的金额，A 公司本月可差额扣除的银行借款利息为 50 000 元。

其次，将本月向承租方开具的发票金额等填入附表一（见表 11-7），销售额为租金 1 000 000 元，对应的销项税额为 130 000 元，由于差额扣除项目的金额为 50 000 元，小于租金的价税合计金额 1 130 000 元，所以本期实际扣除金额为 50 000 元，本期应纳销项税额为：（1 130 000−50 000）÷（1+13%）×13%=124 247.79（元）。

附表三需填列本期服务、不动产和无形资产价税合计额，即 1 130 000 元（见表 11-6），并将本期扣除项目发生额，应扣除金额和实际扣除金额填列其中，因本期可全部差额扣除，故最后余额为 0。

将本期加计抵减情况填入附表四（见表 11-8），因为本期不需要缴纳增值税，所以本期实际抵减额仍为 0。

最后，根据以上信息填列增值税纳税申报主表（见表 11-9）。

表 11-5 增值税差额征税扣除项目清单

纳税人名称：(公章)　　纳税人识别号：　　　　差额扣除所属时期：　　年　月　日至　　年　月　日

开具单位名称	开具单位纳税人识别号	凭证类型	凭证代码	凭证号码	凭证开具日期	凭证开具的可扣除项目名称	凭证开具的可扣除项目适用的差额扣除政策	凭证开具的可扣除项目适用的差额扣除项目	凭证开具的可扣除项目金额（元）
××银行	××××××××××××××	发票	××××××××××	××××××××	2020-12-21	银行借款利息	有形动产融资租赁	13% 税率的项目	50 000.00

财务负责人：　　　　经办人：　　　　填表日期：

表 11-6

增值税纳税申报表附列资料（三）

（服务、不动产和无形资产扣除项目明细）

税款所属时间：　　年　月　日至　　年　月　日

纳税人名称：（公章）　　　　金额单位：元至角分

项目及栏次		本期服务、不动产和无形资产价税合计额（免税销售额）	服务、不动产和无形资产扣除项目				
			期初余额	本期发生额	本期应扣除金额	本期实际扣除金额	期末余额
		1	2	3	4=2+3	5（5 ≤ 1 且 5 ≤ 4）	6=4−5
13% 税率的项目	1	1 130 000.00	—	50 000.00	50 000.00	50 000.00	—
9% 税率的项目	2						
6% 税率的项目（不含金融商品转让）	3						
6% 税率的金融商品转让项目	4						
5% 征收率的项目	5						
3% 征收率的项目	6						
免抵退税的项目	7						
免税的项目	8						

表 11-7

增值税纳税申报表附列资料（一）

（本期销售情况明细）

税款所属时间：　年　月　日至　年　月　日

纳税人名称：（公章）　　　　金额单位：元至角分

项目及栏次				开具增值税专用发票		开具其他发票		未开具发票		纳税检查调整		合计			服务、不动产和无形资产扣除项目本期实际扣除金额	扣除后	
				销售额	销项（应纳）税额	销售额	销项（应纳）税额	销售额	销项（应纳）税额	销售额	销项（应纳）税额	销售额	销项（应纳）税额	价税合计		含税（免税）销售额	销项（应纳）税额
				1	2	3	4	5	6	7	8	9=1+3+5+7	10=2+4+6+8	11=9+10	12	13=11−12	14=13÷（100%+税率或征收率）×税率或征收率
一、一般计税方法计税	全部征税项目	13%税率的货物及加工修理修配劳务	1											—	—	—	—
		13%税率的服务、不动产和无形资产	2	1 000 000.00	130 000.00							1 000 000.00	130 000.00	1 130 000.00	50 000.00	1 080 000.00	124 247.79

一、一般计税方法计税	全部征税项目	9%税率的货物及加工修理修配劳务	3											—	—	—	—
		9%税率的服务、不动产和无形资产	4														
		6%税率	5														
	其中：即征即退项目	即征即退货物及加工修理修配劳务	6	—	—	—	—	—	—	—	—			—	—	—	—
		即征即退服务、不动产和无形资产	7	—	—	—	—	—	—	—	—	1 000 000.00	130 000.00	1 130 000.00	50 000.00	1 080 000.00	124 247.79
二、简易计税方法计税	全部征税项目	6%征收率	8							—	—			—	—	—	—
		5%征收率的货物及加工修理修配劳务	9a							—	—			—	—	—	—

二、简易计税方法计税	全部征税项目	5%征收率的服务、不动产和无形资产	9b							—	—						
		4%征收率	10							—	—			—	—	—	—
		3%征收率的货物及加工修理修配劳务	11							—	—			—	—	—	—
		3%征收率的服务、不动产和无形资产	12							—	—						
		预征率 %	13a							—	—						
		预征率 %	13b							—	—						
		预征率 %	13c							—	—						

二、简易计税方法计税	其中：即征即退项目	即征即退货物及加工修理修配劳务	14	—	—	—	—	—	—	—	—			—	—	—	—
		即征即退服务、不动产和无形资产	15	—	—	—	—	—	—	—	—						
三、免抵退税	货物及加工修理修配劳务		16	—	—		—		—	—	—		—	—	—	—	—
	服务、不动产和无形资产		17	—	—		—		—	—	—		—				—
四、免税	货物及加工修理修配劳务		18				—		—	—	—		—	—	—	—	—
	服务、不动产和无形资产		19	—	—		—		—	—	—		—				—

表 11-8 增值税纳税申报表附列资料（四）

（税额抵减情况表）

税款所属时间：　　年　月　日至　　年　月　日

纳税人名称：（公章）　　　　金额单位：元至角分

一、税额抵减情况						
序号	抵减项目	期初余额	本期发生额	本期应抵减税额	本期实际抵减税额	期末余额
		1	2	3=1+2	4 ≤ 3	5=3−4
1	增值税税控系统专用设备费及技术维护费					
2	分支机构预征缴纳税款					
3	建筑服务预征缴纳税款					
4	销售不动产预征缴纳税款					
5	出租不动产预征缴纳税款					

二、加计抵减情况							
序号	加计抵减项目	期初余额	本期发生额	本期调减额	本期可抵减额	本期实际抵减额	期末余额
		1	2	3	4=1+2−3	5	6=4−5
6	一般项目加计抵减额计算						
7	即征即退项目加计抵减额计算	32 240.00	0.00	0.00	32 240.00	0.00	32 240.00
8	合计	32 240.00	0.00	0.00	32 240.00	0.00	32 240.00

表 11-9

增值税纳税申报表

（增值税一般纳税人适用）

根据国家税收法律法规及增值税相关规定制定本表。纳税人不论有无销售额，均应按税务机关核定的纳税期限填写本表，并向当地税务机关申报。

税款所属时间：自　　年　月　日至　　年　月　日　　　填表日期：　年　月　日　　　金额单位：元至角分

纳税人识别号					所属行业：	
纳税人名称	（公章）	法定代表人姓名		注册地址	生产经营地址	
开户银行及账号		登记注册类型			电话号码	

项目		栏次	一般货物及劳务		即征即退货物及劳务	
			本月数	本年累计	本月数	本年累计
销售额	（一）按适用税率计税销售额	1			1 000 000.00	1 000 000.00
	其中：应税货物销售额	2				
	应税劳务销售额	3				
	纳税检查调整的销售额	4				
	（二）按简易办法计税销售额	5				
	其中：纳税检查调整的销售额	6				
	（三）免、抵、退办法出口销售额	7			—	—
	（四）免税销售额	8			—	—
	其中：免税货物销售额	9			—	—
	免税劳务销售额	10			—	—

税额计算	销项税额	11			124 247.79	124 247.79
	进项税额	12				322 400.00
	上期留抵税额	13		—	322 400.00	—
	进项税额转出	14				
	免、抵、退应退税额	15			—	—
	按适用税率计算的纳税检查应补缴税额	16			—	—
	应抵扣税额合计	17=12+13−14−15+16		—	322 400.00	—
	实际抵扣税额	18（如 17<11，则为 17，否则为 11）			124 247.79	124 247.79
	应纳税额	19=11−18				
	期末留抵税额	20=17−18		—	198 152.21	—
	简易计税办法计算的应纳税额	21				
	按简易计税办法计算的纳税检查应补缴税额	22			—	—
	应纳税额减征额	23				
	应纳税额合计	24=19+21−23				
税款缴纳	期初未缴税额（多缴为负数）	25				
	实收出口开具专用缴款书退税额	26			—	—
	本期已缴税额	27=28+29+30+31				
	①分次预缴税额	28		—		—
	②出口开具专用缴款书预缴税额	29		—	—	—
	③本期缴纳上期应纳税额	30				

<table>
<tr><td rowspan="8">税款缴纳</td><td>④本期缴纳欠缴税额</td><td>31</td><td></td><td></td><td></td><td></td></tr>
<tr><td>期末未缴税额（多缴为负数）</td><td>32=24+25+26−27</td><td></td><td></td><td></td><td></td></tr>
<tr><td>其中：欠缴税额（≥0）</td><td>33=25+26−27</td><td></td><td>—</td><td></td><td>—</td></tr>
<tr><td>本期应补（退）税额</td><td>34 = 24−28−29</td><td></td><td>—</td><td></td><td>—</td></tr>
<tr><td>即征即退实际退税额</td><td>35</td><td>—</td><td>—</td><td></td><td></td></tr>
<tr><td>期初未缴查补税额</td><td>36</td><td></td><td></td><td>—</td><td>—</td></tr>
<tr><td>本期入库查补税额</td><td>37</td><td></td><td></td><td>—</td><td>—</td></tr>
<tr><td>期末未缴查补税额</td><td>38=16+22+36−37</td><td></td><td></td><td>—</td><td>—</td></tr>
<tr><td>授权声明</td><td colspan="2">如果你已授权委托代理人申报，请填写下列资料：
为代理一切税务事宜，现授权
（地址）　　　　　　为本纳税人的代理人，任何与本申报表有关的往来文件，都可寄予此人。
授权人签名：</td><td>申报人声明</td><td colspan="3">本纳税申报表是根据国家税收法律法规及相关规定填报的，我确定它是真实的、可靠的、完整的。
声明人签字：</td></tr>
</table>

收到日期：　　　　　　接收人：　　　　　　主管税务机关盖章：

增值税即征即退的会计处理

财税〔2016〕36 号文件规定，经中国人民银行、银保监会或者商务部批准从事融资租赁业务的试点纳税人中的一般纳税人，提供有形动产融资租赁服务和有形动产融资性售后回租服务，对其增值税实际税负超过 3% 的部分实行增值税即征即退政策。所称增值税实际税负，是指纳税人当期提供应税服务实际缴纳的增值税额占纳税人当期提供应税服务取得的全部价款和价外费用的比例。

案例 11-8 中 2020 年 12 月和 2021 年 12 月所产生的销项税额没有超过此项融资租赁所取得的进项税额，即税负没有超过 3%；而 2022 年 12 月，增值税实际税负率为：［125 547.79-（198 152.21−124 247.79）］÷（1 141 300−125 547.79）=5.08%，超过了 3%，多交税额为：125 547.79-（198 152.21−124 247.79）−（1 141 300−125 547.79）×3%=21 170.80（元）。在 2023 年 1 月进行所属期 2022 年 12 月的增值税纳税申报并缴纳税款后，去电子税务局申请即征即退的税款，税务审核通过后随即退回 21 170.80 元。此时做如下会计分录：

（1）计提应收的增值税返还：

借：其他应收款　　21 170.80

　　贷：其他收益——政府补助　　21 170.80

（2）收到增值税返还：

借：银行存款　　21 170.80

　　贷：其他应收款　　21 170.80

在此要说明的是，在实际工作中，应每月计算税负率，并且其是整个企业全部有形动产直租和有形动产售后回租的税负率，而不是按单个项目计算的税负率。只要超过 3%，次月申报并纳税后，税务机关就退税。

纳税申报时，需分别填列《增值税差额征税扣除项目清单》（见表 11-10）、附表一（本期销售情况明细，见表 11-11）、附表三（服务、不动产和无形资产扣除项目明细，见表 11-12）及增值税纳税申报表主表（见表 11-13）。

表 11-10　增值税差额征税扣除项目清单

纳税人名称：（公章）　　纳税人识别号：　　差额扣除所属时期：　年　月　日至　年　月　日

开具单位名称	开具单位纳税人识别号	凭证类型	凭证代码	凭证号码	凭证开具日期	凭证开具的可扣除项目名称	凭证开具的可扣除项目适用的差额扣除政策	凭证开具的可扣除项目适用的差额扣除项目	凭证开具的可扣除项目金额（元）
××银行	××××××××××××××	发票	××××××××××	××××××××	2022-12-21	银行借款利息	有形动产融资租赁	13% 税率的项目	50 000.00

财务负责人：　　经办人：　　填表日期：

表 11-11

增值税纳税申报表附列资料（一）

（本期销售情况明细）

税款所属时间：　　年　月　日至　　年　月　日

纳税人名称：（公章）　　　　　　　　　　金额单位：元至角分

项目及栏次				开具增值税专用发票		开具其他发票		未开具发票		纳税检查调整		合计			服务、不动产和无形资产扣除项目本期实际扣除金额	扣除后	
				销售额	销项（应纳）税额	销售额	销项（应纳）税额	销售额	销项（应纳）税额	销售额	销项（应纳）税额	销售额	销项（应纳）税额	价税合计		含税（免税）销售额	销项（应纳）税额
				1	2	3	4	5	6	7	8	9=1+3+5+7	10=2+4+6+8	11=9+10	12	13=11−12	14=13÷（100%+税率或征收率）× 税率或征收率
一、一般计税方法计税	全部征税项目	13% 税率的货物及加工修理修配劳务	1											—	—	—	—
		13% 税率的服务、不动产和无形资产	2	1 010 000.00	131 300.00							1 010 000.00	131 300.00	1 141 300.00	50 000.00	1 091 300.00	125 547.79

一、一般计税方法计税	全部征税项目	9%税率的货物及加工修理修配劳务	3											—	—	—	—
		9%税率的服务、不动产和无形资产	4														
		6%税率	5														
	其中：即征即退项目	即征即退货物及加工修理修配劳务	6	—	—	—	—	—	—	—	—			—	—	—	—
		即征即退服务、不动产和无形资产	7	—	—	—	—	—	—	—	—	1 010 000.00	131 300.00	1 141 300.00	50 000.00	1 091 300.00	125 547.79
二、简易计税方法计税	全部征税项目	6%征收率	8							—	—			—	—	—	—
		5%征收率的货物及加工修理修配劳务	9a							—	—			—	—	—	—

二、简易计税方法计税	全部征税项目	5%征收率的服务、不动产和无形资产	9b							—	—						
		4%征收率	10							—	—			—	—	—	—
		3%征收率的货物及加工修理修配劳务	11							—	—			—	—	—	—
		3%征收率的服务、不动产和无形资产	12							—	—						
		预征率 %	13a							—	—						
		预征率 %	13b							—	—						
		预征率 %	13c							—	—						

二、简易计税方法计税	其中：即征即退项目	即征即退货物及加工修理修配劳务	14	—	—	—	—	—	—	—	—			—	—	—	—
		即征即退服务、不动产和无形资产	15	—	—	—	—	—	—	—	—						
三、免抵退税	货物及加工修理修配劳务		16	—	—		—		—	—	—		—	—	—	—	—
	服务、不动产和无形资产		17	—	—		—		—	—	—		—				—
四、免税	货物及加工修理修配劳务		18				—		—	—	—		—	—	—	—	—
	服务、不动产和无形资产		19	—	—		—		—	—	—		—				—

表 11-12 **增值税纳税申报表附列资料（三）**

（服务、不动产和无形资产扣除项目明细）

税款所属时间：　　年　月　日至　　年　月　日

纳税人名称：（公章）　　　　金额单位：元至角分

项目及栏次		本期服务、不动产和无形资产价税合计额（免税销售额）	服务、不动产和无形资产扣除项目				
			期初余额	本期发生额	本期应扣除金额	本期实际扣除金额	期末余额
		1	2	3	4=2+3	5（5 ≤ 1 且 5 ≤ 4）	6=4−5
13% 税率的项目	1	1 141 300.00	—	50 000.00	50 000.00	50 000.00	—
9% 税率的项目	2						
6% 税率的项目（不含金融商品转让）	3						
6% 税率的金融商品转让项目	4						
5% 征收率的项目	5						
3% 征收率的项目	6						
免抵退税的项目	7						
免税的项目	8						

表 11-13

增值税纳税申报表

（增值税一般纳税人适用）

根据国家税收法律法规及增值税相关规定制定本表。纳税人不论有无销售额，均应按税务机关核定的纳税期限填写本表，并向当地税务机关申报。

税款所属时间：自　　年　月　日至　　年　月　日　　　　填表日期：　年　月　日　　　　金额单位：元至角分

所属行业：

纳税人识别号					
纳税人名称	（公章）	法定代表人姓名		注册地址		生产经营地址	
开户银行及账号		登记注册类型		电话号码	

项目		栏次	一般货物及劳务		即征即退货物及劳务	
			本月数	本年累计	本月数	本年累计
销售额	（一）按适用税率计税销售额	1			1 010 000.00	1 010 000.00
	其中：应税货物销售额	2				
	应税劳务销售额	3				
	纳税检查调整的销售额	4				
	（二）按简易办法计税销售额	5				
	其中：纳税检查调整的销售额	6				
	（三）免、抵、退办法出口销售额	7			—	—
	（四）免税销售额	8			—	—
	其中：免税货物销售额	9			—	—
	免税劳务销售额	10			—	—

税额计算	销项税额	11			125 547.79	125 547.79
	进项税额	12				
	上期留抵税额	13		—	73 904.42	—
	进项税额转出	14				
	免、抵、退应退税额	15			—	—
	按适用税率计算的纳税检查应补缴税额	16			—	—
	应抵扣税额合计	17=12+13-14-15+16		—	73 904.42	—
	实际抵扣税额	18（如17<11，则为17，否则为11）			73 904.42	73 904.42
	应纳税额	19=11-18			51 643.37	51 643.37
	期末留抵税额	20=17-18		—		—
	简易计税办法计算的应纳税额	21				
	按简易计税办法计算的纳税检查应补缴税额	22			—	—
	应纳税额减征额	23				
	应纳税额合计	24=19+21-23			51 643.37	51 643.37
税款缴纳	期初未缴税额（多缴为负数）	25				
	实收出口开具专用缴款书退税额	26			—	—
	本期已缴税额	27=28+29+30+31				
	①分次预缴税额	28		—		—
	②出口开具专用缴款书预缴税额	29		—	—	—
	③本期缴纳上期应纳税额	30				

税款缴纳	④本期缴纳欠缴税额	31				
	期末未缴税额（多缴为负数）	32=24+25+26−27			51 643.37	51 643.37
	其中：欠缴税额（⩾ 0）	33=25+26−27		—		—
	本期应补（退）税额	34 ＝ 24−28−29		—	51 643.37	—
	即征即退实际退税额	35	—	—		
	期初未缴查补税额	36			—	—
	本期入库查补税额	37			—	—
	期末未缴查补税额	38=16+22+36−37			—	—

授权声明	如果你已授权委托代理人申报，请填写下列资料： 为代理一切税务事宜，现授权 （地址）　　　　　　　为本纳税人的代理人，任何与本申报表有关的往来文件，都可寄予此人。 授权人签名：	申报人声明	本纳税申报表是根据国家税收法律法规及相关规定填报的，我确定它是真实的、可靠的、完整的。 声明人签字：

增值税加计抵减的处理

自2019年4月1日至2021年12月31日，允许提供邮政服务、电信服务、现代服务（包括经营租赁、融资租赁中的直租和咨询服务）、生活服务取得的销售额占全部销售额的比重超过50%的纳税人，按照当期可抵扣进项税额加计10%，抵减应纳税额。

案例11-8中，2022年有应纳税额，但已超过加计抵减政策的时限，加计抵减期末余额不能再用来抵减。假设该业务发生在政策有效期内，当期应纳税额为51 643.37元，可抵减的加计抵减税额为32 240元，应纳税额为：51 643.37−32 240=19 403.37（元），实际税负为：（51 643.37−32 240）÷（1 141 300−125 547.79）=1.91%，不超过3%。

此时做如下会计分录：

借：应交税费——未交增值税　　51 643.37

　贷：银行存款　　19 403.37

　　　其他收益　　32 240

纳税申报时，需分别填列《增值税差额征税扣除项目清单》（见11-10）、附表一（本期销售情况明细，见表11-11）、附表三（服务、不动产和无形资产扣除项目明细，见表11-12）、附表四（税额抵减情况表，见表11-14）及增值税纳税申报表主表（见表11-15）。

表 11-14 **增值税纳税申报表附列资料（四）**

（税额抵减情况表）

税款所属时间：　年　月　日至　年　月　日

纳税人名称：（公章）　　　　金额单位：元至角分

一、税额抵减情况							
序号	抵减项目	期初余额	本期发生额	本期应抵减税额	本期实际抵减税额	期末余额	
		1	2	3=1+2	4 ≤ 3	5=3−4	
1	增值税税控系统专用设备费及技术维护费						
2	分支机构预征缴纳税款						
3	建筑服务预征缴纳税款						
4	销售不动产预征缴纳税款						
5	出租不动产预征缴纳税款						
二、加计抵减情况							
序号	加计抵减项目	期初余额	本期发生额	本期调减额	本期可抵减额	本期实际抵减额	期末余额
		1	2	3	4=1+2−3	5	6=4−5
6	一般项目加计抵减额计算						
7	即征即退项目加计抵减额计算	32 240.00	0.00	0.00	32 240.00	32 240.00	0.00
8	合计	32 240.00	0.00	0.00	32 240.00	32 240.00	0.00

表 11-15

增值税纳税申报表

（增值税一般纳税人适用）

根据国家税收法律法规及增值税相关规定制定本表。纳税人不论有无销售额，均应按税务机关核定的纳税期限填写本表，并向当地税务机关申报。

税款所属时间：自　　年　月　日至　　年　月　日　　　　填表日期：　年　月　日　　　　金额单位：元至角分

纳税人识别号						所属行业	
纳税人名称	（公章）	法定代表人姓名		注册地址		生产经营地址	
开户银行及账号		登记注册类型				电话号码	

项　目		栏　次	一般货物及劳务		即征即退货物及劳务	
			本月数	本年累计	本月数	本年累计
销售额	（一）按适用税率计税销售额	1			1 010 000.00	1 010 000.00
	其中：应税货物销售额	2				
	应税劳务销售额	3				
	纳税检查调整的销售额	4				
	（二）按简易办法计税销售额	5				
	其中：纳税检查调整的销售额	6				
	（三）免、抵、退办法出口销售额	7			—	—
	（四）免税销售额	8			—	—
	其中：免税货物销售额	9			—	—
	免税劳务销售额	10			—	—

税额计算	销项税额	11			125 547.79	125 547.79
	进项税额	12				
	上期留抵税额	13		—	73 904.42	—
	进项税额转出	14				
	免、抵、退应退税额	15			—	—
	按适用税率计算的纳税检查应补缴税额	16			—	—
	应抵扣税额合计	17=12+13−14−15+16		—	73 904.42	—
	实际抵扣税额	18（如 17<11，则为 17，否则为 11）			73 904.42	73 904.42
	应纳税额	19=11−18			19 403.37	19 403.37
	期末留抵税额	20=17−18		—		—
	简易计税办法计算的应纳税额	21				
	按简易计税办法计算的纳税检查应补缴税额	22			—	—
	应纳税额减征额	23				
	应纳税额合计	24=19+21−23			19 403.37	19 403.37
税款缴纳	期初未缴税额（多缴为负数）	25				
	实收出口开具专用缴款书退税额	26			—	—
	本期已缴税额	27=28+29+30+31				
	①分次预缴税额	28		—		—
	②出口开具专用缴款书预缴税额	29		—	—	—
	③本期缴纳上期应纳税额	30				

	项目	栏次				
税款缴纳	④本期缴纳欠缴税额	31				
	期末未缴税额（多缴为负数）	32=24+25+26−27			19 403.37	19 403.37
	其中：欠缴税额（≥0）	33=25+26−27		—		—
	本期应补（退）税额	34 ＝ 24−28−29		—	19 403.37	—
	即征即退实际退税额	35	—	—		
	期初未缴查补税额	36			—	—
	本期入库查补税额	37			—	—
	期末未缴查补税额	38=16+22+36−37			—	—

授权声明	如果你已授权委托代理人申报，请填写下列资料： 为代理一切税务事宜，现授权 （地址）　　　　为本纳税人的代理人，任何与本申报表有关的往来文件，都可寄予此人。 授权人签名：	申报人声明	本纳税申报表是根据国家税收法律法规及相关规定填报的，我确定它是真实的、可靠的、完整的。 声明人签字：

留抵退税的会计处理

纳税人自 2019 年 4 月税款所属期起，若连续六个月（按季纳税的，连续两个季度）与 2019 年 3 月底相比新增加的期末留抵税额均大于零，且第六个月增量留抵税额不低于 50 万元并符合规定的其他留抵退税条件，可于符合条件的次月起，在增值税纳税申报期内，完成本期增值税纳税申报后，办理留抵退税，允许退还的增量留抵税额 = 增量留抵税额 × 进项构成比例 ×60%。

自 2019 年 4 月 1 日至 2021 年 12 月 31 日，允许提供邮政服务、电信服务、现代服务（包括经营租赁、融资租赁中的直租和咨询服务）、生活服务取得的销售额占全部销售额的比重超过 50% 的纳税人，按照当期可抵扣进项税额加计 10%，抵减应纳税额。

案例 11-8 中，假设 2020 年 6 月符合留抵退税条件，增量留抵税额为 200 000 元，进项税构成比例为 60%，则允许退还的增量留抵税额 =200 000×60%×60%=72 000（元）。

收到留抵退税时做如下会计分录：

借：银行存款　　72 000

　贷：应交税费——应交增值税（进项税额转出）　　72 000

8 月纳税申报时，需将退税额 72 000 元填入附表二（本期进项税额明细，见表 11-16）及增值税纳税申报表主表（见表 11-17）。

表 11-16　　**增值税纳税申报表附列资料（二）**

（本期进项税额明细）

税款所属时间：　年　月　日至　年　月　日

纳税人名称：（公章）　　金额单位：元至角分

一、申报抵扣的进项税额				
项　目	栏次	份数	金额	税额
（一）认证相符的增值税专用发票	1=2+3			
其中：本期认证相符且本期申报抵扣	2			
前期认证相符且本期申报抵扣	3			
（二）其他扣税凭证	4=5+6+7+8a+8b			
其中：海关进口增值税专用缴款书	5			
农产品收购发票或者销售发票	6			
代扣代缴税收缴款凭证	7		—	
加计扣除农产品进项税额	8a	—	—	

其他	8b			
（三）本期用于购建不动产的扣税凭证	9			
（四）本期用于抵扣的旅客运输服务扣税凭证	10			
（五）外贸企业进项税额抵扣证明	11	—	—	
当期申报抵扣进项税额合计	12=1+4+11			
二、进项税额转出额				
项　目	栏次	税额		
本期进项税额转出额	13=14 至 23 之和			
其中：免税项目用	14			
集体福利、个人消费	15			
非正常损失	16			
简易计税方法征税项目用	17			
免抵退税办法不得抵扣的进项税额	18			
纳税检查调减进项税额	19			
红字专用发票信息表注明的进项税额	20			
上期留抵税额抵减欠税	21			
上期留抵税额退税	22	72 000.00		
其他应作进项税额转出的情形	23			
三、待抵扣进项税额				
项　目	栏次	份数	金额	税额
（一）认证相符的增值税专用发票	24	—	—	—
期初已认证相符但未申报抵扣	25			
本期认证相符且本期未申报抵扣	26			
期末已认证相符但未申报抵扣	27			
其中：按照税法规定不允许抵扣	28			
（二）其他扣税凭证	29=30 至 33 之和			
其中：海关进口增值税专用缴款书	30			
农产品收购发票或者销售发票	31			
代扣代缴税收缴款凭证	32		—	
其他	33			
	34			
四、其他				
项　目	栏次	份数	金额	税额
本期认证相符的增值税专用发票	35			
代扣代缴税额	36	—	—	

表 11-17

增值税纳税申报表

（增值税一般纳税人适用）

根据国家税收法律法规及增值税相关规定制定本表。纳税人不论有无销售额，均应按税务机关核定的纳税期限填写本表，并向当地税务机关申报。

税款所属时间：自　　年　月　日至　　年　月　日　　　　填表日期：　年　月　日　　　　金额单位：元至角分

纳税人识别号						所属行业	
纳税人名称	（公章）	法定代表人姓名		注册地址		生产经营地址	
开户银行及账号		登记注册类型				电话号码	

项目		栏次	一般货物及劳务		即征即退货物及劳务	
			本月数	本年累计	本月数	本年累计
销售额	（一）按适用税率计税销售额	1				
	其中：应税货物销售额	2				
	应税劳务销售额	3				
	纳税检查调整的销售额	4				
	（二）按简易办法计税销售额	5				
	其中：纳税检查调整的销售额	6				
	（三）免、抵、退办法出口销售额	7			—	—
	（四）免税销售额	8			—	—
	其中：免税货物销售额	9			—	—
	免税劳务销售额	10			—	—

税额计算	销项税额	11				
	进项税额	12				322 400.00
	上期留抵税额	13		—	322 400.00	—
	进项税额转出	14			72 000.00	72 000.00
	免、抵、退应退税额	15			—	—
	按适用税率计算的纳税检查应补缴税额	16			—	—
	应抵扣税额合计	17=12+13-14-15+16		—	250 400.00	—
	实际抵扣税额	18（如 17<11，则为 17，否则为 11）				
	应纳税额	19=11-18				
	期末留抵税额	20=17-18		—	250 400.00	—
	简易计税办法计算的应纳税额	21				
	按简易计税办法计算的纳税检查应补缴税额	22			—	—
	应纳税额减征额	23				
	应纳税额合计	24=19+21-23				
税款缴纳	期初未缴税额（多缴为负数）	25				
	实收出口开具专用缴款书退税额	26			—	—
	本期已缴税额	27=28+29+30+31				
	①分次预缴税额	28		—		—
	②出口开具专用缴款书预缴税额	29		—	—	—
	③本期缴纳上期应纳税额	30				

税款缴纳	④本期缴纳欠缴税额	31				
	期末未缴税额（多缴为负数）	32=24+25+26−27				
	其中：欠缴税额（≥0）	33=25+26−27		—		—
	本期应补（退）税额	34 = 24−28−29		—		—
	即征即退实际退税额	35	—	—		
	期初未缴查补税额	36			—	—
	本期入库查补税额	37			—	—
	期末未缴查补税额	38=16+22+36−37			—	—
授权声明	如果你已授权委托代理人申报，请填写下列资料： 为代理一切税务事宜，现授权 （地址） 为本纳税人的代理人，任何与本申报表有关的往来文件，都可寄予此人。 授权人签名：		申报人声明	本纳税申报表是根据国家税收法律法规及相关规定填报的，我确定它是真实的、可靠的、完整的。 声明人签字：		

融资租赁变更的会计处理

融资租赁发生变更且同时符合下列条件的，出租人应当将该变更作为一项单独租赁进行会计处理：

（1）该变更通过增加一项或多项租赁资产的使用权而扩大了租赁范围；

（2）增加的对价与租赁范围扩大部分的单独价格按该合同情况调整后的金额相当。

若不符合上述条件，出租人应当分别下列情形对变更后的租赁进行处理：

情形一：假如变更在租赁开始日生效，该租赁会被分类为经营租赁，即重新在原租赁合同租赁开始日判断变更后的租赁类别为经营租赁，出租人应当自租赁变更生效日开始将其作为一项新经营租赁进行会计处理，并以租赁变更生效日前的租赁投资净额（未担保余值和租赁期开不含税租赁收款额按照租赁内含利率折现的现值之和）作为租赁资产的账面价值。

案例 11-9

租赁变更为经营租赁的会计处理

甲公司与乙租赁公司签订一项为期 5 年的合同，租赁物为某特定型号的生产设备，该合同构成融资租赁。合同规定，甲公司每年支付租金 11 300 元，不存在担保余值、未担保余值、留购或终止租赁价款等，租赁期开始日，出租资产公允价值为 37 908 元。

租赁的内含利率按如下公式计算：

由 11 300÷（1+13%）×（P/A，r，5）=37 908（元）得出，r=10%。

不含税租赁收款额为：（11 300×5）÷（1+13%）=50 000（元）。

未确认融资收益为：50 000−37 908=12 092（元）。

第二年初，双方对原合同进行修改，将租赁期缩短为 4 年，租赁总额从 56 500 元减少到 11 300×4=45 200（元），从原合同租赁开始日看，该租赁将被分类为经营租赁，因此，出租人应当自租赁变更生效日（第二年初）开始将其作为一项新经营租赁进行会计处理。

第二年初租赁收款额余额为：56 500−11 300=45 200（元）。

其中，增值税为：45 200÷（1+13%）×13%=5 200（元）。

未确认融资收益余额为：12 092−37 908×10%=8 301（元）。

第二年初会计分录如下：

借：固定资产 31 699

应收融资租赁款——未确认融资收益 8 301

应交税费——待转销项税额 5 200

贷：应收融资租赁款——租赁收款额 40 000

——融资租赁销项税额 5 200

情形二：假如变更在租赁开始日生效，该租赁会被分类为融资租赁，即重新在原租赁合同租赁开始日判断变更后的租赁类别为融资租赁，出租人应当按照《企业会计准则第 22 号——金融工具确认和计量》关于修改或重新议定合同的规定进行会计处理。即，修改或重新议定租赁合同，未导致应收融资租赁款终止确认，但导致未来现金流量发生变化的，应当重新计算该应收融资租赁款的账面余额，并将相关利得或损失计入当期损益。重新计算应收融资租赁款账面余额时，应当根据重新议定或修改的租赁合同现金流量按照应收融资租赁款的原折现率或按照《企业会计准则第 24 号———套期会计》（2017）第二十三条规定重新计算的折现率（如适用）折现的现值确定。对于修改或重新议定租赁合同所产生的所有成本和费用、企业应当调整修改后的应收融资租赁款的账面价值，并在修改后的应收融资租赁款的剩余期限内进行摊销。

案例 11-10

租赁变更为融资租赁的会计处理

甲公司与乙租赁公司签订一项为期 5 年的合同，租赁物为某特定型号的生产设备，该合同构成融资租赁。合同规定，甲公司每年支付租金 11 300 元，不存在担保余值、未担保余值、留购或终止租赁价款等，租赁期开始日，出租资产公允价值为 37 908 元。

租赁的内含利率按如下公式计算：

由 11 300÷（1+13%）×（P/A，r，5）=37 908（元）得出，r=10%。

不含税租赁收款额为：（11 300×5）÷（1+13%）=50 000（元）。

未确认融资收益为：50 000−37 908=12 092（元）。

第二年初，双方对原合同进行修改，将租赁期变为7年，租赁总额从56 500元增加到11 300×7=79 100（元），从原合同租赁开始日看，该租赁仍被分类为融资租赁，因此，出租人应当自租赁变更生效日（第二年初）开始重新计算该应收融资租赁款的账面余额，并将相关利得或损失计入当期损益。

第二年初重新计算租赁收款额现值为11 300÷（1+13%）×（P/A，10%，6）=43 550（元）。

未确认融资收益为：67 800÷（1+13%）−43 550=16 450（元）。

第二年初租赁收款额余额为：56 500−11 300=45 200（元）。

其中，增值税为：45 200÷（1+13%）×13%=5 200（元）。

未确认融资收益余额为：12 092−37 908×10%=8 301（元）。

应收融资租赁款——租赁收款额增加70 000−50 000=20 000（元）。

应收融资租赁款——未确认融资收益增加16 450−8 301=8 149（元）。

第二年初会计分录如下：

借：应收融资租赁款——租赁收款额	20 000	
——融资租赁销项税额	2 600	
贷：租赁收入——利息收入		11 851
应收融资租赁款——未确认融资收益		8 149
应交税费——待转销项税额		2 600

出口退税的会计处理

当出租方以特定固定资产作为租赁物以融资租赁的方式出租到境外时，适用增值税出口退税政策，此时在购入租赁物的环节上会计处理与境内融资租赁并无差别，下面介绍融资租赁债权的确认及出口退税环节的会计处理。

1. 融资租赁债权的确认

由于享受出口免税的政策，在融资租赁债权确认时，无须计提未来收取租金时所要缴纳的增值税金，借贷方各科目金额的确定与前文并无差别：

借：应收融资租赁款——租赁收款额（含税租赁收款额）
——未担保余值
银行存款（已收取租赁款）
资产处置损益（租赁资产公允价值小于账面价值）
贷：融资租赁资产（租赁资产原账面价值）
银行存款（初始直接费用）
资产处置损益（租赁资产公允价值大于原账面价值）
应收融资租赁款——未实现融资收益

2. 按照规定的退税率计算出口退税额的处理

融资租赁出口属于贸易退税，增值税应退税额 = 购进融资租赁货物的增值税专用发票注明的金额或海关（进口增值税）专用缴款书注明的完税价格 × 融资租赁货物适用的增值税退税率，将该应退税款确认为“其他应收款——应收出口退税（增值税）”，其中，融资租赁出口货物适用的增值税退税率，按照统一的出口货物适用退税率执行。从增值税一般纳税人购进的按简易办法征税的融资租赁货物和从小规模纳税人购进的融资租赁货物，其适用的增值税退税率，按照购进货物适用的征收率和退税率孰低的原则确定。其会计处理为：

借：其他应收款——应收出口退税（增值税）
贷：应交税费——应交增值税（出口退税）

收到出口退税时，贷记“其他应收款——应收出口退税（增值税）”科目，该科目借方余额为0。其会计处理为：

借：银行存款
贷：其他应收款——应收出口退税（增值税）

3. 涉及消费税出口退税的，确定出口退税额的处理

消费税应退税额 = 购进融资租赁货物税收（出口货物专用）缴款书上或海关进口消费税专用缴款书上注明的消费税税额，其会计处理为：

借：其他应收款——应收出口退税（消费税）
贷：融资租赁资产

收到出口退税时，会计处理为：

借：银行存款

贷：其他应收款——应收出口退税（消费税）

案例 11-11

出租方出口退税的会计处理

A 融资租赁公司，2020 年 4 月从国内 C 生产企业购进一批 1 200 万元（不含税价）钢铁制桥梁（在海洋工程结构物范围之内）租赁给海上石油天然气开采 B 企业（属于列名企业），并签订了为期 10 年的租赁合同。每年租金 200 万元，发生初始直接费用 10 000 元，租赁资产的公允价值与账面价值相等，租赁期满租赁物归承租人所有。

会计处理如下（每期租金的收取和收入的确认略）：

（1）采购货物，获得增值税进项发票时：

借：融资租赁资产 12 000 000

应交税费——应交增值税（进项税额） 1 560 000

贷：银行存款——×× 银行 13 560 000

（2）确认融资租赁债权时：

借：应收融资租赁款——租赁收款额 20 000 000

贷：融资租赁资产（租赁资产原账面价值） 12 000 000

银行存款（初始直接费用） 10 000

未实现融资收益 7 990 000

（3）按照规定的退税率计算出口退税时：

已知钢铁制桥梁的商品代码为 7308100000，其退税率文库中的适用退税率为 9%。由于租赁海洋工程结构物的范围及其退税率以及海上石油天然气开采企业的范围，应按《财政部 国家税务局关于出口货物劳务增值税和消费税政策的通知》（财税〔2012〕39 号）有关规定执行，因此，钢铁制桥梁退税率应适用 13% 的特殊退税率，而不是 9% 的普通退税率。

增值税应退税额 =12 000 000×13%=1 560 000（元）

借：其他应收款——应收出口退税（增值税） 1 560 000

贷：应交税费——应交增值税（出口退税）　　1 560 000

（4）收到出口退税时：

借：银行存款　　1 800 000

贷：其他应收款——应收出口退税（增值税）　　1 800 000

承租方税会处理实务

租赁负债的确认

在租赁期开始日，承租人应当按尚未支付的含税租赁付款额，贷记“租赁负债——租赁付款额”科目，租赁付款额包括扣除租赁激励的固定付款额、取决于指数或比率的可变租赁付款额、留购价格、终止租赁价款及承租人预计应支付担保余值。按尚未支付的不含税租赁付款额与其不含税现值的差额，借记“租赁负债——未确认融资费用”科目。将不含税租赁负债、在租赁期开始日或之前支付的不含税租赁付款额，承租人为拆卸及移除租赁资产、承租人发生的不含税初始直接费用及复原租赁资产所在场地或将租赁资产恢复至租赁条款约定状态预计将发生的不含税成本作为使用权资产成本，其中预计将发生的复原成本贷记“预计负债”科目。

营改增以后，由于增值税的缴纳，需要通过“长期应收款——融资租赁进项税额”科目将未来支付租金等款项所取得的增值税专用发票的税金先计提出来，即含税价款及价外费用总和 ÷（1+ 适用税率 / 征收率）× 适用税率 / 征收率，价款中包括初始直接费用和预计负债。会计处理为：

借：使用权资产——×× 设备 / 不动产

长期应收款——融资租赁进项税额

租赁负债——未确认融资费用

贷：租赁负债——租赁付款额（尚未支付的含税租赁付款额）

银行存款（初始直接费用）

预计负债

预付账款（不含税预付账款）

同时。

借：应交税费——应交增值税（进项税额）

贷：长期应收款——融资租赁进项税额（初始直接费用进项税额）

承租人在计算不含税租赁付款额现值时，能够取得出租人租赁内含利率的，应当采用租赁内含利率作为折现率；否则，应当采用承租人增量借款利率作为折现率。

未确认融资费用的分摊

承租方应在支付每期租金的同时确认当期支付租金可抵扣进项税额，并在租赁期内各个期间确定摊销的未确认融资费用，未确认融资费用相当于整个融资租赁业务所支付的利息，应当在整个合同期限内分期计入当期损益，按规定应计入资产成本的，从其规定。承租人应当采用实际利率法计算确认当期的融资费用，每期摊销额 = 期初不含税租赁负债余值 × 内含利率（或增量借款利率）。因租赁付款额发生变动或因租赁变更而需按照修订后的折现率对租赁负债进行重新计量时，承租人应采用修订后的折现率。会计处理为：

借：财务费用 / 在建工程等

贷：租赁负债——未确认融资费用

借：租赁负债——租赁付款额

贷：银行存款 / 应付账款

借：应交税费——应交增值税（进项税额）

贷：长期应收款——融资租赁进项税额

租赁负债的重新计量

在租赁期开始日后，承租人若需按变动后的不含税租赁付款额的现值重新计量租赁负债，并相应调整使用权资产的账面价值。使用权资产的账面价值已调减至零，但租赁负债仍需进一步调减的，承租人应当将剩余金额计入当期损益。

在租赁期开始日后，发生下列四种情形时，承租人应当重新计量租赁负债。

（1）实质固定付款额发生变动。在该情形下，承租人采用的折现率不变。

（2）担保余值预计的应付金额发生变动。在该情形下，承租人采用的折现率不变。

（3）用于确定租赁付款额的指数或比率发生变动。在该情形下，承租人采用的折现率不变。但是，租赁付款额的变动源自浮动利率变动的，使用修订后的折现率。

（4）购买选择权、续租选择权或终止租赁选择权的评估结果或实际行使情况发生变化。

发生承租人可控范围内重大事件或变化，导致续租选择权或终止租赁选择权的评估结果发生变化，或者前述选择权的实际行使情况与原评估结果不一致等导致租赁期变化的，应当根据新的租赁期重新确定租赁付款额；发生承租人可控范围内重大事件或变化，导致购买选择权的评估结果发生变化的，应当根据新的评估结果重新确定租赁付款额。

案例 11-12

可控范围内的重大事件或变化的处理

甲公司与乙租赁公司签订一项为期 5 年的办公楼融资租赁合同，合同约定，甲公司每年支付租金 50 万元，租赁期满甲公司有以 30 万元购买该办公楼的购买选择权，租赁期开始日无法合理判断是否行使该购买选择权，第 3 年末该办公楼所在地段房价大涨，市价为 500 万元，此时可以合理判断甲公司将行使购买选择权。

此时办公楼购买选择权的评估结果发生变化，但房价上涨属于市场原因，不在承租人的可控范围内，所以无须在第 3 年末重新计量租赁负债。

在计算变动后租赁付款额的现值时，承租人应当采用剩余租赁期间的租赁内含利率作为修订后的折现率；无法确定剩余租赁期间的租赁内含利率的，应当采用重估日的承租人增量借款利率作为修订后的折现率。

当租赁负债增加时，会计处理为：

借：使用权资产

　　长期应收款——应收融资租赁进项税额

　　租赁负债——未确认融资费用

　贷：租赁负债——租赁付款额

当租赁负债减少时，做相反分录。若使用权资产的账面价值已调减至零，承租人应当将剩余金额计入当期损益。会计处理为：

借：租赁负债——租赁付款额

　贷：长期应收款——应收融资租赁进项税额

租赁负债——未确认融资费用

财务费用等

案例 11-13

租赁负债的重新计量

甲公司与乙租赁公司签订一项为期 5 年的合同，租赁物为某特定型号的生产设备，该合同构成融资租赁。合同规定，甲公司每年支付租金 11 300 元，内含利率为 5%，不存在担保余值、未担保余值。甲公司有续租选择权，租赁期开始日无法判断是否行使该续租选择权，第一年末可确定将行使续租选择权将租赁期延长至 8 年，无法确定剩余期间内含利率，第一年末承租人增量利率为 6%。

不含税租赁付款额现值为：11 300÷（1+13%）×（P/A,5%,5）=43 295（元）。

含税租赁付款额为：11 300×5=56 500（元）。

计提进项税额为：11 300÷（1+13%）×13%×5=6 500（元）。

会计处理如下：

（1）租赁期开始日：

借：使用权资产——×× 设备　43 295

　长期应收款——融资租赁进项税额　6 500

　租赁负债——未确认融资费用　6 705

　贷：租赁负债——租赁付款额　56 500

（2）计提费用时：

借：财务费用　2 164.75（43 295×5%）

　贷：租赁负债——未确认融资费用　2 164.75

（3）支付租金时：

借：租赁负债——租赁付款额　11 300

　贷：银行存款 / 应付账款　11 300

借：应交税费——应交增值税（进项税额）　1 300

　贷：长期应收款——融资租赁进项税额　1 300

（4）重新计量时：

第一年底重新计算的不含税租赁付款额现值为：11 300÷（1+13%）×（P/A,

6%，7）=55 824（元）。

第一年底重新计算的含税租赁付款额为：11 300×7=79 100（元）。

计提进项税额为：11 300÷（1+13%）×13%×7=9 100（元）。

未确认融资费用增加额为：（70 000−55 824）−（6 705−2 164.75）=9 635.75（元）。

借：使用权资产——×× 设备　　20 364.25

　　长期应收款——融资租赁进项税额　　3 900

　　租赁负债——未确认融资费用　　9 635.75

　贷：租赁负债——租赁付款额　　33 900

使用权资产折旧的计提

承租人应对融资租入的固定资产计提折旧，主要涉及两个问题：一是折旧政策，二是折旧期间。

1. 折旧政策

对于融资租入资产，计提租赁折旧时，通常应自租赁期开始的当月计提折旧，当月计提确有困难的，为便于实务操作，企业也可以选择自租赁期开始的下月计提折旧，但应对同类使用权资产采取相同的折旧政策。同自有应折旧资产一样，租赁资产的折旧方法一般有年限平均法、工作量法、双倍余额递减法、年数总和法等，应当根据与使用权资产有关的经济利益的预期实现方式选择折旧方法，通常，承租人按直线法对使用权资产计提折旧，其他折旧方法更能反映使用权资产有关经济利益预期实现方式的，应采用其他折旧方法。

2. 折旧期间

确定租赁资产的折旧期间时，应视租赁合同而定。如果能够合理确定承租人将在租赁期届满时取得租赁资产所有权，即可认为承租人拥有该项资产的全部剩余使用寿命，应当在租赁资产剩余使用寿命内计提折旧。如果无法合理确定承租人在租赁期届满时是否能够取得租赁资产所有权，应当在租赁期与租赁资产剩余使用寿命两者中较短的期间内计提折旧。其会计处理为：

借：制造费用等
　贷：使用权资产累计折旧

转租赁的会计处理

转租情况下，原租赁合同和转租赁合同通常都是单独协商的，交易对手也是不同的企业，新租赁准则要求转租出租人对原租赁合同和转租赁合同分别根据承租人和出租人会计处理要求，进行会计处理。

承租人在对转租赁进行分类时，转租出租人应基于原租赁中产生的使用权资产，而不是租赁资产（如作为租赁对象的不动产或设备）进行分类。以租赁期占使用寿命的比例来说，转租出租人将评估是不是原租赁剩余期限的大部分，而非是不是标的资产剩余使用寿命的大部分。原租赁资产不归转租出租人所有，原租赁资产也未计入其资产负债表。因此，转租出租人应基于其控制的资产（即使用权资产）进行会计处理。其会计处理为：

借：应收融资租赁款——租赁收款额（不含税租赁收款额）
　　　　　　　　——融资租赁销项税额
　　　　　　　　——未担保余值
　银行存款——×× 银行（已收取租赁款）
　使用权资产累计折旧
　使用权资产减值准备
　资产处置损益（租赁资产公允价值小于账面价值）
　贷：使用权资产——×× 设备 / 不动产
　　银行存款（初始直接费用）
　　资产处置损益（租赁资产公允价值大于账面价值）
　　应收融资租赁款——未实现融资收益
　　应交税费——待转销项税额

同时，

借：应交税费——应交增值税（进项税额）（初始直接费用可抵扣的进项税）
　贷：应收融资租赁款——未实现融资收益
借：应收融资租赁款——未实现融资收益
　贷：应交税费——应交增值税（销项税额）（已收租赁款销项税额）

原租赁为短期租赁，且转租出租人作为承租人已按照新租赁准则采用简化会计处理方法的，应将转租赁分类为经营租赁。

可变租赁付款额的会计处理

承租人在融资租赁下支付的除取决于指数或比率的可变租赁付款额，应在实际发生时计入当期损益。其会计处理为：

借：销售费用等

　　应交税费——应交增值税（进项税额）

贷：银行存款 / 应收账款

案例 11-14

直租业务中承租人会计处理、增值税申报及企业所得税纳税调整

（沿用案例 11-8 的数据）2020 年 12 月 31 日，B 制造公司出售购进货物实现收入 3 000 000 元（不含税），2020 年 12 月取得该批货物成本发票金额 1 600 000 元（不含税），B 公司每年额外按该机器生产产品销售收入的 5% 向 A 公司支付价款，2020 年 12 月支付 5 000 元（不含税），B 制造公司分担的可归属该租赁项目的佣金为 15 277.78 元，其中进项税额为 864.78 元。（为方便举例，不考虑该机器生产产品收入成本的计算及会计处理。）

2021 年出售外购货物收入 3 000 000 元，购入成本 2 000 000 元；

2022 年出售外购货物收入 3 000 000 元，购入成本 1 600 000 元。

A 公司的会计处理如下：

第一步，判断租赁类型

对于租赁类型，前面出租人已进行了判断，属于融资租赁，在此不再进行详细分析，但在实际工作中，出租人和承租人都要各自进行判断。在计算不含税租赁付款额现值时，假设知悉出租人的租赁内含利率为 10%，并采用出租人的租赁内含利率作为折现率。

第二步，账务处理

◆ 2020 年度

先确定租赁付款额现值。

扣除租赁激励的固定付款额为：1 160 000−30 000=1 130 000（元）。

通过之前判断承租方会行使购买选择权，留购价格为：11 300 元。

承租方享有终止租赁选择权，但若在租赁期间终止租赁，需支付的款项为剩余租赁期间的固定租金支付金额，因此可合理判断不会行使该权利。

该合同无担保余值。

因此租赁付款总额为：1 130 000×3+11 300=3 401 300（元）。

不含税租赁付款额现值为：1 130 000/（1+13%）×（*P*/*A*，10%，3）+11 300/（1+13%）×（*P*/*F*，10%，3）=2 494 413（元）。

使用权资产金额为：2 494 413+15 277.78−864.78=2 508 826（元）。

（1）2020 年 1 月 1 日租入该生产设备时：

借：使用权资产——×× 设备　　2 508 826

　　租赁负债——未确认融资费用　　515 587

　　长期应收款——融资租赁进项税额　　392 164.78［3 401 300/（1+13%）×13%+864.78］

　贷：租赁负债——租赁付款额　　3 401 300

　　　银行存款　　15 277.78

同时：

借：应交税费——应交增值税（进项税额）　　864.78

　贷：长期应收款——融资租赁进项税额　　864.78

（2）2020 年 1—12 月，每月确认财务费用时：

每月确认的财务费用为：249 441.3÷12=20 786.78（元）。

借：财务费用　　20 786.78

　贷：租赁负债——未确认融资费用　　20 786.78

未确认融资费用分配表具体见表 11-18。

表 11-18　未确认融资费用分配表

日期	不含税租赁付款额	确认的融资费用	应付本金减少额	应付本金余额
		③＝期初⑤×10%	④＝②−③	⑤＝期初⑤−④
2020.1.1				2 494 413

续表

日期	不含税租赁付款额	确认的融资费用	应付本金减少额	应付本金余额
		③＝期初⑤ ×10%	④＝②－③	⑤＝期初⑤－④
2020.12.31	1 000 000	249 441.3	750 558.7	1 743 854.3
2021.12.31	1 000 000	174 385.43	825 614.57	918 239.73
2022.12.31	1 010 000	91 760.27*	918 239.73*	0
合计	3 010 000	515 587	2 494 413	

* 做尾数调整：91 760.27=1 010 000−918 239.73，918 239.73=918 239.73−0。

（3）2020 年 12 月 31 日，支付租金时：

借：租赁负债——租赁付款额　1 130 000

　贷：银行存款　1 130 000

并于当天收到增值税专用发票，确认增值税进项税额：

借：应交税费——应交增值税（进项税额）　130 000

　贷：长期应收款——融资租赁进项税额　130 000

（4）2020 年 2—12 月，计提折旧时：

本例中，由于根据租赁合理判断，租赁期满承租人将购买该设备，因此承租人计提折旧应以整个使用寿命作为折旧年限，按年限平均法计提，应计提折旧总额为 2 508 826 元。新租赁准则规定，自租赁期开始的当月计提折旧，当月计提确有困难的，为便于实务操作，企业也可以选择自租赁期开始的下月计提折旧，从固定资产当月使用下月计提折旧，本例采取后一种折旧方法。实际折旧期限为 48 个月，即从 2020 年 2 月至 2023 年 1 月，每月计提折旧额为：2 508 826÷48=52 267.21（元）。每月会计分录如下：

借：制造费用——折旧费　52 267.21

　贷：使用权资产累计折旧　52 267.21

（5）2020 年 12 月 31 日，支付可变租赁付款额时：

借：销售费用　5 000

　应交税费——应交增值税（进项税额）　650

　贷：银行存款　5 650

（6）2020 年 12 月，确认收入成本时：

借：银行存款　3 390 000

贷：应交税费——应交增值税（销项税额） 390 000

主营业务收入 3 000 000

同时结转成本：

借：库存商品 1 600 000

应交税费——应交增值税（进项税额） 208 000

贷：银行存款 1 808 000

借：主营业务成本 1 600 000

贷：库存商品 1 600 000

（7）2020 年底计提本年度所得税时：

《企业所得税法实施条例》第四十七条规定，以融资租赁方式租入固定资产发生的租赁费支出，按照规定构成融资租入固定资产价值的部分应当提取折旧费用，分期扣除。第五十八条规定，融资租入的固定资产，以租赁合同约定的付款总额和承租人在签订租赁合同过程中发生的相关费用为计税基础，租赁合同未约定付款总额的，以该资产的公允价值和承租人在签订租赁合同过程中发生的相关费用为计税基础。第五十九条规定，企业应当自固定资产投入使用月份的次月起计算折旧；停止使用的固定资产，应当自停止使用月份的次月起停止计算折旧。第六十条规定，除国务院财政、税务主管部门另有规定外，飞机、火车、轮船、机器、机械和其他生产设备，计算折旧的最低年限为 10 年。

税会差异体现在折旧及未确认融资费用分摊上。生产设备的计税基础为：3 010 000+15 277.78−864.78=3 024 413（元），按税法规定每月计提的折旧为：3 024 413/120=25 203.44（元），则 2020 年的折旧额为：25 203.44×11=277 237.84（元），2020 年税务利润为：3 000 000−1 600 000−277 237.84−5 000=1 117 762.16（元）。

而 2020 年会计核算利润为：3 000 000−1 600 000−249 441.3−52 267.21×11−5 000=570 619.39（元）。

按当前的规定，融资租入固定资产，使用权资产及租赁负债的入账价值与其计税基础之间的差额，在取得时既不影响会计利润，也不影响应纳税所得额，不确认递延所得税。目前 IASB 发布了对《国际会计准则第 12 号——所得税》进行修订的征求意见稿，若该修订获得通过，将对使用权资产及租赁负债确认递延所得税。本例中对于使用权资产因折旧年限差异引起的暂时性差异应确认递延所得税资产。

产生的暂时性差异为：（2 508 826−277 237.84）−（2 508 826−52 267.21×11）=

297 701.47（元）。

2020 年 12 月 31 日做如下会计分录：

借：所得税费用 279 440.54

贷：应交税费——应交企业所得税 279 440.54（1 117 762.16×25%）

借：递延所得税资产 74 425.37（297 701.47×25%）

贷：所得税费用 74 425.37

◆ 2021 年度

（1）2021 年 1—12 月，每月确认财务费用为：174 385.43÷12=14 532.12（元）。每月确认财务费用时：

借：财务费用 20 786.78

贷：租赁负债——未确认融资费用 20 786.78

（2）2021 年 12 月 31 日，支付租金时：

借：租赁负债——租赁付款额 1 130 000

贷：银行存款 1 130 000

并于当天收到增值税专用发票，确认增值税进项税额：

借：应交税费——应交增值税（进项税额） 130 000

贷：长期应收款——融资租赁进项税额 130 000

（3）2021 年 1—12 月，计提折旧时：

借：制造费用——折旧费 52 267.21

贷：使用权资产累计折旧 52 267.21

（4）确认收入成本时：

借：银行存款 3 390 000

贷：应交税费——应交增值税（销项税额） 390 000

主营业务收入 3 000 000

同时结转成本：

借：库存商品 2 000 000

应交税费——应交增值税（进项税额） 260 000

贷：银行存款 2 260 000

借：主营业务成本 2 000 000

贷：库存商品 2 000 000

（5）2021 年底计提本年度所得税时：

生产设备的计税基础为3 024 413元，按税法规定每月计提的折旧=3 024 413/120=25 203.44（元），则2021年的折旧额=25 203.44×12=302 441.3（元），2021年税务利润为：3 000 000−2 000 000−302 441.3=697 558.7（元）。

而2021年会计核算列入成本费用的金额=174 385.43+52 267.21×12=801 591.95（元），即会计利润为：3 000 000−2 000 000−801 591.95=198 408.05（元）。

使用权资产折旧产生的暂时性差异为：（2 508 826−250 882.6）−（2 508 826−627 206.52）=376 323.92（元）。

2021年12月31日做如下会计分录：

借：所得税费用　　174 389.68

　贷：应交税费——应交企业所得税　　174 389.68（697 558.7×25%）

借：递延所得税资产　　94 080.98（376 323.92×25%）

　贷：所得税费用　　94 080.98

◆ 2022年度

（1）2022年1—12月，每月确认财务费用为91 760.27÷12=7 646.69（元）。每月确认财务费用时：

借：财务费用　　7 646.69

　贷：租赁负债——未确认融资费用　　7 646.69

（2）2022年12月31日，支付租金时：

借：租赁负债——租赁付款额　　1 130 000

　贷：银行存款　　1 130 000

并于当天收到增值税专用发票，确认增值税进项税额：

借：应交税费——应交增值税（进项税额）　　130 000

　贷：长期应收款——融资租赁进项税额　　130 000

（3）2022年1—12月，计提折旧时：

借：制造费用——折旧费　　52 267.21

　贷：使用权资产累计折旧　　52 267.21

（4）租赁期届满留购时：

借：租赁负债——租赁付款额　　11 300

　贷：银行存款　　11 300

借：固定资产——××设备　　679 473.69

　　使用权资产累计折旧　　1 829 352.31

贷：使用权资产——×× 设备 2 508 826

借：应交税费——应交增值税（进项税额） 1 300

贷：长期应收款——融资租赁进项税额 1 300

（5）确认收入成本时：

借：银行存款 3 390 000

贷：应交税费——应交增值税（销项税额） 390 000

主营业务收入 3 000 000

同时结转成本：

借：库存商品 1 600 000

应交税费——应交增值税（进项税额） 208 000

贷：银行存款 1 808 000

借：主营业务成本 1 600 000

贷：库存商品 1 600 000

（6）2022 年底计提本年度所得税时：

生产设备的计税基础为 3 024 413 元，按税法规定每月计提的折旧 = 3 024 413/120=25 203.44（元），则 2021 年的折旧额 =25 203.44×12=302 441.3（元），2022 年税务利润为：3 000 000−1 600 000−302 441.3=1 097 558.7（元）。

而 2022 年会计核算列入成本费用的金额 =91 760.27+52 267.21×12=718 966.79（元），即会计利润为：3 000 000−1 600 000−718 966.79=681 033.21（元）。

使用权资产折旧产生的暂时性差异为：（2 508 826−250 882.6）－（2 508 826−627 206.52）=376 323.92（元）。

2022 年 12 月 31 日做如下会计分录：

借：所得税费用 274 389.68

贷：应交税费——应交企业所得税 274 389.68（1 097 558.7×25%）

借：递延所得税资产 94 080.98（376 323.92×25%）

贷：所得税费用 94 080.98

第三步，进行税务处理（以 2020 年 12 月为例）

B 公司 2020 年 12 月支付租金和确认收入成本时应按如下方法填列增值税纳税申报表：

B 公司 2020 年 12 月支付出租人租金、确认收入成本在申报增值税时需填列增值税纳税申报表主表、附表一（本期销售情况明细）及附表二（本期进项税额明细）。

首先，将2020年12月销售货物的销售额3 000 000元及对应的销项税额390 000元填入附表一中“13%税率的货物及加工修理修配劳务”对应栏次（见表11-19）。

其次，将本月取得的认证相符的进项税金额及对应税金填入附表二（见表11-20）。本月B公司共取得三份进项税票，支付租金的进项税票金额为1 000 000元，税额为130 000元；购入货物的进项税票金额为1 600 000元，税额为208 000元；支付或有租金的进项税票金额为5 000元，税额为650元。总计金额为2 605 000元，税额为338 650元。

最后，根据以上信息填列增值税纳税申报表主表（见表11-21）。

表 11-19

增值税纳税申报表附列资料（一）

（本期销售情况明细）

税款所属时间：　　年　月　日至　　年　月　日

纳税人名称：（公章）　　　　金额单位：元至角分

项目及栏次				开具增值税专用发票		开具其他发票		未开具发票		纳税检查调整		合计			服务、不动产和无形资产扣除项目本期实际扣除金额	扣除后	
				销售额	销项（应纳）税额	销售额	销项（应纳）税额	销售额	销项（应纳）税额	销售额	销项（应纳）税额	销售额	销项（应纳）税额	价税合计		含税（免税）销售额	销项（应纳）税额
				1	2	3	4	5	6	7	8	9=1+3+5+7	10=2+4+6+8	11=9+10	12	13=11−12	14=13÷（100%+税率或征收率）× 税率或征收率
一、一般计税方法计税	全部征税项目	13% 税率的货物及加工修理修配劳务	1	3 000 000.00	390 000.00							3 000 000.00	390 000.00	—	—	—	—
		13% 税率的服务、不动产和无形资产	2														

一、一般计税方法计税	全部征税项目	9%税率的货物及加工修理修配劳务	3											—	—	—	—
		9%税率的服务、不动产和无形资产	4														
		6%税率	5														
	其中：即征即退项目	即征即退货物及加工修理修配劳务	6	—	—	—	—	—	—	—	—			—	—	—	—
		即征即退服务、不动产和无形资产	7	—	—	—	—	—	—	—	—						
二、简易计税方法计税	全部征税项目	6%征收率	8							—	—			—	—	—	—
		5%征收率的货物及加工修理修配劳务	9a							—	—			—	—	—	—

二、简易计税方法计税	全部征税项目	5%征收率的服务、不动产和无形资产	9b							—	—						
		4%征收率	10							—	—			—	—	—	—
		3%征收率的货物及加工修理修配劳务	11							—	—			—	—	—	—
		3%征收率的服务、不动产和无形资产	12							—	—						
		预征率 %	13a							—	—						
		预征率 %	13b							—	—						
		预征率 %	13c							—	—						

二、简易计税方法计税	其中：即征即退项目	即征即退货物及加工修理修配劳务	14	—	—	—	—	—	—	—	—			—	—	—	—
		即征即退服务、不动产和无形资产	15	—	—	—	—	—	—	—	—						
三、免抵退税	货物及加工修理修配劳务		16	—	—		—		—	—	—		—	—	—	—	—
	服务、不动产和无形资产		17	—	—		—		—	—	—		—				—
四、免税	货物及加工修理修配劳务		18				—		—	—	—		—	—	—	—	—
	服务、不动产和无形资产		19	—	—		—		—	—	—		—				—

表 11-20

增值税纳税申报表附列资料（二）

（本期进项税额明细）

税款所属时间：　　年　月　日至　　年　月　日

纳税人名称：（公章）　　　　　　　　　　　　金额单位：元至角分

一、申报抵扣的进项税额				
项　目	栏次	份数	金额	税额
（一）认证相符的增值税专用发票	1=2+3	3	2 605 000.00	338 650.00
其中：本期认证相符且本期申报抵扣	2	3	2 605 000.00	338 650.00
前期认证相符且本期申报抵扣	3			
（二）其他扣税凭证	4=5+6+7+8a+8b			
其中：海关进口增值税专用缴款书	5			
农产品收购发票或者销售发票	6			
代扣代缴税收缴款凭证	7		—	
加计扣除农产品进项税额	8a	—	—	
其他	8b			
（三）本期用于购建不动产的扣税凭证	9			
（四）本期用于抵扣的旅客运输服务扣税凭证	10			
（五）外贸企业进项税额抵扣证明	11	—	—	
当期申报抵扣进项税额合计	12=1+4+11	3	2 605 000.00	338 650.00

二、进项税额转出额		
项　目	栏次	税额
本期进项税额转出额	13=14 至 23 之和	
其中：免税项目用	14	
集体福利、个人消费	15	
非正常损失	16	
简易计税方法征税项目用	17	
免抵退税办法不得抵扣的进项税额	18	
纳税检查调减进项税额	19	
红字专用发票信息表注明的进项税额	20	
上期留抵税额抵减欠税	21	

上期留抵税额退税	22			
其他应作进项税额转出的情形	23			
三、待抵扣进项税额				
项　目	栏次	份数	金额	税额
（一）认证相符的增值税专用发票	24	—	—	—
期初已认证相符但未申报抵扣	25			
本期认证相符且本期未申报抵扣	26			
期末已认证相符但未申报抵扣	27			
其中：按照税法规定不允许抵扣	28			
（二）其他扣税凭证	29=30 至 33 之和			
其中：海关进口增值税专用缴款书	30			
农产品收购发票或者销售发票	31			
代扣代缴税收缴款凭证	32		—	
其他	33			
	34			
四、其他				
项　目	栏次	份数	金额	税额
本期认证相符的增值税专用发票	35	3	2 605 000.00	338 650.00
代扣代缴税额	36	—	—	

表 11-21

增值税纳税申报表

（增值税一般纳税人适用）

根据国家税收法律法规及增值税相关规定制定本表。纳税人不论有无销售额，均应按税务机关核定的纳税期限填写本表，并向当地税务机关申报。

税款所属时间：自　　年　月　日至　　年　月　日　　　填表日期：　　年　月　日　　　金额单位：元至角分

所属行业：

纳税人识别号						
纳税人名称	（公章）	法定代表人姓名		注册地址	生产经营地址	
开户银行及账号		登记注册类型			电话号码	

	项目	栏次	一般货物及劳务		即征即退货物及劳务	
			本月数	本年累计	本月数	本年累计
销售额	（一）按适用税率计税销售额	1	3 000 000.00	3 000 000.00		
	其中：应税货物销售额	2	3 000 000.00	3 000 000.00		
	应税劳务销售额	3				
	纳税检查调整的销售额	4				
	（二）按简易办法计税销售额	5				
	其中：纳税检查调整的销售额	6				
	（三）免、抵、退办法出口销售额	7			—	—
	（四）免税销售额	8			—	—
	其中：免税货物销售额	9			—	—
	免税劳务销售额	10			—	—

税额计算	销项税额	11	390 000.00	390 000.00		
	进项税额	12	338 650.00	339 514.78		
	上期留抵税额	13	864.78	—		—
	进项税额转出	14				
	免、抵、退应退税额	15			—	—
	按适用税率计算的纳税检查应补缴税额	16			—	—
	应抵扣税额合计	17=12+13−14−15+16	339 514.78	—		—
	实际抵扣税额	18（如 17<11，则为 17，否则为 11）	339 514.78	339 514.78		
	应纳税额	19=11−18	50 485.22	50 485.22		
	期末留抵税额	20=17−18		—		—
	简易计税办法计算的应纳税额	21				
	按简易计税办法计算的纳税检查应补缴税额	22			—	—
	应纳税额减征额	23				
	应纳税额合计	24=19+21−23	50 485.22	50 485.22		
税款缴纳	期初未缴税额（多缴为负数）	25				
	实收出口开具专用缴款书退税额	26			—	—
	本期已缴税额	27=28+29+30+31				
	①分次预缴税额	28		—		—
	②出口开具专用缴款书预缴税额	29		—	—	—

税款缴纳	③本期缴纳上期应纳税额	30				
	④本期缴纳欠缴税额	31				
	期末未缴税额（多缴为负数）	32=24+25+26−27				
	其中：欠缴税额（≥0）	33=25+26−27		—		—
	本期应补（退）税额	34 = 24−28−29	50 485.22	—		—
	即征即退实际退税额	35	—	—		
	期初未缴查补税额	36			—	—
	本期入库查补税额	37			—	—
	期末未缴查补税额	38=16+22+36−37			—	—

授权声明	如果你已授权委托代理人申报，请填写下列资料： 为代理一切税务事宜，现授权 （地址）　　　　　　为本纳税人的代理人，任何与本申报表有关的往来文件，都可寄予此人。 授权人签名：	申报人声明	本纳税申报表是根据国家税收法律法规及相关规定填报的，我确定它是真实的、可靠的、完整的。 声明人签字：

租赁变更的会计处理

融资租赁发生变更且同时符合下列条件的，承租人应当将该变更作为一项单独租赁进行会计处理：

（1）该变更通过增加一项或多项租赁资产的使用权而扩大了租赁范围；

（2）增加的对价与租赁范围扩大部分的单独价格按该合同情况调整后的金额相当。

租赁变更未作为一项单独租赁进行会计处理的，在租赁变更生效日，承租人应当按照有关租赁分拆的规定对变更后合同的对价进行分摊；按照有关租赁期的规定确定变更后的租赁期；并采用变更后的折现率对变更后的租赁付款额进行折现，以重新计量租赁负债。

在计算变更后租赁付款额的现值时，承租人应当采用剩余租赁期间的租赁内含利率作为折现率；无法确定剩余租赁期间的租赁内含利率的，应当采用租赁变更生效日的承租人增量借款利率作为折现率。

根据上述租赁负债调整的影响，承租人应区分以下情形进行会计处理：

（1）租赁变更导致租赁范围缩小或租赁期缩短的，承租人应当调减使用权资产的账面价值，以反映租赁的部分终止或完全终止。承租人应将部分终止或完全终止租赁的相关利得或损失计入当期损益。

（2）其他租赁变更，承租人应当相应调整使用权资产的账面价值。

案例 11-15

租赁变更导致租赁范围缩小或租赁期缩短的会计处理

甲公司与乙租赁公司签订一项为期 5 年的合同，租赁物为某特定 300 平方米销售场地，该合同构成融资租赁。合同规定，甲公司每年支付租金 109 000 元，内含利率为 10%，不存在担保余值、未担保余值、留购或终止租赁价款等。

不含税租赁付款额现值为：109 000÷（1+9%）×（P/A，10%，5）=379 080（元）。

含税租赁付款额为：109 000×5=545 000（元）。

未确认融资费用为：500 000−379 080=120 920（元）。

第二年初，双方对原合同进行修改，将租赁场地变为 150 平方米，每年租金为 65 400 元，无法确定剩余期间内含利率，剩余期内承租人增量利率为 11%。

此时所有权资产面积减少一半，应终止确认50%，即379 080×4/5×50%=151 632(元)。

租赁付款额减少：109 000×50%×4=218 000（元）。

租赁负债第二年初不含税账面价值为379 080−100 000+379 080×10%=316 988（元）。

不含税租赁负债减少金额为：316 988×50%=158 494（元）。

未确认融资费用减少金额为：（120 920−379 080×10%）×50%=41 506（元）。

会计处理为：

借：租赁负债——租赁付款额　　218 000

　贷：使用权资产——××不动产　　151 632

　　长期应收款——融资租赁进项税额　　18 000

　　租赁负债——未确认融资费用　　41 506

　　资产处置损益　　6 862

第二年初剩余不含税租赁负债重新计量金额为：65 400÷（1+9%）×（P/A，11%，4）=186 144（元）。

剩余不含税租赁负债为158 494元。

增加使用权资产（不含税租赁负债）：186 144−158 494=27 650（元）。

含税租赁付款额增加：65 400×4−218 000=43 600（元）。

会计处理为：

借：使用权资产——××不动产　　27 650

　租赁负债——未确认融资费用　　12 350

　长期应收款——融资租赁进项税额　　3 600

　贷：租赁负债——租赁付款额　　43 600

Finance Lease

Tax and Accounting Practice & Cases

12

融资性售后回租税会处理实务

若卖方兼承租人将资产转让给买方兼出租人，并从买方兼出租人租回该项资产，则卖方兼承租人和买方兼出租人均应按照售后租回交易的规定进行会计处理。

在标的资产的法定所有权转移给出租人并将资产租赁给承租人之前，承租人可能会先获得标的资产的法定所有权。但是，是否具有标的资产的法定所有权本身并非会计处理的决定性因素。如果承租人在资产转移给出租人之前已经取得对标的资产的控制，则该交易属于售后租回交易。然而，如果承租人未能在资产转移给出租人之前取得对标的资产的控制，那么即便承租人在资产转移给出租人之前先获得标的资产的法定所有权，该交易也不属于售后租回交易。

对于售后租回交易，租赁双方需按新租赁准则的规定进行会计处理，在进行会计处理前，应先按《企业会计准则第 14 号——收入》的规定，评估售后租回交易中的资产转让是否属于销售，并分别按不同方法做会计处理。

出租方税会处理实务

下面，我们对融资性售后回租业务中出租方会计处理的关键环节做一个简单的介绍。

资产转让是否属于销售的判断

售后租回交易中，若资产转让使买方兼出租人取得了相关商品控制权，则该资产转让属于销售。其中，取得相关商品控制权，是指能够主导该商品的使用并从中获得几乎全部的经济利益，也包括有能力阻止其他方主导该商品的使用并从中获得经济利益。

取得商品控制权同时包括下列三项要素：

（1）能力。只有买方兼出租人拥有现时权利，能够主导该租赁物的使用并从中获得几乎全部经济利益时，才表明其取得了商品的控制权。如果买方兼出租方只能在未来的某一期间主导该租赁物的使用并从中获益，则表明其尚未取得该商品的控制权。

（2）主导该商品的使用。买方兼出租人有能力主导该商品的使用，是指买方兼出租人在其活动中有权使用该租赁物，或者能够允许或阻止其他方使用该租赁物。

（3）能够获得几乎全部的经济利益。买方兼出租人必须拥有获得租赁物几乎全部经济利益的能力，才能被视为获得了对该商品的控制。商品的经济利益，是指该商品的潜在现金流量，既包括现金流入的增加，也包括现金流出的减少。客户可以通过使用、消耗、出售、处置、交换、抵押或持有等多种方式直接或间接地获得商品的经济利益。

在判断控制权是否转移时，应当综合考虑下列迹象：

（1）卖方兼承租人就该商品享有现时收款权利，即买方兼出租人就该商品负有现时付款义务。

（2）卖方兼承租人已将该商品的法定所有权转移给买方兼出租人，即买方兼出租人已拥有该商品的法定所有权。

（3）卖方兼承租人已将该商品实物转移给买方兼出租人，即买方兼出租人已占有该商品实物。

（4）卖方兼承租人已将该商品所有权上的主要风险和报酬转移给买方兼出租人，即买方兼出租人已取得该商品所有权上的主要风险和报酬。但是，在评估商品所有权上的主要风险和报酬是否转移时，不应考虑导致在除所转让商品之外产生其他单项履约义务的风险。例如，卖方兼承租人将租赁物销售给买方兼出租人，并承诺提供后续维护服务的，销售租赁物和提供维护服务均构成单项履约义务，卖方兼承租人将租赁物销售给客户之后，虽然仍然保留了与后续维护服务相关的风险，但是，由于维护服务构成单项履约义务，所以该保留的风险并不影响卖方兼承租人已将该商品所有权上的主要风险和报酬转移给买方兼出租人的判断。

（5）买方兼出租人已接受该商品。

（6）其他表明买方兼出租人已取得商品控制权的迹象。

在上述五个明确的迹象中，并没有哪一个或哪几个迹象是决定性的，应当根据合同条款和交易实质进行分析，综合判断其是否将商品的控制权转移给了买方兼出租人，并且应从买方兼出租人的角度进行评估，而不应当仅考虑卖方兼承租人自身的看法。

由此可见，从融资性售后回租交易的性质来看，出租人并未获得租赁物的控制权，融资性售后回租中租赁物的转让不属于销售。本书也将对租赁物转让属于销售的售后回租会计处理做简单介绍。

在此，我们将通过一个对读者来信的解答节选对资产转让是否全额确认收入加以说明。

案例 12-1

厂商附回购担保的融资租赁销售收入处理

问题：我公司客户是一家注册在中国的美国独资生产企业，其生产的设备一直采用全款销售模式，因其客户融资需求，近期我司向其推广融资租赁销售模式（直租），在风控设计上，我公司要求该厂家对售出设备提供回购担保，对于该回购担保我公司向对方沟通了回购的概率问题，其概率几乎为零，通过我们的解释对方对该部分担忧已经解除。此外，交流过程中该厂家财务部门对附有回购担保的销售是否能完全确认收入上提出了疑问。对于该情况，我公司如何在财务及税务上解除对方的疑问？

分析：首先，该业务模式与售后回购业务有本质区别。

售后回购是一种特殊形式的销售业务，是指销售商品的同时，销售方同意日后重新买回所销商品的销售。即销售方在销售商品的同时，与购货方签订合同，规定日后按照合同条款（如回购价格等内容），将售出的商品又重新买回的一种交易方式。这种情况下，客户在销售时点并未取得相关商品控制权，企业应视回购价款的多少作为租赁交易或融资交易进行相应的会计处理。

而该业务提供售后回购担保完全出于融资租赁公司的风险控制要求，是该行业惯例，回购是否发生是不确定的，即使回购发生，具体金额也是不确定的。可见二者的本质差别在于回购发生的概率及回购金额的确定性上。

其次，根据我国最新的收入准则，当企业与客户之间的合同同时满足下列条件时，企业应当在客户取得相关商品控制权时确认收入：

（1）合同各方已批准该合同并承诺将履行各自义务；

（2）该合同明确了合同各方与所转让商品或提供劳务相关的权利和义务；

（3）该合同有明确的与所转让商品相关的支付条款；

（4）该合同具有商业实质，即履行该合同将改变企业未来现金流量的风险、时间分布或金额；

（5）企业因向客户转让商品而有权取得的对价很可能收回。

因此，该合同是否完全确认收入主要取决于该厂商对于回购发生可能性的判断，因该公司已与厂商进行了这方面的解释，可能性几乎为零也被厂商所接受，那么这笔业务可以完全确认收入，而该回购担保只需在财务报表附注中披露或有负债。

而在税务上，因为应税行为（销售行为）已经发生，并且合同中约定了付款日期，所以增值税上也应完全确认收入，而企业所得税上，企业销售商品同时满足下列条件的，应确认收入的实现：

（1）商品销售合同已经签订，企业已将商品所有权相关的主要风险和报酬转移给购货方；

（2）企业对已售出的商品既没有保留通常与所有权相联系的继续管理权，也没有实施有效控制；

（3）收入的金额能够可靠地计量；

（4）已发生或将发生的销售方的成本能够可靠地核算。

所称企业已将商品所有权上的主要风险和报酬转移给购货方，是指与商品所有权有关的主要风险和报酬同时转移给了购货方。其中，与商品所有权有关的风险，是指商品可能发生减值或毁损等形成的损失；与商品所有权有关的报酬，是指商品价值增值或通过使用商品等形成的经济利益。

该合同约定的回购担保属于承担了部分减值损失的风险，而不承担毁损风险，在此情况下判断所有权上主要风险和报酬的承担和转移，应考虑减值风险实际发生的可能性及影响程度，另外还要考虑到此处的担保责任是否为单项的。在该合同中，若融资租赁公司对应的设备购买企业违约时厂商要承担回购责任，但若融资租赁公司对应的设备购买企业履行责任，厂商无法分享收益，这种单纯的回购担保条款不构成所有权上主要风险和报酬转移的实质障碍，因此企业所得税上也应完全确认收入。

租赁债权的确认

售后租回交易中的资产转让不属于销售的（即融资性质），出租人不确认被转让资产，但应当确认一项与转让收入等额的金融资产，并按照《企业会计准则第 22 号——金融工具确认和计量》对该金融资产进行会计处理，对承租方支付的购买价款记入“长期应收款——应收融资租赁款”科目，若租赁物为不动产，缴纳的契税可包含在内；如发生初始直接费用，不含税初始直接费用也包含在内。其会计处理为：

借：长期应收款——应收融资租赁款

　贷：银行存款——××银行

同时，

借：应交税费——应交增值税（进项税额）

　贷：长期应收款——应收融资租赁款

利息收入的确认

每期收取租金时，按照所开具增值税发票上的增值税额贷记“应交税费—应交增值税（销项税额）”科目，其金额为（全部价款 + 价外费用 - 本金）÷（1+ 适用税率或征收率）× 适用税率或征收率，按期初长期应收款余额 × 实际利率确认每期利息收入，实际利率是使不含税收款额现值 = 租赁物买价 + 不含税初始直接费用的折现率。“长期应收款——应收融资租赁款”科目按收取的不含税租金与利息收入的差额倒挤得出。其会计处理为：

借：银行存款——××银行

　贷：财务费用——利息收入

　　长期应收款——应收融资租赁款

　　应交税费——应交增值税（销项税额）

新旧租赁准则衔接的处理

对于首次执行日前已存在的售后回租交易，企业在首次执行日不重新评估资产转让是否满足《企业会计准则第 14 号——收入》（2017）作为销售进行会计处理的规定，按照与直租业务出租方相同的原则进行衔接处理。

案例 12-2

售后回租“新合同”下出租方会计处理、增值税申报及企业所得税纳税调整

2020 年 1 月 1 日，B 制造公司（一般纳税人）将自有设备以售后回租的方式出售给 A 融资租赁公司（一般纳税人），该租赁设备购买价款为 6 200 000 元（不含税），已计提折旧 3 720 000 元，剩余可使用年限 4 年，出售给融资租赁公司的价款为 2 480 000 元；A 公司通过银行存款支付以上款项，其中 1 000 000 元资金来自银行借款，借款年限为 3 年（2020 年 1 月 1 日开始），年利率为 5%。假设按年支付利息，到期一次还本，款项已支付。

双方签订融资租赁合同的主要条款如下：（1）租赁期为 3 年；（2）从 2020 年起每年 12 月 31 日收取租金（含税）1 010 400 元；（3）A 公司发生初始直接费用 6 000 元（假设这些费用都无法抵扣进项税）；（4）承租期满时，设备归 B 制造公司所有；（5）租赁期开始日为 2020 年 1 月 1 日。假设不考虑即征即退。

租金结构见表 12-1。

表 12-1　租金结构表　　单位：元

期数	支付时间	租金收入	本期收回本金	本期收回利息
0	2020/1/1			
1	2021/12/31	1 010 400.00	743 800.00	266 600.00
2	2022/12/31	1 010 400.00	823 758.50	186 641.50
3	2023/12/31	1 010 400.00	912 441.50	97 958.50

A 公司的会计处理如下：

第一步，判断资产转让是否属于销售

由于租赁期满该租赁设备归 B 制造公司所有，可判断该售后回租交易中的资产转让不属于销售。

第二步，账务处理

◆ 2020 年度

先计算实际利率。实际利率是指在租赁开始日，使不含税收款额现值等于租赁物购买价款与出租方不含税初始直接费用之和的折现率。

由［1 010 400-（1 010 400-743 800）÷（1+6%）×6%］÷（1+R）+［1 010 400-（1 010 400-823 758.5）÷（1+6%）×6%］÷（1+R）^{2}+［1 010 400-（1 010 400-912 441.5）÷（1+6%）×6%］÷（1+R）^{3}=2 480 000+6 000，计算得出 R=10.05%。

（1）取得银行借款时：

借：银行存款——×× 银行　　1 000 000

　贷：长期借款——本金　　1 000 000

（2）2020 年 1 月 1 日购买生产设备时：

借：长期应收款——应收融资租赁款　　2 486 000

　贷：银行存款——×× 银行　　2 486 000

（3）2020 年 1 月 1 日计提借款利息时：

借：财务费用——利息支出（融资租赁借款费用）　　50 000

　贷：应付利息　　50 000（1 000 000×5%）

（4）2020 年 12 月 31 日，收到租金时：

当期应交增值税 =（1 010 400-743 800）÷（1+6%）×6%=15 090.57（元）

借：银行存款——×× 银行　　1 010 400

　贷：财务费用——利息收入　　249 843

　　长期应收款——应收融资租赁款　　745 466.43

　　应交税费——应交增值税（销项税额）　　15 090.57

利息收入确认表见表 12-2。

表 12-2　利息收入确认表　　单位：元

日期	不含税租金	确认的利息收入	租赁投资净额减少额	租赁投资净额余额
①	②	③ = 期初⑤ ×10.05%	④ = ② - ③	⑤ = 期初⑤ - ④
2020.1.1				2 486 000
2020.12.31	995 309.43	249 843	745 466.43	1 740 533.57
2021.12.31	999 835.39	174 923.62	824 911.77	915 621.80
2022.12.31	1 004 855.18	89 233.38*	915 621.80*	0
合计	3 000 000	514 000	2 486 000	

* 做尾数调整：89 233.38=1 004 855.18-915 621.80，915 621.80=915 621.80-0。

（5）2020 年 12 月 31 日，支付借款利息时：

借：应付利息　　50 000

贷：银行存款——×× 银行 50 000

同时，确认抵减销项税额：

借：财务费用——利息支出（融资租赁借款费用） −2 830.19

应交税费——应交增值税（销项税额抵减） 2 830.19

（6）2020 年底计提本年度所得税时：

2020 年度，会计上确认的收入是该年确认的融资收益共计 249 843 元，融资成本 47 169.81 元，营业利润为：249 843−47 169.81=202 673.19（元）。

参照本书第 9 章企业所得税部分的内容，我们采纳收入确定的第三种观点，根据《企业所得税法实施条例》规定，按照合同约定的债务人应付利息的日期确认收入的实现。出租人在纳税年度确认的应税所得 = 本期应收利息 − 本期其他成本费用（如融资成本）− 本期初始直接费用，其中本期应收利息为本期应收租金与本期分摊租赁资产公允价值的差额。所以 2020 年该公司应确认的应税所得额为：266 600/（1+6%）−47 169.81−6 000=198 339.62（元），此年应纳税所得额应在会计利润的基础上调减：202 673.19−198 339.62=4 333.57（元）。

该情形下仍符合递延所得税出售确认豁免条件。

借：所得税费用 49 584.91

贷：应交税费——应交所得税 49 584.91（198 339.62×25%）

◆ 2021 年度

（1）2021 年 1 月 1 日计提借款利息时：

借：财务费用——利息支出（融资租赁借款费用） 50 000

贷：应付利息 50 000（1 000 000×5%）

（2）2021 年 12 月 31 日，收到租金时：

当期应交增值税 =（1 010 400−823 758.5）÷（1+6%）×6%=10 564.61（元）

借：银行存款——×× 银行 1 010 400

贷：财务费用——利息收入 174 923.62

长期应收款——应收融资租赁款 824 911.77

应交税费——应交增值税（销项税额） 10 564.61

（3）2021 年 12 月 31 日，支付借款利息时：

借：应付利息 50 000

贷：银行存款——×× 银行 50 000

同时，确认抵减销项税额：

借：财务费用——利息支出（融资租赁借款费用） −2 830.19

应交税费——应交增值税（销项税额抵减） 2 830.19

（4）2021 年底计提本年度所得税时：

2021 年度，会计上确认的收入是该年确认的融资收益共计 174 923.62 元，融资成本 47 169.81 元，营业利润为：174 923.62−47 169.81=127 753.81（元）。

2021 年该公司应确认的应税所得额为：186 641.5/(1+6%)−47 169.81=128 907.08（元），此年应纳税所得额应在会计利润的基础上调增：128 907.08−127 753.81=1 153.27（元）。

借：所得税费用 32 226.77

贷：应交税费——应交所得税 32 226.77（128 907.08×25%）

◆ 2022 年度

（1）2022 年 1 月 1 日计提借款利息时：

借：财务费用——利息支出（融资租赁借款费用） 50 000

贷：应付利息 50 000（1 000 000×5%）

（2）2022 年 12 月 31 日，收到租金时：

当期应交增值税 =（1 010 400−912 441.5）÷（1+6%）×6%=5 544.82（元）

借：银行存款——×× 银行 1 010 400

贷：财务费用——利息收入 89 233.38

长期应收款——应收融资租赁款 915 621.8

应交税费——应交增值税（销项税额） 5 544.82

（3）2022 年 12 月 31 日，还本付息时：

借：应付利息 50 000

长期借款——本金 1 000 000

贷：银行存款——×× 银行 1 050 000

同时，确认抵减销项税额：

借：财务费用——利息支出（融资租赁借款费用） −2 830.19

应交税费——应交增值税（销项税额抵减） 2 830.19

（4）2022 年底计提本年度所得税时：

2022 年度，会计上确认的收入是该年确认的融资收益共计 89 233.38 元，融资成本 47 169.81 元，营业利润为 89 233.38−47 169.81=42 063.57（元）。

2022 年该公司应确认的应税所得额为：97 958.50/(1+6%)−47 169.81=45 243.87

（元），此年应纳税所得额应在会计利润的基础上调增 45 243.87−42 063.57=3 180.30（元），应转回应纳税暂时性差异。

借：所得税费用　　　　　　　　　　　　　　　　　　　　11 310.97

　　贷：应交税费——应交所得税　　　　　　　11 310.97（45 243.87×25%）

第三步，进行税务处理（以 2020 年为例）

A 公司在 2020 年 1 月从 B 公司购入租赁设备时，因为 B 公司开具的是收据，所以在进行纳税申报时，无进项税额，只需做增值税 0 申报即可，2020 年 12 月收租金时应按如下方法填列增值税纳税申报表：

A 公司 2020 年 12 月收取承租方租金在申报增值税时需填列一般纳税人增值税纳税申报表主表、附表一（本期销售情况明细）、附表三（服务、不动产和无形资产扣除项目明细）及《增值税差额征税扣除项目清单》。

首先，将本期允许差额扣除的银行借款利息的相关信息填入《增值税差额征税扣除项目清单》（见表 12-3），包括开具单位、纳税人识别号、合法的差额扣除凭证及其相关信息以及可差额扣除的金额，A 公司本月可差额扣除的银行借款利息为 50 000 元。

其次，将本月向承租方开具的发票金额等填入附表一（见表 12-4），因为利息不允许抵扣进项税，所以开具的发票为增值税普通发票，价税合计金额为不含本金的全部价款和价外费用，其中票面销售额为 251 509.43 元，对应的销项税额为 15 090.57 元。因为差额扣除项目的金额为 50 000 元，小于租金的价税合计金额 266 600 元，所以本期实际扣除金额为 50 000 元，本期应纳销项税额为：（266 600−50 000）÷（1+6%）×6%=12 260.38（元）。

附表三需填列本期服务、不动产和无形资产价税合计额，即 266 600 元（见表 12-5），并将本期扣除项目发生额，应扣除金额和实际扣除金额填列其中，因本期可全部差额扣除，故最后扣除项目余额为 0。

因该企业不属于加计抵减 10% 的适用企业范围，故无须填报附表四（税额抵减情况表）。

最后，根据以上信息填列增值税纳税申报主表（见表 12-6）。

表 12-3 增值税差额征税扣除项目清单

纳税人名称：（公章） 纳税人识别号： 差额扣除所属时期： 年 月 日至 年 月 日

开具单位名称	开具单位纳税人识别号	凭证类型	凭证代码	凭证号码	凭证开具日期	凭证开具的可扣除项目名称	凭证开具的可扣除项目适用的差额扣除政策	凭证开具的可扣除项目适用的差额扣除项目	凭证开具的可扣除项目金额（元）
××银行	××××××××××××××	发票	××××××××××	××××××××	2020-12-21	银行借款利息	其他差额征税方式	6% 税率的项目（不含金融商品转让）	50 000.00

财务负责人： 经办人： 填表日期：

表 12-4

增值税纳税申报表附列资料（一）

（本期销售情况明细）

税款所属时间：　　年　月　日至　　年　月　日

纳税人名称：（公章）　　　　金额单位：元至角分

项目及栏次				开具增值税专用发票		开具其他发票		未开具发票		纳税检查调整		合计			服务、不动产和无形资产扣除项目本期实际扣除金额	扣除后	
				销售额	销项（应纳）税额	销售额	销项（应纳）税额	销售额	销项（应纳）税额	销售额	销项（应纳）税额	销售额	销项（应纳）税额	价税合计		含税（免税）销售额	销项（应纳）税额
				1	2	3	4	5	6	7	8	9=1+3+5+7	10=2+4+6+8	11=9+10	12	13=11−12	14=13÷（100%+税率或征收率）×税率或征收率
一、一般计税方法计税	全部征税项目	13%税率的货物及加工修理修配劳务	1											—	—	—	—
		13%税率的服务、不动产和无形资产	2														

一、一般计税方法计税	全部征税项目	9%税率的货物及加工修理修配劳务	3											—	—	—	—
		9%税率的服务、不动产和无形资产	4														
		6%税率	5			251 509.43	15 090.57					251 509.43	15 090.57	266 600.00	50 000.00	216 600.00	12 260.38
	其中：即征即退项目	即征即退货物及加工修理修配劳务	6	—	—	—	—	—	—	—	—			—	—	—	—
		即征即退服务、不动产和无形资产	7	—	—	—	—	—	—	—	—	251 509.43	15 090.57	266 600.00	50 000.00	216 600.00	12 260.38
二、简易计税方法计税	全部征税项目	6%征收率	8							—	—			—	—	—	—
		5%征收率的货物及加工修理修配劳务	9a							—	—			—	—	—	—

二、简易计税方法计税	全部征税项目	5%征收率的服务、不动产和无形资产	9b							—	—						
		4%征收率	10							—	—			—	—	—	—
		3%征收率的货物及加工修理修配劳务	11							—	—			—	—	—	—
		3%征收率的服务、不动产和无形资产	12							—	—						
		预征率 %	13a							—	—						
		预征率 %	13b							—	—						
		预征率 %	13c							—	—						

二、简易计税方法计税	其中：即征即退项目	即征即退货物及加工修理修配劳务	14	—	—	—	—	—	—	—	—			—	—	—	—
		即征即退服务、不动产和无形资产	15	—	—	—	—	—	—	—	—						
三、免抵退税	货物及加工修理修配劳务		16	—	—		—		—	—	—		—	—	—	—	—
	服务、不动产和无形资产		17	—	—		—		—	—	—		—				—
四、免税	货物及加工修理修配劳务		18				—		—	—	—		—	—	—	—	—
	服务、不动产和无形资产		19	—	—		—		—	—	—		—				—

表 12-5

增值税纳税申报表附列资料（三）

（服务、不动产和无形资产扣除项目明细）

税款所属时间：　　年　月　日至　　年　月　日

纳税人名称：（公章）

金额单位：元至角分

项目及栏次		本期服务、不动产和无形资产价税合计额（免税销售额）	服务、不动产和无形资产扣除项目				
			期初余额	本期发生额	本期应扣除金额	本期实际扣除金额	期末余额
		1	2	3	4=2+3	5（5 ≤ 1 且 5 ≤ 4）	6=4−5
13% 税率的项目	1		—				
9% 税率的项目	2						
6% 税率的项目（不含金融商品转让）	3	266 600.00	—	50 000.00	50 000.00	50 000.00	0.00
6% 税率的金融商品转让项目	4						
5% 征收率的项目	5						
3% 征收率的项目	6						
免抵退税的项目	7						
免税的项目	8						

表 12-6

增值税纳税申报表

（增值税一般纳税人适用）

根据国家税收法律法规及增值税相关规定制定本表。纳税人不论有无销售额，均应按税务机关核定的纳税期限填写本表，并向当地税务机关申报。

税款所属时间：自　　年　月　日至　　年　月　日　　　　填表日期：　　年　月　日　　　　金额单位：元至角分

<table>
<tr><td>纳税人识别号</td><td colspan="5"></td><td colspan="2">所属行业：</td></tr>
<tr><td>纳税人名称</td><td>（公章）</td><td>法定代表人姓名</td><td></td><td>注册地址</td><td></td><td>生产经营地址</td><td></td></tr>
<tr><td>开户银行及账号</td><td colspan="2"></td><td>登记注册类型</td><td colspan="2"></td><td>电话号码</td><td></td></tr>
<tr><td colspan="2" rowspan="2">项　目</td><td rowspan="2">栏　次</td><td colspan="2">一般货物及劳务</td><td colspan="2">即征即退货物及劳务</td></tr>
<tr><td>本月数</td><td>本年累计</td><td>本月数</td><td>本年累计</td></tr>
<tr><td rowspan="10">销售额</td><td>（一）按适用税率计税销售额</td><td>1</td><td></td><td></td><td>251 509.43</td><td>251 509.43</td></tr>
<tr><td>其中：应税货物销售额</td><td>2</td><td></td><td></td><td></td><td></td></tr>
<tr><td>应税劳务销售额</td><td>3</td><td></td><td></td><td></td><td></td></tr>
<tr><td>纳税检查调整的销售额</td><td>4</td><td></td><td></td><td></td><td></td></tr>
<tr><td>（二）按简易办法计税销售额</td><td>5</td><td></td><td></td><td></td><td></td></tr>
<tr><td>其中：纳税检查调整的销售额</td><td>6</td><td></td><td></td><td></td><td></td></tr>
<tr><td>（三）免、抵、退办法出口销售额</td><td>7</td><td></td><td></td><td>—</td><td>—</td></tr>
<tr><td>（四）免税销售额</td><td>8</td><td></td><td></td><td>—</td><td>—</td></tr>
<tr><td>其中：免税货物销售额</td><td>9</td><td></td><td></td><td>—</td><td>—</td></tr>
<tr><td>免税劳务销售额</td><td>10</td><td></td><td></td><td>—</td><td>—</td></tr>
</table>

税额计算	销项税额	11			12 260.38	12 260.38
	进项税额	12				
	上期留抵税额	13		—		—
	进项税额转出	14				
	免、抵、退应退税额	15			—	—
	按适用税率计算的纳税检查应补缴税额	16			—	—
	应抵扣税额合计	17=12+13−14−15+16		—		—
	实际抵扣税额	18（如 17<11，则为 17，否则为 11）				
	应纳税额	19=11−18			12 260.38	12 260.38
	期末留抵税额	20=17−18		—		—
	简易计税办法计算的应纳税额	21				
	按简易计税办法计算的纳税检查应补缴税额	22			—	—
	应纳税额减征额	23				
	应纳税额合计	24=19+21−23			12 260.38	12 260.38
税款缴纳	期初未缴税额（多缴为负数）	25				
	实收出口开具专用缴款书退税额	26			—	—
	本期已缴税额	27=28+29+30+31				
	①分次预缴税额	28		—		—
	②出口开具专用缴款书预缴税额	29		—	—	—
	③本期缴纳上期应纳税额	30				

税款缴纳	④本期缴纳欠缴税额	31				
	期末未缴税额（多缴为负数）	32=24+25+26−27			12 260.38	12 260.38
	其中：欠缴税额（≥0）	33=25+26−27		—		—
	本期应补（退）税额	34 = 24−28−29		—	12 260.38	—
	即征即退实际退税额	35	—	—		
	期初未缴查补税额	36			—	—
	本期入库查补税额	37			—	—
	期末未缴查补税额	38=16+22+36−37			—	—
授权声明	如果你已授权委托代理人申报，请填写下列资料： 为代理一切税务事宜，现授权 （地址） 为本纳税人的代理人，任何与本申报表有关的往来文件，都可寄予此人。 授权人签名：		申报人声明	本纳税申报表是根据国家税收法律法规及相关规定填报的，我确定它是真实的、可靠的、完整的。 声明人签字：		

案例 12-2 为 2016 年 5 月 1 日后签订的有形动产融资性售后回租合同，下面我们再来分析一个 2016 年 4 月 30 日前签订有形动产融资性售后回租合同，且融资租赁企业选择继续按照有形动产融资租赁服务缴纳增值税的案例。为方便与上例进行对比，该案例仍沿用上例的相关数据。

案例 12-3

售后回租“老合同”下出租方会计处理、增值税申报及企业所得税纳税调整

2016 年 1 月 1 日，B 制造公司（一般纳税人）将自有设备以售后回租的方式出售给 A 融资租赁公司（一般纳税人），该租赁设备购买价款为 6 200 000 元（不含税），已计提折旧 3 720 000 元，剩余可使用年限 4 年，出售给 A 公司的价款为 2 480 000 元；A 公司通过银行存款支付以上款项，其中 1 000 000 元资金来自银行借款，借款年限为 3 年（2016 年 1 月 1 日开始），年利率为 5%，假设按年支付利息，到期一次还本，款项已支付。

双方签订融资租赁合同的主要条款如下：（1）租赁期为 3 年；（2）从 2016 年起每年 12 月 31 日收取租金（含税）1 010 400 元；（3）A 公司发生初始直接费用 6 000 元（假设这些费用都无法抵扣进项税）；（4）承租期满时，设备归 B 制造公司所有；（5）租赁期开始日为 2016 年 1 月 1 日。（注：为与目前适用税率一致，计算时也采用 13% 的税率。）

租金结构见表 12-7。

表 12-7　租金结构表　　单位：元

期数	支付时间	租金收入	本期收回本金	本期收回利息
0	2016/1/1			
1	2016/12/31	1 010 400.00	743 800.00	266 600.00
2	2017/12/31	1 010 400.00	823 758.50	186 641.50
3	2018/12/31	1 010 400.00	912 441.50	97 958.50

第一步，判断资产转让是否属于销售

由于租赁期满该租赁设备归B制造公司所有，可判断该售后回租交易中的资产转让不属于销售。

第二步，账务处理

◆ 2016年度

先计算实际利率。实际利率是指在租赁开始日，使不含税收款额现值等于租赁物购买价款与出租方不含税初始直接费用之和的折现率。

由［1 010 400-（1 010 400-743 800）÷（1+13%）×13%］÷（1+R）+［1 010 400-（1 010 400-823 758.5）÷（1+13%）×13%］÷（1+R）^{2}+［1 010 400-（1 010 400-912 441.5）÷（1+13%）×13%］÷（1+R）^{3}=2 480 000+6 000，计算得出R=9.38%。

（1）取得银行借款时：

借：银行存款——×× 银行　　1 000 000

　贷：长期借款——本金　　1 000 000

（2）2016年1月1日购买生产设备时：

借：长期应收款——应收融资租赁款　　2 486 000

　贷：银行存款——×× 银行　　2 486 000

（3）2016年1月1日计提借款利息时：

借：财务费用——利息支出（融资租赁借款费用）　　50 000

　贷：应付利息　　50 000（1 000 000×5%）

（4）2016年12月31日，收到租金时：

当期应交增值税 =（1 010 400-743 800）÷（1+13%）×13%=30 670.80（元）

借：银行存款——×× 银行　　1 010 400

　贷：财务费用——利息收入　　233 186.8

　　长期应收款——应收融资租赁款　　746 542.4

　　应交税费——应交增值税（销项税额）　　30 670.80

利息收入确认表见表12-8。

表 12-8　利息收入确认表　　单位：元

日期	不含税租金	确认的利息收入	租赁投资净额减少额	租赁投资净额余额
①	②	③＝期初⑤ ×9.38%	④＝②－③	⑤＝期初⑤－④
2016.1.1				2 486 000
2016.12.31	979 729.20	233 186.80	746 542.4	1 739 457.60
2017.12.31	988 927.97	163 161.12	825 766.85	913 690.75
2018.12.31	999 130.44	85 439.69*	913 690.75*	0
合计	2 967 787.61	481 787.61	2 486 000	

* 做尾数调整：85 439.69=999 130.44－913 690.75，913 690.75=913 690.75－0。

（5）2016 年 12 月 31 日，支付借款利息时：

借：应付利息　　50 000

　贷：银行存款——×× 银行　　50 000

同时，确认抵减销项税额：

借：财务费用——利息支出（融资租赁借款费用）　　－5 752.21

　　应交税费——应交增值税（销项税额抵减）　　5 752.21

（6）2016 年底计提本年度所得税时：

2016 年度，会计上确认的收入是该年确认的融资收益共计 233 186.8 元，融资成本 44 247.79 元，营业利润为：233 186.80－44 247.79=188 939.01（元）。

出租人在纳税年度确认的应税所得＝本期应收利息－本期其他成本费用（如融资成本）－本期初始直接费用，其中本期应收利息为本期应收租金与本期分摊租赁资产公允价值的差额。所以 2016 年该公司应确认的应税所得额为：266 600/（1+13%）－44 247.79－6 000=185 681.41（元），此年应纳税所得额应在会计利润的基础上调减：188 939.01－185 681.41=3 257.60（元）。

该情形下仍符合递延所得税出售确认豁免条件。

借：所得税费用　　46 420.35

　贷：应交税费——应交所得税　　46 420.35（185 681.41×25%）

第三步，进行税务处理（以 2016 年为例）

A 公司在 2016 年 1 月从 B 公司购入租赁设备时，因为 B 公司开具的是增值税普通发票，所以在进行纳税申报时，无进项税额，只需做增值税 0 申报即可，2016 年 12 月收租金时应按如下方法填列增值税纳税申报表：

A公司2016年12月收取承租方租金在申报增值税时需填列一般纳税人增值税纳税申报表主表、附表一（本期销售情况明细）、附表三（服务、不动产和无形资产扣除项目明细）及《增值税差额征税扣除项目清单》。

首先，将本期允许差额扣除的银行借款利息及本金的相关信息填入《增值税差额征税扣除项目清单》（见表12-9），包括开具单位、纳税识别号、合法的差额扣除凭证及其相关信息以及可差额扣除的金额，A公司本月可差额扣除的银行借款利息为50 000元，可差额扣除的本金为743 800元。

然后，将本月向承租方开具的发票金额等填入附表一（见表12-11），所开具的发票使用差额征税模块开具，价税合计金额为全部价款和价外费用101 0400元，右下角备注注明差额扣除金额为本金743 800元，开票系统计算出的税额为：（1 010 400−743 800）÷（1+13%）×13%=30 670.80（元），票面的销售额为：1 010 400−30 670.80=979 729.2（元）。因为差额扣除项目的金额为：50 000+743 800=793 800（元），小于租金的价税合计金额1 010 400元，所以本期实际扣除金额为793 800元，本期应纳销项税额为：（1 010 400−793 800）÷（1+13%）×13%=24 918.59（元）。

附表三需填列本期服务、不动产和无形资产价税合计额，即1 010 400元（见表12-10），并将本期扣除项目发生额，应扣除金额和实际扣除金额填列其中，因本期可全部差额扣除，故最后余额为0。最后，根据以上信息填列增值税纳税申报主表（见表12-12）。

12-9　增值税差额征税扣除项目清单

纳税人名称：（公章）　　　　纳税人识别号：　　　　差额扣除所属时期：　年　月　日至　年　月　日

开具单位名称	开具单位纳税人识别号	凭证类型	凭证代码	凭证号码	凭证开具日期	凭证开具的可扣除项目名称	凭证开具的可扣除项目适用的差额扣除政策	凭证开具的可扣除项目适用的差额扣除项目	凭证开具的可扣除项目金额（元）
××银行	××××××××××××××	发票	××××××××××	××××××××	2016-12-21	银行借款利息	有形动产融资租赁	13% 税率的项目	50 000.00
B 公司	××××××××××××××	发票	××××××××××	××××××××	2016-01-01	本金	有形动产融资租赁	13% 税率的项目	743 800.00

财务负责人：　　经办人：　　填表日期：

12-10

增值税纳税申报表附列资料（三）

（服务、不动产和无形资产扣除项目明细）

税款所属时间：　年　月　日至　年　月　日

纳税人名称：（公章）　　　　金额单位：元至角分

项目及栏次		本期服务、不动产和无形资产价税合计额（免税销售额）	服务、不动产和无形资产扣除项目				
			期初余额	本期发生额	本期应扣除金额	本期实际扣除金额	期末余额
		1	2	3	4=2+3	5（5 ≤ 1 且 5 ≤ 4）	6=4−5
13% 税率的项目	1	1 010 400.00	—	793 800.00	793 800.00	793 800.00	
9% 税率的项目	2						
6% 税率的项目（不含金融商品转让）	3		—				
6% 税率的金融商品转让项目	4						
5% 征收率的项目	5						
3% 征收率的项目	6						
免抵退税的项目	7						
免税的项目	8						

表 12-11

增值税纳税申报表附列资料（一）

（本期销售情况明细）

税款所属时间：　年　月　日至　年　月　日

纳税人名称：（公章）　　　　金额单位：元至角分

项目及栏次				开具增值税专用发票		开具其他发票		未开具发票		纳税检查调整		合计			服务、不动产和无形资产扣除项目本期实际扣除金额	扣除后	
				销售额	销项（应纳）税额	销售额	销项（应纳）税额	销售额	销项（应纳）税额	销售额	销项（应纳）税额	销售额	销项（应纳）税额	价税合计		含税（免税）销售额	销项（应纳）税额
				1	2	3	4	5	6	7	8	9=1+3+5+7	10=2+4+6+8	11=9+10	12	13=11−12	14=13÷（100%+税率或征收率）× 税率或征收率
一、一般计税方法计税	全部征税项目	13% 税率的货物及加工修理修配劳务	1											—	—	—	—
		13% 税率的服务、不动产和无形资产	2	979 729.20	30 670.80							979 729.20	30 670.80	1 010 400.00	793 800.00	216 600.00	24 918.59

一、一般计税方法计税	全部征税项目	9% 税率的货物及加工修理修配劳务	3											—	—	—	—
		9% 税率的服务、不动产和无形资产	4														
		6% 税率	5														
	其中：即征即退项目	即征即退货物及加工修理修配劳务	6	—	—	—	—	—	—	—	—			—	—	—	—
		即征即退服务、不动产和无形资产	7	—	—	—	—	—	—	—	—	979 729.20	30 670.80	1 010 400.00	793 800.00	216 600.00	24 918.59
二、简易计税方法计税	全部征税项目	6% 征收率	8							—	—			—	—	—	—
		5% 征收率的货物及加工修理修配劳务	9a							—	—			—	—	—	—

二、简易计税方法计税	全部征税项目	5%征收率的服务、不动产和无形资产	9b							—	—						
		4%征收率	10							—	—			—	—	—	—
		3%征收率的货物及加工修理修配劳务	11							—	—			—	—	—	—
		3%征收率的服务、不动产和无形资产	12							—	—						
		预征率 %	13a							—	—						
		预征率 %	13b							—	—						
		预征率 %	13c							—	—						

二、简易计税方法计税	其中：即征即退项目	即征即退货物及加工修理修配劳务	14	—	—	—	—	—	—	—	—			—	—	—	—
		即征即退服务、不动产和无形资产	15	—	—	—	—	—	—	—	—						
三、免抵退税	货物及加工修理修配劳务		16	—	—		—		—	—	—		—	—	—	—	—
	服务、不动产和无形资产		17	—	—		—		—	—	—		—				—
四、免税	货物及加工修理修配劳务		18				—		—	—	—		—	—	—	—	—
	服务、不动产和无形资产		19	—	—		—		—	—	—		—				—

表 12-12

增值税纳税申报表

（增值税一般纳税人适用）

根据国家税收法律法规及增值税相关规定制定本表。纳税人不论有无销售额，均应按税务机关核定的纳税期限填写本表，并向当地税务机关申报。

税款所属时间：自　　年　月　日至　　年　月　日　　　　填表日期：　年　月　日　　　　金额单位：元至角分

纳税人识别号					所属行业：	
纳税人名称	（公章）	法定代表人姓名		注册地址		生产经营地址
开户银行及账号		登记注册类型			电话号码	

	项　目	栏　次	一般货物及劳务		即征即退货物及劳务	
			本月数	本年累计	本月数	本年累计
销售额	（一）按适用税率计税销售额	1			979 729.20	979 729.20
	其中：应税货物销售额	2				
	应税劳务销售额	3				
	纳税检查调整的销售额	4				
	（二）按简易办法计税销售额	5				
	其中：纳税检查调整的销售额	6				
	（三）免、抵、退办法出口销售额	7			—	—
	（四）免税销售额	8			—	—
	其中：免税货物销售额	9			—	—
	免税劳务销售额	10			—	—

税额计算	销项税额	11			24 918.59	24 918.59
	进项税额	12				
	上期留抵税额	13		—		—
	进项税额转出	14				
	免、抵、退应退税额	15			—	—
	按适用税率计算的纳税检查应补缴税额	16			—	—
	应抵扣税额合计	17=12+13−14−15+16		—		—
	实际抵扣税额	18（如 17<11，则为 17，否则为 11）				
	应纳税额	19=11−18			24 918.59	24 918.59
	期末留抵税额	20=17−18		—		—
	简易计税办法计算的应纳税额	21				
	按简易计税办法计算的纳税检查应补缴税额	22			—	—
	应纳税额减征额	23				
	应纳税额合计	24=19+21−23			24 918.59	24 918.59
税款缴纳	期初未缴税额（多缴为负数）	25				
	实收出口开具专用缴款书退税额	26			—	—
	本期已缴税额	27=28+29+30+31				
	①分次预缴税额	28		—		—
	②出口开具专用缴款书预缴税额	29		—	—	—
	③本期缴纳上期应纳税额	30				

<table>
<tr><td rowspan="8">税款缴纳</td><td>④本期缴纳欠缴税额</td><td>31</td><td></td><td></td><td></td><td></td></tr>
<tr><td>期末未缴税额（多缴为负数）</td><td>32=24+25+26−27</td><td></td><td></td><td>24 918.59</td><td>24 918.59</td></tr>
<tr><td>其中：欠缴税额（≥0）</td><td>33=25+26−27</td><td></td><td>—</td><td></td><td>—</td></tr>
<tr><td>本期应补（退）税额</td><td>34 = 24−28−29</td><td></td><td>—</td><td>24 918.59</td><td>—</td></tr>
<tr><td>即征即退实际退税额</td><td>35</td><td>—</td><td>—</td><td></td><td></td></tr>
<tr><td>期初未缴查补税额</td><td>36</td><td></td><td></td><td>—</td><td>—</td></tr>
<tr><td>本期入库查补税额</td><td>37</td><td></td><td></td><td>—</td><td>—</td></tr>
<tr><td>期末未缴查补税额</td><td>38=16+22+36−37</td><td></td><td></td><td>—</td><td>—</td></tr>
<tr><td>授权声明</td><td colspan="2">如果你已授权委托代理人申报，请填写下列资料：
为代理一切税务事宜，现授权
（地址）　　　　为本纳税人的代理人，任何与本申报表有关的往来文件，都可寄予此人。
授权人签名：</td><td>申报人声明</td><td colspan="3">本纳税申报表是根据国家税收法律法规及相关规定填报的，我确定它是真实的、可靠的、完整的。
声明人签字：</td></tr>
</table>

可见，2016 年 4 月 30 日前签订有形动产融资性售后回租合同，且融资租赁企业选择继续按照有形动产融资租赁服务缴纳增值税的，在会计处理上与 2016 年 5 月 1 日后签订的有形动产融资性售后回租合同并无差别，但在纳税申报上确有很大的不同：适用税率不同，税额计算过程存在差别，因此各申报表所填列的具体数据也存在差别。

资产转让属于销售的会计处理

售后租回交易中，若资产的转让属于销售，则出租方在会计处理上应分解为购买租赁物和出租租赁物两个环节进行处理，根据其他适用的企业会计准则对资产购买进行会计处理，并根据新租赁准则对资产出租进行会计处理。

如果销售对价的公允价值与资产的公允价值不同，或者出租人未按市场价格收取租金，则企业应当将销售对价低于市场价格的款项作为预付租金进行会计处理，将高于市场价格的款项作为出租人向承租人提供的额外融资进行会计处理。同时，出租人按市场价格调整租金收入。

在进行上述调整时，企业应当基于以下两者中更易于确定的项目：

（1）销售对价的公允价值与资产公允价值之间的差额；

（2）租赁合同中付款额的现值与按租赁市价计算的付款额现值之间的差额。

案例 12-4

售后回租资产转让属于销售，出租方的会计处理

2020 年 1 月 1 日甲公司（卖方兼承租人）同乙公司（买方兼出租人）签订合同，以 10 000 000 元（不含税）的价格出售一层办公楼，该办公楼账面原值为 8 000 000 元，已经提取折旧 2 000 000 元，是甲公司 2016 年 5 月 1 日前自建而成；与此同时，甲公司每年末向乙公司支付 1 000 000 元（不含税），租回该层办公楼，取得 10 年的使用权，该层办公楼在销售当日的公允价值为 9 500 000 元。不考虑初始直接费用和税费（增值税除外），租赁期届满返还该层办公楼，预计该层办公楼还能使用 30 年，甲公司适用的折现率为 5%。

乙公司 2020 年售后回租业务的会计处理如下：

第一步，判断资产转让是否属于销售

从该租赁合同进行分析，租赁期满该层办公楼返还出租人，且租赁期限10年相对于剩余使用年限30年来说占比较小，出租人获得了对该层办公楼的控制，可判定该层办公楼的转让属于销售，且为经营租赁。

第二步，账务处理

（1）2020年1月1日购买租赁物时：

不含税购买价格为10 000 000元，购买时其公允价值为9 500 000元，因此高于公允价值的金额应作为出租人向承租人提供的额外融资，其金额为：10 000 000−9 500 000=500 000（万元）。

借：固定资产　　9 500 000

　　应交税费——应交增值税（进项税额）　　500 000

　　长期应收款　　500 000

　贷：银行存款　　10 500 000

（2）2020年1月至2021年12月，每月计提折旧额为：9 500 000÷360=26 388.89（元）。每月会计分录如下：

借：管理费用——折旧费　　26 388.89

　贷：累计折旧　　26 388.89

（3）2020年12月31日收取租金时：

出租人的不含税租赁收款额现值为1 000 000×（*P*/*A*，5%，10）=7 721 700（元），收款额的现值由两部分构成，一部分与租赁相关，另一部分则是与向承租方提供的额外融资相关。提供额外融资500 000元，租赁相关部分为7 721 700−500 000=7 221 700（元），每期收取不含税租金中与额外融资部分相关的金额为1 000 000×（500 000÷7 721 700）=64 752.58（元），与租金相关的金额为1 000 000−64 752.58=935 247.42（元）。

借：银行存款　　1 090 000

　贷：财务费用——利息收入　　25 000（500 000×5%）

　　租赁收入　　935 247.42

　　长期应收款　　39 752.58（64 752.58−25 000）

　　应交税费——应交增值税（销项税额）　　90 000

同时可做如下分录：

借：租赁收入　　935 247.42

　贷：主营业务收入　　935 247.42

承租方税会处理实务

租赁债务的确认

售后租回交易中的资产转让不属于销售的，承租人继续确认被转让资产，同时确认一项与转让收入等额的金融负债，并按照《企业会计准则第 22 号——金融工具确认和计量》对该金融负债进行会计处理，将从出租方收到的购买价款记入“长期应付款——应付融资租赁款”科目，对于发生的初始直接费用，有观点认为应将其计入固定资产价值计提折旧，笔者更倾向于以不含税初始直接费用冲减“长期应付款——应付融资租赁款”科目的金额。但一直以来在实务中，更多地是将初始直接费用直接计入当期损益。其会计处理为：

借：银行存款——×× 银行

贷：长期应付款——应付融资租赁款

银行存款——×× 银行（初始直接费用）

同时，

借：应交税费——应交增值税（进项税额）

贷：长期应付款——应付融资租赁款

利息支出的确认

融资性售后回租业务承租方在确认利息支出时区分 2016 年 5 月 1 日后签订的融资性售后回租合同及 2016 年 4 月 30 日前签订的有形动产融资性售后回租合同（选择继续按照有形动产融资租赁服务缴纳增值税的）来进行会计处理，其中前者由于贷款利息不允许抵扣进项税，故无须确认进项税，按期初长期应付款余额 × 实际利率确认每期利息支出，实际利率是使付款额现值 + 不含税初始直接费用 = 租赁物售价的折现率，“长期应收款——应收融资租赁款”科目金额通过倒挤得出。其会计处理为：

借：财务费用——利息支出

长期应付款——应付融资租赁款

贷：银行存款——×× 银行

后者按照所取得增值税发票上的增值税额借记“应交税费——应交增值税（进项税额）”科目，其金额为（全部价款 + 价外费用 - 本金）÷（1+13%）×13%，按期初长期应付款余额 × 实际利率确认每期利息支出，实际利率是使不含税付款额现值 + 不含税初始直接费用 = 租赁物售价的折现率，“长期应收款——应收融资租赁款”科目金额通过倒挤得出。其会计处理为：

借：财务费用——利息支出

　　长期应付款——应付融资租赁款

　　应交税费——应交增值税（进项税额）

　贷：银行存款——×× 银行

案例 12-5

售后回租“新合同”中承租方会计处理、增值税申报及企业所得税纳税调整

（沿用案例 12-1 的资料）2020 年 1 月 1 日，B 制造公司（一般纳税人）将自有设备以售后回租的方式出售给 A 融资租赁公司（一般纳税人），该租赁设备购买价款为 6 200 000 元（不含税），已计提折旧 3 720 000 元，剩余可使用年限 4 年，出售给融资租赁公司的价款为 2 480 000 元；A 公司通过银行存款支付以上款项，其中 1 000 000 元资金来自银行借款，借款年限为 3 年（2020 年 1 月 1 日开始），年利率为 5%，假设按年支付利息，到期一次还本，款项已支付。

双方签订融资租赁合同的主要条款如下：（1）租赁期为 3 年；（2）从 2020 年起每年 12 月 31 日收取租金（含税）1 010 400 元；（3）B 公司发生初始直接费用 6 000 元（假设这些费用都无法抵扣进项税）；（4）承租期满时，设备归 B 制造公司所有；（5）租赁期开始日为 2020 年 1 月 1 日。

租金结构见表 12-13。

表 12-13　租金结构表　　　　单位：元

期数	支付时间	租金收入	本期收回本金	本期收回利息
0	2020/1/1			
1	2020/12/31	1 010 400.00	743 800.00	266 600.00
2	2021/12/31	1 010 400.00	823 758.50	186 641.50
3	2022/12/31	1 010 400.00	912 441.50	97 958.50

第一步，判断资产转让是否属于销售

由于租赁期满该租赁设备归B制造公司所有，可判断该售后回租交易中的资产转让不属于销售。

第二步，账务处理

◆ 2020年度

先计算实际利率。实际利率是指在租赁开始日，使租赁物售价等于付款额现值与承租方不含税初始直接费用之和的折现率。

由1 010 400×（*P*/*A*，*R*，3）+6 000=2 480 000，计算得出*R*=10.89%。

（1）2020年1月1日出售生产设备时：

借：银行存款　　2 474 000

　贷：长期应付款——应付融资租赁款　　2 474 000

（2）2020年12月31日，支付租金时：

借：财务费用——利息支出　　269 418.6

　　长期应付款——应付融资租赁款　　740 981.4

　贷：银行存款——××银行　　1 010 400

利息支出确认表见表12-14。

表12-14　利息支出确认表　　单位：元

日期	含税租金	确认的利息支出	应付本金减少额	应付本金余额
①	②	③＝期初⑤×10.89%	④＝②－③	⑤＝期初⑤－④
2020.1.1				2 474 000
2020.12.31	1 010 400	269 418.60	740 981.40	1 733 018.60
2021.12.31	1 010 400	188 725.73	821 674.27	911 344.33
2022.12.31	1 010 400	99 055.67*	911 344.33*	0
合计	3 031 200	557 200	2 474 000	

*做尾数调整：99 055.67=1 010 400−911 344.33，911 344.33=911 344.33−0。

（3）2020年1—12月，计提折旧时：

承租方需按之前的折旧方法继续对该租赁物计提每期折旧，其原值为6 200 000元，截至2019年12月31日，该资产已累计折旧3 720 000元，承租方使用的折旧期限是10年，从2020年1月至2020年12月，每月计提折旧额为6 200 000÷120=51 666.67（元），每月会计分录如下：

借：制造费用——折旧费　　51 666.67

　贷：累计折旧　　51 666.67

（4）2020 年底计提本年度所得税时：

对融资性售后回租的资产，仍按承租人出售前原账面价值作为计税基础计提折旧。企业应当自固定资产投入使用月份的次月起计算折旧；停止使用的固定资产，应当自停止使用月份的次月起停止计算折旧。除国务院财政、税务主管部门另有规定外，飞机、火车、轮船、机器、机械和其他生产设备，计算折旧的最低年限为 10 年。租赁期间，承租人支付的属于融资利息的部分，作为企业财务费用在税前扣除。

由于生产设备折旧年限符合税法规定，在折旧上未产生税会差异，税会差异体现在每年利息支出的确认及初始直接费用上。

2020 年税务利润为：−620 000−266 600−6 000=−892 600（元），而 2020 年会计核算利润为：−620 000−269 418.60=−889 418.60（元）。假设预计未来五年无法弥补亏损，则 2020 年 12 月 31 日无须做会计分录。

◆ 2021 年度

（1）2021 年 12 月 31 日，支付租金时：

借：财务费用——利息支出　　188 725.73

　　长期应付款——应付融资租赁款　　821 674.27

　贷：银行存款——×× 银行　　1 010 400

（2）2021 年 1—12 月，计提折旧时：

从 2021 年 1 月至 2021 年 12 月，每月计提折旧额为：6 200 000÷120=51 666.67（元），每月会计分录如下：

借：制造费用——折旧费　　51 666.67

　贷：累计折旧　　51 666.67

（3）2021 年底计提本年度所得税时：

由于生产设备折旧年限符合税法规定，在折旧上未产生税会差异，税会差异体现在每年利息支出的确认上。

2021 年税务利润为：−620 000−186 641.50=−806 641.50（元），而 2021 年会计核算利润为：−620 000−188 725.73=−808 725.73（元）。假设预计未来五年无法弥补亏损，则 2021 年 12 月 31 日无须做会计分录。

◆ 2022 年度

（1）2022 年 12 月 31 日，支付租金时：

借：财务费用——利息支出　　99 055.67

长期应付款—应付融资租赁款　　911 344.33

贷：银行存款——×× 银行　　1 010 400

（2）2022 年 1—12 月，计提折旧时：

从 2022 年 1 月至 2022 年 12 月，每月计提折旧额为：6 200 000÷120=51 666.67（元）。每月会计分录如下：

借：制造费用——折旧费　　51 666.67

贷：累计折旧　　51 666.67

（3）2022 年底计提本年度所得税时：

由于生产设备折旧年限符合税法规定，在折旧上未产生税会差异，税会差异体现在每年利息支出的确认上。

2022 年税务利润为：−620 000−97 958.50=−717 958.50（元），而 2022 年会计核算利润为：−620 000−99 055.67=−719 055.67（元）。假设预计未来五年无法弥补亏损，则 2022 年 12 月 31 日无须做会计分录。

第三步，进行税务处理（以 2020 年 12 月为例）

B 公司在 2020 年 12 月支付租金时，因取得的进项税额无法抵扣，所以在纳税申报时只需进行增值税 0 申报即可。

资产转让属于销售的会计处理

承租人应当按原资产账面价值中与租回获得的使用权有关的部分，计量售后租回所形成的使用权资产，并仅就转让至出租人的权利确认相关利得或损失。

如果销售对价的公允价值与资产的公允价值不同，或者出租人未按市场价格收取租金，则企业应当将销售对价低于市场价格的款项作为预付租金进行会计处理，将高于市场价格的款项作为出租人向承租人提供的额外融资进行会计处理。同时，承租人按照公允价值调整相关销售利得或损失。

在进行上述调整时，企业应当基于以下两者中更易于确定的项目：

（1）销售对价的公允价值与资产公允价值之间的差额；

（2）租赁合同中付款额的现值与按租赁市价计算的付款额现值之间的差额。

案例 12-6

售后回租资产转让属于销售，承租方的会计处理

2020 年 1 月 1 日甲公司（卖方兼承租人）同乙公司（买方兼出租人）签订合同，以 10 000 000 元（不含税）的价格出售一层办公楼，该办公楼账面原值为 8 000 000 元，已经提取折旧 2 000 000 元，是甲公司 2016 年 5 月 1 日前自建而成；与此同时，甲公司每年末向乙公司支付 1 000 000 元（不含税），租回该层办公楼，取得 10 年的使用权，该层办公楼在销售当日的公允价值为 9 500 000 元。不考虑初始直接费用和税费（增值税除外），租赁期届满返还该层办公楼，预计该层办公楼还能使用 30 年，乙公司适用的折现率为 5%。

甲公司 2020 年售后回租业务的会计处理如下：

第一步，判断资产转让是否属于销售

从该租赁合同分析，租赁期满该层办公楼返还出租人，且租赁期限 10 年相对于剩余使用年限 30 年来说占比较小，出租人获得了对该层办公楼的控制，可判定该层办公楼的转让属于销售，且为经营租赁。

第二步，账务处理

（1）2020 年 1 月 1 日租赁期开始日：

不含税销售价格为 10 000 000 元，出售时其公允价值为 9 500 000 元，因此高于公允价值的金额应作为出租人向承租人提供的额外融资，其金额为：10 000 000−9 500 000=500 000（万元）。对这部分额外融资的会计处理为：

借：银行存款　　525 000

　贷：长期应付款　　500 000

　　　应交税费——应交增值税（简易计税）　　25 000（500 000×5%）

承租人的不含税租赁付款额现值为：1 000 000×（*P*/*A*，5%，10）=7 721 700 元。付款额的现值由两部分构成，一部分与租赁相关，另一部分则是与承租方取得的额外融资相关。取得额外融资 500 000 元，租赁相关部分为：7 721 700−500 000=7 221 700（元），每期不含税支付租金中与额外融资部分相关的金额为：1 000 000×（500 000÷7 721 700）=64 752.58（元），与租金相关的金额为：1 000 000−64 752.58=935 247.42（元）。

在租赁期开始日，承租人承租该层办公楼通过支付租金形成了使用权资产，这部分是承租人出售后又租回的，因此承租人出售该层办公楼所形成的收益要扣除该部分，因为该部分收益已通过支付租金返还。

承租人按照公允价值调整相关销售利得。全部利得为：9 500 000−（8 000 000−2 000 000）=3 500 000（元），其中与取得使用权相关的利得为：3 500 000×（7 221 700÷9 500 000）=2 660 626.32（元），与资产转让相关的利得为：3 500 000−2 660 626.32=839 373.68（元）。

新租赁准则规定应当按原资产账面价值中与租回获得的使用权有关的部分确认“使用权资产”，因为该部分“使用权资产”未形成损益，所以仍以出售资产的账面价值为基础确认，其金额为：（8 000 000−2 000 000）×（7 221 700÷9 500 000）=4 561 073.68（元）。该金额也可以通过倒挤得出。

借：银行存款　9 975 000
　　使用权资产　4 561 073.68
　　累计折旧　2 000 000
　　长期应收款——融资租赁进项税额　841 722.68
　　租赁负债——未确认融资费用　2 130 774.20
　贷：租赁负债——租赁付款额　10 194 196.88
　　　固定资产　8 000 000
　　　应交税费——应交增值税（简易计税）　475 000
　　　资产处置损益　839 373.68

其中租赁付款额金额为：935 247.42×10×（1+9%）=10 194 196.88（元）。

租赁付款额对应进项税为：935 247.42×10×9%=841 722.68（元）。

（2）2020 年 1 月至 2020 年 12 月，每月计提折旧额为：4 561 073.68÷120=38 008.95（元）。每月会计分录如下：

借：管理费用——折旧费　38 008.95
　贷：累计折旧　38 008.95

（3）2020 年 12 月 31 日支付租金时：

借：财务费用　386 085（500 000×5%+7 221 700×5%）
　　长期应付款　39 752.58（64 752.58−500 000×5%）
　　租赁负债——租赁付款额　1 019 419.69
　　应交税费——应交增值税（进项税额）　90 000

贷：租赁负债——未确认融资费用　　361 085（7 221 700×5%）

　　银行存款　　1 090 000

　　长期应收款——融资租赁进项税额　　84 172.27

其中，冲回租赁付款额为：935 247.42×（1+9%）=1 019 419.69（元）。

对应进项税额为：935 247.42×9%=84 172.27（元）。

Finance Lease

Tax and Accounting Practice & Cases

13

融资租赁的涉税经营风险及筹划建议

融资性售后回租业务面临挑战

全面营改增后，融资性售后回租业务被归类为金融服务中的贷款服务，融资租赁公司提供融资性售后回租业务所产生的利息收入不允许下游企业抵扣进项税，这使下游企业的融资成本大幅上升，选择以融资性售后回租的形式购买设备或不动产与银行贷款购买相比的优势不再。在承租人有能力从银行取得贷款的情况下，银行贷款的成本一般会低于融资性售后回租的成本。下面我们通过一个例子来说明这一问题。

A企业将1 130万元（含税）购入的自有生产设备，以1 000万元的价格出售给B融资租赁公司，再由B融资租赁公司回租给A企业。合同约定，租赁期满，该设备归A企业所有，B融资租赁公司收取的全部价款和价外费用为1 200万元，假设银行贷款利息为200万元。

若A企业从银行贷款自行购买价值1 130万元的生产设备，可以抵扣自行购入生产设备的进项税130万元，另外需支付200万元的融资成本，1 000万元的设备可以按税法的规定计提折旧在税前扣除。

若A企业通过融资性售后回租的方式购入该生产设备，同样可以抵扣购入生产设备的进项税130万元，但为取得1 000万元资金付出的200万元利息无法抵扣进项税，产生融资成本200万元，设备以出售给B公司以前的账面价值1 000万元在以后各期分期计提折旧。

由此可见，两种方式在税收成本和经营成本上均无差别，但实际业务中由于融资租赁公司也需要通过各渠道融资，因此融资租赁的利率一般要高于银行贷款利率，才能保证利润空间，在这种情况下，银行贷款方式将更受资金需求者的欢迎。可以说，营改增后这一重大改变给融资租赁企业售后回租业务的开展带来了很大的冲击和挑战。

此外，对融资租赁企业自身来说，开展直租业务和融资性售后回租业务的税负也存在很大的差别。下面我们暂不考虑加计抵减及留抵退税政策，以有形动产为例说明这一问题。

融资租赁合同基本参数见表 13-1。

表 13-1　融资租赁合同基本参数

租金合计	￥57 172 203.12
支付方式	12 期季后付
每期租金	￥4 764 350.26
设备购买价款	￥50 000 000.00

直租业务的缴税情况见表 13-2。

表 13-2　直租业务模式下每期缴税情况　　单位：元

期数	进项税额	租金收入	销项税额	应纳税额	即征即退税额	实际税额
0	5 752 212.39	0.00	0.00	0.00	0.00	0.00
1	5 204 101.30	4 764 350.26	548 111.09	0.00	0.00	0.00
2	4 655 990.21	4 764 350.26	548 111.09	0.00	0.00	0.00
3	4 107 879.11	4 764 350.26	548 111.09	0.00	0.00	0.00
4	3 559 768.02	4 764 350.26	548 111.09	0.00	0.00	0.00
5	3 011 656.93	4 764 350.26	548 111.09	0.00	0.00	0.00
6	2 463 545.84	4 764 350.26	548 111.09	0.00	0.00	0.00
7	1 915 434.75	4 764 350.26	548 111.09	0.00	0.00	0.00
8	1 367 323.65	4 764 350.26	548 111.09	0.00	0.00	0.00
9	819 212.56	4 764 350.26	548 111.09	0.00	0.00	0.00
10	271 101.47	4 764 350.26	548 111.09	0.00	0.00	0.00
11	0.00	4 764 350.26	548 111.09	277 009.62	150 522.44	126 487.18
12	0.00	4 764 350.26	548 111.09	548 111.09	421 623.91	126 487.18
合计				825 120.71	572 146.36	252 974.35

融资性售后回租业务每期本金与利息的情况见表 13-3。

表 13-3 融资性售后回租业务模式下每期租金构成 单位：元

期数	剩余租赁本金	租金收入	本期收回本金	本期收回利息
0	50 000 000.00			
1	46 298 149.74	4 764 350.26	3 701 850.26	1 062 500.00
2	42 517 635.16	4 764 350.26	3 780 514.58	983 835.68
3	38 656 784.65	4 764 350.26	3 860 850.51	903 499.75
4	34 713 891.06	4 764 350.26	3 942 893.59	821 456.67
5	30 687 210.99	4 764 350.26	4 026 680.07	737 670.19
6	26 574 963.96	4 764 350.26	4 112 247.03	652 103.23
7	22 375 331.69	4 764 350.26	4 199 632.28	564 717.98
8	18 086 457.22	4 764 350.26	4 288 874.46	475 475.80
9	13 706 444.18	4 764 350.26	4 380 013.04	384 337.22
10	9 233 355.86	4 764 350.26	4 473 088.32	291 261.94
11	4 665 214.41	4 764 350.26	4 568 141.45	196 208.81
12	—	4 764 350.26	4 665 214.45	99 135.81
合计		57 172 203.12	50 000 000.04	7 172 203.08

按照每期租金的构成情况，每期缴纳增值税的情况如表 13-4 所示：

表 13-4 融资性售后回租业务模式下每期缴税情况（新合同） 单位：元

期数	进项税额	租金收入	销项税额	应纳税额	即征即退金额	实际税额
0	0.00	0.00	0.00	0.00	0.00	0.00
1	0.00	4 764 350.26	60 141.51	60 141.51	30 070.76	30 070.75
2	0.00	4 764 350.26	55 688.81	55 688.81	27 844.40	27 844.41
3	0.00	4 764 350.26	51 141.50	51 141.50	25 570.75	25 570.75
4	0.00	4 764 350.26	46 497.55	46 497.55	23 248.78	23 248.77
5	0.00	4 764 350.26	41 754.92	41 754.92	20 877.46	20 877.46
6	0.00	4 764 350.26	36 911.50	36 911.50	18 455.75	18 455.75

续表

期数	进项税额	租金收入	销项税额	应纳税额	即征即退金额	实际税额
7	0.00	4 764 350.26	31 965.17	31 965.17	15 982.59	15 982.58
8	0.00	4 764 350.26	26 913.72	26 913.72	13 456.86	13 456.86
9	0.00	4 764 350.26	21 754.94	21 754.94	10 877.47	10 877.47
10	0.00	4 764 350.26	16 486.52	16 486.52	8 243.26	8 243.26
11	0.00	4 764 350.26	11 106.16	11 106.16	5 553.08	5 553.08
12	0.00	4 764 350.26	5 611.46	5 611.46	2 805.73	2 805.73
合计				405 973.76	202 986.88	202 986.88

对比两种方式可以看出，由于直租业务的税率较高，其在合同期内所缴纳的增值税总额超过了融资性售后回租业务的增值税金额。此外，二者税负产生的方式完全不同，直租业务前期有大量留抵，税金主要集中在后期，若合同利率未达到一定数额一般无法享受即征即退政策，而售后回租业务每期都有增值税产生，没有直租业务延迟纳税的作用，但由于计算即征即退税额时实际税负的分母不含本金，其相较于直租业务更容易享受即征即退政策。而对于 2016 年 4 月 30 日以前的有形动产售后回租合同，若继续选择按有形动产融资租赁缴纳增值税，其税负将高于直租业务。从表 13-5 可以看出，实际缴税金额将达到 825 120.70 元。

此外，经测算，不动产直租业务在任何情况下税负都将高于不动产融资性售后回租业务。

表 13-5　融资性售后回租业务模式下每期缴税情况（老合同）　　单位：元

期数	进项税额	租金收入	销项税额	应纳税额	即征即退金额	实际税额
0	0.00	0.00	0.00	0.00	0.00	0.00
1	0.00	4 764 350.26	122 234.51	122 234.51	0.00	122 234.51
2	0.00	4 764 350.26	113 184.63	113 184.63	0.00	113 184.63
3	0.00	4 764 350.26	103 942.45	103 942.45	0.00	103 942.45
4	0.00	4 764 350.26	94 503.86	94 503.86	0.00	94 503.86
5	0.00	4 764 350.26	84 864.71	84 864.71	0.00	84 864.71
6	0.00	4 764 350.26	75 020.72	75 020.72	0.00	75 020.72

续表

期数	进项税额	租金收入	销项税额	应纳税额	即征即退金额	实际税额
7	0.00	4 764 350.26	64 967.56	64 967.56	0.00	64 967.56
8	0.00	4 764 350.26	54 700.76	54 700.76	0.00	54 700.76
9	0.00	4 764 350.26	44 215.79	44 215.79	0.00	44 215.79
10	0.00	4 764 350.26	33 508.01	33 508.01	0.00	33 508.01
11	0.00	4 764 350.26	22 572.69	22 572.69	0.00	22 572.69
12	0.00	4 764 350.26	11 405.01	11 405.01	0.00	11 405.01
合计				825 120.70	0.00	825 120.70

营改增后融资租赁的实际税负有升有降

营改增的一个重要目标就是消除重复征税，从而实现结构性减税，李克强总理多次公开表示要确保营改增后所有行业税负只降不升，但实际上并不能保证所有项目、所有企业的税负不上升。即使经过几次降低税率，总体来看，融资租赁行业的税负仍是有升有降。

营改增之前，融资租赁业务缴纳营业税实行差额纳税，以其向承租者收取的全部价款和价外费用（包括残值）减去出租方承担的出租货物的实际成本后的余额为营业额，即仅就融资租赁服务增值的部分纳税，税率为 5%。而营改增之后，有形动产的融资租赁业务目前依照 13% 的税率、不动产融资租赁业务按 9% 的税率，融资性售后回租业务依照 6% 的税率按销项税额与进项税额的差额缴纳增值税，税率都出现了不同程度的上升。

对于有形动产融资租赁合同，不考虑加计抵减、留抵退税及实际税负超过 3% 即征即退的政策，则按当前税率营改增后税额将攀升 2.3 倍，在即征即退政策下，经测算，如果本金及银行贷款利息金额超过全部价款及价外费用的 40%，则税负与营业税时期相比将会有所下降。

不考虑融资成本，我们来看一下不同利率（租赁利息 / 租金）水平的有形动产直租合同的税负（实际缴税金额 / 租金）变化（见图 13-1）。

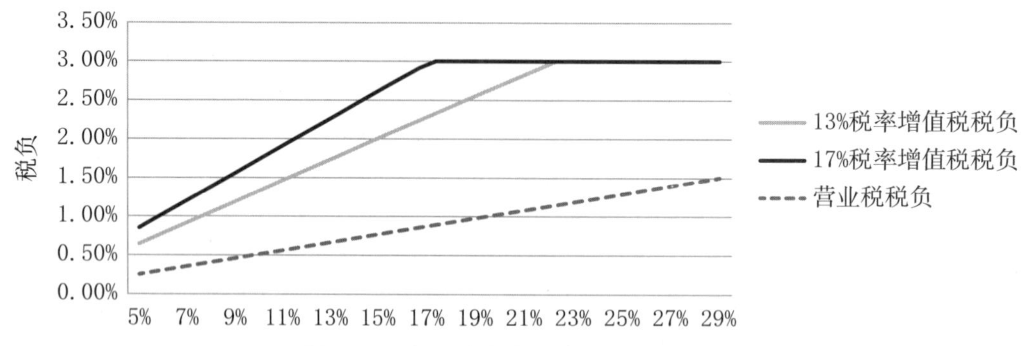

图 13-1　有形动产直租业务税负测算图

对于融资性售后回租合同，不考虑留抵退税政策，按当前税率测算，营改增后有形动产税额将下降 1.77 倍，不动产税额将攀升 1.13 倍。下面我们仍以上一节中的有形动产融资性售后回租合同的数据为例来看一下实际税负的上升幅度。

该融资性售后回租合同在营改增以前，需要缴纳的营业税金额为：（57 172 203.12−50 000 000）×5%=358 610.16（元），按照缴纳的营业税与收取全部价款和价外费用的比例来算，实际税负为：358 610.16÷57 172 203.12=0.63%，接下来，我们来看一下营改增以后，基于该合同，融资租赁公司各期的增值税缴税情况（见表 13-6）。

表 13-6　营改增后融资性售后回租合同每期缴税情况　　单位：元

期数	进项税额	租金收入	销项税额	应纳税额	即征即退金额	实际税额
0	0.00	0.00	0.00	0.00	0.00	0.00
1	0.00	4 764 350.26	60 141.51	60 141.51	30 070.76	30 070.75
2	0.00	4 764 350.26	55 688.81	55 688.81	27 844.40	27 844.41
3	0.00	4 764 350.26	51 141.50	51 141.50	25 570.75	25 570.75
4	0.00	4 764 350.26	46 497.55	46 497.55	23 248.78	23 248.77
5	0.00	4 764 350.26	41 754.92	41 754.92	20 877.46	20 877.46
6	0.00	4 764 350.26	36 911.50	36 911.50	18 455.75	18 455.75
7	0.00	4 764 350.26	31 965.17	31 965.17	15 982.59	15 982.58
8	0.00	4 764 350.26	26 913.72	26 913.72	13 456.86	13 456.86
9	0.00	4 764 350.26	21 754.94	21 754.94	10 877.47	10 877.47
10	0.00	4 764 350.26	16 486.52	16 486.52	8 243.26	8 243.26
11	0.00	4 764 350.26	11 106.16	11 106.16	5 553.08	5 553.08
12	0.00	4 764 350.26	5 611.46	5 611.46	2 805.73	2 805.73
合计				405 973.76	202 986.88	202 986.88

从以上数据可以看出，营改增以后，该融资租赁公司需要缴纳的增值税金额为202 986.88元，按照缴纳的增值税与收取全部价款和价外费用的比例来算，实际税负为：202 986.88÷57 172 203.12=0.36%，相差税额为：358 610.16-202 986.88=155 623.28（元）。

对于以不动产作为标的物的融资租赁合同（直租），由于税率从5%攀升至9%，加上无即征即退政策，营改增后9%税率下税额将攀升1.65倍。不动产直租业务税负测算图见图13-2。

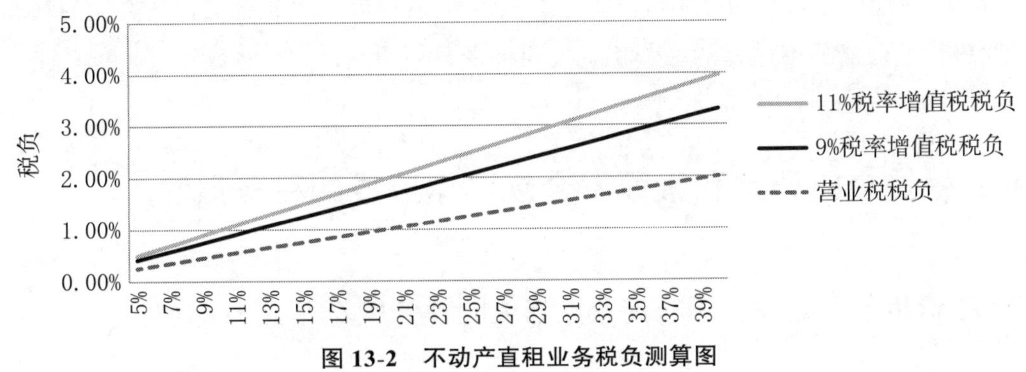

图13-2 不动产直租业务税负测算图

除此之外，对于特殊的租赁标的物的直租业务，如以3%税率减按2%征税的二手设备，其进项税额或无法抵扣，存在严重的高销低抵情况，会使开展这类融资租赁业务的税负大幅上升。

实际税负超过3%的部分即征即退优惠政策难以实现

《营业税改征增值税试点过渡政策的规定》（财税〔2016〕36号文件附件3）第二条第二款规定："经中国人民银行、银监会或者商务部批准从事融资租赁业务的试点纳税人中的一般纳税人，提供有形动产融资租赁服务和有形动产融资性售后回租服务，对其增值税实际税负超过3%的部分实行增值税即征即退政策。

理论上说，该项税收优惠政策可以通过即征即退的方式减轻纳税人的实际税负，但是在实际操作过程中，纳税人能否完全实现实际税负超过3%的部分即征即退却难以保证。原因在于：第一，该项政策还有一个实收资本的限制，除银行系融资租赁公司以外的融资租赁公司，实收资本需在规定的期限内达到1.7亿元才能享受即征即退的优惠政策，现实中有很多融资租赁公司是不能满足这一要求的，因而也就无法真正享受这一优惠政策。第二，该优惠政策仅针对有形动产融资租赁服务和有形动产融资性售后回租服务，并不包括不动产融资租赁及融资性售后回租服务，以不动产为标的物开展的融资租赁业务也无法享受该优惠政策。第三，对于有形动产直租业务，该优惠政策所说的实际税负，是指纳税人当期提供应税服务实际缴纳的增值税额占纳税人当期提供应税服务取得的全部价款和价外费用的比例，分母基数较大，特别是在税率降低、出台加计抵减政策后，计算出来的实际税负想难超过 3% 更加困难，导致企业无法真正享受该优惠政策，除非融资租赁企业的利润空间极大，但实务中这样的融资租赁公司极少。

融资租赁企业开具和索取不合规票据形成的税务风险

融资租赁企业开具不合规票据形成的税务风险

2016 年全面营改增后，开具增值税发票的防伪税控系统也进行了相应功能的升级，为适应差额征税政策，新增加了差额征税的模块，但若不能正确地使用该功能，则会对下游企业的进项税额产生很大的侵蚀。

只要不是在文件中注明“不得开具增值税专用发票”的差额征税事项，均可以开具全额增值税专用发票而不使用该开票模块。以有形动产直租业务为例，假设 A 融资租赁公司出租设备，某期收取全部价款和价外费用 100 万元，支付借款利息 7 万元。若使用差额征税模块开具增值税专用发票，所开具发票的销项税额为：（100−7）÷（1+13%）×13%=10.70（万元），也就是下游企业可抵扣进项税 10.70 万元，若全额开具，则下游企业可抵扣的进项税额为：100÷（1+13%）×13%=11.50（万元），存在很大的差别。另外，那些注明“不得开具增值税专用发票”的项目（具体参见第 9 章），则必须用此模块开具增值税发票，若全额开具，就违反了税法的规定，存在巨大的税务风险。

融资租赁企业索取不合规票据形成的税务风险

试点纳税人在从全部价款和价外费用中扣除利息、本金等价款时，应当取得符合法律、行政法规和国家税务总局规定的有效凭证，否则不得扣除。对于2016年4月30日前签订的有形动产融资性售后回租合同，若融资租赁企业选择继续按照有形动产融资租赁服务缴纳增值税，则需要在全部价款和价外费用中扣除本金，本金部分仍需取得合法有效扣除凭证，此时需取得对方开具的0税率增值税普通发票，若无法取得该合法有效凭证，则会产生税负升高的风险。

此外，若直租业务租赁物为二手设备，融资租赁企业在采购二手设备时取得的是以3%税率减按2%征税的增值税普通发票，不能作为进项税额抵扣，开展融资租赁业务时收取的所有租金都需要按照13%的税率计算缴纳增值税，企业增值税税负明显增加。有的企业为解决这一问题，在收取租金时，本金部分开具以3%税率减按2%征税的普通发票，利息部分开具13%的增值税专用发票，仅就利息部分正常申报缴纳增值税。这样的处理明显违反现行营改增相关文件的规定，也不符合《中华人民共和国发票管理办法》的要求，存在较大的税务风险，建议企业尽量与销售方商量让对方放弃减按2%税率缴纳增值税，这样可抵扣3%税率的进项税。

营改增后中央与地方税收分成的影响

营改增以前，房地产、建安、金融相关税收在地方财政中占了较大比重，是地方财政的支柱。在2011年营改增以前，仅房地产和建安税收就占了地方营业税收入的一半以上，前几轮营改增已将部分营业税收入从地方分走，2016年全面营改增后，除由地方代收的二手房交易及不动产出租增值税外，占地方税收收入1/3以上的全部营业税收入均不复存在，给地方财政带来了很大的挑战。

营改增以前，按财政体制的设计，对增值税实行中央和地方按75%∶25%的比例分享，营改增后，为保障地方既有财力，不影响地方财政平稳运行，暂时把增值税收入在中央与地方间按五五分成，但若过渡期过去后恢复按75%∶25%的比例分成，地方的财政压力变大，各地的税收返还政策还会延续吗？可以肯定的是，政策扶持和返还的力度将受到很大的影响，对目前享受这些政策红利的企业来说，也将间接带来税收成本的升高。

地方的很多政府支出都是刚性的，为保障地方财政利益，五五分成过渡期结束后，还需找到一个更加稳定可行的方法来解决这一问题。

经营租赁与直租业务的弊端

直租业务虽能给融资租赁公司带来延迟纳税的好处，但也同样会出现后期的增值税税负畸高的问题，特别是对于无法享受即征即退优惠政策的不动产融资租赁业务来说，后期的税负将更高。另外，直租业务一般需要一次性支付购买指定设备的价款，与可以分期支付租赁物件购买价款，并可均匀支付每期增值税的融资性售后回租业务相比，直租业务在业务初期及后期都会给企业的现金流带来很大的考验。

融资租赁公司除开展融资租赁业务外，也会开展部分传统的经营租赁业务，但目前经营租赁业务越来越多地被融资租赁所取代。因为对出租人来说，经营租赁业务的主要特点是：购买租赁物时需大量占用企业资金，并且后期资金的回收相比融资租赁来说要慢很多，依靠租金收入解决现金流的饥渴难度很大。除此之外，与融资租赁相比，其无法间接抵扣借款利息的进项税额，也无法享受增值税实际税负超过 3% 即征即退的优惠政策，在其他条件相同的情况下，比融资租赁业务的税收成本要高，出租人还要承担租赁物维修、保养的责任，对开展此业务的融资租赁公司来说，其在盈利性及现金流上与开展融资租赁业务相比均无明显优势。所以，目前很多融资租赁公司都减少了经营租赁业务的数量。

融资租赁涉税筹划建议

合同签订前的项目测算

融资租赁企业的一个重要特点就是多个项目滚动进行，这样的好处就是可以充分利用直租业务前期的大量留抵来弥补回租项目的销项税额，因此企业在签订融资租赁合同时需对整体项目的情况有很好的把握，合理安排购进租赁物以及收取租金的日期，充分利用直租业务递延纳税的优势将纳税期无限延后，但要避免存在多个直租合同在相近的时点同时到期，以免在特定时点使增值税的缴纳全面爆发，对企业现金流产生极大的影响。

此外，在签订每个融资租赁合同时，也要对单个项目进行测算，不同的标的物，不同的融资租赁模式，不同的利率，甚至不同的租金支付方式都会对最终增值税的缴纳产生影响，在满足经营需求的情况下，应选择税收成本最低的合同签订方式。

例如，对于单个有形动产直租合同，不考虑加计抵减和留抵退税，当（租赁利息－贷款利息）÷ 租金 ×100% ≥ 23.08% 时，该租赁利息比例的升高不会再影响税负的升高，而当租赁利息 ÷ 租金 ×100% ＜ 23.08% 时，增值税税负会随着这一比例的升高而升高。

企业的经营受到多方面因素的影响，不会仅以税负高低作为全部的考虑，也不应该仅以增值税税负的高低作为衡量税收成本的唯一指标，我们无法从税出发任意选择自己的业务，但当某项新业务预计要开展时，我们可在该项目各条款的可商议范围内从税务角度出发做出最有利的选择。

利用直租业务进行集团内筹划

在本次营改增中，贷款利息无法抵扣让所有人大失所望，增值税的抵扣链条并没有完全打通，融资租赁业务的优势显现出来。融资租赁企业不仅可以通过差额扣除贷款利息的方式间接实现贷款利息的进项税抵扣，还给其他企业带来了贷款利息抵扣的可能，直租业务以全部价款和价外费用向下游企业开具增值税发票，对下游企业来说该全部价款和价外费用中已经包含了贷款的利息，也就是用融资租赁代替贷款，可以获得贷款利息的进项税抵扣，这给融资租赁行业的直租业务带来了巨大的机遇。

企业更是可以利用这一优势进行集团内部的筹划。比如某企业需要融资购买设备，但银行贷款不能抵扣进项税，贷款的成本过高，企业可以成立自己的融资租赁公司，由融资租赁公司到银行贷款，然后购进设备，以融资租赁（直租）的方式提供给该企业使用，这样一来，成立的融资租赁公司可以通过差额扣除的方式间接抵扣银行贷款的进项税，前期存在大量留抵，期末税负攀升时，若加计抵减政策仍有效，则可按进项税额 10% 抵减一部分税额，加计抵减政策失效后，还可通过税负超过 3% 即征即退的政策退还增值税，而该企业可得到融资租赁本金加利息部分 13% 的进项税额抵扣，为企业带来了较好的节税收益。

各税收优惠政策的综合选择

2021 年 12 月 31 日前，若融资租赁公司开展经营租赁、融资租赁中的直租及咨询服务等生活服务取得的销售额占全部销售额的比重超过 50%，则可享受按照当期可抵扣进项税额加计 10% 抵减应纳税额。2019 年 4 月起，符合特定条件的融资租赁公司可享受增值税留抵退税，但留抵退税政策与即征即退政策不可同时享受。

若企业可预见几乎无法在多项目叠加滚动情况下实现即征即退，则企业应充分利用留抵退税政策，特别是直租业务较多，形成的留抵金额较大的企业，可通过留抵退税为企业节省部分税收成本，当然，这也可能会使后期的税额出现大幅的攀升，企业需要综合考虑未来税额的攀升与前期留抵退税的节税，做出相对更优的选择。

若临近 2021 年 12 月 31 日时符合留抵退税条件，但预计退税后即将产生应纳税额，则应优先享受加计抵减政策，甚至暂时放弃留抵退税。

若企业预计可享受即征即退，则需提前测算加计抵减政策的享受是否会影响即征即退条件的达成，但若加计抵减可为企业带来的节税效果超过了即征即退为企业带来的收益（同时要考虑即征即退与留抵退税不可同时适用的损失），则应优先适用加计抵减政策。

案例 13-1

各税收优惠政策的综合选择

问题：某融资租赁公司 2021 年同时有两个项目（见表 13-7），3 月有加计抵减余额 575 221.24 元，2021 年 3 月符合留抵退税条件，进项构成比例为 90%。该如何选择适用税收政策？

分析：

表 13-7 融资租赁项目纳税计算表 单位：元

日期	售后回租				直租业务		
	进项税额	租金收入	本金	销项税额	期初留抵税额	租金收入	销项税额
2021.3	0.00	4 764 350.26	3 701 850.26	60 141.51	1 367 323.650	4 764 350.26	548 111.09
2021.6	0.00	4 764 350.26	3 780 514.58	55 688.81		4 764 350.26	548 111.09
2021.9	0.00	4 764 350.26	3 860 850.51	51 141.50		4 764 350.26	548 111.09
2021.12	0.00	4 764 350.26	3 942 893.59	46 497.55	0.00	4 764 350.26	548 111.09

各种政策选择的税额见表 13-8。

表 13-8 税额测算表

单位：元

加计抵减＋即征即退			留抵退税＋加计抵减		即征即退		
应纳税额	即征即退金额	实际税额	退税额	纳税额	应纳税额	即征即退金额	实际税额
−759 071.05	0.00	0.00	−409 898.37	−349 172.68	−759 071.05		
−155 271.15	0.00	0.00		0.00	−155 271.15		
0.00	0.00	0.00		278 658.57	443 981.44	291 923.52	152 057.92
463 368.84	313 632.89	149 735.95		594 608.64	594 608.64	444 872.69	149 735.95
实际税额合计	149 735.95		463 368.84		301 793.87		

可见，适用加计抵减及即征即退政策的税收成本最低。

直租模式与回租模式的转换

为解决直租业务对资金流的占用及后期税负攀升的问题，在融资租赁公司本身存在大量留抵税金的情况下，可在回租的模式下执行直租业务，实现直租模式与回租模式的转换，可采用以下两种方法：

（1）假设 A 公司需要通过 B 融资租赁公司购买指定的生产设备或不动产，在直租模式下需要 B 融资租赁公司向指定第三方购买该租赁物件，并租赁给 A 公司使用，B 融资租赁公司可同 A 公司商议以 A 公司现有设备开展融资性售后回租业务，并自行以收到的购买价款购买所需设备或不动产，这样可以很好地避免增值税支付的不均衡。

（2）B 融资租赁公司与 A 公司商议，由 A 公司与指定第三方签订生产设备或不动产的买卖合同，并同时以该设备或不动产为标的物与 B 融资租赁公司签订售后回租合同，待 B 融资租赁公司将租赁标的物的购买价款支付给 A 公司时，A 公司再向第三方支付购买价款。

对于 A 公司因此而少抵扣的利息部分的进项税，B 融资租赁公司可通过适当降低利率的方式予以补偿。

Finance Lease

Tax and Accounting Practice & Cases

附录

融资租赁相关政策法规清单

1. 财政部 国家税务总局关于全面推开营业税改征增值税试点的通知（财税〔2016〕36 号）

2. 国家税务总局关于营业税改征增值税试点期间有关增值税问题的公告（国家税务总局公告 2015 年第 90 号）

3. 国家税务总局关于融资租赁业务征收流转税问题的通知（国税函〔2000〕514 号）

4. 财政部 海关总署 国家税务总局关于租赁企业进口飞机有关税收政策的通知（财关税〔2014〕16 号）

5. 财政部 海关总署 国家税务总局关于在全国开展融资租赁货物出口退税政策试点的通知（财税〔2014〕62 号）

6. 国家税务总局关于融资性售后回租业务中承租方出售资产行为有关税收问题的公告（国家税务总局公告 2010 年第 13 号）

7. 财政部 国家税务总局关于融资租赁合同有关印花税政策的通知（财税〔2015〕144 号）

8. 财政部 国家税务总局关于房产税城镇土地使用税有关问题的通知（财税〔2009〕128 号）

9. 财政部 国家税务总局关于企业以售后回租方式进行融资等有关契税政策的通知（财税〔2012〕82 号）

10. 财政部 国家税务总局关于营改增后契税 房产税 土地增值税 个人所得税计税依据问题的通知（财税〔2016〕43 号）

11. 财政部 国家税务总局关于明确金融 房地产开发 教育辅助服务等增值税政策的通知（财税〔2016〕140 号）

12. 财政部 税务总局关于租入固定资产进项税额抵扣等增值税政策的通知（财税〔2017〕90 号）

13. 国家税务总局关于深化增值税改革有关事项的公告（国家税务总局公告 2019 年第 14 号）

14. 国家税务总局关于取消增值税扣税凭证认证确认期限等增值税征管问题的公告（国家税务总局公告 2019 年第 45 号）

15. 国家税务总局关于扩大小规模纳税人自行开具增值税专用发票试点范围等事项的公告（国家税务总局公告 2019 年第 8 号）

16. 国家税务总局关于国内旅客运输服务进项税抵扣等增值税征管问题的公告（国家税务总局公告 2019 年第 31 号）

17. 国家税务总局关于办理增值税期末留抵税额退税有关事项的公告（国家税务总局公告 2019 年第 20 号）

18. 国家税务总局 海关总署关于进口租赁飞机有关增值税问题的公告（国家税务总局公告 2018 年第 24 号）

19. 财政部 税务总局关于支持新型冠状病毒感染的肺炎疫情防控有关捐赠税收政策的公告（财政部 税务总局公告 2020 年第 9 号）

20. 财政部 税务总局关于支持个体工商户复工复业增值税政策的公告（财政部 税务总局公告 2020 年第 13 号）

21. 财政部 税务总局关于增值税期末留抵退税有关城市维护建设税教育费附加和地方教育附加政策的通知（财税〔2018〕80 号）

22. 财政部 税务总局关于统一增值税小规模纳税人标准的通知（财税〔2018〕33 号）

23. 财政部 税务总局关于明确生活性服务业增值税加计抵减政策的公告（财政部 税务总局公告 2019 年第 87 号）

24. 财政部 税务总局关于金融企业贷款损失准备金企业所得税税前扣除有关政策的公告（财政部 税务总局公告 2019 年第 86 号）

25. 财政部 税务总局关于继续执行的车辆购置税优惠政策的公告（财政部 税

务总局公告 2019 年第 75 号）

26. 财政部 税务总局 工业和信息化部 交通运输部关于节能、新能源车船享受车船税优惠政策的通知（财税〔2018〕74 号）

27. 财政部 税务总局 国家发展改革委关于延续西部大开发企业所得税政策的公告（财政部 税务总局 国家发展改革委公告 2020 年第 23 号）

28. 财政部 税务总局 工业和信息化部关于新能源汽车免征车辆购置税有关政策的公告（财政部 税务总局 工业和信息化部公告 2020 年第 21 号）

29. 财政部 税务总局 海关总署关于深化增值税改革有关政策的公告（财政部 税务总局 海关总署公告 2019 年第 39 号）

海上石油天然气开采企业的具体范围清单

（一）中国海洋石油总公司及其下属企业

1. 渤海石油实业公司

2. 海洋石油工程股份有限公司

3. 南海西部石油油田服务（深圳）有限公司

4. 上海石油天然气有限公司

5. 天津中海油能源发展油田设施管理有限公司

6. 湛江南海西部石油合众近海建设有限公司

7. 中海油田服务股份有限公司

8. 中海油能源发展股份有限公司

9. 中海油能源发展股份有限公司采油服务分公司

10. 中海油能源发展股份有限公司采油技术服务分公司

11. 中海油能源发展股份有限公司监督监理技术分公司

12. 中海油能源发展股份有限公司油田建设渤海工程分公司

13. 中海油能源发展股份有限公司油田建设渤海装备技术服务分公司

14. 中海油能源发展股份有限公司油田建设工程分公司

15. 中海石油环保服务（天津）有限公司

16. 中海石油深海开发有限公司

17. 中海石油研究中心

18. 中海石油（中国）有限公司

19. 中海石油（中国）有限公司天津分公司

20. 中海石油（中国）有限公司渤中作业公司

21. 中海石油（中国）有限公司上海分公司

22. 中海石油（中国）有限公司深圳分公司

23. 中海石油（中国）有限公司湛江分公司

24. 中海石油（中国）有限公司番禺作业公司

25. 中海石油（中国）有限公司文昌 13-1/2 油田作业公司

26. 中海石油（中国）有限公司北部湾涠洲作业公司

27. 中海石油（中国）有限公司丽水作业公司

28. 中海石油（中国）有限公司荔湾作业公司

29. 中国海洋石油有限公司

30. 中国海洋石油总公司

（二）中国海洋石油对外合作公司

1.BP 勘探（阿尔法）有限公司

2.BP 中国勘探及生产公司

3.CACT 作业者集团

4. 埃尼中国公司

5. 埃尼中国公司深圳分公司

6. 澳大利亚布莱石油有限公司

7. 澳大利亚石油公司

8. 阿吉普中国有限公司

9. 柏灵顿资源中国有限公司

10. 超准石油公司

11. 超准能源服务国际有限公司

12. 超准能源中国有限公司

13. 哈维斯特海洋中国公司

14. 哈斯基石油中国有限公司

15. 海外石油及投资股份有限公司

16. 豪信石油（北部）有限公司
17. 康菲石油渤海有限公司
18. 康菲石油中国有限公司
19. 康菲石油中国有限公司塘沽分公司
20. 康菲石油中国有限公司蛇口分公司
21. 科麦奇中国石油有限公司
22. 科威特石油勘探（中国）有限公司
23. 能源开发公司（中国）有限公司
24. 洛克石油（中国）公司
25. 帕特赛克石油公司
26. 派克顿东方有限责任公司
27. 壳牌中国勘探与生产有限公司
28. 台南—潮汕石油作业有限公司
29. 新加坡石油勘探和生产（中国）有限公司
30. 新田石油中国有限公司
31. 雪佛龙中国能源公司
32. 英国天然气国际有限公司
33. 中海石油（中国）东海西湖石油天然气作业公司
34. 中海石油（中国）有限公司秦皇岛 32-6 作业公司
35. 中海石油（中国）有限公司崖城作业公司

（三）中国石油天然气集团公司下属企业

1. 中国石油海洋工程（青岛）有限公司
2. 中国石油天然气股份有限公司辽河油田分公司
3. 中国石油天然气股份有限公司大港油田分公司
4. 中国石油天然气集团公司辽河石油勘探局
5. 中国石油天然气集团公司大港油田集团有限责任公司
6. 中国石油集团海洋工程有限公司

（四）中国石油化工集团公司下属企业

1. 胜利石油管理局海洋钻井公司
2. 中国石化集团上海海洋石油局
3. 中国石化股份有限公司上海海洋油气分公司

4. 中国石化股份有限公司胜利油田分公司海洋采油厂

5. 中国石化股份有限公司胜利油田分公司海洋石油船舶中心

6. 上海海洋石油勘探开发总公司